CSSCI来源期刊（集刊类）
国家"十三五"规划文化重大工程"中华续道藏"项目专项成果
四川大学老子研究院重大项目成果
国家社会科学基金重大项目阶段性成果
四川大学道教与宗教文化研究所重大项目成果
教育部哲学社会科学重大攻关课题阶段性成果

尊道贵德
关怀生命
文化养生
和谐修真

二〇二三年第二期

老子学刊

詹石窗 ◎ 主编

巴蜀书社

图书在版编目（CIP）数据

老子学刊. 第二十辑/詹石窗主编. —成都：巴
蜀书社，2022.12
ISBN 978-7-5531-1885-7

Ⅰ. ①老… Ⅱ. ①詹… Ⅲ. ①道家—研究—丛刊
Ⅳ. ①B223.05-55

中国版本图书馆 CIP 数据核字（2022）第 003810 号

老子学刊（第二十辑） 詹石窗 主编

策划组稿	施 维
责任编辑	肖 静 邱沛轩 王 楠
出 版	巴蜀书社
	成都市锦江区三色路 238 号新华之星 A 座 36 层 邮编 610023
	总编室电话：（028）86361843
网 址	www.bsbook.com
发 行	巴蜀书社
	发行科电话：（028）86361852
照 排	成都推十文化传播有限公司
印 刷	成都蜀通印务有限责任公司
版 次	2022 年 12 月第 1 版
印 次	2022 年 12 月第 1 次印刷
成品尺寸	185mm×260mm
印 张	23.25
字 数	500 千
书 号	ISBN 978-7-5531-1885-7
定 价	78.00 元

本书若有印装质量问题，请与工厂调换（028-64715762）

目　录

老子专题研究

道学研究

传统文化与三教关系

书 评

老子學刊

老子专题研究

由"用"通达"体"：
老子之道的诠释路径刍议

尚建飞 *

内容提要：从"用"的角度来看，"道"不仅被老子确定为天地万物的总根源，而且赋予人类以契合"道"、平等关照每个生命的能力。在此基础上，老子确信"道"之"体"具有永恒存在、无形无名、平等与无私、独立自在等特征。由"用"通达"体"，既是老子诠释"道"的基本路径，同时也应当成为理解老子之道的方法论依据。

关键词：老子；道；用；体；诠释路径

作为老子思想的标志，"道"既能使人激发出体悟宇宙真相与人生意义之幽思，同时又笼罩着神秘主义的迷雾①。导致这一现象的主要原因就在于，《老子》中关于"道"的解释仅限于"道之用"，对"道之体"却讳莫如深。不可否认，"体""用"在先秦尚未成为严格意义上的哲学范畴②。或者说，"体"在先

＊ 尚建飞，男，陕西延安人，西安电子科技大学马克思主义学院教授。

① 在确信《老子》中蕴含着神秘主义通见的前提下，本杰明·史华慈指出："'道'这个词居然被用做这种中国式神秘主义的主要术语。"见［美］本杰明·史华慈著，程钢译：《古代中国的思想世界》，南京：江苏人民出版社 2007 年版，第 203 页。

② 方克立先生认为，"体""用"在中国传统哲学的语境中有两种含义："一是实体和作用、功能、属性的关系；一是本体（本质）和现象的关系。"详见方克立：《论中国哲学中的体用范畴》，《中国社会科学》1984 年第 5 期，第 185 页。并且，"体""用"作为哲学范畴形成于魏晋时期，但体用观念在先秦诸子的典籍中已有萌芽，例如《老子》提到"弱者道之用"，《论语》中有"礼之用"。

秦没有成为基本的哲学范畴，应该是老子在形式上不讲"道之体"的思想史背景。然而，经过梳理《老子》中"道"的用法，我们会发现，"道之用"只是老子诠释"道"的逻辑起点，其实质则蕴含着老子关于"道之体"的深邃洞见。这种由"用"通达"体"的诠释路径，不仅是老子诠释"道"的基本路径，而且也应当成为理解老子之道的方法论依据。

一、"道"之"用"与宇宙生成论

在传世本《老子》① 中，第四、四十章所提出的"道"之"用"，皆以天地万物的产生过程、运作方式作为主题。据此表明，老子是将"道"视为天地万物的根源，其"用"则体现在创造、养成天地万物的过程之中。

从传世本《老子》第四章的文本来看，"道冲"表明"道"本身的"无名"或虚空无形，但"用之或不盈"却凸显"道"之"用"的无穷无尽。此处最为紧要的问题是，"道"之"用"究竟意味着什么？如果就"渊兮似万物之宗"而言，"道"之"用"首先体现为，蕴含着天地万物得以产生、演变的一切要素②。其次，"道"在创造天地万物的进程中并非毫无倾向，而是呈现出"挫其锐，解其纷，和其光，同其尘"的运作方式。有关这句话的争议主要有两方面：它重复出现于传世本《老子》第五十六章，有可能是错简所致或传抄失误；它所探讨的问题或者是"道"的运作方式，或者是体道之圣人的治世方法。参照帛书本《老子》来看，这句话不可能是错简所致或传抄失误，相反却是传世本《老子》第四章应有的内容。至于这句话的思想内涵，尽管多数的注解将其视为治世方法，然而王弼的疏释则是："锐挫而无损，纷解而不劳，和光而不污其体，同尘而不渝其真。"③ 也就是说，"道"不仅能够摧折锋芒、化解纷争而不会有所损耗，同时还在融入生长化育、混同尘世的进程中保持自身的同一性。所以，王弼的观点既兼顾本章的上下文语境，又揭示出"道"永恒以调和、守护

---

① 本文所引传世本《老子》原文除特殊说明外，均出自王弼著，楼宇烈校释：《王弼集校释》上、下册，北京：中华书局1980年版。以下只随文注明章名。

② 王弼关于"渊兮似万物之宗"中"渊"的解释是："形虽大，不能累其体；事虽殷，不能充其量。"见（魏）王弼著，楼宇烈校释：《王弼集校释》上册，北京：中华书局1980年版，第11页。

③ （魏）王弼著，楼宇烈校释：《王弼集校释》上册，北京：中华书局1980年版，第11页。

天地万物的方式运作。再次,"道"不只是创造天地万物的动力,更被老子当作"象帝之先",即好像是天帝的祖先①。这一堪称是石破天惊的论断,看似是直接贬低了作为有意志、目的的天帝,但其深层的意思却在于破除中国古代的传统宗教观念,或者说是要在主宰与被主宰之外,从守护与被守护的角度重估"道"和天地万物的关系②。

在传世本《老子》第四章之外,传世本《老子》第四十章同样是老子集中阐释"道"之"用"的章节。如果说传世本《老子》第四章所关注的是"道"之"用"如何可能,那么传世本《老子》第四十章则澄清了"道"之"用"所遵循的法则。从逻辑上讲,传世本《老子》第四十章的"反者道之动",成为了思考"道"之"用"的起点,即"道"的作用在天地万物中就体现为相反相成、返回本根。需要说明的是,河上公是用"本"来解释"反",强调"道"本身具有创生万物的功能③;王弼从高下、贵贱、有无等对立相反来界说"反",主张万物向相反方向变化就是体现了"道"④;林希逸提出"反"是指"复""静",其意在于以复归虚静来说明天地万物的运动现象⑤。结合老子对天地万物运动现象的描述来看,那么"反"应当涵盖了对立相反与"各复归其根"两重含义。并且,只有兼顾天地万物向相反方向变化、回归本根的循环往复,才能完整地展示"道"创造天地万物所遵循的法则。在此基础之上,"弱者道之用"的思想内涵将会得到更为合理的解释。换言之,"弱"是继"反"之后对"道"之"用"的进一步说明,然而往往被许多注家所忽略。其中,有两种注解值得关注:王弼提出"柔弱同通,不可穷极"⑥,认为"弱"具有通顺、顺因的意思;蒋锡昌根据《庄子·天下》关于老聃之道的评论,把"弱"引申

① 高亨指出:"象帝之先,犹言似天帝之祖也。古者祖先亦单称曰先。"见高亨:《老子正诂》,《高亨著作集林》第五卷,北京:清华大学出版社 2004 年版,第 46 页。

② 刘笑敢先生认为:"'象帝之先'说明老子并没有否定上帝的存在和作用,但是否定了上帝作为万物主宰的地位。这一否定的根本意义在于否定了任何意志、目的、情感在万物创生与发展过程中的影响,但又没有落入否认一切原因和秩序的偶然论。"详见刘笑敢:《老子古今:五种校勘与析评引论》上卷,北京:中国社会科学出版社 2006 年版,第 151 页。

③ (汉)河上公撰,王卡点校:《老子道德经河上公章句》,北京:中华书局 1993 年版,第 161 页。

④ (魏)王弼著,楼宇烈校释:《王弼集校释》上册,北京:中华书局 1980 年版,第 109 页。

⑤ (宋)林希逸撰,黄曙辉点校:《老子鬳斋口义》,上海:华东师范大学出版社 2010 年版,第 45 页。

⑥ (魏)王弼著,楼宇烈校释:《王弼集校释》上册,北京:中华书局 1980 年版,第 110 页。

为"善成"或善于成就万物①。王弼、蒋锡昌的注解表明，老子不仅立足于"反"探讨"道"的运动轨迹，而且又用"弱"凸显"道"之"用"在于顺因、成就天地万物。如果依此展开思索，那么"天下万物生于有，有生于无"就为理解"反"与"弱"的意义提供了具体语境："有""无"相反，"有"归本于"无"与"反"相应，提示出"道"之"用"奠基在趋于相反、返回本根的运动之中；"无"生成"有"，"有"生成万物则是侧重于"弱"，意味着"道"之"用"是以顺因、成就天地万物作为基本法则②。

对于老子而言，"道"之"用"不只是在宏观层面创造天地万物，而且还可以从微观层面来加以分析。在传世本《老子》第四十二章，"道生一，一生二，二生三"通常被当作是老子的宇宙生成论图式，相关的争论主要集中在如何理解"一""二""三"的含义。例如，河上公把三者分别解为元气、阴阳二气以及和气、清气、浊气或天地人③；王弼主张三者的实质是"一"，也就是"冲气"④；蒋锡昌强调"一"即是"道"，"老子一二三，只是以三数字表示道生万物，愈生愈多之义"⑤；高亨认为三者依次是"天地未分之元素"或太极、天地以及阴气、阳气、和气⑥。从理论上讲，以为"二""三"没有特定所指的观点所要表达的是，"道"直接创造出天地万物；以为"二""三"具有特定所指的观点则坚持，"道"生成天地万物经历了几个阶段。如果联系到下文所讲的"万物负阴而抱阳，冲气以为和"，那么以为"二""三"具有特定所指的观点应该更为合理。或者说，只有将"一生二"的"二"解作阴阳二气，才能与"万物负阴而抱阳"进行衔接。具体地讲，"道"之"用"最先衍生出"一"，即构成万物的基本元素，也被称作元气；"一"或元气向相反方向的运动便会产生"二"，也就是相反相成的阴阳二气；"二"或阴阳二气及其交感激荡

---

① 蒋锡昌：《老子校诂》，上海：上海书店1996年版，第268页。

② 蒋锡昌的观点颇具启发性："'有'即'有名'，'无'即'无名'。此言天下之物生于有名，而有名又生于无名。天下之物生于有名，乃道动之向前进；有名生于无名，乃道动之向后返。"见蒋锡昌：《老子校诂》，上海：上海书店1996年版，第268页。

③ （汉）河上公撰，王卡点校：《老子道德经河上公章句》，北京：中华书局1993年版，第169页。

④ （魏）王弼著，楼宇烈校释：《王弼集校释》上册，北京：中华书局1980年版，第117页。

⑤ 蒋锡昌：《老子校诂》，上海：上海书店1996年版，第279页。

⑥ 高亨：《老子正诂》，《高亨著作集林》第五卷，北京：清华大学出版社2004年版，第135页。

所形成的"和气"被统称为"三"，并以此象征着生成万物的必要条件。从万物的角度来看，每一个具体事物既有阴阳二气，同时又必然要以协调阴阳二气的"和气"作为自身存在的前提。所以，"万物负阴而抱阳，冲气以为和"，应当是证明"道"之"用"的事实依据，或者说是描述了"道冲而用之或不盈""反者道之动"的具体形态。

不可否认，"万物负阴而抱阳"意义上的"道"之"用"主要彰显了对立相反的法则，并未给万物的自发性活动留有余地。但是，在传世本《老子》第五十一章，老子揭示"道"之"用"内在于天地万物的另一个向度，即选择从"弱者道之用"的角度澄清万物的自发性活动。在老子看来，"道"之"用"与万物的关系，可以被概括为"道生之，德畜之，物形之，势成之"①。其中，"道生之"是指"道"具有创造万物之"用"，"德畜之"意味着"道"之"用"的部分或"德"蓄积、凝结为万物的本性②，"物形之"表示万物呈现出具体形态，"势成之"象征万物彼此资用而成就自身③。因此，通过"德"这一过渡环节，"道"之"用"不仅转化为万物的本性，而且也是激发万物展开自发性活动的源泉。与之相应的是，"道""德"之所以尊贵的依据在于，二者能够做到"莫之命而常自然"，其意义应该同"弱者道之用"的"弱"相当，即不去宰制且顺应万物放任自己的本性④。立足于这种语境，老子进一步借助"玄德"来归纳其对"道"之"用"的理解："道"创造、守护和成就万物并没有任何目

---

① 传世本《老子》第五十一章中的"势成之"，在帛书本中写作"器成之"。见高明：《帛书老子校注》，北京：中华书局 2004 年版，第 69 页。

② 徐复观先生认为，此处"德畜之"的"畜"，"用以形容道开始凝结的情形"，"与蓄积之意相通"。见徐复观：《中国人性论史（先秦篇）》，上海：上海三联书店 2001 年版，第 298 页。

③ "势成之"的"势"通常被解作形势、气候或环境。然而，林希逸的注解则是："阴阳之相偶，四时之相因，皆势也。"见（宋）林希逸撰，黄曙辉点校：《老子鬳斋口义》，上海：华东师范大学出版社 2010 年版，第 56 页。这种解释强调环境并非是限制万物的因素，而是万物自发形成的彼此依存关系。

④ 有关"莫之命而常自然"的含义存在着分歧：河上公解作"道一不命召万物，而常自然应之如影响"，（汉）河上公撰，王卡点校：《老子道德经河上公章句》，北京：中华书局 1993 年版，第 196 页，意思是说"道"没有主宰万物，而是顺应万物的本性；释德清认为其意在于"道体之自然""非有以命之者"，见（明）释德清撰，黄曙辉点校：《道德经解》，上海：华东师范大学出版社 2009 年版，第 106 页，也就是"道"本身不受任何限制，原本就尊贵；传世本《老子》的"莫之命"在帛书本《老子》写作"莫之爵"，强调"道""德"的尊贵"非世俗所封之品秩爵位"，而是"她以虚静无为，任万物之本能，按照自然规律而发展"，见高明：《帛书老子校注》，北京：中华书局 2004 年版，第 71 页。相对来讲，河上公的注解较为合理。

的，而只是自发地展示了其自身所本有的非凡品质。

可以肯定的是，传世本《老子》中不仅明确地使用了"道"之"用"的术语，而且，主张以创造天地万物的动力作为探索"道"之"用"的基本视域。从理论上讲，老子这一思想无疑开创了中国古代理解宇宙论问题的新理念，也就是在突破上帝创造、主宰天地万物的前提下，以理性化的态度解释天地万物得以产生、衍化的原因。概言之，老子认为，"道"由于具有诸多的"用"才被称为天地万物的根源：一方面，"道"蕴含着创造天地万物的一切要素，并以调和、守护天地万物的方式运作；另一方面，万物依据协调阴阳二气的"和气"而存在，以及万物实现自身的本性而达成整体的和谐，都足以确证"道"之"用"的普遍有效性。但更为重要的是，老子竭力淡化"道"之"用"的目的性，从而表明"道"与万物并非是主宰与被主宰的关系，相反却是着眼于二者之间的平等性。

二、"道"之"用"与人类

从逻辑上说，老子的"道"之"用"及其宇宙生成论涉及一切事物，其中既有自然意义上的天、地、谷、水，同时也涵盖了宗教意义上的上帝、鬼神以及作为芸芸众生之一的人类。然而，相对于其他事物而言，老子尤为关注从人性论、人类社会秩序的角度来说明"道"之"用"。其中的原因应该有两重：一是老子沉思"道"以及与之相关的宇宙论，是为了构建一种新的人生哲学①；一是人类的各种能力、社会实践活动较为切近，能够为老子探讨"道"之"用"提供充足的素材。

如上所述，从宇宙生成论的视角，老子提出"道"之"用"包括创造天地万物、守护天地万物两个向度。从创造天地万物的层面来看，人类与天地万物是否同时被"道"所创造出来，就是一个有待澄清的问题。河上公对此的解释显得前后不一：其将传世本《老子》第一章中的"无名"称作"道"，"有名"谓之"天地"，又把传世本《老子》第四十章中的"有"解为"天地"，"无"

---

① 详见徐复观：《中国人性论史（先秦篇）》，上海：上海三联书店 2001 年版，第 287 页。

等同于"道"，从而主张"道"以"天地"为中介生成包括人类在内的万物；其在解读传世本《老子》第四十二章时却指出，"道"产生出"一"，"一"分化为"阴阳"，"阴阳"演化为和气、清气、浊气或天地人，然后由天地人共同创造出万物①。时至当代，蒋锡昌尽管延续了"'无名'即'道'"的观点②，但转而用"有名"来指称出现了天地万物与人类的宇宙时期。概言之，河上公、蒋锡昌对于这一问题给出了三种解释：第一种是"道"在最初，"天地"次之，万物与人类在最后；第二种是"道"在最初，"天地"与人类次之，万物在最后；第三种是"道"在最初，"天地"、万物与人类次之。假如以传世本《老子》第三十九章作为参照，即天、地、神、谷、万物以及侯王皆由"一"或"道"所创造，那么人类与天地万物就是同时产生的。不过，如果依据帛书本《老子》，那么传世本《老子》第三十九章的"万物得一以生"将会被删去③，所以"天地"与侯王所代表的人类直接由"道"所创造，万物则似乎是随后才会出现。

如果说在"道"之"用"何时创造出人类的问题上，老子显得有些模棱两可，那么他有关"道"之"用"内在于人类的方式却表述得较为清晰。首先，老子确信人类的每个个体都拥有"道"之"用"所赋予的功能，其中最为根本的则是维系生命所必需的各种生理欲望。在传世本《老子》第五十五章，老子以赤子作为喻象展开描述：

> 含德之厚，比于赤子。蜂虿虺蛇不螫，猛兽不据，攫鸟不搏。骨弱筋柔而握固，未知牝牡之合而全作，精之至也。终日号而不嗄，和之至也。④

此处所谓的"德"并非完全是指道德意义上的卓越品质，而是还有"道"

---

① （汉）河上公撰，王卡点校：《老子道德经河上公章句》，北京：中华书局 1993 年版，第 2、162、168 页。

② 蒋锡昌：《老子校诂》，上海：上海书店 1996 年版，第 5 页。

③ 详见高明：《帛书老子校注》，北京：中华书局 2004 年版，第 9—10 页。

④ （魏）王弼著，楼宇烈校释：《王弼集校释》上册，北京：中华书局 1980 年版，第 145 页。

之具体化、生命根源的意思。因此，"含德之厚，比于赤子"是说，积蓄"德"、保全生命的理想状态就应该像赤子那样，没有侵害其他事物的意愿，从而能够与"蜂虿虺蛇""猛兽""攫鸟"所象征的外在环境和平相处。在此基础之上，"骨弱筋柔而握固，未知牝牡之合而全作，精之至"的肯綮在于"柔弱"①，意味着人的生理欲望保持自发运作，其结果是使人的精力充沛、生命力旺盛。至于"终日号而不嗄，和之至"所关注的问题则是，赤子可以摆脱心知带来的好恶取舍，所以其生理欲望能够自行交融调和②。比如说，赤子终日号哭却不会喉咙沙哑的原因在于，他没有受到心知有意作为的影响，并且由于听任自身生理欲望的自发运作而使其生命处于和谐融洽状态。

其次，虽然在以"德"为中介审视人类的过程中，老子肯定了"道"之"用"直接体现为人皆有之的生理欲望，但与此同时又似乎无时不在提醒人们警惕"心知"的危害性。依据这种把"德"与"心"或"性"与"心"相敌对的诠释进路③，人们往往会认为老子无法解释"心"或"心知"的来源。值得注意的是，老子只是拒绝"心"或"心知"的误用，不过却并不否认"道"之"用"赋予人类以"心"或"心知"的事实。在传世本《老子》第六十二章，老子提出："道者万物之奥，善人之宝，不善人之所保。"此句"道者万物之奥"中的"奥"字，帛书本均写作"注"，根据高明先生的考证应当读作"主"④。整句话的意思不仅表明"道"创造了包括人类在内的万物，而且成为"善人""不善人"所共同具有禀赋。毋庸置疑，这句话固然"隐含着众生平等并值得同样尊重的思想"⑤，然而其中蕴含着的人性论观点更应受到重视。因为联系随后的表述来看，"美言可以市，尊行可以加人"是指，自觉地阐释、实行

①　王弼对"骨弱筋柔而握固"的解释是："以柔弱之故，故握能周固。"见（魏）王弼著，楼宇烈校释：《王弼集校释》上册，北京：中华书局1980年版，第145页。

②　许多注家都指出，"终日号而不嗄，和之至"涉及如何对待"心"的问题。例如，王弼解作："无争欲之心，故终日出声而不嗄也。"见（魏）王弼著，楼宇烈校释：《王弼集校释》上册，北京：中华书局1980年版，第145页。林希逸以为："终日虽号而其嗌不嗄者，心无喜怒，气本和也。"见（宋）林希逸撰，黄曙辉点校：《老子鬳斋口义》，上海：华东师范大学出版社2010年版，第60页。

③　详见徐复观：《中国人性论史（先秦篇）》，上海：上海三联书店2001年版，第304页。

④　高明：《帛书老子校注》，北京：中华书局2004年版，第127页。

⑤　详见刘笑敢：《老子古今：五种校勘与析评引论》上卷，北京：中国社会科学出版社2006年版，第621页。

"道"会得到人们的普遍认可、赞同。由此可以确证，老子相信"道"之"用"赋予人类以领悟、遵循"道"的能力。并且，这种能力既然不同于生理欲望，那么它就应该是属于"心"或"心知"。如此一来，"心"或"心知"仿佛在老子的话语体系中成了不伦不类、前后矛盾的术语。化解这一困惑的线索来自于两种运用"心"或"心知"的不同方法：执着天子、三公、拱璧和驷马所代表的差等性立场，并因为残害生命而误用"心"或"心知"、背离"道"；相反，平等关照每个生命，承认每个人皆知生命本身值得尊重，便是正确运用"心"或"心知"、契合"道"的表现①。

在老子的话语体系中，有关人性论的沉思只是"道"之"用"内在于人类的一种表现方式，另一种则是与人类社会秩序相关联。秉持"道"之"用"创造、守护天地万物的立场，老子论述了其对人类社会原初状态的基本见解。在传世本《老子》第三十二章，"道常无名"是指无形无名的"道"具有创造、守护天地万物之"用"，但紧随其后的"朴虽小"的"朴"字却歧义丛生。诸多注家以为此"朴"字即是"道"，同时也不乏有如王弼将"朴"字解作"真"的主张。其中，钱穆提出《老子》中的"朴"与"德"同义，用来指称"一种自然之德"，与"儒家之'性'字"相近似②。如果接受王弼、钱穆的观点，那么"朴虽小"就应当被理解为"道"之"用"所赋予人类的独特功能，而且最终指向了堪称是人类之本性、微妙无形的"心"或"心知"。与之相应的是，"天下莫能臣"的意思就不再是讲"天下没有人能够臣服道"，而是强调"朴"这一本性并不会为某个人类个体所独具。从某种程度上说，王弼、钱穆关于"朴"字的注解，为诠释老子的社会政治思想提供了一种更为合理的路径。因为，把"朴"字看成是"道"之"用"赋予人类的本性，一方面可以从"侯王若能守之，万物将自宾"中推论出，侯王的无为即在于守持与"道"相契合的

① 释德清以桀、纣、四凶为例说明"故立天子，置三公，虽有拱璧以先驷马，不如坐进此道"，并用伯夷、叔齐、巢父、许由的典故来释读"求以得，有罪以免"。详见（明）释德清撰，黄曙辉点校：《道德经解》，上海：华东师范大学出版社 2009 年版，第 122 页。本文受释德清观点的启发，进一步从人性论角度阐发其中所蕴藏着的理论内涵。

② 钱穆：《庄老的宇宙论》，《钱宾四先生全集》甲编第 7 册，台北：台湾联经出版社 1998 年版，第 210 页。

本性，同时百姓也会由于能够实现其本性而顺从侯王的治理①；另一方面，据此所产生的效果则是"天地相合以降甘露，民莫之令而自均"，也就是有如天地之交感激荡而普降甘露那样，百姓因为侯王的无为而自发地调和。

显然，传世本《老子》第三十二章展现了老子有关人类社会原初状态的设想，由此也引发了其对各种政治名分之限度的警觉。在老子看来，"始制有名，名亦既有，夫亦将知止。知止可以不殆"。"始制"表示人类社会形成之初，因为"道"之"用"内在于人类的"朴"具有个体差异性，所以能够自觉地遵循"道"以及自身本性的个体将会成为侯王、官长，其他个体则需要通过追随前者才得以契合"道"。换句话来说，由于"朴"在每个个体身上的表现形式不同而区分出了不同的名分，并且这种包括侯王、官长与百姓的尊卑设置是形成人类社会秩序的必要条件。但是，正如王弼所指出的那样，老子既承认"始制官长，不可不立名分以定尊卑"，同时也注意到"过此以往，将争锥刀之末"②。在此，王弼将"夫亦将知止"的"止"解为停止，即停止追逐个体利益。然而，根据"止"还有终极目的的意思来看，那么"夫亦将知止"就应当被解成"知晓人类社会的最终目的"。因此，老子实际上想要澄清的是，名分以及尊卑设置只具有工具价值，而人类社会的最终目的则在于顺应本性、契合"道"。并且，为了使自己的立言宗旨变得更为显豁，老子特意讲到"譬道之在天下，犹川谷之于江海"，即犹如川谷流向江海，人类的本性使其必然要回归"道"。

作为其论证"道"之"用"的经典案例，人类在《老子》的语境中就被看成是宇宙生成进程的构成要素。诚如徐复观先生所言：

> 老子由道与德以说明宇宙万物创生的过程；道与德，是万物的根源，当然也是人的根源。因此，他对于道与德的规定，亦即是他对人性的规定。③

---

① 事实上，王弼的注释也正是此意："抱朴无为，不以物累其真，不以欲害其神，则物自宾而道自得也。"见（魏）王弼著，楼宇烈校释：《王弼集校释》上册，北京：中华书局1980年版，第81页。

② （魏）王弼著，楼宇烈校释：《王弼集校释》上册，北京：中华书局1980年版，第82页。

③ 徐复观：《中国人性论史（先秦篇）》，上海：上海三联书店2001年版，第299页。

当然，人们不应苛责老子忽略了"道"之"用"何时创造出人类的问题，而是需要关注他以平等的态度对待人类与天地万物的深邃洞见，并将其视为中国古代颠覆尊卑等级观念的思想源泉。更为重要的是，在思考"道"之"用"内在于人类的问题上，老子不仅肯定生理欲望的自发运作，同时确信人皆有契合"道"、平等关照每个生命的能力。在此基础之上，老子揭示出了其对人类社会原初状态的理解：有限度地接受侯王、百姓的名分区别，但是必须以顺应人的本性、契合"道"作为人类社会的最终目的。

三、老子之道的"体"

在其探讨"道之用"的语境中，老子虽然确信"道"是创造天地万物、人类的总根源和统一原理，但同时也暗示着二者仍然有所不同。换句话讲，正是凭借其与天地万物、人类的对比，老子才得以揭示出"道"之"体"的根本特征。

从形式上来看，老子已经注意到，"道"是一个特殊的"名"，并以有别于天地万物、人类的方式被命名、言说。这种致思取向首先就展现为区分"可道之道"与"常道"。在传世本《老子》第一章的发端处，"道可道，非常道；名可名，非常名"看似简单明快，然而却堪称是一桩疑点重重、见仁见智的学术公案。除了有竹简本、帛书本、河上公本、王弼本等文本层面的歧义之外，甚至是它的问题意识、思想内涵也存在着巨大争议。比如说，河上公区分"经术政教之道"和"自然长生之道"、"富贵尊荣"之名与"自然常在之名"①；王弼提出"可道之道""可名之名"有别于常道、常名②；刘笑敢先生认为，"道可道，非常道"并非直接探讨宇宙论或本体论的问题，而是关注"道之可言不可言的问题"③；廖名春先生由"恒""常""尚"与"上"的用法相同出发，得出"常道""常名"即"上道""上名"的结论④；曹峰先生依据"名"与政治

---

① （汉）河上公撰，王卡点校：《老子道德经河上公章句》，北京：中华书局 1993 年版，第 1 页。

② （魏）王弼著，楼宇烈校释：《王弼集校释》上、下册，北京：中华书局 1980 年版，第 1 页。

③ 刘笑敢：《老子古今：五种校勘与析评引论》上卷，北京：中国社会科学出版社 2006 年版，第 125 页。

④ 廖名春：《〈老子〉首章新释》，《哲学研究》2011 年第 9 期，第 37 页。

实践的关联，提出"常名"强调以"无形把握有形""无名把握有名"的治世主张①。然而，上述几种观点只是侧重于"可道之道"与"常道"、"可名之名"与"常名"之间的分判，或者是考证"常道""常名"的原义，与此同时却忽略了"常道"与"常名"之间的逻辑关联。换言之，区分"可道之道"与"常道"、"可名之名"与"常名"的目的在于，彰显"常道"是异于"可名之名"的"常名"。如果从理论上来讲，那么关于"道"是否可以被言说、命名就不仅仅是语言学或认识论的问题，还涉及"道"之本性的本体论问题。其中的道理就在于，"可道之道""可名之名"对应于"指事造形"②，即用来指称具有生灭变化的事物，而"常名"所表示的"常道"则是永恒保持自身的同一性。所以，借助"名"的类型划分，老子力图表明正如"常名"有别于"可名之名"那样，"常道"也是不同于具体事物的永恒存在。

在以"常道""常名"称谓"道"的前提下，老子又用"无名"来阐发"道"的无形。紧随着"道可道，非常道；名可名，非常名"，传世本《老子》第一章继而提出"无名天地之始，有名万物之母"③。但是，有关"无名""有名"的含义，历来注家就存在着分歧。例如，河上公认为"无名者谓道"，"有名谓天地"④；王弼主张"无名"是指"道"本身的无形无名，"有名"表示万物的有形有名⑤；蒋锡昌将"无名"视为"道"之本体或空无所有的宇宙原始状态，而"有名"则代表着天地万物和人类的出现⑥。事实上，以上三家尽管对"有名"的理解各不相同，然而却一致承认"无名"是"道"本身的称谓。如果从上下文的语境来看，那么"无名"是接着"常名"来揭示"道"本身的特征："道"既可以由于永恒存在而拥有"常名"，同时也会因为没有具体形态而获得"无名"。换句话说，所谓"无名"并非意味着虚无或不存在，而是从不受

---

① 曹峰：《〈老子〉首章与"名"相关问题的重新审视——以北大汉简〈老子〉的问世为契机》，《哲学研究》2011年第4期，第67页。

② （魏）王弼著，楼宇烈校释：《王弼集校释》上册，北京：中华书局1980年版，第1页。

③ 对于读作"无名""有名"考辨，详见刘笑敢：《老子古今：五种校勘与析评引论》上卷，北京：中国社会科学出版社2006年版，第121页。

④ （汉）河上公撰，王卡点校：《老子道德经河上公章句》，北京：中华书局1993年版，第2页。

⑤ （魏）王弼著，楼宇烈校释：《王弼集校释》上册，北京：中华书局1980年版，第1页。

⑥ 蒋锡昌：《老子校诂》，上海：上海书店1996年版，第5页。

具体形态限定的角度来彰显"道"的无限性。

对于为何要用"常名""无名"称谓"道"的原因，传世本《老子》第一章并未就此展开说明，但这一疑问却在传世本《老子》第十四章得到了回应。首先，"视""听""搏"所代表的感官，只能感知到具有特定时空属性的事物，所以它们无法把握住"混而为一"或作为整体性存在的"道"。具体来看，"绳绳不可名"中的"绳绳"展现了"道"的不受限定、绵绵不绝①，"不可名"是指"道"不能用某种特定的颜色、声音、形体加以辨别，从而可以得出"无名"的论断。其次，尽管"道"显得恍惚不定，然而却可以横贯古今、永恒存在。老子给出的理由是，"道"被用来指称能够"御今之有"的"古之道"以及"古始"。或者说，老子将"道"看成是一个与普遍必然性、宇宙之起始相关联的范畴，并据此确信"道"正是横贯古今、永恒存在的"常名"。

如果仅从"常名""无名"来展开探讨的话，那么"道"不免会给人以绝对静止的印象。在传世本《老子》第二十五章，老子一方面坚持"常名""无名"的立场，另一方面又增添了"周行而不殆，可以为天下母"，因而凸显出"道"的周流不息、周而复始②。正是有见于此，老子才主张"吾不知其名，字之曰道"，即"道"是关于宇宙根源的称谓③。因此，老子的"道"并非是一个空无所指的范畴，而是用来表示天地万物得以产生的根源，所以必须视为是囊括一切事物、至大无外的专门术语。并且，为了揭示出"道"的宇宙论内涵，老子演绎出了四个与之相关的"名"："大"是指"道"的无限广大、无不包容，"逝"强调"道"的变动不居，"远"彰显"道"的无所不至，"反"意味着"道"最终返回自身。从理论上讲，"大""逝""远"和"反"既属于"常名"，同时又由于彼此关联而呈现了"道"生成天地万物的创造性。

在依据"名"来沉思"道"的同时，老子似乎察觉到，仅凭"名"无法确

---

① 河上公将"绳绳"解释为"动行无穷极也"。见（汉）河上公撰，王卡点校：《老子道德经河上公章句》，北京：中华书局1993年版，第53页。

② 刘笑敢先生指出，帛书本、竹简本《老子》第二十五章没有"周行而不殆"，并且"周行"也将"导致机械性圆周运动的误解"。详见刘笑敢：《老子古今：五种校勘与析评引论》上卷，北京：中国社会科学出版社2006年版，第314页。实际上，"周行"也被解释为周遍地运行，同时与周而复始地运行并非相互抵牾。

③ 王弼对"字之曰道"注解是："夫名以定形，字以称可。言道取于无物而不由也，是混成之中，可言之称最大也。"见（魏）王弼著，楼宇烈校释：《王弼集校释》上册，北京：中华书局1980年版，第63页。

证"道"之"体"或"道"本身的客观实在性，而是必须通过"道"与天地万物的关联来展开论证。这种洞见与"肯定这个可感世界中每一事物"的实体论立场相类似①。在传世本《老子》第二十五章中，"大""逝""远"和"反"之后就是"道""天""地"和"王"，然而为什么会提出"四大"却是通常被人们所忽略的问题。其中的奥秘似乎在于，"天""地"和"王"都是可感的事物，其客观实在性毋庸置疑，并由于涵盖了一切有形可感之物而被称为"大"。与此同时，综合此前的"可以为天下母"，即作为包括"天""地"和"王"在内的天地万物得以产生的根源，那么"道"本身的客观实在性就可以被确证。在此基础之上，老子将"四大"的共同属性归结为"域"，也就是王弼所谓的"无称不可得而名"②，其实应该是指超出名称言语之外、客观自在的天地万物本身。

从理论上讲，为了凸显"道"与"天""地""王"或"人"之间的统一性，传世本《老子》第二十五章才会提出"人法地，地法天，天法道，道法自然"。历来争论的焦点在于，"道法自然"中的"自然"究竟是指"道"的本性，还是用来表示万物的本性③？河上公是前一种观点的代表，主张"道性自然"④，即"自然"意味着"道"具有平等而无私地守护生命的本性。王弼则往往被认为是后一种观点的倡导者，但其对"道法自然"的解释却包含三个部分"道不违自然，乃得其性，法自然也"；"法自然者，在方法方，在圆法圆，于自然无所违也"；"自然者，无称之言，穷极之辞也"⑤。具体来看，第一部分强调"道"的本性是遵循"自然"；第二部分揭示出"法自然"的意思是，顺应万物的固有存在方式，诸如确保"方""圆"作为"方""圆"而得以存在；第三部

---

① 颜一：《实体（ousia）是什么？——从术语解析看亚里士多德的实体论》，《世界哲学》2002 年第 2 期，第 76 页。

② （魏）王弼著，楼宇烈校释：《王弼集校释》上册，北京：中华书局 1980 年版，第 64 页。

③ 通过考察"自然"在《老子》《庄子》《文子》中的用法，王中江先生认为"'道法自然'的确切意思是道遵循或顺应万物的自己如此"，"'道法自然'的'自然'不是'道'的属性"。见王中江：《道与事物的自然：老子"道法自然"实义考论》，《哲学研究》2010 年第 8 期，第 42 页。

④ （汉）河上公撰，王卡点校：《老子道德经河上公章句》，北京：中华书局 1993 年版，第 102 页。

⑤ （魏）王弼著，楼宇烈校释：《王弼集校释》上册，北京：中华书局 1980 年版，第 65 页。

分是将"自然"界定为超出名称言语之外的整体性存在①。概言之，王弼所理解的"道法自然"是指，"道"的本性体现为效法整体性存在原理，而有形有名之万物同样以遵循"自然"或整体性存在原理作为其本性。相比之下，河上公关于"道法自然"的诠释更加契合传世本《老子》第二十五章的语境。因为在"可以为天下母"的基础上，老子是从"道"生成天地万物的角度推论"四大"之间的统一性，而且力图澄清"道"的本性有其特定内涵。也就是说，"道"本来拥有平等而无私地守护生命的品质，其所效法的"自然"也正是这一本性。

如果说"道法自然"所呈现的是"道"保持其本性的积极面向，那么"道常无为"则注重阐明"道"能够从消极方面抵御外在干扰。传世本《老子》第三十七章一开始便讲"道常无为而无不为"，此句在竹简本《老子》中写作"道恒亡为也"②，其意在于强调"无为"是理解"道"之本性的必要条件③。王弼虽然以"顺自然"解释"道常无为"④，但他并未展开说明"顺自然"的具体含义。刘笑敢先生则认为，"无为"所要否定的"只是通常的，常规的行为和行为方式"，"特别是会造成冲突、必须付出巨大代价而效果又不好的行为"，与此同时又在肯定"可以减少冲突并能达到更高效果的'为'"⑤。然而，从传世本《老子》第三十七章的语境来看，老子实际上是以侯王治世所应当遵循的原则作为比喻，并由此表明"无为"的意义在于："道"本身不仅不会受到欲望的干扰，反而能够成为平息个体私欲及其负面影响的理论依据。

从某种程度上讲，正是通过与天地万物、人类相对比，老子才开启了诠释

---

① 王弼认为："故有此名必有此形，有此形必有其分。"见（魏）王弼著，楼宇烈校释：《王弼集校释》上册，北京：中华书局1980年版，第198页。也就是说，"名"象征着彼此相分别的有形之物。

② 刘笑敢：《老子古今：五种校勘与析评引论》上卷，北京：中国社会科学出版社2006年版，第384页。

③ 吴澄认为，"道常无为而无不为"中的"无为"表示"盖性焉安焉者也"。见吴澄：《道德真经吴澄注》，上海：华东师范大学出版社2010年版，第52页。

④ （魏）王弼著，楼宇烈校释：《王弼集校释》上册，北京：中华书局1980年版，第91页。

⑤ 详见刘笑敢：《老子古今：五种校勘与析评引论》上卷，北京：中国社会科学出版社2006年版，第416页。

"道"本身的基本视域，并以本体或实体之"体"的话语模式来描述"道"本身①。具体而言，"常道""常名"以及"无名"，分别揭示了"道"之"体"的永恒存在和无形无限；依据"吾不知其名，字之曰道"，演绎出了"道"之"体"的宇宙生成论向度；"四大"与"自然"，彰显了"道"之"体"拥有平等而无私地守护生命的品质；"无为"意味着"道"之"体"可以抵御外在干扰、恒常保持独立自在。值得注意的是，只有在融合了宇宙论和本体论两种理论视域中②，老子关于"道"之"体"的阐释才有其确定的含义，即平等而无私地守护生命的统一原理。否则，如果仅凭本体论的演绎，那么老子之道的"体"就只能是一个抽象的概念。

四、诠释老子之道的合理路径

通过运用体用观念的诠释，老子之道的思想内涵既得到了充分的展现，同时也在提醒人们应当从多个维度加以解读。或者说，体用观念视域中的老子之道，是一个涵融了宇宙论、本体论、人性论、政治哲学等诸多议题的术语。因此，试图给出老子之道的完整定义应该是一项不可能完成的任务，但由"用"通达"体"却应当被视为是诠释老子之道的合理路径。

在先秦时期，《庄子·天下》《韩非子·解老》都是最早诠释老子之道的文献。按照《庄子·天下》的观点，身处春秋末期的老子传承了"古之道术"③，其所谓的"道"正是"内圣外王之道"，即立足于天地万物一体的层面来探讨治理天下的思想学说。而且，在评论老子思想宗旨的过程中，《庄子·天

---

① 在分析中国哲学史上对于"本体""实体"的用法之后，张岱年先生认为，中国古代哲学家所谓的"本体"具有本然、无形的特点，而所谓的"实体"是指客观的存在、永恒的存在。详见张岱年：《中国哲学的本体观念》，《张岱年全集》第五卷，石家庄：河北人民出版社1996年版，第491—492页。

② 张岱年先生指出："老子讲宇宙有个开始，这个开始就是'道'；但是道在生出天地万物之后，并不消灭，它又作为天地万物的基础存在。前者就是宇宙论，后者就是本体论。"见张岱年：《中国哲学的本体观念》，《张岱年全集》第五卷，石家庄：河北人民出版社1996年版，第488页。

③ 蒋锡昌指出，《庄子·天下》中的"道术"："乃庄子指古圣'六通四辟，大小精粗，其运无乎不在'之道而言；如关尹、老聃，及其自己所治之道，是也。"见蒋锡昌：《庄子哲学》，上海：上海书店1992年版，第187页。

下》既以"本""物"有别来彰显老子之道的无形无名，同时又通过"常无有""太一"揭示出老子之道的宇宙生成论内涵①。由此所产生的效果则是"以濡弱谦下为表，以空虚不毁万物为实"②，其意正与顺应、守护天地万物的"道"之"用"相一致。与《庄子·天下》有所不同，《韩非子·解老》把老子之道解作"万物之所然，万理之所稽"③，其所注重的是"道"之"用"，即"道"在万物中所展现出的功能、属性，然而却悬置了"道"的本体论、宇宙论维度。而且，这种有用无体的诠释进路，既放弃了"平等而无私地守护生命"的立论宗旨，同时又将老子转化为操控万物的法纪④。

值得注意的是，侧重"道"之"用"的诠释进路，同样出现于《汉书·艺文志·诸子略》之中。《汉书·艺文志·诸子略》提出，包括老子在内的道家是由古代的史官演变而来，并且由于"历记成败存亡祸福古今之道"，从而主张君主以"清虚""卑弱"的方式治世⑤。尽管《汉书·艺文志·诸子略》解释了老子之道得以形成的社会历史根源，然而它却搁置了"道"之"体"，即"道"的本体论、宇宙论向度，仅仅注重阐发"道"之"用"的实践意义。这一诠释进路的结果是，《汉书·艺文志·诸子略》虽然力图澄清老子之道的现实来源及其实践意义，但最终却将老子之道归结为"君人南面之术"。

如果说《庄子·天下》所遵循的是由"体"通达"用"的路径，《韩非子·解老》《汉书·艺文志·诸子略》聚焦于"用"而忽略"体"，那么《老子河上公章句》和王弼《老子注》，则是运用由"用"通达"体"诠释老子之道

---

① 有关《庄子·天下》中"常无有"的解释颇有歧义，郭象解为"建之以常无有，则明有物之自建也"，见（清）郭庆藩撰，王孝鱼点校：《庄子集释》（下），北京：中华书局 2006 年版，第 1094 页；蒋锡昌认为，"'常'者真常不易，'无有'即'无名'，亦即'太一'"，见蒋锡昌：《庄子哲学》，上海：上海书店 1992 年版，第 294 页；钟泰的注释是"盖由常而无，由无而有，分之则三名，合之则一名"，见钟泰：《庄子发微》，上海：上海古籍出版社 1988 年版，第 785 页。本文赞同蒋锡昌的观点，但主张"常无有""太一"表示，"道"之"用"在于生成天地万物。

② （清）郭庆藩撰，王孝鱼点校：《庄子集释》（下），北京：中华书局 2006 年版，第 1094 页。

③ （清）王先慎撰，钟哲点校：《韩非子集解》，北京：中华书局 2003 年版，第 146 页。

④ 王先慎认为"万理之所稽"的"理"与《老子》中"道纪"的"纪"用法相同。详见王先慎撰，钟哲点校：《韩非子集解》，北京：中华书局 2003 年版，第 147 页。陈奇猷进一步将"万理之所稽"的"理"训为法纪。详见陈奇猷著：《韩非子新校注》，上海：上海古籍出版社 2000 年版，第 412 页。

⑤ （汉）班固：《汉书》第 6 册，北京：中华书局 1964 年版，第 1732 页。

的经典文本。在如何解读老子之道的问题上，《老子河上公章句》不仅区分了"经术政教之道"与"自然长生之道"、"自然常在之名"与"高世之名"，而且认为"自然长生之道""不可称道"①；王弼将"可道之道""可名之名"对应于经验领域中的具体事物，并且又以"不可道""不可名"作为老子之道的根本特征②。就其实质而言，《老子河上公章句》、王弼既主张老子之道的"体"不可说、不可名，同时认为"道"之"用"可说、可名。尽管二者以是否可说、可名来分判老子之道的"体""用"，然而却默认了由"用"通达"体"的诠释进路。比如说，在注释传世本《老子》第二十五章的"字之曰道"时，《老子河上公章句》的解释是"见万物皆从道所生"③，王弼则理解为"道取于无物不由"④，二者共同从生成天地万物的"用"来界定"道"，亦即"道"之"体"是天地万物得以生成的总根源或统一原理。

相较于《老子河上公章句》、王弼的隐而不彰，释德清则是明确依据"体""用"来解读老子之道的注家。释德清指出，老子之道的"体"，"本无相无名，不可言说"⑤。或者说，作为本体来讲的老子之道既没有名称又不可言说，至于"道"也不过是一个假借之名。另一方面，从"道"之"用"的角度出发，释德清认为老子之道由于生成出天地、万物，可以被视为天地之始、万物之母，进而推论出"物物皆道之全体所在"。需要说明的是，释德清依据佛学如来藏缘起论，以真空观、不空观和中道观解读老子之道⑥。其理论意义在于，援引体用观念来调和不可说、不可名与可说、可名之间的对峙，但是又预设了老子之道的"体"原本客观自在，从而致使老子之道的"用"显得无足轻重。

在现当代的语境中，有一种观点认为，诠释老子之道的"体""用"可以被

---

① （汉）河上公撰，王卡点校：《老子道德经河上公章句》，北京：中华书局1993年版，第1页。

② （魏）王弼著，楼宇烈校释：《王弼集校释》上册，北京：中华书局1980年版，第1页。

③ （汉）河上公撰，王卡点校：《老子道德经河上公章句》，北京：中华书局1993年版，第102页。

④ （魏）王弼著，楼宇烈校释：《王弼集校释》上册，北京：中华书局1980年版，第63页。

⑤ （明）释德清撰，黄曙辉点校：《道德经解》，上海：华东师范大学出版社2009年版，第33页。

⑥ 释德清对于真空观、不空观和中道观的解释，详见（明）憨山大师著述，孔宏点校：《憨山老人梦游集》（下），北京：北京图书馆出版社2004年版，第254—257页。

本体与作用所替代。例如，蒋锡昌一方面主张，"欲明老子哲学，必先明庄子哲学"①；另一方面强调，庄子之道的本体"既不可思议，不可言说，则严格言之，即'道'之名，亦不当有"，庄子之道的作用表现为"极大之原动力"或"天地万物之创造者"②。依据这一观点，蒋锡昌事实上是把老子之道的"体"划归本体界，即"天地未辟以前，一无所有，不可思议，亦不可名"的"无名"之域③，同时又以"有名"来指称老子之道的"用"，其作用则在于产生出人类的宇宙演化阶段。借助于本体与作用的二重划分，蒋锡昌虽然化解了老子之道不可说所带来的困境，但是却无法逾越本体与作用之间的鸿沟，从而将老子之道的"体""用"打成两橛。

实际上，为了避免本体与作用的二重划分所导致的结果，即老子之道变得支离破碎，刘笑敢先生的"功能性、描述性定义"有其端本正源的效用。如果将"采取对道之功能进行描述的方法来界定道的性质"④ 转化为"体""用"的话语模式，那么"道之功能"即"道"之"用"，"道的性质"即"道"之"体"，综合起来就是由"用"通达"体"的诠释路径。这种理解老子之道的方法论洞见，不仅能够从《老子》文本中找到其依据，而且也在老子之道的诠释史中不断地加以验证。此外，由"用"通达"体"的诠释路径有助于提醒人们，老子之道尽管蕴含着宇宙论、本体论、人性论、政治哲学等多重向度，然而其根本宗旨却在于"取得人生的安全立足点"⑤。

---

① 蒋锡昌：《老子校诂·自序》，上海：上海书店1996年版，第1页。

② 蒋锡昌：《庄子哲学》，上海：上海书店1992年版，第5—6页。

③ 蒋锡昌：《老子校诂》，上海：上海书店1996年版，第4页。

④ 刘笑敢：《老子古今：五种校勘与析评引论》上卷，北京：中国社会科学出版社2006年版，第112页。

⑤ 徐复观：《中国人性论史（先秦篇）》，上海：上海三联书店2001年版，第288页。

《老子内解》新考[*]

张晓雷[**]

内容提要：《老子内解》是东晋时期的道教学者从神仙道教的立场出发，为了解决《道德经》与神仙炼养实践相脱节的问题，假托尹喜所受，以神仙炼养之旨注解《老子》的作品。该经在形式上还特别依照道教经典在经法传授场景中由受法者施行稽首礼的通例，在每章末皆使用"尹生稽首"，体现了鲜明的道教经典色彩。在《老子内解》从东晋出世到南朝齐梁之际的流传过程中，该经某传本被附会为天师道系师张鲁所作，而且原来每章末的"尹生"也改为"臣生"，这就是陶弘景在《真诰》中所云"又见系师注《老子内解》，皆称'臣生稽首'"的由来。该经对道教另一部以神仙炼养之旨注解《老子》的作品《老子节解》有直接而重要的影响。

关键词：老子内解；臣生稽首；神仙道教；老子节解

　　《老子内解》是道教太玄部经典，在南北朝隋唐道教中具有重要地位。该经与《河上公注》《老子想尔注》以及《老子节解》一样，都是当时道士一般要授受和学习的《老子》重要注本。由于全书早已亡佚，学术界对该经的认识一

　　* 本文系国家社科基金重大项目"中国西南道教文献整理与数据库建设"（21&ZD249）、四川大学专职博士后研发基金专项项目（skbsh2022-01）阶段性成果之一。

　　** 张晓雷，男，河北邯郸人，四川大学道教与宗教文化研究所博士后，助理研究员。

直极为有限。楠山春树和王卡两位学者的相关研究已为我们进一步探讨此经奠定了基础①。本文即在此基础上，拟就传世文献中有关《老子内解》的史料及其所涉及的问题做一番尽可能全面而深入的考察，以期有助于丰富和深化我们对早期道教经典及相关道教史问题的认识。不足之处，敬请方家指正。

一、陶弘景所谓"系师注《老子内解》，皆称'臣生稽首'"辨疑

隋唐之际最终定稿的陆德明《经典释文》著录有多家《老子》注，其中有"巨生内解二卷，不详何人"。唐初《隋书·经籍志》著录："梁有《老子道德经》二卷，巨生解。"② 关于《隋书·经籍志》中的"梁有"，自清代学者钱大昕以来已有定论，所谓"梁有"都是指梁朝学者阮孝绪《七录》所著录之书③。所以《老子内解》无疑在阮孝绪撰成《七录》之前就已经成书。

以往学者在讨论《老子内解》时都注意到南朝陶弘景《真诰》中的一条重要材料，即该书卷十七载陶弘景的注文称：

> 又见系师注《老子内解》，皆称"臣生稽首"④。

清代文廷式《补晋书艺文志》在"子部·道家类"云："巨生解《老子道德经》二卷。《真诰·握真辅第一》'张生顿首'注云：又见系师注《老子内

---

① ［日］楠山春树注：《老子传说の研究》，东京：创文社 1979 年版，第 229—238 页；王卡：《敦煌本〈老子节解〉残页考释》，原载《敦煌吐鲁番研究》2002 年第 6 卷，第 81—100 页；此据王卡：《道教经史论丛》，成都：巴蜀书社 2007 年版（以下略注），第 291—320 页。

② （唐）魏征等：《隋书》，北京：中华书局 1997 年版，第 1000 页。

③ 清代钱大昕曾指出："按阮孝绪《七录》撰于梁普通中，《志》所云'梁'者，阮氏书也。"见（清）钱大昕：《廿二史考异》，上海：上海古籍出版社 2004 年版，第 503 页。其后，章宗源、姚振宗先后所作《隋书经籍志考证》，皆认同钱氏之说。最新的研究参见殷炳艳、张固也：《隋书·经籍志"梁有"新考》，《古典文献研究》第 13 辑，南京：凤凰出版社 2010 年版，第 446—460 页；任莉莉：《七录辑证》，上海：上海古籍出版社 2011 年版，第 7—9 页；马楠：《〈隋书经籍志〉著录撰人衔名来源考述》，《清华大学学报》（哲学社会科学版）2017 年第 6 期，第 113—114 页。

④ （梁）陶弘景撰，赵益点校：《真诰》，北京：中华书局 2011 年版（以下略注），第 299 页。

解》，皆称臣生稽首。按此'巨生'或是'臣生'之误，其人姓张也。"① 吴承仕在上引文氏看法的基础上又称："按《道藏·玄都律文》以张陵为圣师，衡为嗣师，鲁为系师，然则系师即张鲁矣。张鲁自称'臣生'，义不可憭，疑米道妄污之尤，私立名字，不可究诘，今难质言，要为道士所为，梁以前书也。"② 严灵峰对于陆德明《经典释文》所著录的"巨生内解二卷"称："疑'巨'字乃'张'字阙文，止剩弓旁，因误为'巨'。按'巨生'一作'臣生'，疑'臣'又'巨'字之形误，当即张鲁系师所著。"③ 王卡指出"巨生"当系"臣生"之误，"或许阮孝绪因见到该书中有'臣生稽首'这样的语句，而误以为是臣生所撰。实际上，'臣生稽首'是道士上章启奏神君时的惯用语，常见于早期天师道的经书中"④。

以上诸家都以陶弘景在《真诰》中所提到的系师注《老子内解》即是《隋书·经籍志》《经典释文》所著录的巨生解《老子》，只是在"臣"与"巨"两字之间的讹误关系上，严灵峰有不同看法。实际上，陶弘景编成《真诰》的时间为南齐永元元年（499）⑤，阮孝绪《七录》则撰成于梁武帝普通年间（520—526），两书编撰的年代相距并不遥远。陶氏在《真诰》中提到《老子内解》的作者以"臣生"自称，而《隋书·经籍志》《经典释文》都著录《老子内解》的作者为"巨生"，据此则《真诰》所提到的《老子内解》与后两种典籍所著录的巨生解《老子》应为同书。而且从年代先后来看，"巨生"应该就是"臣生"一词在传写过程中发生讹误所致。

陶弘景称："又见系师注《老子内解》，皆称'臣生稽首'。"据此则《老子内解》是汉末天师道的领袖张鲁所作，且张鲁在书中都以"臣生"自称。但如果我们深究陶弘景这句注语在《真诰》中所处的具体语境，便会发现事实并非

---

① 《二十五史补编》，上海：开明书店 1936—1937 年版，第 3750 页。

② 吴承仕：《经典释文序录疏证》，北京：中华书局 1984 年版，第 158 页。

③ 严灵峰：《周秦汉魏诸子知见书目》第 1 册，台北：正中书局 1979 年版，第 11 页。

④ 王卡：《道教经史论丛》，第 296 页。

⑤ Michel Strickmann, *On the Alchemy of T'ao Hung-ching*, in H. Welch and A. Seidel ed, *Facets of Taoism*, New Haven: Yale University Press, 1979, p.141；王家葵：《陶弘景丛考》，济南：齐鲁书社 2003 年版，第 211—214 页；Kristofer Schipper and Franciscus Verrllen eds, *The Taoist Canon: A Historical Companion to the Daozang*, The University of Chicago Press, 2004, Volume 1, p.198。

如此简单。《真诰》卷十七《握真辅第一》记载：

> 得书，知洗心谢过，甚叙虚心，相行复来。张生顿首。
> 觉题云许君。
> 近知来有北行事，恨不面。今致黄长命缕一枚，后复果不？张生
> 顿首。
> 觉题云杨君。
> ……此并记梦见张天师书信。云张生者，即应是讳。今疏示长
> 史，故不欲显之。又见系师注《老子内解》，皆称"臣生稽首"，恐此
> 亦可是系师书耳。①

由上引文字可知，陶弘景此处的注语旨在说明杨羲所梦两封书信的作者身份。他首先指出这两封书信都是张天师即张陵所写，但这一说法显然是出于他的猜测，因为唯一可能支持这一判断的线索仅仅是两份书信的落款信息均为"张生顿首"，实际上没有任何证据能够证明写信人自称的"张生"就是指张陵。根据《真诰》和现存《登真隐诀》来看，天师张陵从来就不在降授杨羲、许谧、许翙三人的上清仙真之列，反而是降授杨许三君的南岳夫人魏华存曾以天师道祭酒身份被张陵降授过天师道教法。接着陶弘景说自己又曾见到过"系师注《老子内解》，皆称'臣生稽首'"，因此他认为这两封书信也可能是系师张鲁所写。那么，陶弘景是如何得出这一结论的呢？这同他对"臣生稽首"一语的理解直接有关。

东汉蔡邕所著《独断》对汉代诏令及章奏等公文书制度有全面具体的说明②。关于章奏文书具体的格式为："章者需头，称稽首上书，谢恩、陈事、诣阙通者也。奏者，亦需头，其京师官但言'稽首'，下言'稽首以闻'……表者，不需头，上言'臣某言'，下言'臣某诚惶诚恐稽首顿首死罪死罪'，左方

① （梁）陶弘景撰，赵益点校：《真诰》，第299页。
② 代国玺：《蔡邕〈独断〉考论》，《文献》2015年第1期。

下附曰'某官臣某甲上'。"① 传世文献中汉魏六朝时期的章奏材料可以与上述记载相印证。如蔡邕《戍边上章》的开头为"朔方髡钳徒臣邕稽首再拜上书皇帝陛下",结尾为"臣顿首死罪稽首再拜以闻"②。宋洪迈《隶释》所收《孔庙置守庙百石孔龢碑》载有司徒吴雄、司空赵戒给东汉桓帝的上书,其文为"司徒臣雄、司空臣戒稽首言……诚惶诚恐顿首顿首死罪死罪臣稽首以闻"③。《宋书》卷十四《礼志一》载:"大鸿胪臣某稽首言。"④ 据以上材料可知,"臣生稽首"来源于东汉以来章奏文书开头的部分格式用语"臣某稽首"。陶弘景见到系师张鲁注《老子内解》,皆以"臣生稽首"自称,由此可知"生"为张鲁的名讳,即张鲁又自名"张生"。而杨羲所梦见的两封书信都以"张生顿首"落款,说明写信者为"张生"。陶弘景正是据此判断这两封书信"亦可是系师书耳"。

不过这里也产生一个难解的疑问:无论是《三国志·张鲁传》《后汉书·刘焉传》等正史典籍还是现存道教教内文献,都从未有系师张鲁又名张生的记载。如果《老子内解》真是系师张鲁或假托张鲁所作,其本人怎么会以"臣生"自称呢?而且,关于张鲁注《老子内解》的说法也只见于陶弘景《真诰》,其他六朝道教经典如《传授经戒仪注诀》《洞真太上太霄琅书》等所记载的均是张鲁为《老子想尔注》的作者。

前引吴承仕认为"张鲁自称'臣生',义不可憭,疑米道妄污之尤,私立名字,不可究诘,今难质言"。王卡则指出"'臣生稽首'是道士上章启奏神君时的惯用语,常见于早期天师道的经书中"。那么,"臣生"一词是否有可能是早期天师道所特有的一种法位或身份名号呢?实际上,我们在明代《道藏》中检索不出任何一例"臣生稽首"的用法,反而是东汉以来官府章奏文书的格式用语在六朝道教章表文书中被沿袭的例子屡见不鲜,如刘宋陆修静《太上洞玄灵

① (汉)蔡邕:《蔡中郎集》,《文渊阁四库全书》第1063册,台北:台湾商务印书馆1975年影印本,第142页。
② (刘宋)范晔:《后汉书》,北京:中华书局2000年版,第3082页。
③ (宋)洪适:《隶释·隶续》,北京:中华书局1985年版,第18页。
④ (梁)沈约:《宋书》,北京:中华书局1974年版,第342页。

宝授度仪》云："泰玄都正一平炁系天师阳平治左平炁臣某稽首再礼上言。"① 六朝时期《正一法文太上外箓仪》载："系天师某治炁祭酒臣某稽首再拜。" 至于"臣生"二字虽在六朝道教章表文书中并不少见，但都不是作为一个名词来使用。如晋宋之际的古灵宝经《太上大道三元品诫谢罪上法》载："臣生长流俗。"② 天师道经典《赤松子章历》卷五载："愿臣生缘家口大小等身。"③ 所以，"臣生"并不是早期天师道的法位名号，"臣生稽首"也并非早期天师道章表文书中的惯用语。

如前所述，陶弘景所见《老子内解》传本具有两处显著的文本特征：第一是以系师张鲁为作者，第二是文中屡见"臣生稽首"一语。而以上的讨论则证明，这两者其实是互相抵牾、难以并存的。如果《老子内解》的作者真是张鲁或最初即托名张鲁，那么文中应该不会出现"臣生"这样的自称。而从《七录》《隋书·经籍志》以及《经典释文》都以"巨生"作为《老子内解》的作者，却完全不提张鲁这一点来看，《老子内解》本文中确实是有"臣生稽首"这样的内容。这说明以系师张鲁为作者很可能只是陶弘景所见《老子内解》传本的一种说法，而这种说法应该是《老子内解》某一传本在流传中被附会的结果。这种现象并非孤例，例如同为道教徒注解《老子》的作品，陆德明《经典释文》记载《老子想尔注》的作者"不详何人，一云张鲁，或云刘表"，以张鲁为《老子想尔注》的作者是南北朝时期道教经典中一贯的记载，而以刘表为《老子想尔注》作者则是该书在流传过程中新出现的附会之说。类似的情况也见于《老子节解》。陆德明《经典释文》对于《老子节解》称："不详作者，或云老子所作，一云河上公作。"这里关于《老子节解》的作者就出现两种说法。《宋史·艺文志》著录"葛玄《老子道德经节解》二卷"，可见至晚在宋代又出现将三国吴时葛玄作为《老子节解》作者的说法。因此，所谓"系师注《老子内解》"的说法应该是《老子内解》某传本在流传过程中新出现的附会之说，我们并不能据此就认为系师张鲁就是《老子内解》的真正作者或最初托名的作者。

---

① 《道藏》第9册，北京：文物出版社、上海：上海书店、天津：天津古籍出版社1998年版（以下略注），第855页。

② 《道藏》第6册，第582页。

③ 《道藏》第11册，第211页。

通过下文对"皆称臣生稽首"一语的探讨，这一结论将会得到进一步证实。

二、"皆称臣生稽首"考释

我们再来探讨"臣生稽首"的问题。如果按东汉以来章奏文书的格式用语来理解"臣生稽首"，那么"臣生"是第一人称的自称，"生"为《老子内解》作者的名讳。不过，《经典释文》及承袭《七录》的《隋书·经籍志》皆以"巨生"作为《老子内解》的作者，这说明"臣生稽首"中的"臣生"也有可能是对作者的第三人称称名。那么，到底哪一种才符合《老子内解》的本义呢？除此之外，更令人难解的问题是：为什么在《老子内解》这样一部《老子》注中会不止一次出现"臣生稽首"这种看似与《老子》经文和注解毫不相关的文字呢？这在现存的自汉代以来的众多《老子》注本中都是找不到相同现象的。我们究竟应该如何理解"臣生稽首"在《老子内解》中多次出现的文本意义？要解决这些问题，我们首先需要将"稽首"一词还原到道教的具体文化语境中，考察六朝道教经典对该词的习惯性用法。

《周礼·春官·大祝》载："辨九拜，一曰稽首，二曰顿首……九曰肃拜，以享右祭祀。"《周礼注疏》云："一曰稽首，其稽，稽留之字，头至地多时，则为稽首也……稽首，拜中最重，臣拜君之拜。"[①] 可见"稽首"原是中国自先秦时期以来的九种跪拜礼之一，而且是其中表示恭敬程度最高的一种。自先秦以来，这种跪拜礼除用于祭祀场合之外，又常是臣子拜见君主时所用之礼。在六朝道教经典中，"稽首"最常见的用法主要分为两种：一是作为文书开头和结尾的固定格式词，出现在道教用来上达神灵的章表中，前文对此已经有所说明；二是经常被用于道教经法的传授场面。这一点对于我们探明《老子内解》中"臣生稽首"的文本意义至关重要。由于相关材料颇为丰富，我们试选取其中一些最为典型的例子来加以说明。

大约成书于魏晋时期的《西升经》有云：

---

① （汉）郑玄注，（唐）贾公彦疏，彭林整理：《周礼注疏》，上海：上海古籍出版社 2010 年版，第 962 页。

喜则稽首再拜，敢问学之奈何？老君曰：善为书术者，必绥其文……无进无退，谁与为谋。为是致是，非自然哉。喜则稽首，今闻命矣。①

东晋时期的上清经《皇天上清金阙帝君灵书紫文上经》称：

于是圣君吟歌毕，顾引青童使坐……出《灵书紫文上经》，以付青童君，下授有玄宫玉名，当为真人者。青童君退席，稽首拜而受之。②

东晋南朝时期的上清经《洞真太上八素真经修习功业妙诀》载：

太极四真人请问太上大道君曰：受法传经，言闻之矣，修习阶渐，缘何始乎？道君曰：初学之俦，奉经治写别室几案……良晨不亏，自有感效。重为子言之，审付其人也。真人稽首，受命奉行。③

晋宋之际的古灵宝经《洞玄真一劝诫法轮妙经》记载：

太上玄一真人告仙公曰：吾受太上命，使授子劝戒妙经，演法说教……今说其戒，以成子仙，子宜宝录，勤行道成，当更迎子于太极宫也。仙公稽首，受戒而辞去也。

晋宋之际的古灵宝经《太上洞玄灵宝诸天内音自然玉字》卷三记载：

元始天尊告太上道君曰：赤明始开其八天之炁，分度并属东方青天，天有八字，合六十四音，皆天中大梵隐语无量之音。行九炁天君

---

① 《道藏》第14册，第569—570页。
② 《道藏》第11册，第381页。
③ 《道藏》第33册，第468页。

之道，当佩其音，诵其章……勤为护度，谛受勿忘。道君稽首，奉受命旨。①

值得指出的是，该经其后关于南方丹天"三炁天君之道"、西方素天"七炁天君之道"、北方玄天"五炁天君之道"的讲解都是按照"元始天尊告太上道君曰……道君稽首，奉受命旨"这样相同的叙事结构来进行的。

南北朝时期的天师道经典《太上老君经律》记载老君为于吉讲说百八十戒条文后曰：

> 往昔诸贤仙圣，皆从百八十戒得道；道无形，从师得成。道不可度，师不可轻。弟子稽首，再拜受命矣。②

从以上所列举的六朝时期不同道派或经系的经典来看，这些道经都在按照一种相同的叙述模式来使用"稽首"一词，即当传经说法的主神为受法者传授经法完毕之后，受法者在最后都会施行"稽首"这一礼节，以表达自己的重道尊师之心和恭敬谢恩之意。而且显而易见的是，无论是"真人稽首""道君稽首""仙公稽首"或"弟子稽首"，这些施行稽首礼的受传经法者在道经中都是以第三人称来称呼的。以上两点是我们准确理解《老子内解》中"臣生稽首"的基础。

另外，王卡先生曾确证敦煌文书 S. 6228v 残片实际上是《老子节解》的唐代残抄本③，这一重要发现为我们探讨《老子内解》的这一问题提供了重要的线索。敦煌本《老子节解》残卷保存有原经第三十三到三十五章的内容，其中第三十三章首残，第三十四章内容完整，第三十五章尾残。值得特别注意的是，此残卷第三十三章末有"关令稽首"四字，第三十四章末有"臣稽首"三字。这让人联想到《老子内解》中出现的"臣生稽首"。

唐初最终成书的《三洞奉道科戒营始》卷五所载部分太玄部经目为：

---

① 《道藏》第2册，第550页。
② 《道藏》第18册，第221页。
③ 王卡：《道教经史论丛》，第291—320页。

> 《老子妙真经》二卷、《西升经》二卷、《玉历经》一卷、《历藏
> 经》一卷、《老子中经》一卷、《老子内解》二卷、《老子节解》二卷、
> 《高上老子内传》一卷、《皇人三一表文》）。兼前，称太上高玄法师。①

唐前期张万福《传授三洞经戒法箓略说》所载《道德经目》有云：

> 《老君西升》一卷、《妙真》上下二卷、《内解》二卷、《节解》二
> 卷、《高上传》一卷、《无上真人传》一卷、《紫虚箓》一卷。②

在以上两种太玄部经目中，《老子内解》与《老子节解》都被并列著录，而且这两部《老子》注在经名上非常接近。唐初法琳《辨正论》称《老子节解》："所明旨趣大都与《黄庭》合契，皆在服气养身及行房缩精之秘。"③唐末杜光庭《道德真经广圣义序》又称："《节解》上下，老君与尹喜解。《内解》上下，尹喜以内修之旨解注。"据此，《老子内解》与《老子节解》不仅在假托的作者上存在部分相同，而且在注解《老子》的旨趣上也都是以神仙炼养之学来注解《老子》。鉴于《老子内解》与《老子节解》在经名、性质、假托作者以及注释旨趣这些方面的一致性，两者之间可能存在较为密切的关系，我们完全有必要将两者联系到一起进行讨论。

首先，王卡先生关于《老子节解》的研究已经揭示该书其实具有整齐统一的体例。该书是将《老子》八十一章与人身八十一处神灵宫府相对应，因此《老子节解》在《老子》每章正文开头之前都会注明该章所对应的人身神灵宫府。如敦煌本《老子节解》第三十四章开头有"庚元属无形府"，第三十五章开头有"下元属禁府"。又据法琳《辨正论》中所引《老子节解》佚文称："其一曰泥洹府，解道可道……其六曰人之府，解谷神、玄牝、天地根、绵绵若存等。"可知《老子节解》第一章开头有"泥洹府"，第六章开头应有"人之府"。据此体例而论，虽然由于敦煌本《老子节解》残损的缘故，我们只能在第三十

---

① 《道藏》第 24 册，第 758 页。
② 《道藏》第 32 册，第 186 页。
③ 《大正新修大藏经》第 52 册，台北：财团法人佛陀教育基金会出版部 1990 年版，第 500 页。

三章和三十四章这两章末尾看到有"关令稽首"以及"臣稽首",但可确定的是,《老子节解》原本应该在每章末都有类似"关令稽首"这样的文字。

其次,《三洞珠囊》卷八引《老子节解序》云:"老子以无极灵道元年七月甲子授关令尹喜《五千文节解图》,受以长生也。"① 杜光庭《道德真经广圣义序》称:"《节解》上下,老君与尹喜解。"可知《老子节解》是依托老子为尹喜传授《道德经》中神仙内修之旨的叙事模式作成。根据上文所讨论的六朝道教经典在经法传授完毕后由受法者"稽首"的通例来看,《老子节解》第三十三章末之所以出现"关令稽首"乃至《老子节解》全经在每章末应该都有类似"关令稽首"的话,这正代表着每当传经者老子为关令尹喜解释完《道德经》每一章的内修旨要后,作为受法弟子的尹喜都要以稽首礼来表达自己的恭敬谢恩之情。这正如在前引《诸天内音自然玉字》中元始天尊为太上道君讲解四方天君之道的情景,即每当天尊为道君讲授完一方天君之道的施用方法,最后都会出现一次"道君稽首"。

在以上讨论的基础上,我们再来探讨《老子内解》所具有的"皆称臣生稽首"。

陶弘景云:"又见系师注《老子内解》,皆称'臣生稽首'。"现在看来,其中"皆称"二字确实意有所指。《老子内解》与《老子节解》皆为循章注解《老子》之作,由六朝道教经典在经法传授场景中使用"某某稽首"的通例和《老子节解》每章章末都以类似"关令稽首"来结尾的体例来看,陶弘景所谓"皆称'臣生稽首'",实际上就是指《老子内解》的每章章末都会出现"臣生稽首"。而且"臣生"无疑是受经者第三人称的称名。想来正是由于《老子内解》全经的每章章末都出现"臣生"这个人物,所以自阮孝绪《七录》以来都将"臣生"(后讹为巨生)视作《老子内解》的作者。但"臣生"究竟系何人?自唐代陆德明在《经典释文》中提出此疑问以来,这一问题虽被众多学者所论及,但至今一直都还未得到真正解决②。

解决此问题的关键线索是关于《老子内解》作者的另一种明确说法。杜光

---

① 《道藏》第 25 册,第 350 页。

② 如清代章宗源《隋书经籍志考证》、姚振宗《隋书经籍志考证》以及日本学者兴膳宏《隋书经籍志详考》等均未能有所考察。

庭《道德真经广圣义序》称："《内解》上下，尹喜以内修之旨解注。"《老子内解》作为唐代道教经法传授体系中太玄部的重要经典，在杜光庭的时代并未失传。而杜光庭本人又是博学多识的道教宗师，故其说无疑可信。南宋谢守灏《混元圣纪》卷三云："（老君）即授喜《妙真》《内解》。"① 其中《妙真》即指《老子妙真经》，《内解》则是《老子内解》，两者均属于道教太玄部经典。值得注意的是，"臣"与"尹"在字形上有相近之处，《老子内解》中的"臣生"会不会是从"尹生"讹误而来的呢？传世文献对《老子内解》一书的征引可以证明我们的这一推测。

陶弘景《养性延命录》卷上《教诫篇》保存有一条《老子内解》佚文：

> 《老君尹氏内解》曰：唾者，凑为醴泉，聚为玉浆，流为华池，散为精浮（液），降为甘露。故口为华池，中有醴泉，漱而咽之，溉藏润身，流利百脉，化养万神，支节毛发，宗之而生也。②

《云笈七签》卷三十二所收《养性延命录》节本亦有此条佚文，出处同样标明为《老君尹氏内解》。自东汉以来，道教即尊称老子为老君，所谓《老君尹氏内解》实即《老子尹氏内解》。可与之参证的是，日人丹波康赖撰《医心方》卷二十七《大体养性部》也引用了一段与以上引文基本相同的文字，其出处即名为《老子尹氏内解》③。

另外，唐初欧阳询编《艺文类聚》卷十七引《养生要·尹氏内解》曰："口为华池。"④《养生要》即《隋书·经籍志》所著录的《养生要集》。该书是东晋时代张湛、道林等四人各自编撰的养生著作的合集。陶弘景《养性延命录》

---

① 《道藏》第 17 册，第 814 页。

② 《道藏》第 18 册，第 476 页。

③ ［日］丹波康赖撰，王大鹏、樊友平、张晓慧校注：《医心方》，上海：上海科学技术出版社 1998 年版（其下略注），第 1120 页。

④ （唐）欧阳询撰，汪绍楹校：《艺文类聚》，上海：上海古籍出版社 1965 年版，第 317 页。

就是删略《养生要集》一书而来①。《艺文类聚》所存《养生要集》引自《尹氏内解》的这条文字也正见于陶弘景《养性延命录》所引《老君尹氏内解》的内容。值得注意的是，《养生要集》在引录《老子内解》时，称之为《尹氏内解》。无论是《老子尹氏内解》还是《尹氏内解》，正可与杜光庭"《内解》上下，尹喜以内修之旨解注"的说法相印证。在道教经典中，从第三人称的视角尹喜又会被称为"尹氏"。敦煌道经《老子道德经开题序诀义疏》云："第四文数者，寻青牛发轸，紫气浮关，真人尹氏亲承圣旨，当尔之日，止授五千。"②

《隋书·经籍志》著录："老子道德经二卷，巨生解。"陆德明《经典释文》著录："巨生内解二卷，不详何人。"如果将这两条记载与"老子尹氏内解""尹氏内解"这样的经名相对照，就可发现"巨生"实际上对应"尹氏"，即尹喜。而"巨生"系由"臣生"讹误而来，也就是说"臣生"本来是指尹喜。更为重要的证据是，在六朝道教经典尤其是《老子内解》所属的太玄部系列经典中，尹喜实际上一贯被称之为"尹生"。如葛洪《抱朴子内篇》卷八《释滞》称："尹生委衿带之职，违式遏之任，而有周不罪之以不忠。"③《无上秘要》卷一百《入自然品》引《老子妙真经》云："吾前以道授关令尹生，著《道德》二篇……所以为子书之者，欲使子觉自然，得之后以自成。尹生曰：学自然奈何？"④《关令内传》记载："故四皓曰：观老氏与尹生，岂不冥悟先机耶。"⑤ 南朝出世的《太上洞玄灵宝宿命因缘明经》云："道吾为老氏，携导尹生时。"⑥这些都是六朝时期道教经典一贯称尹喜为"尹生"的例证。

以上论证应该能够证明"臣生"原本应为"尹生"，也就是说正因为《老子内解》作成之初就是假托该经为关令尹喜所受，所以在《老子内解》每章章

---

① 学界关于《养生要集》的讨论，参见日本学者坂出祥伸：《张湛〈养生要集〉佚文とその思想》，《东方宗教》第 68 辑 1986 年，第 1—24 页；《养生要集》的辑录本参见严世芸等主编：《三国两晋南北朝医学总集》，北京：人民卫生出版社 2009 年版，第 734—745 页；朱越利：《〈养性延命录〉考》，《世界宗教研究》1986 年第 1 期，第 101—104 页，此文后收入朱越利：《道教考信集》，济南：齐鲁书社 2014 年版（以下略注），第 23—47 页。

② 《中华道藏》第 9 册，北京：华夏出版社 2004 年版，第 232 页。

③ 王明：《抱朴子内篇校释》，北京：中华书局 1980 年版（以下略注），第 153 页。

④ 《道藏》第 25 册，第 295 页。

⑤ 《道藏》第 18 册，第 16 页。

⑥ 《道藏》第 6 册，第 136 页。

末才会出现"尹生稽首"这样的文字。"臣"与"尹"两字在字形上有相近之处，陶弘景所见《老子内解》传本中"臣生稽首"的"臣"字应系最初的"尹"字之误。而"臣生"后来又误为"巨生"，可谓讹以滋讹，遂使得唐初《隋书·经籍志》《经典释文》两书所载的"巨生"身份成为学者至今一直无法索解的谜题。还可指出的是，敦煌本《老子节解》第三十四章末"臣稽首"中的"臣"字应是从某个对尹喜第三人称的两字称名讹脱而来，"臣稽首"很可能系最初的"尹生稽首"之讹脱。"尹生稽首"与其第三十三章末的"关令稽首"相同，都是表示受经者尹喜跪拜礼谢老子的传道之恩。这也符合上文所论六朝道教经典使用"某某稽首"的通例和《老子内解》全经的叙事模式。

三、《老子内解》与《老子节解》的关系

《老子内解》和《老子节解》均已佚失。传世文献中虽尚存《老子节解》大量佚文，但《老子内解》的佚文却仅存陶弘景《养性延命录》所引的一条，如此很难就两者之间的文本关系做出充分具体的考察。但如果我们将陶弘景《养性延命录》（即东晋时代张湛《养生要集》的删节本）纳入与《老子节解》佚文对比的范围，则会有意外的发现。《养性延命录》可与《老子节解》佚文进行对比的内容共有三处：

《养性延命录》	《老子节解》
《老君尹氏内解》曰：唾者凑为醴泉，聚为玉浆，流为华池，散为精浮，降为甘露。故口为华池，中有醴泉，漱而咽之，溉藏润身，流利百脉，化养万神，支节毛发，宗之而生也。（《道藏》第18册，第476页。）	唾者溢为醴泉，聚（为玉浆），流为华池府，散为津液，降为甘露，漱而咽之，溉藏润身，通宣百脉，化养万神，支节毛发，坚固长春。（《道藏》第22册，第387页。）
《内解》云：一曰精，二曰唾，三曰泪，四曰涕，五曰汗，六曰溺，皆所以损人也，但为损有轻重耳。人能终日不涕唾，随有漱满咽之，若恒含枣核咽之，令人爱气生津液，此大要也。（《道藏》第18册，第482页。）	《老子》第一章"同出而异名"，《老子节解》曰：异名者谓诸精，其名有六。一曰精，二曰溺，三曰汗，四曰血，五曰涕，六曰唾，故曰异名。（《大正藏》第52册，第500页。）

《养性延命录》	《老子节解》
老君曰：……司阴之神在人口左，人有阴祸，司阴白之于天，天则考人魂魄。司杀之神在人口右，人有恶言，司杀白之于司命，司命记之，罪满即杀。唯向人求非，安可不慎言。 舌者，身之兵，善恶由之而生，故道家所忌。（《道藏》第18册，第480页。）	《老子》第七十四章"常有司杀者"，《老子节解》曰：谓口也，在口左为司阴，口右为司杀。人有阴过，则司阴白之于上天，考人魂魄；人有恶言，则司杀白之于司命，司命记之，罪满则杀之也。（《道藏》第13册，第350页。）

　　对比以上三处文字可知，第一，《养性延命录》所引《老子内解》佚文与《老子节解》佚文极为相似，其中的个别字句差异应该是在长期的传抄过程中产生的；第二，魏晋神仙养生家关于人身六液的观念被《老子节解》用来解释《老子》第一章中的"同出而异名"；第三，《老子节解》对于"常有司杀者"一句的注解见于《养性延命录》所引"老君曰"的部分内容，而在《老子》全文中有多处都论及用兵之道，《老子节解》直接将《老子》中的"兵"解释为人身之口，认为口若出言不当，则会招来兵革之灾祸，伤及自身，所以言语必须谨慎。《老子节解》这种独特的解释无疑是对"舌者，身之兵，善恶由之而生，故道家所忌"这种神仙养生思想的发挥。

　　在以上三处文本对比的基础上，结合前文对《老子内解》《老子节解》的相关讨论，我们可以对《老子内解》与《老子节解》之间的关系尝试做出判断：

　　从内容上来讲，两经都是以神仙炼养之旨注解《老子》，在具体注文上有极为一致的地方，但《养生要集》在这一相同内容上引用了《老子内解》却未引《老子节解》，而且《老子节解》中某些独特的注解可以在《养生要集》中找到直接的文本来源。另外，《养性延命录》作为《养生要集》的删节整理本，全书引用《老子内解》，也未见引用《老子节解》。

　　从体例上来讲，两者都为循章注解《老子》之书，且每章章末都以"尹生稽首"或"关令稽首"来结尾。这种独特的体例既然为两经所共有，说明两者之间必然存在直接的参照关系。但《老子节解》在体例上还以《老子》八十一章对应人身八十一处神灵宫府，即在每章开头都注明该章所对应的人身神灵宫府，特别突显了存思身神在神仙炼养术中的核心地位，这正好与东晋中期以后以存思身神为主要特色的上清经在江南地区出世和流传的历史背景相应。《老子节解》的这一大特色是《老子内解》所不具备的。

从经典来历上讲，《老子内解》假托该经为尹喜所受，所以《老子内解》被称为《老子尹氏内解》或《尹氏内解》。而《老子节解》则明确称该经是由老子亲自传授给尹喜，这比《老子内解》在经典来历上更为神圣权威和久远。杜光庭《道德真经广圣义序》历举唐末以前六十多种重要的《老子》注解，排在首位的即是《老子节解》，第二为《老子内解》，这种排序上的先后就是出于对经典来历的认同。从层累说的角度讲，具有这种传授神话的《老子节解》应该是比《老子内解》更为晚出的。

综合以上三方面的分析来看，《老子节解》应该是在参照《老子内解》的文本基础上，进一步吸收和发挥魏晋神仙养生家之言发展而来，《老子节解》成书于《老子内解》之后。两经都是以神仙炼养之旨注解《老子》，在宋代仍都存世，但大概正是由于《老子节解》是在《老子内解》的基础上"后出转精"，无论在形式还是内容上都比前者更为邃密，所以在宋朝道士纂集的《道德真经注疏》中才会大量引用《老子节解》，却未引用《老子内解》。

四、《老子内解》的撰作背景与年代

由于《养生要集》明确引用了《老子内解》，所以该经在东晋时代已经作成。值得探讨的是《老子内解》成书时间的上限，我们在葛洪《抱朴子内篇》中可以找到解决此问题的重要线索。葛洪《抱朴子内篇》卷八《释滞》云：

《五千文》虽出老子，然皆泛论较略耳。其中了不肯首尾全举其事，有可承按者也。但暗诵此经，而不得要道，直为徒劳耳，又况不及者乎？①

以上文字对于我们认识《老子内解》《老子节解》这两部道教解老著作产生的历史背景具有重要意义。葛洪作为魏晋时期神仙道教的集大成者，他对《老

① 王明：《抱朴子内篇校释》，第151页。

子》的这段评价在当时以及其后的神仙道教群体中无疑具有相当的代表性和影响力。以追求长生成仙为目标的神仙道教，所重视的是诸如服食、金丹、房中以及行气等各种具体可行且实用的炼养方术。而《老子》一书中的众多文字本来与神仙炼养之术并无直接关系，虽然其中确实有不少内容蕴含深邃的修道理念和思想，但相关文字表达却极为凝练简约，让修炼者无法直接落实为具体的炼养理论和方法。从神仙道教的立场来看，这正是葛洪所批评的"皆泛论较略耳，其中了不肯首尾全举其事，有可承按者也"。而《老子内解》《老子节解》都是完全从神仙炼养角度诠解《老子》，且又假托尹喜或老子亲授予尹喜，这就借助老子和尹喜的权威名义把《道德经》改造成了一部纯粹在讲神仙炼养之道的仙经秘典。也就是说，这两部《老子》注正是从神仙道教的立场出发，在试图解决葛洪所批评的《道德经》在具体的炼养之道上与神仙道教相脱节的问题。

可与之相参证的是，《抱朴子内篇·遐览》并无著录《老子内解》。至于《老子节解》，《遐览》篇著录有《节解经》，关于此《节解经》是否即《老子节解》，学界一直存在疑议。我们已经证明《遐览》篇所著录的《节解经》并非《老子节解》①。综上所述，《老子内解》应该作成于葛洪《抱朴子内篇》之后的东晋时期。如果考虑到《老子内解》与《老子节解》之间的先后关系以及《老子节解》与东晋中期以后以存思身神为主要特色的上清经相应的背景，《老子内解》有可能作成于东晋前期。

五、结 语

《老子内解》是东晋时期的道教学者从神仙道教的立场出发，为了解决《道德经》与具体的神仙炼养实践相脱节的问题，假托尹喜所受，以神仙内修之旨注解《老子》的作品。与大多数《老子》注不同的是，该经在形式上还特别依照道教经典在经法传授场景中由受法者施行稽首礼的通例，在每章末皆使用"尹生稽首"，体现了鲜明的道教经典色彩。在《老子内解》从东晋出世到南朝齐梁之际的流传过程中，该经某传本被附会为天师道系师张鲁所作，而且原来

---

① 参见张晓雷、王承文：《〈老子节解〉新探》，《敦煌学辑刊》2020 年第 1 期，第 38 页。

每章末的"尹生"也改为"臣生",这就是陶弘景在《真诰》中所云"又见系师注《老子内解》,皆称'臣生稽首'"的由来。

在南北朝隋唐时期的道教经法传授体系下,道士一般要受持和学习的《老子》注本有四种,即《老子河上公注》《老子想尔注》《老子内解》和《老子节解》。如果说《老子河上公注》是以汉代黄老道家的治身治国思想为宗旨,《老子想尔注》注重于天师道神学和宗教道德戒律的建构,那么《老子内解》则是道教人士试图从形式和内容上把道家经典《老子》改造为神仙道教经典的第一次尝试。该书对道教另一部以神仙炼养之旨注解《老子》的《老子节解》有直接而重要的影响。《老子节解》应该就是在参照《老子内解》文本的基础上,进一步吸收魏晋神仙养生家之言发展而来。

"道生一"文句之解读

郭继民*

内容提要：关于《道德经》第四十二章中"道生一，一生二，二生三，三生万物"之解释（简称"道生一"文句），历来注家如云，见仁见智。大体而言，主要有以下几种：即宇宙生成论的解释、玄学的解释及现代科学意义上的解释等。客观地讲，上述诸解释，皆能从《道德经》文本中寻得其凭借，有其存在之理由。此言，诸解释皆益于《道德经》之理解。然若就"文句"本义言，似应当从老子"玄学"之立场理解之，庶几更符合老子原义乎！

关键词：道生一；宇宙论；玄学；解读

《道德经》第四十二章中"道生一，一生二，二生三，三生万物"[①] 之文句，为人所熟知。但若深究其义，则世人未必真能知晓。譬如：道缘何"生"一？其义云何？二、三又分别代表什么，如何相生？等等，诸多问题，历代学者进行了艰苦卓绝的研究。且不说古代学者如河上公、王弼、成玄英、李荣、王夫之等大学者皆探索之，现当代学者如蒙文通、冯友兰、牟宗三、陈鼓应、詹石窗、刘笑敢、张祥龙、林安梧等先生亦皆给予相当的关注。除此外，尚有学者专门对上述解释进行总结、探析，如学者林光华的《〈老子〉第四十二章之

---

* 郭继民，男，山东郓城人，四川思想家研究中心（宜宾学院）副教授。

① （魏）王弼著，楼宇烈校释：《王弼集校释》，北京：中华书局1980年版，第117页。

解读及方法论初探》①就上述观点进行比较，并从生成论、境界论等方面进行论述。然而，到底哪种才是老子本义或更接近老子本义，至今似并无定论，故仍然值得探讨。

在探讨此问题之前，人们亦尝有此困惑：《道德经》一句简短的文句，何以能导致后世如此多的讨论？以笔者浅见，究其原因，至少有三：一则该文句在《道德经》中颇具分量，此可从解读者的关注度看出；二则在于老子为文过于简洁，且未"明"其所指，为后人留下了足够大的解释空间。更何况，解释学家加达默尔认为"理解就不只是复制一种行为，而始终是一种创造性行为"②；三则后人所持角度不同，因而使得后世解读呈现多维之状，甚或有让人莫衷一是、难以取舍之感。

关于"第四十二章"的解释仍在途中。"在途中"首先意味着经典自身的魅力是无穷的；其次意味着后来者能站在前人的肩膀上更多地综合前人看法，进行斟酌、比对、归纳，从而寻找更恰适的解释。因此之故，本文重新探讨此问题并非简单的重复，而是借讨论此问题达成两个基本任务：通过讨论问题，借以传播经典文化；通过对问题的讨论，将研究引向深入。

一、"道生一"之疏解

细究起来，关于"道生一"三字，着实让人困惑。若以分析哲学视野观之，"道"本属"一"（说出的"道"无论数量上还是指称上皆是"一"），既然"道"本来就是"一"，何必又曰生？（自然，"道生一"并非简单地等同于其后的"一生二，二生三"）因为，站在老子立场，"道"与"一"几乎同义。《道德经》第二十二章云："是以圣人抱一，为天下式。"③ 第三十九章云："天得一以清，地得一以宁，神得一以灵，谷得一以盈，万物得一以生，侯王得一

---

① 林光华：《〈老子〉第四十二章之解读及方法论初探》，《中国哲学史》2012年第1期，第38—47页。

② ［德］汉斯-格奥尔格·加达默尔著，洪汉鼎译：《真理与方法》上卷，上海：上海译文出版社2004年版，第383页。

③ （魏）王弼著，楼宇烈校释：《王弼集校释》，北京：中华书局1980年版，第56页。

以为天下贞。"① 此两处所言之"一"亦可理解为"道",或曰,"一"与"道"是同义的。庄子亦重述"道与一"的关系,《庄子·天下》言:"'神何由降?明何由出?''圣有所生,王有所成,皆原于一。'"② "皆原于一",意为"皆原于道",此谓"道""一"同义。关于此认识,历代学者并无异议。

问题在于,既然"道""一"同义,是一回事,又何必言生?类似的,尚有学者提出与此相关的另一组命题,即第二十五章所言的"人法地,地法天,天法道,道法自然"③ 中的"道法自然"。"自然"在老子《道德经》中,其义亦大致同于"道",关于这一点,无论老庄还是魏晋新道家皆认同之。倘若"道"与"自然"同义,则若按流行的观点将"法"解释为"效法",就不甚恰当:若言"道"与"自然"同义,则有重复之嫌;若言不同义,则意味着"道"尚不是最高概念,因为它要效法更高的模板——"自然"。关于该问题之解决,有学者指出"人法地,地法天,天法道,道法自然"之文句同"道生一,一生二,二生三,三生万物"乃是一个"前后错位对称"的结构,即"道生一"之"生"同"道法自然"之"法",近乎"对称":皆应作"是"讲,其他的"生"和"法"则按"生成"和"效法"讲。笔者以为,虽然词义解释尚可接受,但讲法未免牵强。事实上,两文句在不同的章节,老子成文之时,大抵并无什么"非对称"念头。此类观点的可取之处,在于它指出了"道"与"一"、"道"与"自然"的同义关系,倒也符合老子原义。

既然"道"与"一"同,人们又当如何理解"道生一"之"生"呢?笔者倾向于"体用说"。此说肇始于晋人(体用关系原本是魏晋时的主要辩题,考其源,似源于佛学),如晋人孙登"妙一宅于太虚之内,玄化资于至道之用,故因其所由谓之生"④,实则将"道"与"一"视为"体用"关系,开创了体用解释该文句的先河;宋人陈景元接续其说,明确提出"一者道之用也,道者一之体也。一之与道,盖自然而然者焉"⑤;白玉蟾在《紫青指玄集》中亦言,"道者

---

① (魏)王弼著,楼宇烈校释:《王弼集校释》,北京:中华书局1980年版,第106页。
② (清)王先谦著,陈凡整理:《庄子集解》,西安:三秦出版社1998年版,第465页。
③ (魏)王弼著,楼宇烈校释:《王弼集校释》,北京:中华书局1980年版,第65页。
④ 蒙文通:《道书辑校十种》,成都:巴蜀书社2001年版,第201页。
⑤ 同上书,第715页。

一之体，一者道之用"①，进一步明确了"道"与"一"的体用关系。

按此理解，"道"与"一"固然为同一个东西，但又略有差别，其差别在于作为形上之"道"实从静态维度言之，为体；而"一"则是道之"用"，属动态。既然"用"乃"道体"之显现，故而，"道生一"之"生"理解为"显现"较稳妥，它能规避"道"与"一"的同义重复，又切合老子"道不可见"的玄学意蕴——道体虽不可见但可显现为"一"。牟宗三先生亦从体、用维度探讨老子之"道"与"无"的关系。按牟先生的理解思路，大致可将"道"视为境界层，而"一"则可视为作用层②。笔者以为，人们言"得道"不言"得一"，当从境界上说；人们若要得道，须"守一"、须"一以贯之"，此则从作用层（或方法上）上言。本质上，牟氏的境界层与作用层之区分与"体用说"近乎一致。

另，关于"道生一"的理解，蒋锡昌先生给出另一种解释，他当然承认"道""一"是一回事，只不过二者指称的角度不同而已，"道始所生者一，一即道也，自其名而言之，谓之'道'；自其数而言之，谓之'一'"③。蒋先生的看法，实则亦类似于"体用"关系。此犹如意、象、言的关系，意、象、言其实都是针对同一个事物而言，只是站在不同的维度而已。

同理，道"法"自然（其实关键在于理解道与自然的关系），亦应如是理解。晋人王弼以"道不违自然，乃得其性"④解释"道法自然"（自然者："自然而然之谓也"），甚得牟宗三先生的认可："'道法自然'，以自然为性，然道并不是一实有物之独立概念，即并不是一'存有形态'之实物而以自然为其属性。"⑤此言，并非道取法外在的一个自然，而是道自然地按其本性运行，亦大抵为笔者所谓的"显现"义——道的自然显现。若非要把"法"理解为效法，那么"自然"则应理解为"自我天然本性"⑥——道取法自身之自然本性。

---

① 宋崇实编：《中国文化精华全集》第6册，北京：中国国际广播出版社1992年版，第547页。

② 参见牟宗三：《四因说演讲录》，上海：上海古籍出版社1998年版，第74—77页。

③ 陈鼓应：《老子今注今译》，北京：商务印书馆2003年版，第235页。

④ （魏）王弼著，楼宇烈校释：《王弼集校释》，北京：中华书局1980年版，第65页。

⑤ 牟宗三：《四因说演讲录》，上海：上海古籍出版社1998年版，第99页。

⑥ 注：此外尚有修道者对文句的解读。以道法自然为例，有人将之标注为"人，法地地，法天天、法道道，法自然"，看似荒唐，细析之，亦有兴味。因修道之体悟主观性较强，难以表达，故在此不论。

若结合老子"大曰逝，逝曰远，远曰反"①之论，同样也能讲得通。

解决了"一"同"道"的关系问题，我们势必又要追问另一个疑问，即，由"道"显现出来的"一"如何派生出所谓的二、三乃至万物？

二、"宇宙生成说"的解释

关于由"一"衍生的二、三（即"一生二、二生三、三生万物"）之理解，亦是众说纷纭。然，若统观历代名家诸义，大抵可分为两派，一则为"宇宙生成论"的解释模式，一则为"玄学思辨"的解释模式。宇宙生成论的解释模式，又可根据气、数之不同分作两派："元气演化说"与"气数结合说"。

（一）"元气演化说"

其核心要义将未分化的"一"（道之"用"）视为元气，"二"则意味着元气所演变出的阴、阳二气，"三"则表示由阴阳二气及元气的混合，并由此化生万物。如河上公认为："道始所生者一，一生阴与阳也；阴阳生和、清、浊三气，分为天地人也。天地共生万物，天施地化，人长养之也。"②成玄英解为：

> 一，元气也；二，阴阳也；三，天地人也。万物，一切有识无情也。言至道妙本，体绝形名，从本降迹，肇生元气。又从元气，变生阴阳。于是阳气清浮升而为天，阴气沉浊降而为地。二气升降，和气为人。有三才，次生万物。③

唐代学者李荣亦曰：

> 道生一，虚中动气，故曰道生，元气未分，故言一也。一生二，清浊分，阴阳著也。二生三，运二气三分。三生万物，圆天覆于

---

① （魏）王弼著，楼宇烈校释：《王弼集校释》，北京：中华书局1980年版，第64页。

② 王卡：《老子道德经河上公章句》，北京：中华书局1993年版，第168—169页。

③ 蒙文通：《道书辑校十种》，成都：巴蜀书社2001年版，第462页。

上，方地载于下，人生（荣"注"作"主"）统于中，何物不生也。①

清末大儒王夫之亦尝用"气论"解释该文句，他以"冲气为和"解释"道生一"："当其为道也，函'三'以为'一'，则生之盛者不可窥，而其极至少。当其为生也，始之以冲气（一），而终之于阴阳（二）。"② 阴阳二气与冲气为三，以生万物。

"元气演化说"之所以能占主导地位，既跟《道德经》的文本有关，亦与汉代的宇宙生成论之广泛影响有关。《道德经》文本多次提到气及阴阳等概念，譬如"万物负阴而抱阳，冲气以为和"③ 等；继其后的《庄子》延续老子学说亦有"通天下一气耳"④ 之言，此大抵为其解读根据之所在。另，汉人的宇宙生成模式以气为万物之源始，且此观念较系统化、理论化、精细化，益发加固了后人"元气演化论"的看法。

然而，此传统看法受到现、当代学者们的质疑。牟宗三先生就认为以"气"论之尚非妥当："老子明明说'道生一'，并没有落在气上讲。落在气上讲，形而上的道便没有了。"⑤ 徐复观先生亦有所质疑，如果"二"指"阴阳"，老子为什么不直接说"一生阴阳"呢？老子谈到创生过程时，为什么在其他处不见"阴阳"二字呢⑥？徐先生认为，老子提出的"万物负阴而抱阳"说，是在万物既成之后，而非生成之前，故以结果作原因是不妥的。马德邻先生也谈到这一点："我们在理解《老子》之宇宙生成过程时，应注意两点：（1）《老子》从未在时间上排过天地万物的先后次序；（2）《老子》亦未曾言'道先产生阴阳二气，而后由阴阳二气冲而为和气，进而产生万物'。"⑦ 很明显，马德邻先生实则承续了徐氏的观点，他认为"元气演化论"的误区在于：用后天之万物去说明先天之"一"，此未免颠倒了逻辑顺序。

---

① 蒙文通：《道书辑校十种》，成都：巴蜀书社 2001 年版，第 202 页。

② （清）王夫之：《老子衍》，北京：中华书局 2010 年版，第 24 页。

③ （魏）王弼著，楼宇烈校释：《王弼集校释》，北京：中华书局 1980 年版，第 117 页。

④ （清）王先谦著，陈凡整理：《庄子集解》，西安：三秦出版社 1998 年版，第 298 页。

⑤ 牟宗三：《四因说演讲录》，上海：上海古籍出版社 1998 年版，第 99 页。

⑥ 徐复观：《中国人性论史》，台北：台湾商务印书馆 1969 年版，第 334—335 页。

⑦ 马德邻：《老子形上思想研究》，上海：学林出版社 2003 年版，第 77 页。

（二）"气数结合论"

"气数结合论"亦非空穴来物，究其根源，它实则为老子学说与系辞之"太极演化"相结合的产物。《易传·系辞》谓："是故《易》有太极，是生两仪，两仪生四象，四象生八卦，八卦定吉凶，吉凶生大业。"[①]（宋明以降，学者多以周敦颐的《太极图说》为依据。）《易传·系辞》这段话被视为儒家经典的"宇宙演化图"，对古人影响极大。后世学者多将"太极"与"道"类比，将阴阳二仪与"一生二"类比，将"四象、八卦"及"阴阳衍生之物"喻作"三生万物"。当然，其解亦非全落在数上，而是将气、数结合起来。如，《淮南子·天文训》的解释："道曰规始于一，一而不生，故分而为阴阳，阴阳合和而万物生，故曰：'一生二，二生三，三生万物。'"[②] 乍看此论，似应归属"元气演化说"；然其后又曰：

> 道始于虚霩，虚霩生宇宙，宇宙生气。气有涯垠。清阳者薄靡而为天，重浊者凝滞而为地……天地之袭精为阴阳，阴阳之专精为四时，四时之散为万物。[③]

其遵循的模型大抵为《易传》的"一（道）、二（阴阳）、四（四时或四象）、万物"之"数"的模式，皆融合了气、数。

近代以气数结合最典型者，莫过于民国易学家杭辛斋，其言："天地之数，一生二，二生三。《老子》曰：'一生二，二生三，三生万物。'盖物一者自我而有，未为数也，至二而成数矣。然犹为一奇一偶之名，而未著乎数之用也。至三，则数之用生，以此递衍，可至于无穷。故一不用，二为体，三为用。《易》有太极一也，阴阳二也，阴阳之用三也。"[④] 杭氏几乎纯以数解之，"一"为不用，源自《易传》"大衍之数五十，其用四十有九"，"一"相当于"不易"；"二为体"，是以"阴阳为体"；"三为用"的原因在于"《易》之道备于

---

① （明）来知德注，胡真校：《周易》，上海：上海古籍出版社 2014 年版，第 320 页。

② 何宁：《淮南子集释》上册，北京：中华书局 1998 年版，第 244 页。

③ 同上书，第 165—166 页。

④ 杭辛斋：《学易笔谈》，沈阳：辽宁教育出版社 1997 年版，第 54 页。

三”，本卦（即三划卦）卦爻亦止于三，作为“六划卦”的别卦亦不离“三”——不过是“双三”（内卦三划、外卦三划）而已。杭氏以“数”（也涉及阴阳之气）解老未免有过度诠释的成分，但以解释学视野观之，亦不失一家之言。当然，杭氏亦采用了“体用”的观念，只是他将“三”作为“用”，以“二”（阴阳为二）为体，与老子原义有较大出入，概老子之“一”为道、为体。

“气数结合”尚有另一种解释，乃是将“五行”、《河图》与《老子》相联系①来说明之。该理论认为，“一生二，二生三，三生万物”与《河图》“天一生水，地六承之”及“方位”说关联起来，似乎更能解释“三生万物”。《尚书大传·五行传》谓：“天一生水，地二生火，天三生木，地四生金。地六成水，天七成火，地八成木，天九成金，天五生土。”②若将之与节令与方位相关联，三为木、为东方，为春天，正所谓“春生万物”，三者，春也。由于春生万物，故言三生万物：此解亦通。又，古语“三”为多，事物唯有在多样性中方能生长、培育，生物多样性越少，越不利于其生存，以此理言“三生万物”，亦解得通。但该理论忽略了对“一生二，二生三”的解释。

“气数演化说”同样受到现代学者的质疑，刘笑敢先生认为，“《周易》系统讲太极生两仪、两仪生四象、四象生八卦，完全没有三的位置，与老子思想不合”③；李零先生则认为，《老子》是“哲学层面的讨论”，而《太一生水》是“宇宙论的描述”④。言外之意，虽然《太一生水》与《系辞》中的宇宙论有相似之处，但二者毕竟分属不同体系。这样的解释显然是后人开拓出来的，但未必就是老子本义。

三、思辨玄学上的解释及拓展

玄学（或思辨哲学）上的解释，似乎更合乎现代哲学的理路，因“宇宙生

① 参见郭继民：《老子也通〈易〉》，《中国社会科学报》2017年1月10日，第2版。

② 李学勤、吕文郁主编：《四库大辞典》（上），长春：吉林大学出版社1996年版，第167页。

③ 刘笑敢：《老子古今：五种对勘与析评引论》，北京：中国社会科学出版社2006年版，第439页。

④ 李零：《郭店楚简校读记》，北京：北京大学出版社2007年版，第32页。

成论" 毕竟为古人对万物生成之臆测，既缺乏客观根据，亦无缜密逻辑为支撑，故"宇宙生成论"（宽泛意义上，宇宙论当然属哲学，但其哲学思辨意味不浓，带有描述性质）最终让位于思辨玄学。思辨玄学①（偏向于现代意义上的本体论哲学）在今天看来似乎为哲学之正宗。具体到该文句之解读，即从玄学层面而论，亦有不同的维度。总括而言，大致为三，一为庄子、王弼在玄学层面上的解释，一为现代学者对庄、王思路之拓展与发挥；三为现当代学者其他哲学性解释。

（一）庄子、王弼的玄学解释

庄子哲学极富思辨色彩，对于"道生一，一生二"之文句，庄子并没有掺杂以"气"——虽然在《庄子》中，"气"出现频次并不低。其涉及老子"道生一"的论述主要体现在《齐物论》中：

> 天地与我并生，而万物与我为一。既已为一矣，且得有言乎？既已谓之一矣，且得无言乎？一与言为二，二与一为三。自此以往，巧历不能得，而况其凡乎？故自无适有，以至于三，而况自有适有乎？无适焉，因是已。②

字面上，庄子触及"一、二、三"的问题，实质上则否。庄子似乎并非针对老子"道生一"文句进行解释，而是为了解决"齐物"的问题进行"反解释"——客观也牵涉到"道生一"文句。庄子试图回归"天地万物为一"的道之状态，故他要"齐物"；若要齐物，则须将庞杂之"多"（各种意见）得以形成的过程描述出来，如此才能重返"一"之状态。于是，他提出自己的看法，道（所谓"天地万物"）本是一，当人言道时，道与言就变成了"二"，如此辗转不已，则所谓的"三"与纷繁之世界（即"意见的世界"）得以形成矣！此乃"一→多"的过程，若重新回归大道，则莫若齐物，通过齐物

---

① 对于玄思或玄学，牟宗三先生认为，人的思考进而至玄思的时候，境界就很高了。玄思的境界一定比逻辑思考高，依《道德经》言玄之意义，其层次在逻辑思考之上。笔者取玄学宽泛义，大致将其他哲学解释纳入其中。

② （清）王先谦著，陈凡整理：《庄子集解》，西安：三秦出版社1998年版，第30页。

我、齐是非、齐生死，即经过"多→一"的"净化"程序，重返逍遥之道。据此观之，庄子并未针对老子的"道生一"进行解读，但庄子所言启发良多，其所持的语言学思路启发了后学王弼。

王弼对老子"道生一"章句的解释实借庄子《齐物论》而阐发，但他将"道生一"问题引向了深处。王弼解释道：

> 万物万形，其归一也。何由致一？由于无也。由无乃一，一可谓无？已谓之一，岂得无言乎？有言有一，非二如何？有一有二，遂生乎三。从无之有，数尽乎斯，过此以往，非道之流。①

王弼的独特之处在于他将"无"引入到解释之中，他认为，万物归一，然导致"一"出现，"一"，实则意味着"无"。此"无"颇似黑格尔在《小逻辑》中那个没有任何规定的"纯有"概念一样，既然万物皆要齐一，意味着去其"有"——经过"齐"之环节以去除各自的属性同归于"一"，此"一"对具体物而言，无非是"无"（黑格尔称一为"有"，此为二者之异）。然而，当说出"一"这个称谓时，又有名出焉，名必有所"指"（其中，名是虚的，为无；所指是实的），于是名与"所指"（实）成为"二"（指之"名"与"所指"的对偶性）②，"二"即为"有"（即老子所谓"有，名万物之母"的有）；"二"再回到原初绝对冥一的"无"（即"一"），而为"三"，"三"才可生万物。学者林光华认为王弼对"一""二""三"的解释同样是从语言之维度进行的，其观点与庄子相似，她认为一旦有了第一个命名"一"，就不能不有更多的名，以此类推，越往下命名越离开了老子之"道"③。细思来，王弼的思路诚如《庄子·齐物论》所言的"大块噫气"之说，风本无声，然当其触物而作，则前者唱、后者合，辗转无穷。庄子以此喻"道"与"言语"的关系，王弼则借此立论，他认为若要对道言说，势必有能指（语言）与所指（道），"能指"辗转下去，由一而多，由无而有，于是万物生焉！此约略为万物生成之形上解释。当

---

① （魏）王弼著，楼宇烈校释：《王弼集校释》，北京：中华书局1980年版，第117页。

② 说明：将"二"理解为指称之词（非"一"与其所指称之相加），也讲得通。

③ 林光华：《〈老子〉第四十二章之解读及方法论初探》，《中国哲学史》2012年第1期，第43页。

然，当人执着于此（能指），则大道已远矣。此思路无疑是玄学的思路——当然，其语言哲学的韵味颇浓厚。

（二）现代学者对"玄学之解"的接续与发挥

现代学者中承续、发挥并拓展庄子、王弼思路者当以冯友兰、牟宗三两位先生为代表。

冯先生从哲学本体论的维度对该文句进行解释："如果作本体论的解释，一、二、三都不是确有所指，不是什么具体的东西。只是说，无论道生多少东西，总有一个是先生出来的，那就叫一。有一个东西，同时就有它的对立面，那就是二。二与道加起来就是三。从三以后，那就是天地万物了。"① 在《新原道》中，冯先生进一步指出："道所生之一，就是有。有道，有有，其数是二。有一有二，其数是三。此所谓一二三，都是形式底观念。这些观念，并不肯定一是什么，二是什么，三是什么。"② 冯先生虽未直言其论接续于王弼，但其对该文句的解读无疑沿袭了王弼的思路。此种解释显然不同于"宇宙生成论"之拘泥于"道生一"文句本身，而是就万物产生的根据进行形上之溯源，颇具庄子、王弼的玄学色彩。

牟宗三先生则首肯王弼的解释，"王弼对道家能相应，对儒家则完全不相应"③，王弼注的《易经》虽然有功于后学，但是与儒家的心态终究是不相应的。但是，"王弼注解《老子》却能相应，到现在没有人能超过王弼那个注"④，此足见牟氏对王弼之推崇。牟氏承认王弼的解释，并借王氏而发挥之。他认为王弼的一、二、三分别代表无、有、玄。其中无是一，有是二，有无混一就是"玄"，玄就是三。到"三"的时候才是"众妙之门"，才是道（指道之作用方式），就是"三生万物"。单纯地停留于"无"或"有"，"那么这个道"只不过是抽象思考，所以一定要兼顾"有"（"二"）、无（"一"），方是"玄"，方能表现出"道"，方能符合老子所言"二者同出而异名，同谓之玄，众妙之门"的哲学思辨理路。牟先生认为，王弼的贡献在于理清了二者之间的"分际"（事

---

① 冯友兰：《中国哲学史新编》第 2 册，北京：人民出版社 1984 年版，第 49 页。
② 冯友兰：《新原道：中国哲学之精神》，北京：三联书店 2007 年版，第 48 页。
③ 牟宗三：《四因说演讲录》，上海：上海古籍出版社 1998 年版，第 45 页。
④ 同上书，第 47 页。

实上，真正让王弼的理路/分际清晰起来的乃是牟先生本人）。他指出，老子之
"无"不是"实有"态，而是"作用态"，故而从实有意义上讲"无中生有"是
讲不通的。老子言"无中生有"是从"作用态"上讲，此即王弼所言的"不塞
其源，则物自生，何功之有？不禁其性，则物自济，何为之持"①。对于社会乃
至万事万物，你不要去骚扰它、操纵把持它，它自己会生长，这叫"不生之
生"。牟氏此属消极形态下的"不生之生"——作为"不干涉"的"无"，本身
就是一种大用，此为老子"无中生有"的原义，自然也是注解"道生万物"或
"三生万物"的哲学根据——因为牟氏认为此为消极境界之形态，故有学者称牟
氏的解释为"境界上的解释"。将"无"引入到"道生一"的解释，当然更具
老子玄学的意味。

牟氏的独到之处在于，他并不看中"道如何生万物"的自然过程，他更看
中主体（人）与（客体）的交互作用，尤其注重主体"不干涉"的作用："无"
的引入，即显此义。如此看来，牟氏重点落脚于"道如何开显"的层面，更着
重"天地与我并一"所蕴含的主体修养之境界。

（三）现当代学者的其他哲学性解释

除上述侧重于延续传统的解释外，尚有其他较为流行的解释：一是从黑格
尔的辩证逻辑的角度入手，即认为"一"为整体，"二"为整体的分离（矛盾
双方的展开），"三"是矛盾双方重新达成的一种和谐状态。

第二种解释则站在现代科学（尤其物理学）之实证主义立场解释，它们以
混沌状态为"一"，以物质的阴阳两种离子形态比喻"二"，以阴阳离子的诸多
"结合"方式为"三"。第一种解释，采取了黑格尔辩证法的模式，颇符合现代
人的思维，自不待言。第二种解释，其实也是从第一种解释引申而来，只不过
以自然科学之实证角度说明而已。我们不否认，老子的"道生一"之文句蕴含
丰富的智慧，以至于引起大物理学家的密切关注，如波尔、汤川秀树皆服膺老
（庄）之智慧。但我们亦须明了，即便认为老子哲学同现代物理学有紧密的耦
合，譬如认同现代物理学受惠于老子独特之有机思维方式，此亦非意味着老子
的"道生一"就一定蕴含了多少高深的物理知识。

---

① 任继愈等主编：《中国文化精华全集（哲学卷）》第一卷，北京：中国国际广播出版社 1991 年
版，第 298 页。

　　尚有学者从中西会通的角度给出新颖的解读，如张祥龙先生将老子之道解释为"（处于终极中的）构成之道"，将"一"解读为"（道显现或发生作用的）境域"，"二"解读为"阴阳结构"，"三"解读为"气"，"生"解读为"生发"[①]；台湾学者林安梧将道理解为"境域"，"一"理解为根源、整全，"二"理解为对偶，"三"理解为对象，"生"理解为"同有"[②]；陈荣灼将道、"一""二""三"及"生"分别解读为 unspoken、a process of letting-be、bringing force[③]；等等。上述三位学者试图将德哲海德格尔与老子思想相会通，给出独特的理解方式。就其文句解读言，将存在境域与道之显现相互诠释，确有启发之处。然就实质言，以上诸解仍带有宇宙发生论的意味。

　　此外，著名老学专家詹石窗先生从道教的角度给予解释，尤其对于"三"，詹先生结合佛教轮回理论给出了"三相空间"的看法，"如果由道化生的'二'意味着阴阳相分，那么'三'则显示了道家对宇宙结构的总体把握。老子提出的这个'三相空间'宇宙模式在汉代以来的制度道教中得到了大发展……"[④]"三相空间"同时也意味着"多"，代表宇宙万象。詹先生的这种看法，颇值得关注、研讨。

四、评价及"尝试性结论"

　　《道德经》一句字数不多的"文句"，竟使得历代学者为之不遗余力地辩论两千余年，似违背了老子"道不可言"之训诫。岂不闻老子言"善者不辩，辩者不善"[⑤]，庄子言"大知闲闲，小知间间"[⑥]乎？其实，老、庄亦非完全沉默，否则又何以有经典传世？孟子曰"予岂好辩哉，予不得已也"[⑦]不辩，理不

---

　　① 张祥龙：《海德格尔思想与中国天道——终极视域的开启与交融》，北京：三联书店 1996 年版，第 284、287 页。

　　② 林光华：《〈老子〉第四十二章之解读及方法论初探》，《中国哲学史》2012 年第 1 期，第 39 页。

　　③ 陈荣灼：《海德格尔与中国哲学》，台北：台湾双叶书廊有限公司 1986 年版，第 126—127 页。

　　④ 詹石窗：《传奇戏曲的艺术手法与道教审美情趣叙论》，《宗教学研究》2020 年第 3 期，第 150 页。

　　⑤ （魏）王弼著，楼宇烈校释：《王弼集校释》，北京：中华书局 1980 年版，第 192 页。

　　⑥ （清）王先谦著，陈凡整理：《庄子集解》，西安：三秦出版社 1998 年版，第 17 页。

　　⑦ （战国）孟子著，杨伯峻译注：《孟子》，北京：中华书局 2018 年版，第 167 页。

明，故老庄有"言"，孔孟有"言"，后世哲人皆有所言，仅就"道生一"之文句，竟也引得后世研究者长篇大论——不才亦忝为其中一员。

就文句言之，上述所论皆非无稽之谈，似皆能从老子哲学中找寻根据。然，诚如是，是否意味着老子"道生一"之文句无确解？回答此问题前，我们首先要分析老子之"道"，并借此以肯定诸注解之"存在之合理性"。

其一，老子论"道"，曰"道可道，非常道"①，曰"道之为物，惟恍惟惚"②，曰"道常无名"③，曰"道常无为，而无不为"④，极言道之幽深、玄妙，非语言所能达；就其范围而言，则"大道泛兮，其可左右"⑤，可谓弥纶、囊括天下。既如此，任何言道之论，若强以为之，仅得其一端，难窥其全貌。故，上述之论皆是切近大道的权宜法门，皆有存在之必要。

其二，老子之"道"是动的，所谓"周行而不殆"⑥，此意味着"道"在迥异之时空（尤其因主体认知不同）将呈现出不同的样态。譬如，于汉，因宇宙论兴盛，汉人遂以此解之；于魏晋，玄学兴起，晋人则以玄解之；于今，西学融入，故有现代哲学之解释。上述注解"因时而化"，颇有助于学术传承与发展。

其三，道之动又呈现出"反"之特点，大抵遵循"反者，道之动"⑦之节律。落实到"言道"层次，则意味着"道"将通过"对立/对反"之言说将自身呈现出来，若执着一词、固执己见，则不能深入——即便是错误的言论，亦能提升"道言"之内涵与"确证度"。此言，"正言若反"用之于辩论，亦是有益的。故而，上述诸解即便对立但亦有其存在之必要。

又则，若以"解释学"的视角观之，任何解读乃"主客视域的交融"，不可避免地掺杂"解读者"的主观意向，亦是情理之中。

然而，我们还要考量：若任何解释皆有道理，此是否意味着"原理论"成

---

① （魏）王弼著，楼宇烈校释：《王弼集校释》，北京：中华书局1980年版，第1页。

② 同上书，第52页。

③ 同上书，第81页。

④ 同上书，第91页。

⑤ 同上书，第86页。

⑥ 同上书，第63页。

⑦ 同上书，第109页。

为"任人打扮的小姑娘"。答案是否定的。对原典的解读,"有道理"并不意味着确证,解释得"有道理"固有必要,但若寻其本义,当然要寻其客观性(即老子本义)。

以笔者浅见,解读老子该文句,当在整体把握"五千言"的基础上深思之,而不可仅仅拘泥于文句本身。

老子"五千言"实针对"周文疲敝"之客观事实,针对统治者穷奢极欲而导致的道德衰落之现状,故其试图以"反现实"的姿态,建构一"无为而治"的理想模型。"无为而治"的最高主宰或象征——老子以"道"称之——概万物唯有遵循大"道"、顺其本性,天下方可大治,万物方能各得其性。老子之所以将"道"描述为无象无形、恍惚之至、"玄而又玄"近乎"无"的形象,其因在于"道"是超越一切的绝对权威,是超越经验的、形而上的"绝对"——即便人间帝王亦不可违背。此言,老子本无意于构建一套"宇宙发生论",但既然"道"为万物所宗,势必涉及"道生万物"的理论;老子虽然也引入了"气"的概念(如"冲气以为和"),但也只是为了说明"阴阳和谐"之道,本意不在宇宙发生论。故通观五千言,其"道生一"文句之目的,无非在于妙赞玄学之道的魅力以警示当政者,而非着意于"发生论"。

故而,笔者倾向于庄、王一路,尤其倾向牟宗三先生的理解。即是说,理解"道生万物"应将富于玄学意味的"无"纳入其间,而非一味地按"直线演化式"进行。具体而言,首先,要在最基本层次上理解"无"与"道"的关系。在老子看来,"无"与道同义,可"生"(取"蕴含"之义)万物,此诚如王树人先生所言,"所谓'无'中蕴含'大有',还是大象无形之'大有'。而这'大有'之大,又大到无所不包、无所不存"[①]。此"无"因同于"道",当为大写之"无",为道之"虚"。其次,在道自身的显示中,还有一个"无",作为小写的"无",这个"无"以"体用"关系理解似更契合,是《道德经》第一章的"无,名天地之始"的"无"。在这里,作为"一"的"无",本质上是道之"用"(显现为"一",姑称为"道之实"),它是使得"道"得以展开的重要环节。因此,这个"一"(或小写的"无",此"无"在辩证逻辑上又是

---

① 王树人:《象思维视野下的易道》,《周易研究》2004年第6期,第56页。

"有")不是静态的,它借着"有(一)、无(二)、玄(三)"之运动将"道"之全貌呈现出来。如此,"道生万物"在"玄理"上方能得到自洽的理解。

如是理解,庶几更符合老子形上之原义乎?

明代部分老学文献真伪考[*]

涂立贤^{**}

内容提要： 明代中后期出现了大量所谓名家编定、巨公选校的《老子》评注本，这些著作以评点、集释之名杂糅各家著作，真伪难辨。署名焦竑的《新刊太上老子道德经注解评林》表面上广采诸家之注，实为将陈深《老子品节》冠以他人之名。另两本署名焦竑的《新锲二太史汇选注释九子全书评林》《新锲翰林三状元会选二十九子品汇释评》，后者是在前者的基础上又增加《新锲焦状元汇选注释续九子全书评林》及另外十一子而成，两书《老子》评注内容相同，注文不过是任意篡改、删减、杂糅他人著作而成。《道德经精解》《批点老子道德经》亦是冠陈懿典、凌稚隆之名而杂糅诸家之作的伪冒之书。

关键词： 焦竑；陈懿典；凌稚隆；《老子》

明代中后期，出版业发达，书坊之间竞争激烈，加之"子书评点能为科举制义、场屋时文的撰写提供为文法式，子书评点的编纂刊刻有广大的受众市场"①，这就使得市场上出现了大量打着名人旗号出版的子书评注类著作，《老

---

* 本文系教育部人文社会科学研究青年项目"明代老学史研究"（编号：19YJC770043）阶段性成果之一、上海政法学院青年科研基金项目"明代的科举与老学研究"（立项号：2021XQN24）阶段性成果之一。

** 涂立贤，女，湖北襄阳人，上海政法学院马克思主义学院讲师。

① 耿振东：《〈管子〉学史》，北京：商务印书馆 2018 年版，第 1014 页。

子》即是其中之一。这一时期是明代老学发展的繁荣期，评注《老子》的著作甚多，但部分著作以评点、集释之名杂糅各家著作，使得这些文献真伪难辨，学者在使用时若不加辨析，易为其所误。下文即对署名焦竑的《新刊太上老子道德经注解评林》《新锲二太史汇选注释九子全书评林》《新锲翰林三状元会选二十九子品汇释评》、陈懿典的《道德经精解》、凌稚隆的《批点老子道德经》进行考证，明晰真伪，以便于明代老学的进一步研究。

一、焦竑《新刊太上老子道德经注解评林》
《新锲二太史汇选注释九子全书评林》
《新锲翰林三状元会选二十九子品汇释评》

焦竑（1540—1620），字弱侯，一字从吾，号澹园、澹园居士、澹园老人、漪园、漪南生、太史氏等，谥文端，今江苏南京人，万历十七年（1589）殿试第一，授翰林修撰，后又任皇长子侍讲官，并参与国史编撰。焦竑学贯三教，知识广博，于文学、史学、音韵学、考据学、子学等方面都有建树，一生著述颇丰，有《焦氏澹园集》《澹园续集》《献征录》《老庄翼》《国史经籍志》《焦氏笔乘》《焦氏类林》《玉堂丛语》等①。

焦竑科举成功，文名又高，尤为书商所喜，托名焦竑的各类书籍不胜枚举，仅《老子》类，目前所查就有《新刊太上老子道德经注解评林》《新锲二太史汇选注释九子全书评林》《新锲翰林三状元会选二十九子品汇释评》三本，下面一一予以辨析。

（一）《新刊太上老子道德经注解评林》

《新刊太上老子道德经注解评林》四卷，署名无垢子何道全述注，状元从吾焦竑评选②。此书以何道全注为底本，附以眉评，因所采诸家注疏颇为驳杂，严灵峰先生怀疑此书乃书贾冒名为之③。

---

① 刘廷干：《江苏明代作家文集述考》，南京：南京大学出版社 2014 年版，第 318—320 页。

② （明）焦竑：《新刊太上老子道德经注解评林》，龚鹏程、陈廖安主编：《中华续道藏（初辑）》第 8 册，台北：台湾新文丰公司 1999 年版（以下略注），第 1 页。

③ 严灵峰：《周秦汉魏诸子知见书目》第一卷，台北：中正书局 1975 年版，第 185 页。

研究此书评注内容，表面上广采诸家之注，实为将陈深《老子品节》之注、评冠以他人之名。陈深，生卒年不详，嘉靖二十八年（1549）举人，隆庆五年（1571）任归州知县，后又任雷州府推官，明代著名点评家。《老子品节》是其《诸子品节》卷之一。《诸子品节》前有陈深万历十九年（1591）的序文①，可知其刊刻于万历十九年（1591）。

《新刊太上老子道德经注解评林》刊刻时间不明，但题为状元从吾焦竑评选，焦竑万历十七年（1589）殿试第一，则此书应刊刻于万历十七年（1589）之后。从时间上难以判断焦竑与陈深谁为原作者，然比较《新刊太上老子道德经注解评林》与《老子品节》的评注内容，可以证明陈深原作者的身份。

从内容上看，陈深《老子品节》所有评语，基本都是对《老子》文本或文意的补充与注解，如第一章评语曰："诸家皆于无名、有名读，又于有欲、无欲读，又以徼为窍，误矣。"② 这与陈深注文是一致的，陈深在注解中是从"有""无"断句。在第八章"上善若水"章的注解中，陈深对"居善地"等句解释简略，只言"下文七善字，皆言自卑自下，如水之善"③。在评语中，陈深又再次解释曰："居善地等句，言随去处而皆善，虽众人所恶，亦以为善。若有所择取，曰其善其不善，则是争也，便不似水之上善不争矣。"④ 陈深注解与评语的一致性印证了其原作者的身份。

然考察《新刊太上老子道德经注解评林》，《评林》第一章有两条眉评，一为"唐荆川评：诸家皆于无名有名读，又于有欲无欲读，又以徼为窍，误矣，误矣"，一为"《庄子》称之曰：建之以常无有，主之以太一"⑤。此两条评语与陈深《老子品节》第一章后的眉评相同，只是在评语前加上了"唐荆川评"四字⑥。但是何道全《太上老子道德经》第一章却是从"有名""无名""有欲""无欲"处断句，其曰："天地之始者，太极未判之时也。若在人心，即是一念

---

① 《四库全书存目丛书·子部》第 122 册，济南：齐鲁书社 1995 年版，第 249 页。

② 熊铁基、陈红星主编：《老子集成》第七卷，北京：宗教文化出版社 2011 年版（以下略注），第 127 页。

③ 同上书，第 129 页。

④ 同上。

⑤ 龚鹏程、陈廖安主编：《中华续道藏（初辑）》第 8 册，第 1 页。

⑥ 熊铁基、陈红星主编：《老子集成》第七卷，第 127 页。

不生、寂然不动之地。天地未分，岂有名相之说？人心未动，焉有善恶之称？" "无欲者，思虑未起，一念不生之时也。" "有欲者，有心应事于此，则见其徼不能观其妙。"① 评语内容与注释内容自相矛盾。

第二章眉评曰：

> 茅鹿门评：天下有美则有恶，有善则有不善，如有无、难易、长短、高下、音声、前后，相寻而不离也。若但知美之为美，便有不美者在。但知善之为善，便有不善者在。是以圣人处无为之事，行不言之教，功成而不居。如天地之作成万物，生而不有，为而不恃，然后为至美至善也。夫惟不居其功，则天下莫与争功，是以不去。结句妙奇有味。②

此评语内容与陈深《老子品节》第二章注释内容相同③。后面各章评注亦是出自陈深《老子品节》评语或注文，只是将评论者托名为唐顺之（号荆川）、袁黄（号了凡）、钱岱（号秀峰）、郭子章（号青螺）、袁宗道（号玉蟠）等人，全书无一句焦竑评语，则此书的真伪性不辨自明了。

（二）《新锲二太史汇选注释九子全书评林》《新锲焦状元汇选注释续九子全书评林》《新锲翰林三状元会选二十九子品汇释评》

《新锲二太史汇选注释九子全书评林》十四卷首一卷及《续九种》十卷，共八册，天津图书馆藏，前五册为《新锲二太史汇选注释九子全书评林》，包括《老子》一卷、《庄子》五卷、《吕子》一卷、《淮南子》一卷、《荀子》三卷、《韩非子》一卷、《列子》一卷、《杨子》一卷、《文中子》一卷；后三册为《新锲焦状元汇选注释续九子全书评林》，包括《屈子》一卷、《鹖冠子》一卷、《抱朴子》二卷、《刘子》一卷、《郁离子》一卷、《管子》一卷、《关尹子》一

---

① 熊铁基、陈红星主编：《老子集成》第六卷，第132页。

② 龚鹏程、陈廖安主编：《中华续道藏（初辑）》第8册，第3页。

③ 熊铁基、陈红星主编：《老子集成》第七卷，第127—128页。

卷、《谭子》一卷、《韩子》一卷①。

《山东通志艺文志订补》则将两书看作一书，都寄于焦竑《九子全书》目下："《九子全书》十四卷，焦竑编。见《传是楼书目》。九子：老、庄、吕、淮南、荀、韩、列、扬、文。（订补）现存：①明万历二十二年书林詹圣泽刻本（作《新锲二太史汇选注释九子全书评林》十四卷首一卷），见《清华善》《浙善》。②明詹霖宇静观室刻本（作《新锲焦状元汇选注释续九子全书评林》十卷，六册），见《浙善》。"②《传是楼书目》中仅记载《九子全书》，并未记录续集："《九子全书》老子、庄子、吕子、淮南子、荀子、韩子、列子、扬子、文中子。明焦竑。"③《浙江图书古籍善本书目》也明确将两书分别记录，其中《九子全书评林》五册，续集六册，明显是两部书④。这应是作者考察之误。

《新锲翰林三状元会选二十九子品汇释评》题"从吾焦竑校正，青阳翁正春参阅，兰隅朱之蕃同点"⑤，"三状元"指焦竑、翁正春、朱之蕃，三人分别为万历十七年（1589）、万历二十三年（1595）、万历二十年（1592）殿试第一。此书有万历四十四年（1616）宝善堂刻本，全书共20卷，"二十九子"按《四库存目》本目录顺序分别为老子、庄子、列子、荀子、淮南子、吕子春秋、韩非子、尉缭子、屈子、杨子、墨子、鹖冠子、陆子、管子、晏子、文中子、韩子（婴）、关尹子、谭子、抱朴子、刘子、尹文子、适一子、子华子、孔丛子、桓子、鬼谷子、孙武子、郁离子⑥。钱新祖先生言此书是在《新锲二太史汇选注释九子全书评林》《新锲翰林三状元会选二十九子品汇释评》基础上，又增选11子而成，包括蔚缭子、墨子、颜子⑦。《四库存目》本未见颜子，不知钱先生所

---

① （明）焦竑：《新锲二太史汇选注释九子全书评林·续九种》，万历建邑书林詹氏静观堂刻本，天津图书馆藏。

② 徐泳：《山东通志艺文志订补5》，《子部》第2册，济南：山东人民出版社2016年版，第169页。

③ （清）徐乾学：《徐乾学集》（6），曾学文，徐大军主编：《清人著述丛刊》第1辑，第9册，扬州：广陵书社2019年版，第116页。

④ 浙江图书馆古籍部编：《浙江图书古籍善本书目》，杭州：浙江教育出版社2002年版，第344—345页。

⑤ 《四库全书存目丛书·子部》第133册，济南：齐鲁书社2005年版（以下略注），第252页。

⑥ 同上书，第242—250页。

⑦ 钱新祖著，宋家复译：《焦竑与晚明新儒思想的重构》，上海：东方出版中心2017年版（以下略注），第283页。

据何本。有研究言："该书（《新锲二太史汇选注释九子全书评林》）体例仿《二十九子品汇》，盖为《二十九子品汇》改编本。"① 根据出版时间，当以钱先生所言为准。

对于《新锲翰林三状元会选二十九子品汇释评》，历来评价不高，《四库提要》曰："其书杂取诸子，毫无伦次，评语亦庆皆托名，谬陋不可言状，盖坊贾射利之本，不足以当指摘者也。"② 耿振东在研究其中的《〈管子〉品汇释评》评注后，亦认为此书"是书坊滥刊的样品"③。下面以此书《〈老子〉品汇释评》为例进行考证。

《新锲翰林三状元会选〈老子〉品汇释评》（后简称《〈老子〉释评》）以河上公《道德真经注》为底本，眉栏附以各家点评，然此书目录、注解内容、评语错漏颇多，评语里张冠李戴的现象更是严重，准确者寥寥无几。

首先看目录，单看前文所列全书目录，排序杂乱，编者在《凡例》中言此乃有意为之："老、庄文章鼻祖，故居首，列其余诸子，联次不甚相拘，有年相近者，有文类相似者，或有关于世道者，读时只以意求之，就篇探颐，融会贯通，如驾轻车就熟路，王良造父为之后先矣。"④ 既称老子文章鼻祖，其文也被任意裁剪、篡改。河上公本《道德经》共81章，《〈老子〉释评》目录称"上下篇"全，然实际只录了63章，以河上公本目录顺序为准⑤，其中第八"易性"章、第十一"无用"章、第二十一"虚心"章、第二十五"象元"章、第三十三"辩德"章、第三十四"仁成"章、第三十五"仁德"章、第五十一"养德"章、第五十二"归元"章、第五十三"益证"章、第五十四"修观"章、第五十五"玄符"章、第五十六"玄德"章、第五十九"守道"章、第六十"居位"章、第六十三"恩始"章、第七十九"任契"章、第八十一"显质"章共18章未录。章节名亦有错误，第四十八章"忘知"刻为"志知"，第六十

① 杨昶、史振卿：《焦竑著述考》，周国林：《历史文献研究》第26辑，武汉：华中师范大学出版社2007年版，第192页。
② （清）永瑢编：《四库全书总目提要》，上海：商务印书馆1929年版，第77页。
③ 耿振东：《〈管子〉学史》，北京：商务印书馆2018年版，第1017页。
④ 《四库全书存目丛书·子部》第133册，第251页。
⑤ 熊铁基、陈红星主编：《老子集成》第一卷，第137—176页。

六章"后己"刻为"复己"①。（后面提到章节次序为方便标注，亦以河上公本为准。）

其次，所据底本刊刻亦有错误。此书虽以河上公《道德真经注》为底本，但并未严格保持底本的准确性，而是对河本进行增删篡改，甚至夹杂他人之注。如第一章，河上公注解为："谓经术政教之道，非自然长生之道也。常道当以无为养神，无事安民，含光藏辉，灭迹匿端，不可称道也。"②《〈老子〉释评》则解曰："夫道者，一元之至理，有经术政教之道，有自然长生之道。常道当以无为安神，无事安民，含光藏辉，灭迹匿端，不可称道。"③ 更改了河上公注中"道"之主旨。第四章注解"挫其锐，解其纷，和其光，同其尘"句，河上公注曰："锐，进也。人欲锐情进取功名，当挫止之，法道不自见也。纷，结恨也。当念道无为以解释。言虽有独见之明，当知暗昧，不当以曜乱人也。当与众庶同垢尘，不当自别殊。"④《〈老子〉释评》则曰："挫其锐，进释其纷结，俾道之自然，□吾光明，混彼清浊，同其尘垢，不自殊别。"⑤ 后面的注解内容也基本都是这样节选。在第二章注解中，还掺入了林希逸《道德真经口义》的内容：

> 以道而治故无为，以身而教故不言，万有之物各自动也，不辞谢而逆止，享元气生万物而不有其功，言之道所施为，不恃望其报，功成事就退避不居其位，夫惟功成不居其位，是以福德常在，不去其身。故圣人以无为而为，以不言而言，但成功而不居耳。如天地之生万物，千变万化，相寻不已，何尝辞其劳。万物之化，盈于天地，而天地何尝以为有。如为春为夏为生为杀，造化何尝恃之以为能。故曰生而不有，为而不恃。其意只在于功成而不居，政而以万物作焉而不辞明之也。⑥

---

① 《四库全书存目丛书·子部》第 133 册，第 242—243 页。

② 熊铁基、陈红星主编：《老子集成》第一卷，第 137 页。

③ 《四库全书存目丛书·子部》第 133 册，第 252 页。

④ 熊铁基、陈红星主编：《老子集成》第一卷，第 139 页。

⑤ 《四库全书存目丛书·子部》第 133 册，第 252 页。

⑥ 同上书，第 252—253 页。

上述注文，自"以道而治故无为"至"是以福德常在，不去其身"与河上公注基本一致①，后半部分则与林希逸《道德真经口义》第二章的注解相似，只在"以不言而言"句后少了一句"何尝以空寂为事，何尝以多事为畏"②。这样随意增删篡改原文，无怪乎后世批评明刻本慨曰："明人习气好做聪明，变乱旧章，是谓刻书而书亡。"③

第三，眉评内容基本张冠李戴，姑举几例：

"体道"章评语："陈象古曰：老子著五千之文，将以示天下，迪后世，盖非道冥而独于己者，故其发言之首以谓可道之道可名之名者，五千文之所具也。若夫千圣之所不传者，不可得而言也。"④ 其实此段出自程俱《老子论》⑤。

"养身"章评曰："李息斋曰：《老子》五千言，上可以通于妙，下可以通于缴。以之求道则道得，以之治国则国治，以之修身则身安。其言常通于是三者，此其所以微妙玄通，深不可识者欤。"⑥ 此句实出自李嘉谋《道德真经义解》⑦。

"安民"章曰："王纯甫曰：圣人之知，混混沌沌，无有知也，无有欲也，纵有聪明知识者出，欲有所作为而自不敢，则天下归于无为矣。"⑧ 此句语意不通，实是对李贽《老子解》的删改所致，李贽原解为："太上则不然，常使民混混沌沌，无有知也，无有欲也，纵有聪明知识者出，而欲有所作为，而自不敢，则天下归于无为矣。"⑨

"无源"章："北原坚曰：有吾有知有谁而道隐矣，吾不知谁，则亦不知吾矣，此真道之所自出也。"⑩ 此句出自吕惠卿《道德真经传》⑪。

---

① 熊铁基、陈红星主编：《老子集成》第一卷，第138页。

② 熊铁基、陈红星主编：《老子集成》第四卷，第498页。

③ （清）严可均著，孙宝点校：《严可均集》，杭州：浙江古籍出版社2013年版，第272页。

④ 《四库全书存目丛书·子部》第133册，第252页。

⑤ （宋）程俱著，徐裕敏点校：《北山小集》，北京：人民文学出版社2018年版，第254页。

⑥ 《四库全书存目丛书·子部》第133册，第252页。

⑦ 熊铁基、陈红星主编：《老子集成》第三卷，第626页。

⑧ 《四库全书存目丛书·子部》第133册，第253页。

⑨ 熊铁基、陈红星主编：《老子集成》第六卷，第617页。

⑩ 《四库全书存目丛书·子部》第133册，第252页。

⑪ 熊铁基、陈红星主编：《老子集成》第二卷，第656页。

"虚用"章："薛君采曰：后世学者，不得于刍狗百姓之言，而遂疑其有土芥斯民之意，且曰申韩之惨刻原于道德也，此则多穷数言之一验，老子盖预知之矣。"① 此段前后语意不搭，其实是对王道《老子亿》进行了删减拼凑②。开篇几章即明显的张冠李戴，可见此书刊刻者之肆无忌惮。

即便是署名焦竑的评语亦不能免，如第七十八"任信"章曰："焦弱侯曰：正言而曰受国之垢与不祥，故曰正言若反。汤武之言曰：万方有罪，在予一人。此知以国之垢与不祥，而受之者也。"③ 此句实出自吕惠卿《道德真经传》④。第十九"还淳"章⑤则将焦竑《老子翼》⑥ 之评语寄于李道纯名下。

在张冠李戴之外，还有五章的评语直接取自河上公《道德真经注》，不标评论者，如第二十三"需无"章："不能久，天地至神，合为飘风暴雨，尚不能使从朝至暮，何况于人欲为暴卒乎？□□□朝暮也。"⑦ 这一节选将正文"天地尚不能久"与注解混为一体，这句注解实为"而况于人"的句解："天地至神，合为飘风暴雨，尚不能使从朝至暮，何况于人而欲慕（应为"暴"字）卒乎？"⑧ 此外，第二十四"苦恩"章、第六十七"三宝"章、第七十"知难"章、第七十四"制惑"章亦是这一情况。

当然，评语里也有三章评语准确，分别为第十六"归根"章⑨、第三十九"法本"章⑩、第四十一"同异"章⑪，但仅凭这三条评语并不足以使《〈老子〉释评》摆脱"滥刊"之作的性质，《新锲二太史汇选注释九子全书评林》与《新锲翰林三状元会选二十九子品汇释评》的关系，也使得其所录《老子》评注的伪冒性不证自明。

---

① 《四库全书存目丛书·子部》第 133 册，第 252 页。

② 熊铁基、陈红星主编：《老子集成》第六卷，第 228 页。

③ 《四库全书存目丛书·子部》第 133 册，第 262 页。

④ 熊铁基、陈红星主编：《老子集成》第二卷，第 690 页。

⑤ 《四库全书存目丛书·子部》第 133 册，第 254 页。

⑥ （明）焦竑著，黄曙辉点校：《老子翼》，上海：华东师范大学出版社 2009 年版（以下略注），第 48 页。

⑦ 《四库全书存目丛书·子部》第 133 册，第 255 页。

⑧ 熊铁基、陈红星主编：《老子集成》卷一，第 149 页。

⑨ 《四库全书存目丛书·子部》第 133 册，第 254 页。

⑩ 同上书，第 257—258 页。

⑪ 同上书，第 258 页。

焦竑本人著有《老子翼》，博采诸家之注。《老子翼》前的"采摭书目"列有六十四家，加焦竑本人，共六十五家①。在引用他人注解外，焦竑在每章末以"焦氏笔乘"的方式阐发己意。正文之外，尚有附录及《老子考异》。附录部分列各家《老子》传记及历代注解和研究《老子》的资料，有如一部老学简史。《老子考异》是根据傅奕本、碑刻本、王弼本、河上公本等各版本校刊《老子》原文。历代对焦竑《老子翼》评价甚高，《四库全书总目》言："体例特为近古，所采诸说大抵取诸《道藏》，多非世所常行之本，竑之去取亦特精审，大旨主于阐发玄言，务明清净自然之理。如葛长庚等之参以道家炉火、禅学机锋者，虽列其名，率屏不录。于诸家注中，为博瞻而有理致。"②

李庆称赞焦竑《老子翼》在方法上可称为"明代《老子》研究中的'考证集释派'之作"，"从内容上来说，他对于旧的'道''性''有''无'等概念作了新的诠释，脱出了以阐述'经典'为宗旨的理学家的藩篱"③。然上述托名焦竑的《老子》评注作品与焦竑《老子翼》犹如霄壤之别，更足以说明此书确为书商牟利之作。

二、陈懿典《道德经精解》

陈懿典（1573—1657），字孟常，号如刚，浙江秀水人，万历二十年（1592）进士，选庶吉士，授编修。因当年会试主考官为焦竑，陈懿典登第之后，在京师居住十余年，与焦竑师生相交，关系密切。万历三十三年（1605）请假归乡修筑父母墓地，后以身体患病为由，未再出仕。陈懿典藏书丰富，著作纵贯经史子集，据学者考证，有"《陈孟常学士初集》三十六卷、《老庄二经精解全篇》三十三卷、《锲南华真经三注大全》二十一卷、《玉堂校传如刚陈先生二经精解全篇》九卷、《读史漫笔》《读左漫笔》《左陛纪略》十卷、《论孟贯

---

① （明）焦竑著，黄曙辉点校：《老子翼》"采摭书目"，第1—5页。

② （明）焦竑：《老子翼》，（清）永瑢编：《钦定四库全书总目》第3册，上海：上海古籍出版社1987年版，第1080页。

③ 李庆：《论焦竑的〈老子翼〉——明代的老子研究之三》，《金沢大学外语研究中心论丛》（日本）2000年第4辑，第272—273页。

义》二卷、《七太子传古搜》二十卷、《今宜》二十卷、《广棱李往哲传》十卷、《同姓诸王传》二十卷、《吏隐斋集》三十六卷、《圣政》《圣学》等"①。

《道德经精解》即上文《老庄二经精解全篇》中的《老子部分》,其中《庄子精解》《锲南华真经三注大全》已有学者考证为伪书②。综观陈懿典的老子观及《道德经精解》的内容可以发现,此书亦经不起推敲。

首先,从陈懿典的老子观来看,陈懿典对老子是持批判态度的,特别是老子的"无为"思想尤为其所不喜。陈懿典在《拟明学术正人心疏》中写道:

> 晚近缙绅厌薄经术,好搜奇僻,其蔽大约有二:修词者盟坛于北地,渔猎渐广,浸淫及于稗杂之家。明理者假笺于新建,研析渐深,浸假入于竺乾之指,迫至今日,汲冢竹书、申商名法、长短农墨,一切伪托杂反之书兴,夫龙藏、贝叶、临济、曹洞,诸凡依托虚恢之籍,无不杀青。丹铅与六经四子争道而驰……陛下罢《贞观政要》而讲《礼经》,又诏刊《十三经注疏》,颁举业正式于天下,天下亦稍稍洒心易虑,期以应通经学古之诏,然卒未观尊经明道之实效者,则以所进用者未必尽经明行修之士,而好称引百家,泛滥二氏者,世犹有以为才而牧之也。学者见所令之如此,而所取之若彼,又焉能舍山珍海错之好而反之于太羹玄酒也。臣愿陛下明诏中外学士儒绅,洗心更化,一以孔孟六经之学相为倡和。③

有学者考证这一奏疏写于万历二十年(1592)到万历三十三年(1605)间,这一时期,陈懿典"经世之心颇勇"④,他对佛道的看法是倾向于出世消极的,而且他站在儒家正统的立场,对当时士儒偏离正道,推崇心学、释、道等稗杂之家,甚至科举中也大量掺杂佛道之语的情况大为忧虑,认为此有害于世道人心,故上疏万历皇帝请倡六经,使儒士"洗心更化"。

---

① 丁辉、陈心蓉:《中国进士藏书家考略》,合肥:黄山书社2017年版(以下略注),第132页。

② 刘海涛:《明代庄子学著述伪书相关问题考论》,《中华文化论坛》2014年第10期,第136—140页。

③ 《四库禁毁书丛刊》第202册,北京:北京出版社1997年版(以下略注),第365页。

④ 白静:《下学上达,学以复性——焦竑思想研究》,北京:中国传媒大学出版社2014年版,第91页。

其实陈懿典"经世之心颇勇"在其入仕期间是具有持续性的。还未入仕时，陈懿典对民生疾苦、朝政大事已非常关心。陈懿典与汤显祖有数次书信往来，每次都不忘关心时政民生①。万历十七年（1589），陈懿典会试落第，在这样的情况下，他在给汤显祖的信中，一方面为有负汤显祖教诲而愧疚，但更为关注的却是浙西大旱，期待时任南京礼部祭祀司主事的汤显祖能为之请命，以免酿成大祸：

> 自谓颇籍余灵，不难释此敝褐。而数奇运厄，又复报闻，徒负国士之知耳……今岁浙西之旱，乃百年未有之灾，赤地千里，河流尽涸，若非大为蠲赈，冬春之间，事有不可知者。闻贵省大穰，或可借以济乎？门下悯时悼俗，必有擘画以佐主计者。惟不惜鼎力为东南请命，近著幸有以教之。②

万历二十年（1592），陈懿典登第，选庶吉士，授翰林院编修，他对汤显祖指斥皇帝、弹劾首辅申时行及吏、礼二科都给事中杨文举、胡汝宁任私不法的行为大加赞赏；面对倭寇犯边、国本未定的大事，他期待朝廷能尽快召还因直言敢谏被贬为徐闻典史的汤显祖：

> 门下抗疏，不但直声镇世，两黄门卒挂吏议，则当世重衮钺之言如鼎吕可知矣。方今海警未息，国本未定，举朝借箸伏阙，纷纷未已，门下深于忧国，定有石画忠谟，则不佞所望赐环之速者，又非止于世俗尊膴之荣而已也。③

焦竑持三教会通的思想，对佛道思想不仅深有研究，而且这一思想对其行为也影响颇深，陈懿典对此多次予以规劝。万历二十五年（1597），焦竑主持顺

---

① 汪超宏：《陈懿典与汤显祖书六通书考述》，《文献》2005 年 7 月第 3 期，第 158—167 页。
② 《四库禁毁书丛刊》第 202 册，第 625 页。
③ 同上书，第 575 页。

天府乡试，因录取举子中有九人被举报"多险诞语"①，焦竑被贬为福宁同知，岁末考核中再次被贬，焦竑遂弃官居家，与朋友悠游林下，陈懿典专门写信给老师，勉励老师重新振作：

> 每从南来者，询知老师屏绝尘嚣，逍遥杖履，惟与同志谈道于禅林古刹中，令人做天际真人想，独念当今世运正否泰剥复之交，士风因激甚而成偷，人心因巧极而至悍，乃老师补天作用，竟令闲而不用，无以挽回颓靡，此则不但门墙之浩叹耳……②

万历二十八年（1600），是明历史上的多事之秋，明王朝取得播州之役的胜利，"万历三大征"结束，明朝表面上看边疆稳固，实则因连年战争，国库消耗巨大，《明史》记载："宁夏用兵，费帑金二百余万。其冬，朝鲜用兵，首尾八年，费帑金七百余万。二十七年，播州用兵，又费帑金二三百万。三大征踵接，国用大匮。"③内有连年征派引起的流民起义，外有崛起的女真族虎视眈眈，隐患重重，面对这种情况，陈懿典希望老师能关心时局，不要沉溺于佛道：

> 某固陋之性，观世路险恶，胸怀如刺，庚子之事颇费调停，丁酉诸君子傥得同之，固日夕所乞俟，风云之会有期。惟老师观化因应以需之，勿烟霞为癖也。④

万历三十七年（1609）⑤，焦竑七十大寿，陈懿典作《寿尊师焦先生七十叙》为老师贺寿，陈懿典对焦竑甚为敬重，但是涉及老子，他却不顾焦竑三教会通的态度，在序文中直白地批判老子之无为为"术家之偏旨"，对持三教会通思想者指斥其"不恒其德"：

---

① （清）张廷玉等：《明史》第 24 册，北京：中华书局 1974 年版，第 7393 页。
② 《四库禁毁书丛刊》第 202 册，第 595 页。
③ （清）张廷玉等：《明史》第 26 册，北京：中华书局 1974 年版，第 7805 页。
④ 《四库禁毁书丛刊》第 202 册，第 595 页。
⑤ 容肇祖：《容肇祖集》，济南：齐鲁书社 1989 年版，第 424 页。

尝读《易》首曰：天行健，君子以自强不息。知乾体惟刚，故健，健故可久。千古圣学所以立命，而用乾者，惟其阳刚不屈，随潜见飞跃皆龙德而中正也。若老氏所云，用柔常存，固术家之偏旨，非乾体，非圣派其流，且至于与时变化，俯仰婥婀，乌足述乎？……世之所称通儒，往往若此，所谓变塞，所谓不恒其德，乌能自强以希天之健也。而乃别求方术，以固其阴柔转换之躯，即令长生久视，亦不过幸生之。①

陈懿典对老子反对之激烈由此可见。《道德经精解》与其《南华真经精解》一起收录于万历二十二年（1594）熊云滨刻本《玉堂校传如岗陈先生二经精解全编》中。此一时期，陈懿典既不赞同道家思想里的出世成分，也没有"以儒解道"，会通儒家经世思想与老子无为之道的想法，故此一时期陈懿典评注《老子》的几率很小。

其次，从《道德经精解》的注解内容看，与陈懿典的老学观完全相反。《道德经精解》采用每句做注，章后附各家注解的评注方式，句解内容来自于林希逸《道德真经口义》、吴澄《道德真经注》、陈深《老子品节》及焦竑《老子翼》，其中引用最多者为林希逸《道德真经口义》，全文并无自己的发挥。章后注也是引苏辙、吕惠卿、李嘉谋、王道、焦竑、李贽等人的注解，并无陈懿典个人观点。第一章文中注解内容与陈深《老子品节》一样，因篇幅较长，取第二章为例，《道德经精解》曰：

但之美之为美，便有不美者在。但之善之为善，便有不善者在。盖天下之事有有则有无。有难则有易。有长则有短。有高则有下。有音则有声。有前则有后。相生相成以下六句，皆喻上面美恶善不善之意。故圣人以无为而为，以不言而言。何尝以空寂为事，何尝以多事为畏。但成功而不拘耳。如天地之生成万物，千变万化，相寻不已，何尝辞其劳。如万物之生盈于天地，而天地何尝以为用。如为春

---

① 《四库禁毁书丛刊》第202册，第28页。

为夏，为生为杀，造化何尝恃之以为能。即至于有功而不自以为功也。夫惟不居其功，则天下莫与争功，是以不去。①

这一注解内容与林希逸《道德真经口义》基本一致②，第二章章后注解则引用了苏辙《道德经解》、陆佃《道德经注》的内容，并无自己发挥。第三、四、五、六章句解亦是来自林希逸注，第七章出自焦竑《老子翼》，第八章则杂糅了林希逸注、吴澄注、苏辙注。后面注解也大都类似。

通观全文，《道德经精解》不仅毫无陈懿典本人观点，且所引注者的老学观与陈懿典的老学观是完全相反的，从宋代之苏辙、林希逸、陆佃、吕惠卿到元代之吴澄，明代之王道、焦竑、李贽等人，都在其《老子》注中持三教会通的观点，援儒入老，孔老协同，阐发修身治国主张。如苏辙论述其注解《道德经》的缘由直接言："天下故无二道，而所以治人则异。"③ 林希逸直接指出孔老之言虽异而道同："若老子所谓无为而自化，不争而善胜，皆不畔于吾书。其所异者，特矫世愤俗之辞，时有太过耳。"④ 王道认为所谓儒释道者，不过是后世末流不明大道之全，各执一偏，互相攻讦："尝读至此，而慨然深叹道术之裂也。阖老子之明自然也如此，而世儒乃以为劳扰；老子之贵诚信也如此，而世儒乃以为阴谋。匪直不得于言已也。阖先横不然之念，而有意以诬之矣。况望其能虚心体究，以会古人之大体耶？呜呼，悠悠千古，向谁唔语？"⑤ 李贽对《老子》无为而治的治国思想深有理解："夫老子者，非能治之而不治，乃不治而治之者也。"⑥ 焦竑亦言："《老子》，明道之书也。"⑦ 其所引用者与其思想皆异，这一矛盾现象亦可佐证《道德经精解》并非陈懿典之作。

---

① 熊铁基、陈红星主编：《老子集成》第七卷，第 197 页。
② 熊铁基、陈红星主编：《老子集成》第四卷，第 497—498 页。
③ 熊铁基、陈红星主编：《老子集成》第三卷，第 32 页。
④ 熊铁基、陈红星主编：《老子集成》第四卷，第 496 页。
⑤ 熊铁基、陈红星主编：《老子集成》第六卷，第 241 页。
⑥ 同上书，第 615 页。
⑦ （明）焦竑著，黄曙辉点校：《老子翼》"焦竑序"，第 1 页。

三、凌稚隆《批点老子道德经》

凌稚隆（1535—1600），浙江乌程晟舍镇人，原名遇知，字稚隆，后以稚隆为名，改字以栋，号磊泉。为邑庠生，入太学，授北直隶鸿胪寺左寺丞。凌稚隆平生好班、马二史，著有《史记评林》《汉书评林》《春秋左传注评测义》《三才统志》等[①]。

《批点老子道德经》（以下简称《批点》），四卷，以苏辙《道德真经注》为底本，每章后附以河上公、严遵、司马光、李贽、王道、王畿、杨慎、徐学谟、焦竑等名人注解或相关典籍，并杂以评论[②]。然考察其底本、注解、评论各有问题。

首先，此书所选底本为苏辙《道德真经注》，但每章标题却与苏辙注不同。苏辙以《道德经》每章开头几字为题，如第一章为"道可道"章，而《批点》却以河上公《道德真经注》章名为题，第一章名为"体道第一"[③]。

其次，文中所引各家注解小问题不少。《批点》中注解，与署名焦竑的《老子》注相比，张冠李戴的现象较少，但也存在。如其中"杨用修曰：将飞者伏翼，将奋者足蹈，将噬者爪缩，将文者且朴"[④]，这是中国古代谚语而已，钟惺《诗归》中有收录[⑤]。还有"杨用修曰：一人之心即天地之心，一物之理即万物之理，一日之运即一岁之运"[⑥]，此话乃是二程所言[⑦]。此外还存在同一人称呼不一的问题。如注解中多次引用杨慎之言，但有的章节曰"杨升庵曰"，如上经第十三[⑧]；有的章节曰"杨用修曰"，如上文两条。第三十五章中引用李道纯之

---

① 徐永斌：《凌蒙初考证》，南京：江苏人民出版社 2010 年版，第 15 页。

② 熊铁基、陈红星主编：《老子集成》第七卷，第 568—622 页。

③ 同上书，第 574 页。

④ 同上书，第 589 页。

⑤ （明）钟惺：《诗归》，武汉：湖北人民出版社 1985 年版，第 42 页。

⑥ 熊铁基、陈红星主编：《老子集成》第七卷，第 602 页。

⑦ （宋）程颢、（宋）程颐著，王孝鱼点校：《二程集》，北京：中华书局 1981 年版，第 13 页。

⑧ 熊铁基、陈红星主编：《老子集成》第七卷，第 581 页。

语，但是在标记作者时将其别号"莹蟾子"刻为"蟾子"①。引用严遵《老子注》时，大部分标为"严君平曰"，也有章节标为"君平曰"，如下经第二十二、下经第二十四都标为"君平曰"②。

第三，评论内容与陈深《老子品节》相似。陈深《老子品节》第一章的评语曰："诸家皆于无名有名读，又于有欲无欲读，又以徼为窍，误矣，误矣。"③《批点》曰："诸家皆于无名、有名读，又于有欲、无欲读，又以徼为窍，误矣。"④陈注第二章评曰："此老每用结句，一发千钧，气雄力省。"⑤《批点》曰："每用结句，一发千钧，气雄力省。"⑥陈注第三章评曰："势有难易，道无古今。真人立言，岂为诬世。"⑦凌注与此相同。《批点》第四章甚至一连三条评语⑧都出自陈深《老子品节》第四章的注解⑨。第五章曰："天地不仁，以万物为刍狗；圣人不仁，以百姓为刍狗。"陈深评曰："首四句意平而辞怪。"⑩《批点》本却漏掉开头"首"字，意义不通。后面的章节评语如上文之出，且引用他人之注大都标明出处，唯于陈深评语与注解不标出处。

凌稚隆与陈深主要活动时间有重叠，是否存在陈深引用凌稚隆注解的情况呢？

陈深于《老子品节》的原创性前已证明。再者，从刊刻时间看，《老子品节》刊刻于万历十九年（1591），《批点》未知刊刻时间，但书中引用有杨起元《道德经品节》。杨起元（1547—1599），字贞复，号复所，广东归善人（今惠阳），万历五年（1577）进士，选庶吉士，官至吏部左侍郎。杨起元学问广博，儒、释、道都有涉猎。《惠州志·艺文卷》中曰："《诸经品节》，明杨起元撰。万历十九年（1591）刊本，二十卷，日本国立国会图书馆和美国国会图书

---

① 熊铁基、陈红星主编：《老子集成》第七卷，第595页。
② 同上书，第607—608页。
③ 同上书，第127页。
④ 同上书，第575页。
⑤ 同上书，第128页。
⑥ 同上书，第576页。
⑦ 同上书，第128页。
⑧ 同上书，第577页。
⑨ 同上书，第128页。
⑩ 同上。

馆有藏。"① 而《日本见藏中国丛书目初编》中记录："《诸经品节》，明杨起元评注，明万历二十二年（1594）序刊本，国会。"②《日本所存朝鲜旧藏中国古籍之研究——以成箦堂文库藏书为中心》所记条目亦曰："（杨太史注评）《诸经品节》，杨起元注，二十卷，十五册，万历二十二年刊。朝鲜封面，鲜人批。'苏峰学人京城所获'印。"③《国立北京大学图书馆善本书目》中记有"万历二十二年（1394）刻杨起元评注《诸经品节》二十卷（不全）"④。可见《诸经品节》有万历十九年（1591）与万历二十二年（1594）两个刊本，则《批点》应该刊刻于万历十九年（1591）之后，从时间上看，陈深应为原作者。

第四，附录部分与焦竑《老子翼》类似。《批点》后附有《老子考异》，与焦竑《老子翼》后附录之《老子考异》相比，只改了标题而已。焦竑本每章前曰"第某某章"，而凌本以《河上公章句》每章章名列于前。焦竑《老子翼》刊刻于万历十六年（1588）⑤，《批点》的抄袭明显可见。

最后，凌稚隆是明后期的著名评点家，他的评点著作何至于完全引用他人注解，且有学者考证凌稚隆的著作，有记录可查者有《春秋左传评注测义》《五车韵端》《史记评林》《汉书评林》《史记纂》《汉书纂》《唐荆川稗编》《春秋评林》《文选评林》《三才统志》《皇朝名臣言行录》⑥，其中并没有《老子道德经评点》，故可断定《批点》并非出自凌稚隆之手，而系书坊托名之作。

四、结　语

明代的出版环境造就了大批所谓名家编选、巨公校订的著作，《老子》评注只是其中一部分。对于此类著作，对于这类书籍，不能将其一概视为伪书，弃之不用。学者刘勇关注到《四书》类读物挂名焦竑者至少有八种。他认为这类读物是否由焦竑亲自著撰、选编，或者曾以"校""订""阅"等方式介入生产

---

① 惠州市惠城区地方志编纂委员会编：《惠州志·艺文卷》，北京：中华书局2004年版，第753页。

② 李锐清：《日本见藏中国丛书目初编》，杭州：杭州大学出版社1999年版，第444页。

③ 金程宇：《东亚汉文学论考》，南京：凤凰出版社2013年版，第112页。

④ 柳存仁：《和风堂文集》（下），上海：上海古籍出版社1991年版，第1803—1804页。

⑤ 许建平：《明清文学论稿》（上），郑州：河南人民出版社2017年版，第135页。

⑥ 徐永斌：《凌蒙初考证》，南京：江苏人民出版社2010年版，第15—16页。

既难以证实，亦不易证伪，因此他采取的处理策略为："不把研究任务设定为论证这些书籍与焦竑的具体关系，而是将关注重心放在流行读物所反映的社会情状上。"① 这不失为发挥此类著作文献价值的方法之一。

在老学方面，明后期出现了大量点评《老子》的著作，如祝世禄编，苏濬注的《三子奇评》、陈深的《诸子品节》、杨起元的《诸经品节》、孙矿《评王弼注老子》、彭好古《道德经注》、董懋策《〈老子翼〉评点》、陈仁锡的《诸子奇赏前集》等，本文所涉及的五本《老子》评点类著作亦是这一风气的产物。明后期《老子》注评本大量出版、流行，推动了明后期老学的繁荣。这一繁荣不仅表现在数量上，而且表现为注《老》者、关注或阅读《老子》者的社会覆盖面扩大，参与其中者有官员、僧人、道士、学者、商人等，甚至有托名吕祖者。明后期老学的繁荣是社会多阶层参与的结果。出现这一局面，与明后期谈禅论道之风盛行关系密切。时人言："今之释教，殆遍天下，琳宇梵宫，盛于黉舍，嘲诵咒吹，嚣于弦歌，上自王公贵人，下至妇人女子，每读禅拜佛，无不洒然色喜矣。"② 当时名士标准就是"右手持《净名》，左手持《庄周》"③。谈禅论道之风盛行与明中后期社会意识形态、政治环境、士人心态的转变有关。将这类著作作为整体进行研究自然可以发挥其史料价值，但当涉及个体及其著作时，辨别真伪的工作就很有必要了。如托名焦竑的《新刊太上老子道德经注解评林》被收入《中华续道藏》④；钱新祖先生在著述《焦竑所编撰的各类著作》时，将《新锲二太史汇选注释九子全书评林》《新锲翰林三状元会选二十九子品汇释评》都收录其中⑤；丁辉、陈心蓉将《道德经精解》列入陈懿典著作⑥。可见对此类著作进行真伪辨别工作也是有必要的。

① 刘勇：《变动不居的经典：明代改本研究》，北京：三联书店 2016 年版，第 269 页。

② （明）谢肇淛：《五杂俎》，上海：上海书店出版社 2001 年版，第 158 页。

③ （明）袁中道：《珂雪斋集》（上），上海：上海古籍出版社 1989 年版，第 192 页。

④ 龚鹏程、陈廖安主编：《中华续道藏（初辑）》第 8 册。

⑤ 钱新祖著，宋家复译：《焦竑与晚明新儒思想的重构》，第 283 页。

⑥ 丁辉、陈心蓉：《中国进士藏书家考略》，第 132 页。

王弼"道可道，非常道"释义的解释学处境

——兼论老子之"道"何以不可说[*]

刘飞飞^{**}

内容提要：王弼把"道可道，非常道"解释为道不可说。这一解释基于两方面原因：第一，《老子》之道的含义经历了一个由"可道"到"不可道"的书写转换，这使王弼面对定型的"道可道，非常道。名可名，非常名"时，在条件句式及命名结构的干扰下认为道不可被言说；第二，出于早期玄学扬孔抑老的策略之需，王弼将老子的道与无予以整合，以无为本，并借助"无"的绝对排他性指责老子说"无"而言必及"有"，以此彰显孔子"予欲无言"和"体无"的高明。存在论意义上的前语言之道固然不可说，但不同于王弼的"无不可说"。王弼的解释预设了"圣人—作者—读者"的三重结构，虽然不无新意，但主动把读者与文本互动所产生的意义让渡给了文本之外的"圣人"这一做法，使读者的思想仍无法得到真正公开的表达。

关键词：王弼；老子；道；前语言；解释学

---

* 本文是教育部哲学社会科学研究重大委托项目"儒家思想的当代诠释"（20JZDW010）的阶段性成果。
** 刘飞飞，男，山东临朐人，山东大学儒学高等研究院 2019 级博士研究生。

引　言

在《老子》一书中，"道"是论述核心，其地位、分量高过于"德"，故把握老子的思想首先在于把握"道"。今本《老子》开篇说："道可道，非常道。"① 这是对"道"最直接的表述，也是把握老子思想的枢要。当代若干种较有影响的《老子》注本，虽然对个中语句的解释不尽一致，但对于"道可道，非常道"的注解几近相同，即认为此句的要旨在于"道不可言"②。从"道可道，非常道"这句话本身来看，读者之所以以语言为解读视角，反对以语言表述"道"，主要基于两个条件：第一，"道"有"道说"之意；第二，《老子》中的"道"具有非经验性色彩——视之不见、听之不闻、搏之不得、不可致诘、混而为一，其特征不易被把捉，因而增加了表述的难度。

"道"在中国哲学中处于经验性的"器"之上。《周易·系辞上》有"形而上者谓之道，形而下者谓之器"③ 之论。后世各家论及"道"时，也常常有意地在认识论上把"道"和经验事物相区分。这种区分意识在各家对《老子》的解释中有明确的体现。与《淮南子》《文子》等把《老子》之"道"解释为某种治国策略不同，王弼对《老子》之"道"的解释代表了一种哲学取向。王弼把对"道可道，非常道"的解释连同对"名可名，非常名"的解释一并进行。他说："可道之道，可名之名，指事造形，非其常也。故不可道，不可名也。"④ 将"名"与"道"一起考察，更有利于理解"道"。"名"有"可名之名"和"不可名之名"之分。"可名之名"是我们日常所接触、使用的"定名"，它建立在对事物特征、属性的把握之上，具有指称性，故"名"与"物"之间具有一一对应关系。同样，"道"也有"可道之道"与"不可道之道"之分。"可道之

---

① 陈鼓应：《老子今注今译》，北京：商务印书馆 2003 年版，第 73 页。

② 见于高亨著，华钟彦校：《老子注译》，郑州：河南人民出版社 1980 年版，第 21—22 页；陈鼓应：《老子今注今译》，第 77 页；任继愈：《老子绎读》，北京：北京图书馆出版社 2006 年版，第 1—2 页；陆永品：《老子通解》，北京：中央编译出版社 2015 年版，第 2 页；陈剑：《老子译注》，上海：上海古籍出版社 2016 年版，第 3 页。如此等等，不一一列举。

③ （清）阮元校刻：《十三经注疏》，北京：中华书局 1980 年影印本，第 83 页。

④ （魏）王弼著，楼宇烈校释：《王弼集校释》，北京：中华书局 1980 年版（以下略注），第 1 页。

道"是言说的对象。在言说中，"道"的形象、属性突出化了，被言说的"道"与被言说的万物没有了区别，"道"也"沦为"万物之一。如果是这样，可取之法应是小心呵护"不可道之道"，避免用语言来触碰它。王弼这一解释在此后影响较大，今日各家《老子》注本对"道可道，非常道"的解释即以王弼的解释为渊源①。

"言说"与"常道"是如何构成紧张关系的？王弼的解释还需要展开，进而被反思。为此，本文将首先澄清、厘定王弼这一解释的哲学考量及历史前提，进而立足《老子》文本，对"道"进行新的理解，揭示一种新的意义上的"道不可说"，最后反观王弼的经典诠释活动，指出其所隐含的解释学限度。

一、"道"如何变得不可说？——基于文献的考察

郭店楚简《老子》中没有"道可道，非常道。名可名，非常名"一语，但马王堆出土的帛书《老子》甲本中出现了"道可道也，非恒道也。名可名也，非恒名也"；乙本中该句残缺不全，作"道可道也□□□□□□□□□恒名也"。根据乙本此句前后所存各字，对照甲本全句及其句式，乙本可补全为"道可道也，非恒道也。名可名也，非恒名也"，与甲本同。传世本中的"常"，帛书本作"恒"。高明先生已经指出，"'恒'、'常'义同，汉时因避孝文帝刘恒讳，改'恒'字为'常'，足见帛书甲、乙本均抄写于汉文帝之前"②。更重要的是，如裘锡圭先生所说，"'道可道'、'名可名'二小句句末有无'也'字，语气不同，影响文义"③。也就是说，有"也"字表示判断，首先说明"道"是可道的，"名"是可名的；若无"也"字，则表示条件，需要后面一小句进一步表明结果。正因为传世本无"也"，注者大多把可道之"道"看作负面的，把"常道"看作真正的"道"。

① 《老子》有三个传世本，分别是河上公本、王弼本、傅奕本，但傅奕本非通行本。今本《老子》祖于河上公本和王弼本，而据学者考察，今天所见八十一章王弼本是据河上公本加工而成。对《老子》版本的论述参见刘笑敢：《老子古今——五种对勘与析评引论》，北京：中国社会科学出版社 2006 年版，第 3 页。

② 高明：《帛书老子校注》，北京：中华书局 1996 年版，第 221 页。

③ 湖南省博物馆、复旦大学出土文献与古文字研究中心编纂，裘锡圭主编：《长沙马王堆汉墓简帛集成》（肆），北京：中华书局 2014 年版，第 43 页。

帛书本原句可译作：道是可道的，不是恒常不变之道。这与自王弼以来直至今日的学者们对"道"的理解正相反。不过，稍晚于帛书本的北大汉简本《老子》中出现了"道可道，非恒道殹（也）；名可命，非恒名也"① 的写法。这段话既保留着"恒"的写法，与帛书本相同；同时省去了"道可道"之后的"也"字，变换了句式。它对于理解"道可道（也），非常［恒］道（也）"的两种含义的转换颇具价值。

据汉简本《老子》的整理者韩巍先生介绍，整个汉简本《老子》的文本形态基本介于帛书本与传世本之间②。汉简《老子》的这一过渡性说明，传世本注者近乎一致地将"道可道，非常道"解释为"道不可说"，不仅与注者个人的思维方式、观察视角有关，也可能受注者所面对的文本书写状况的影响。

解释者对文本的解读会受到语境的干扰，语境引导着解释者的方向，奠定着解释的基调，这一现象可归因于文句之间的相互牵涉。曹峰先生在着重考察《老子》中的它一语时指出，它实际上是一个基于修辞需要而造出的与"道可道，非常道"相并列的句子，而"道可道，非常道；名可名，非常名"是战国时期名辩思想流行、"道""名"关系被高度重视的产物。进而可推测，"'名可名，非常名'的原型，正如北大汉简《老子》所示，应该是'名可命，非常名'，但为了取得一种文学修辞上整齐划一的效果，而故意没有使用'命'"③。如果我们暂时悬置"道可道，非常道"的语言面相，着眼于"道可道，非常道。名可名，非常名"这一更大的论说语境，结合以上曹峰的考察可以发现，"名可名，非常名"的加入，直接影响了读者对较为含混、抽象的第一句话的理解。尤为甚者，当"名可名"更为直白地写作"名可命"时，会使得有关命名活动的定性、表述、言说之举喧宾夺主地辐射了"道可道，非常道"的意涵。

据上可见，将"道可道，非常道"理解为"道不可说"，并非仅仅是一个理解、思维层面的问题，其背后更根植于文本本身的书写状况。文本句式的变换、

---

① 北京大学出土文献研究所编：《北京大学藏西汉竹书》（贰），上海：上海古籍出版社 2012 年版，第 144 页。

② 参见韩巍：《北大汉简〈老子〉简介》，《文物》2011 年第 6 期，第 67—70 页。

③ 参见曹峰：《〈老子〉首章与"名"相关问题的重新审视——以北大汉简〈老子〉的问世为契机》，《哲学研究》2011 年第 4 期，第 67 页。

字词的改动都会对理解产生程度不一的影响。解释的合理性取决于两点：对文本有多大程度的反映；解释本身是否自洽。"道不可说"论是就"道可道，非常道；名可名，非常名"这一整句而言的，它是《老子》文本屡次变更之后的新解。这一新解虽然与文本变更前的意义差异较大，但并没有背离其所针对的文本。进一步的考察应当在于，这一新解是否圆融自足。

二、"道不可说"还是"无不可说"？
——论王弼释义背后的策略考量

王弼面对的《老子》文本写作"道可道，非常道。名可名，非常名"。该句已经表现出一副条件句的面容。并且，王弼将"道可道，非常道。名可名，非常名"作为一个整体来解释，已然说明他利用语言视角解读"道"是受到了"名可名，非常名"的影响，因而他对"指事造形"表现出负面态度。

王弼之所以着意将"道"与有形的可经验之物相区别，是因为王弼仍然在"形而上—形而下"的思想架构中理解"道"与万物。在这一架构中，"道"属于"形而上者"。但是，在王弼本人构建的思想体系中，"天地万物皆以无为本"①，"无"也是其思想体系中的形而上者。如此一来，"道"与"无"在王弼处显得纠缠不清。王弼谈"无"多有精彩之论，《三国志·魏志》卷二八《钟会传》注引何劭《王弼传》记载：

> 弼幼而察惠，年十余，好老氏，通辩能言……时裴徽为吏部郎，弼未弱冠，往造焉。徽一见而异之，问弼曰："夫无者诚万物之所资也，然圣人莫肯致言，而老子申之无已者何？"弼曰："圣人体无，无又不可以训，故不说也；老子是有者也，故恒言无所不足。"寻亦为傅嘏所知。②

王弼在此指出了老子在语言问题上遭遇的一个悖论，即说"无"而言必及"有"。申说惚兮恍兮之"道"的老子被王弼指责"恒言无所不足"，"道不可

---

① （唐）房玄龄等：《晋书》，北京：中华书局1974年版，第1236页。
② （魏）王弼著，楼宇烈校释：《王弼集校释》，第639页。

说"摇身一变而成为"无不可说","道"就是"无"吗？

在《老子》中，"无"和"有"保持着一种生成关系，无论是"有无相生"，抑或"天下万物生于有，有生于无"①，都说明"有无"处于同一层面，或有先后之分，但无高下之别。而在"有""无"之间，老子更倾向于"无"。老子常常把"无"放置在万有属性与行为之前作为带有价值倾向的限定词。这体现了老子自始至终持有的一种否定倾向，"无为"亦是如此。可以说，老子对"无"有两种处理方式，一是"有""无"并举，旨在呈现天地万物的生成方式；二是在态度、倾向上偏向于"无"，汤一介先生将其概述为"通过否定达到肯定的方法"②。老子对"无"进行以上两种处理，必然涉及"有"，且毫无必要回避"有"，只有设置"有""无"这一对概念，才能保证在价值倾向上选择二者之一，才能使"无"得以有一个去否定的对象、目标。所以，《老子》中的"有"和"无"总是彼此不离、互补对生的，老子并不突出"无"的难以言说性。

老子对"道"的非固定性、非形式化特征着墨较多，指出"道"乃"渊兮，似万物之宗"③ "混而为一"④ "无状之状"⑤ "无物之象"⑥，故"绳绳[兮]不可名"⑦，而得"道"者也"微妙玄通，深不可识"⑧。《老子》第二十五章所云"吾不知其名，强字之曰'道'，强为之名曰'大'"⑨，使人不免产生这样一种印象：真正的"道"难以被表述，只是不得已而命名。这一印象也

---

① 与传世本不同，郭店楚简《老子》甲本作"天下之物生于有，生于无"。陈鼓应先生认为此句更合老子原意，"无""有"乃异名同实地指称道体。见陈鼓应：《王弼体用论新诠》，《汉学研究》第22卷第1期，第1—20页。但郭店本中的这句话究竟是《老子》原文还是"有"下脱去重文号，学者持说不一，李零、廖名春、丁四新等学者持后说，其说可从。参见丁四新：《郭店楚竹书〈老子〉校注》，武汉：武汉大学出版社2010年版，第244—249页。

② 汤一介：《论〈道德经〉建立哲学体系的方法》，《哲学研究》1986年第1期，第29页。

③ 陈鼓应：《老子今注今译》，第90页。

④ 同上书，第126页。

⑤ 同上。

⑥ 同上。

⑦ 同上。

⑧ 同上书，第129页。

⑨ 同上书，第169页。

构成了"道不可说"论的直接依据。王弼便抓住了这一点，认为言说导致"指事造形"，让无形者变得有形了。但是，在王弼的思想体系中，无形者并不叫作"道"，而是叫作"无"，"无"是高于天地万物的至上本体，而"无"作为本体涵摄一切的无限、中正之性，使得它绝不允许对之做任何具体描述——"若温也则不能凉矣，宫也则不能商矣"①。王弼思想中"无"之属性的不可捉摸，显然类似于《老子》中"道"的"不可致诘"②。

职是之故，王弼将自身思想中的"无"置入对《老子》之"道"的解释。王弼所著《老子指略》有云："天生五物，无物为用。"③这段话有其具体语境，即作为金木水火土的"五物"是"小象"，"无物"才是"大象"。如所周知，老子曾以"大方""大器""大音""大象"等说明"道"，认为"道"在以上几个面相中都是以"无"的方式反常识的：无隅、晚（免）成、希声、无形④。而王弼认为，以"无"为用才能执得"大象"。王弼在此将《老子》中作为否定词的"无"名词化，进而以之替换掉了《老子》中的至上之"道"，使得作为本体的"无"以"无"的方式——即否定一切现成属性的方式——凌驾于天地万物之上。质言之，王弼以"无"替换了"道"。王弼在裴徽面前指责老子"恒言无所不足"，这并非事实。老子固然声明"道"难以形象化，但他并未对"道"三缄其口，也没有为了说明"道"而刻画一个超然不知何物的孤立、抽象之"道"，相反，他以描述水、婴儿、山谷等具象的方式隐喻"道"非流俗的品性。与其着意说"道"，不如看"道"在生活中的体现。至此可以说，"道"诚然难以被表述，但不能认为用语言说明"道"便使得"道"失去其真身。"道"反而更需要通过对万物的言说来彰显。语言活动指点、引导人们发现"道"的无所不及，并不存在遭遇语言悖论的事件。只有将"道"替换为"无"时，"无"自身的极端排他性才使得连说"无"这样的语言活动本身也毫无立足之处。因而，说"无"遭遇悖论是必然的。

如果在解释《老子》时首先奠定"道不可说"的基调（虽然《老子》文本

---

① （魏）王弼著，楼宇烈校释：《王弼集校释·老子指略》，第195页。
② 陈鼓应：《老子今注今译》，第126页。
③ （魏）王弼著，楼宇烈校释：《王弼集校释·老子指略》，第195页。
④ 陈鼓应：《老子今注今译》，第229页。

一度《德经》在前,《道经》在后),那么这不免使今人觉得老子接下来的所有论述皆是牵强之词、拙劣之举,《老子》一书的著成便是悖论的体现了。细绎王弼与裴徽的对话可以发现,王弼指出的老子"言必及有"是相对于"圣人体无"而言的。他认为对天地万物之本的把握不在于言说,而在于即万物而不离其体。也即避免对本体做直接关注,应当于万有之中体察本体功用的发挥。因而王弼对孔子的"予欲无言"评价甚高,认为此乃"明本"之举。相反,"夫立言垂教,将以通性,而弊至于湮;寄旨传辞,将以正邪,而势至于繁"①。可见,王弼之所以警惕言说行为,是因为语言会引发繁杂的枝节问题,进而使人们执于外相、湮于形式、丢失本真。老子认为,混乱起于智用、有为,所以应行无为之事;王弼继踵而至,删繁而尚简,并且意识到言说活动最易导致繁乱,因而不遗余力地倡导"不言"。他说:"大人在上,居无为之事,行不言之教,万物作焉而不为始,故下知有之而已。"② 又曰:"居无为之事,行不言之教,不以形立物,故功成事遂,而百姓不知其所以然也。"③ 不难发现,王弼屡言"不言之教"深契老子的"无为"之旨。不过,王弼虽然回到了老子的观点,但把亲身践行这一观点的人说成了孔子。在王弼眼中,老子言行不一,孔子不言而身教。王弼衡量孔老时的问题意识、价值尺度来源于老子思想,但结论是"老不及孔"。这说明王弼意欲将道家老子的思想观念转嫁于儒家孔子之身,由此借助孔子这个人在其时的地位来宣扬道家的思想主张,汤用彤先生称之为"留儒家孔子圣人之位,而内容则充以老、庄之学说"④。这一方面表现出王弼对长期以来名教痼疾的革除倾向,另一方面是对两汉以来形成的名教之稳固地位的妥协。他有意于以传统为助力阐扬新说。

因而,王弼的"道不可说"论乃基于阐发新思想的策略考量而发。当然,从"道可道也,非恒道也。名可名也,非恒名也"到"道可道,非常道。名可名,非常名"的文字、句式转变为他提供了有利条件。

---

① (魏)王弼著,楼宇烈校释:《王弼集校释》,第 633 页。

② 同上书,第 40 页。

③ 同上书,第 41 页。

④ 汤用彤:《向郭义之庄周与孔子》,收入氏著《魏晋玄学论稿》,今见《汤用彤学术论文集》,北京:中华书局 1983 年版,第 284 页。

三、重新理解：作为 "前语言" 的老子之 "道"

笔者在本文篇首曾提到，"道可道，非常道" 是理解老子思想的枢要。原因在于：第一，它是对老子思想的核心——"道"——的最直接表述；第二，这句话出现于通行本《老子》的篇首（案，通行本《老子》颠倒了《德经》在前、《道经》在后的次序，乃后人有意为之），为读者接下来理解老子之 "道" 奠定了基调。但笔者同样不否认 "道可道，非常道" 是一个带有显著的解释学循环色彩的语句，尤其是通过考察历史上对这句话的不同注解可以发现，理解 "道可道，非常道" 也势必建立在对 "道" 本身的理解之上。并且，郭店楚简《老子》的发现使我们对老子本人是否曾言及 "道可道，非常道" 产生了疑问。《老子》文本的变迁使得对老子本人思想进行的历史主义的探讨变得扑朔迷离，而《老子》的注者们也往往直接采其文本而释之，对老子本人缄口不言。即使如王弼声称 "老不及孔"，也不过是对一个业已变动较大的《老子》文本的理解，而非征之于史料。因而，问题的讨论应当首先在文本的界面上进行，而非在读者与作者之间游离。而如果在哲学意义上讨论 "道不可说"，就需要在通行本《老子》的基础上考察 "道"，否则就会一味苛责王弼以来流行的解释。本文厘定王弼的解释及前提也是为了重新理解 "道可道，非常道"。至于能否重构、还原老子本人的思想，仍有待于材料的不断被发现以提供最直接的证据。此外，上文曾指出王弼对 "道可道，非常道" 的解释受到了语境影响，但这并不意味着一个词、句离开了语境就完全空白、无意义，而是说一个词、句自身已经具备可供阐释为多种意义的可能，只有到了具体的语境中，它才能被启动，才能显现出某种明晰的意义。所以，我们固然应该悬置历史上某种解释（如王弼的解释）的 "解释学处境"，但还需要把这一具备多种意义可能性的词句置入一个更大的文本语境中，立足于文本整体来阐释它。

具体来说，"道可道，非常道" 直接阐述了 "道"，但 "道可道，非常道" 的意义也需要在 "道可道，非常道。名可名，非常名" 中被揭明。当 "道可道，非常道" 的含义暂且被存而不论时，我们需要将 "道" 直接关联于《老子》文本整体，在文本整体提供的语境中显现 "道" 最终极、饱满的意义。如此一来，"道可道，非常道"反而也需要通过"道"来被阐述与理解。

老子虽然经常表现出一种否定的倾向，但他从未把"无"作为一个至高范畴，更没有以"无"的绝对至上性来排斥一切"有"。前文曾指出，老子并不讳言"有"。"有无相生"不在于表明"有""无"的高低，而是强调"相生"本身是一个比"有""无"二者更为本源的机制。没有"相生"，便无所谓人们言谈中的"有""无"。直接抓住"有""无"辨其先后，不仅使读者对"有无相生"感到莫名其妙，而且很容易导向范畴的无源之根。所以，与其把"道"说成"无"，不如说"道"是"相生"本身。交织不分的"相生"中蕴含着成为可见的与不可见的、可言的与不可言的种种样态的可能性，因而它是"冲"的，是"用之或不盈"①的。"有"和"无"正是同出于未现成化的"相生"势态——"道"——中，只有由此而"出"，才有"异名"的"有"和"无"。

可见，至上之"道"不是一个被不断抽象以至于含括天地万物的不可再被抽象者——"无"，而是不失其"世间性"地作为形式化的天地万物之本真状态。"道"无法被"形而上—形而下"的二元框架所容纳。张祥龙先生说："这一点是老子与后来解释老子者及讲形而上下者的最关键的区别。"② "道"以"相生""相成""相形""相倾""相和""相随"的方式开展为人们经验中的"有—无""难—易""长—短""高—下""音—声""前—后"等状貌。"道"不是经验之物的"大全"，而是"前经验"地处于"和""同"状态，在"和""同"中，无所谓"光"与"尘"的高下。"和光同尘"是一个先于一切经验之差别的"未散"之状。所以，试图以非此即彼的方式把握"道"者也只能将"道"视同于一个生成论上的源头——"一"。然而，"道生一"③却说明，"道"并非可被追溯的生成源头——"一"，而是一个"淡乎其无味，视之不足见，听之不足闻，用之不足既"④的不可追溯者。质言之，"道"如"常山之蛇"否定着人对形式化的追求，使意欲追求"固定"的思维模式在此失效，使对象化的

---

① 陈鼓应：《老子今注今译》，第 90 页。
② 张祥龙：《海德格尔思想与中国天道：终极视域的开启与交融》，北京：三联书店 1996 年版，第 282 页。
③ 陈鼓应：《老子今注今译》，第 233 页。
④ 同上书，第 205 页。

追溯之举徒劳无功。因而，老子说"反者道之动"①，亦即"道"永远否定着现成。

老子之"道"否定了人的惯常思维。"道"诚然无法被直接言说，但这并不意味着人无法把握"道"。老子并未声称"道不可说"，而是用不同于直接"说道"的方式来显现"道"的存在。也即，把握"道"的方式不在于关注"道"，而在于以边缘的方式领会"道"。比如，老子之所以对水颇加赞颂，是因为"水善利万物而不争，处众人之所恶，故几于道"②，"天下莫柔弱于水，而攻坚强者莫之能胜"③。水的柔弱不争正是"道"的虚己、自然之性。"不争""自然"都意味着自身的"不突出"，亦即对自身形式化的拒绝。水所表现出的"弱之胜强，柔之胜刚"④ 说明非形式化比形式化蕴含的冲击力更大。一个被人注目、意识到的东西远不如在它不现身、不触目时有力量。在老子看来，仁义的出现恰是大道的废止；智慧的启用恰是违逆了自然；只有六亲出现了不和，才希求孝慈之伦的匡正；只有国家出现乱象，才强调忠臣义士的作用⑤。所以，理想的状态是前伦理、前理智的。前伦理、前理智是一种质朴未散而伦理、理智蕴蓄其中的自然状态，是"道"最本真的呈现方式。老子强调的是一个存在论意义上的本真状态，是对形式化的伦常规范、心机智用的反思，而不是在时间上倒退到一个现成的远古时代。

综上所述，"道"不是思辨的产物，也不是可待追寻的现成实体，而是一切事物被形式化、对象化之前的开启、显发机制。它构成着宇宙、人生所朝向的无限可能性。这样的"道"当然不能作为可经验之物被说出，但它的不可说有别于王弼的"无不可说"，因为它自身保持为一种"前语言"的存在状态。

四、王弼解释学的限度

经典之所以为经典，在于它有超出特定时代的价值和意义。经典时常以不

---

① 陈鼓应：《老子今注今译》，第 226 页。
② 同上书，第 102 页。
③ 同上书，第 339 页。
④ 同上。
⑤ 同上书，第 145 页。

同的存在方式回答某个时代的问题，但经典的意义并非自为地显现，而是有待读者对它的"提问"。人们希望在经典中寻求某个问题的答案。当代哲学解释学认为，"问题意识"来自对自身处境的反思，即只有意识到自身处境的局限或缺失，才能够提出问题。如果说玄学家解释儒家经典是由于不满汉代经学的烦琐，那么他们解释道家经典应是出于一种自身处境中的缺失感。

王弼在解释《老子》时不断阐发、强调无为，倡言"不言之教"。可见，"性情修养"是其关心的重要问题。王弼希望在老子的著作中获得"何为理想人格"的答案。或者说，《老子》之于王弼，是寻求"何为理想人格"之答案的资源。但从《老子》中解读出的理想人格却未被王弼归于老子，而是归于孔子。王弼指出，作为圣人的孔子"体无"，行不言之教，而老子"言必及有"，境界不及孔子。其历史原因，上文业已论及。若从解释学角度看，理想人格是王弼与经典文本对话的产物，是王弼在阅读、解释经典时被构成的意义。但王弼明显地区分了"经典的意义"与"作者的思想"。因而老子本人并没有因为其著作生发的意义深刻而被称为圣人。思想史家昆廷·斯金纳（Quentin Skinner）在《谈文本的解释》中说："我认为解释的词汇不应当只是传统的有关意义（meaning）的词汇，而是至少也要以同样的程度关注语言的第二个维度（即行动）。"①这里的"行动"，用斯金纳的话来说即"what he is doing"。一言以概之，斯金纳区分了文本的意义（meaning）与作者的意图（intention）。"作者意图说"是一个被当代哲学解释学业已否定、舍弃的解释学理论，它基于"作者中心主义"的立场，意欲为读者所解读出的文本"客观意义"提供某种现实性的保证，但由于"作者意图"是一个被预先设定而又有待追寻的未知数，所以它反而进一步导致了文本解读的相对主义，这与它追求确定性的初衷背道而驰②。不过，无论是美国文论学家赫施（E. D. Hirsch）在20世纪中期对"作者意图说"的重新呼吁，还是今日斯金纳对它的重申，都说明这是一个让学者很难放弃的"顽

---

① ［英］昆廷·斯金纳（Quentin Skinner）著，赏一卿译：《谈文本的解释》，李强、张新刚主编：《国家与自由：斯金纳访华讲演录》，北京：北京大学出版社 2018 年版，第 6 页。

② "作者意图说"源自西方的解经学传统，迈耶尔（Georg Friedrich Meier）和狄尔泰（Dilthey）曾对此有不同程度的讨论，而 20 世纪持"作者意图说"最为坚定的是美国文论学家赫施（E. D. Hirsch）。本文对"作者意图说"的论述参考了潘德荣：《西方诠释学史》，北京：北京大学出版社 2016 年版，第 212—216、399—412 页。

固"存在物，它无形中左右着人们阅读文本时的心境和朝向，使人觉得阅读文本是为了完成一项对他人的义务，此中却不见读者的存在。斯金纳的论述在一定程度上和王弼的区分是相合的，即都不愿凸显出读者的存在，但二者也有微妙的不同。

斯金纳的说法意味着，在阅读文本时，作者始终在场，亦即读者永远不要忘记：我们是在读某个人的著作。这一阅读机制比较契合王弼对儒家经典的解释。因为儒家经典被认为是圣人所作，承载着圣人之意。圣人是人们在阅读儒家经典时无法被还原掉、无法拒绝、无法忽略的存在者。所以对儒家经典的阅读终归是对某个人（圣人）的服从与追寻，即使世人的解读异说丛生，也仍然存在着共同的预期：探求圣人之意。因而，读者解读出的意义由作为权威的"圣人"来担保。王弼也不例外。但王弼的解释活动在另一方面又超出了上述阅读机制，这表现在他对《老子》的解释上。

从王弼比较孔老的行为可以看出，王弼在解释《老子》时，不仅保持了作者的在场，而且将圣人也纳入这场意义构成机制中。这就形成了"圣人—作者—读者"的三重意义结构。在这一结构中，作为作者的老子的形象是被王弼所重构的。我们可以发现，王弼对老子的表达方式格外在意，而对表达方式的把握必须基于对文本总体的反思。圣人的形象也是由王弼塑造的，其基本素材便是解释经典时所生发的新义。概言之，王弼把自己别出心裁的创见附于圣人之身，打造了一个自我心目中的完满圣人形象。而实际的情形是，他的新义往往基于他在解释经典前对性情、人格、自由等哲学问题的预先深思。预先的思考是王弼解释经典的前见。结果却是，敢于暴露前见、阐发新义的王弼将自己的思想成果和盘交给了圣人。因而在"圣人—作者—读者"的三重结构中，虽然读者亲力亲为地参与了意义的构成，但作为读者的王弼自觉地消解了自我的存在，他似乎只在冷眼旁观圣人与作者一比高下。

不可否认，王弼提出并解答了许多颇有深度的哲学问题，他把人的思想意识、精神境界都带到一个更高的层次。但同样需指出，如果解释经典的最终归宿不是揭示、阐扬真理，而是还原到作者乃至圣人，那么相应的解释学仍有待它的继续转型，因为它不能确保解释者挺立地表达其自身。

汉代老子神化过程略论

——以《史记》《列仙传》和《老子铭》为中心[*]

王亚龙[**]

内容提要：《史记·老子传》的资料主要来自此前的黄老之学，老子"修道而养寿"，"道"主要指黄老"道德"之学，老子之长寿并非出于方士之附会，而是源于修行"道德"、保养精神。《列仙传》所描述的为东汉中期黄老养性成仙之学中的老子形象，老子不仅是"好养精气"之神仙，也取代黄帝而成为黄老之学的中心人物，成为神仙方术的主要来源和求仙方士崇拜的偶像。《老子铭》阐述了"好道者"、边韶、班固和汉桓帝等四种老子观，包含了东汉末期对老子的各种认识。"好道者"将老子神化为"先天地而生"的至高之神，既是对《列仙传》中老子神性的延续与深化，对汉末五斗米道对老子的崇奉也有着重要的启示意义。从《史记》《列仙传》至《老子铭》，大致反映了老子在两汉时期不断神化的过程。

关键词：老子；《史记》；《列仙传》；《老子铭》

先秦汉初诸子著作中，多有论及老子者，但老子主要是一种得道的哲人形

---

* 本文系国家社科基金一般项目"敦煌讲经文与东亚讲经文献研究"（项目号：22BZW068）阶段性成果。

** 王亚龙，男，河南周口人，洛阳师范学院文学院讲师。

象，几乎不涉及神性。老子的神化始于汉代。《史记》《列仙传》和《老子铭》是汉代对老子描述最多的作品，时间跨度从汉初直至汉末，大致可以反映老子在两汉时期不断神化的过程。本文拟以这三部作品为中心，探讨从汉初至汉末太平道与五斗米道兴起之前这一时期内老子的神化过程及其神格特点。

一、《史记》中"修道而养寿"之老子

《史记·老子传》是现存最早的老子传记，也是司马迁对先秦以来有关老子传说的总结。世人对老子其人之整体了解，始于此传；方士对老子所做之夸饰神化，亦始于此传。

刘国钧认为，在司马迁之世，关于老子已有种种不同之传说。司马迁未能抉择，遂杂揉而成《老子传》。此传中俨然有两种不同之资料。如老子为南方之人，曾为周室守藏史，孔子曾从之问学，又曾有西游之事，其学修道德以自隐无名为务，凡此数者，战国以来相传之说，是其资料之一部分也。如老子之姓名籍里子孙年寿，及其修道养寿，与夫老子、史儋之是否一人，则为秦汉后起之说，是其数据之又一部分也。此后起诸说颇互为刺缪。不然，岂有姓名世系若此清晰，尚不能辨其人与太史儋是，或为一人为二人乎？① 其实，这两部分材料之间并不矛盾，应该都是源自战国以来的黄老学者。

刘笑敢将《庄子》外、杂篇按与内篇思想的同异分为三类：阐发内篇的述庄派，兼容儒法的黄老派，以及抨击儒墨的无君派②。丁原明认为，战国时期的黄老之学，"大致有两个形成中心，即一个是楚国，一个是齐国，前者形成了以楚国为中心的南方黄老学，后者形成了以齐国为中心的北方黄老学。汉初黄老学则是战国南北这两支黄老之学的合流"③。《庄子》外、杂篇中的黄老派即属于南方黄老学的一部分。

在《庄子》中，《养生主》提到了"老聃死"④，老子尚为有生有死之人。

---

① 刘国钧：《老子神化考略》，《金陵学报》1934年第2期，第64—65页。

② 刘笑敢：《庄子哲学及其演变》，北京：中国社会科学出版社1988年版，第62—88页。

③ 丁原明：《黄老学论纲》，济南：山东大学出版社1997年版，第41—42页。

④ （清）郭庆藩撰，王孝鱼点校：《庄子集释》，北京：中华书局2012年版，第127页。

《天道》中孔子欲西藏书于周室，子路建议往因周之征藏史老聃①，老子之官职首见于此。《天运》言孔子行年五十有一而不闻道，乃南之沛见老聃②，说明老聃居于南方。又言孔子见老聃归，三日不谈，后告弟子曰："吾乃今于是乎见龙！龙，合而成体，散而成章，乘云气而养乎阴阳。予口张而不能嗋，予又何规老聃哉！"③《史记》中孔子"犹龙"之叹当本于此。《寓言》载"老聃西游于秦"④，此老子出关说所本。其余诸篇中更多的是关于孔子和老子问答的内容。可以说，《老子传》中的第一部分资料都可以在《庄子》中找到蛛丝马迹，而且这些篇目大多数属于刘笑敢所说的述庄派和黄老派。

在《老子传》的第二部分资料中，最突出的是老子"修道而养寿"。对于此，刘国钧说：

> 然《史记》又称其修道而养寿，则老子在此时已化为一长寿之人。且以修道与养寿相连，一若老子所修即是长生之道者。夫长生乃方士之理想。当汉武之世，方术流行，李少君辈既以黄帝为神仙，安见其不利用老子事迹之不彰，而故为之辞以惑世人哉？史迁生值其世，爱采其说，而不自信，故作迷离之词以示可疑，此事理之可以有者，则援老子入神仙以"养寿"一观念为枢纽矣。⑤

刘国钧将《老子传》资料分成两部分，盖本于"信史"和"传说"之别，并将第二部分资料归于方士所传，老子长寿之说盖为李少君辈"惑世"之辞。刘玲娣说：

> 司马迁的存疑记载，从叙述源流上看，是对周秦以来以《庄子》为代表的典籍神秘化老子的延续。从社会背景来看，是受到了武帝时

---

① （清）郭庆藩撰，王孝鱼点校：《庄子集释》，北京：中华书局2012年版，第481页。
② 同上书，第518页。
③ 同上书，第526页。
④ 同上书，第953页。
⑤ 刘国钧：《老子神化考略》，《金陵学报》1934年第2期，第64页。

盛行的神仙方术的影响。而关于老子的众多传说，理应与汉初活跃的方士、术士的附会有关。①

亦将《老子传》中第二部分资料归于神仙术士。

《老子传》曰："盖老子百有六十余岁，或言二百余岁，以其修道而养寿也。"② "盖""或"皆为不确定之辞，当时关于老子年寿当有种种不同之传说，司马迁择而述之，但未可便以此断定老子之长寿为修长生之道所致。《庄子·逍遥游》曰："彭祖乃今以久特闻，众人匹之，不亦悲乎！"③ 《大宗师》曰："夫道……黄帝得之，以登云天。"④ 《在宥》广成子对黄帝曰："我守其一以处其和，故我修身千二百岁矣，吾形未常衰。"⑤ 以上所引诸文中，彭祖但修养形之道而至八百岁，黄帝修道以登天成仙，广成子修道至千二百岁而未已。而且先秦以来神仙之说、不死之道已广为流传，若云老子修长生之道而仅寿"百有六十余岁"或"二百余岁"，实在算不得对老子的神化了。因此，司马迁所言老子"修道而养寿"，与神仙方士应该并无关联。《老子传》曰："老子修道德，其学以自隐无名为务。"又曰："皆原于道德之意，而老子深远矣。"⑥《史记·孟子荀卿列传》曰："（慎到、田骈、接子、环渊）皆学黄老道德之术，因发明序其指意。"⑦ 老子所修之"道"，主要还是指黄老"道德"之学。

黄老之学主张治身与治国结合，尤以治身为本。《庄子·让王》曰："道之真以治身，其绪余以为国家，其土苴以治天下。由此观之，帝王之功，圣人之余事也，非所以完身养生也。"⑧ 以治身为本，治国为末。治身即完身养生，保养精神，由此往往可以达于长寿。《管子·内业》曰："平正擅匈，论治在

① 刘玲娣：《汉魏六朝老学研究》，武汉：华中师范大学出版社 2012 年版，第 31 页。

② （汉）司马迁：《史记》，北京：中华书局 1959 年版，第 2142 页。

③ （清）郭庆藩撰，王孝鱼点校：《庄子集释》，第 13 页。

④ 同上书，第 252 页。

⑤ 同上书，第 391 页。

⑥ （汉）司马迁：《史记》，第 2141、2156 页。

⑦ 同上书，第 2347 页。

⑧ （清）郭庆藩撰，王孝鱼点校：《庄子集释》，第 963 页。

心，此以长寿。"① 《白心》曰："欲爱吾身，先知吾情；君亲六合，以考内身，以此知象，乃知行情；既知行情，乃知养生。左右前后，周而复所，执仪服象，敬迎来者。今夫来者，必道其道，无迁无衍，命乃长久。"② 《文子·下德》曰："老子曰：治身，太上养神，其次养形，神清意平，百节皆宁，养生之本也。肥肌肤，充腹肠，供嗜欲，养生之末也。"③ 皆言由修道可致养生长寿，而《文子》更是直接托言于老子。

汉初黄老之学主要表现为"君人南面之术"，尚未与神仙方术过多结合。《老子》以其"道德"思想为时人所重，成为黄老之学的主要组成部分。老子"修道而养寿"，并非是神仙方士有意为之，乃是源于老子修行"道德"、保养精神，故有此传说。而且汉初方士成仙之说所依托者主要是黄帝，尚未涉及老子。老子本就是一极为神秘之人物，《庄子》中的南方黄老学作品中率先记述了关于老子的事迹和言论，此后应当还有相关的记载，但由于史料的缺失，今已无法得知。这些资料应该为司马迁所熟知，并最终汇集而成《老子传》。总之，《老子传》应与此前的黄老之学有着莫大的关系。

二、《列仙传》中"养精爱气"之老子

《列仙传》假托西汉刘向所撰，大抵为"明帝以后顺帝以前人之所作也"④。《列仙传》为《史记》之后为老子立传的另一部著作，其传文曰：

> 老子姓李，名耳，字伯阳，陈人也。生于殷时，为周柱下史。好养精气，贵接而不施。转为守藏史，积八十余年，《史记》云二百余年。时称为隐君子，谥曰聃。仲尼至周，见老子，知其圣人，乃师之。后周德衰，乃乘青牛车去。入大秦，过西关，关令尹喜待而迎之。知

① 黎翔凤撰，梁运华整理：《管子校注》，北京：中华书局2004年版，第945页。

② 同上书，第810页。

③ 王利器：《文子疏义》，北京：中华书局2000年版，第381页。

④ 余嘉锡：《四库提要辨证》，北京：中华书局1980年版，第1207页。

真人也，乃强使著书，作《道德经》上下二卷。①

此传显然对《史记·老子传》有所借鉴，并附以时代之新说。《史记》言老子之字为"聃"②，此则改为"伯阳"，以"聃"为谥号。老子之生年也提前至殷时。刘国钧认为，伯阳之称，应始于边韶《老子铭》，而言老子生于殷时，盖受彭祖传说之影响③。《老子铭》作于桓帝延熹八年（165），此盖以《列仙传》晚出，故有此说。《史记》言老子为周守藏史④，《汉书》中东方朔戒其子有"首阳为拙，柱下为工"⑤之语，东方朔稍后于司马迁，当时已有老子为柱下史之说，《列仙传》则兼二说，言老子由周柱下史转为守藏史。至于老子出关的细节，也与《史记》不同。而且《史记》中"修道而养寿"的老子，至此也已变为修房中术的神仙。

《列仙传》中尚有一些传文与老子有关，今悉录于下：

容成公者，自称黄帝师，见于周穆王。能善补导之事，取精于玄牝。其要谷神不死，守生养气者也。发白更黑，齿落更生，事与老子同。亦云老子师也。⑥

关令尹喜者，周大夫也。善内学，常服精华，隐德修行，时人莫知。老子西游，喜先见其炁，知有真人当过，物色而遮之，果得老子。老子亦知其奇，为著书授之。后与老子俱游流沙化胡。服苣胜实，莫知其所终。尹喜亦自著书九篇，号曰《关令子》。⑦

---

① （汉）刘向：《列仙传》，《道藏》第5册，北京：文物出版社、上海：上海书店、天津：天津古籍出版社1988年版（以下略注），第65页。

② （汉）司马迁：《史记》，第2139页。

③ 刘国钧：《老子神化考略》，《金陵学报》1934年第2期，第69页。

④ （汉）司马迁：《史记》，第2139页。

⑤ （汉）班固撰，（唐）颜师古注：《汉书》，北京：中华书局1962年版，第2874页。

⑥ （汉）刘向：《列仙传》，《道藏》第5册，第65页。

⑦ 同上。

涓子者，齐人也。好饵术，接食其精。至三百年，乃见于齐。著
《天人经》四十八篇。后钓于荷泽，得鲤鱼，腹中有符。隐于宕山，能
致风雨。受伯阳九仙法。淮南山安，少得其文，不能解其旨也。其
《琴心》三篇有条理焉。①

朱璜者，广陵人也。少病毒瘕，就睢山上道士阮丘。丘怜之，言：
卿除腹中三尸，有真人之业，可度教也。璜曰：病愈，当为君作客三
十年，不敢自还。丘与璜七物药，日服九丸，百日病下如肝脾者数斗。
养之数十日，肥健，心意日更开朗。与老君《黄庭经》，令日读三
过，通之，能思其意。丘遂与璜俱入浮阳山玉女祠。且八十年，复见
故处，白发尽黑，鬓更长三尺余。过食，止数年，复去。如此至武帝
末，故在焉。②

以上诸传中，容成公为黄帝之师，由"取精于玄牝"可知其所修为房中术。
西汉末期已有黄帝修房中术之说。《汉书·王莽传》载成修言"黄帝以百二十女
致神仙"③。容成公与老子之道同，又传说其为老子之师，则此前当有黄帝与老
子同师于容成公之传说。《史记》中将黄帝、老子并称，老子修房中术以及与黄
帝同师之说，或许正是方士借鉴黄帝传说以神化老子所致。此外，涓子受伯阳
九仙法，阮丘以老君《黄庭经》授朱璜，可见《列仙传》虽言老子由修房中术
而成仙，但彼时已经有依托老子之仙术、仙书，而且老子也被尊称为老君，老
子在当时求仙者中已有着重要的地位和影响。

《史记》中将黄帝和老子合称为"黄老"，主要因其"道德"思想，然而黄
帝之影响远非老子所能相比。《淮南子·修务训》曰："为道者，必托之于神农、
黄帝而后能入说。"④《史记·五帝本纪》曰："百家言黄帝，其文不雅驯，荐绅

---

① （汉）刘向：《列仙传》，《道藏》第 5 册，第 65 页。
② 同上书，第 75 页。
③ （汉）班固撰；（唐）颜师古注：《汉书》，第 4168 页。
④ 何宁：《淮南子集释》，北京：中华书局 1998 年版，第 1355 页。

先生难言之。"①《汉书·艺文志》载有各家托名黄帝之著述，包括道家、阴阳家、杂家、小说家、兵阴阳、天文、历谱、五行、杂占、医经、经方、房中、神仙等家，亦可窥见当时"百家言黄帝"之盛况。汉武帝时独尊儒术，黄老之学退出政治舞台，转而与神仙方术相结合，但黄帝和老子所扮演的角色是不同的。汉武帝时李少君、公孙卿、公玉带等所献封禅、明堂等成仙之方，无不依托于黄帝以自重。至王莽时犹为如此，方士所献成仙之术，或言"黄帝谷仙之术"，或言"黄帝时建华盖以登仙"②。《论衡·道虚》曰："世见黄帝好方术，方术，仙者之业，则谓帝仙矣。"③ 黄帝成仙之说与术数方技依托黄帝关联密切。而且黄帝作为上古帝王，正与汉武帝、王莽之身份相称。《抱朴子内篇·辨问》曰："黄帝先治世而后登仙。"④ 黄帝集治世与成仙于一身，对于帝王求仙而言，黄帝自是理想的效法对象。

东汉时期，黄老之学已由"君人南面之术"演变为偏重于个人炼养成仙为主的神仙学说。原本由方士所献给汉武帝和王莽的黄帝成仙之术，自然非一般人所能为，《史记》中"修道而养寿"的老子遂为方士所接纳，在东汉初就已被方士奉为修道成仙的典范。《论衡·道虚》曰：

> 世或以老子之道为可以度世，恬淡无欲，养精爱气。夫人以精神为寿命，精神不伤，则寿命长而不死。成事：老子行之，逾百度世，为真人矣。⑤

桓谭《新论·祛蔽》曰：

> 余尝过故陈令、同郡杜房，见其读《老子》书，言："老子用恬淡养性，致寿数百岁；今行其道，宁能延年却老乎？"余应之曰："虽同

① （汉）司马迁：《史记》，第 46 页。
② （汉）班固撰，（唐）颜师古注：《汉书》，第 4154—4169 页。
③ （汉）王充撰，黄晖校释：《论衡校释》，北京：中华书局 1990 年版，第 316 页。
④ （晋）葛洪撰，王明校释：《抱朴子内篇校释》，北京：中华书局 2018 年版，第 224 页。
⑤ （汉）王充撰，黄晖校释：《论衡校释》，第 334 页。

形名，而质性才干各异度，有强弱坚脆之姿焉，爱养适用之，直差愈耳。譬犹衣履器物，爱之则完，全乃久。"①

王充和桓谭述时人之说，皆以老子恬淡养性而致长寿或度世成仙，且追随者不乏其人。而且王充所言"养精爱气"，已近于《列仙传》老子"好养精气，贵接而不施"，二者或相去不远。

《列仙传·容成公》曰："其要谷神不死，守生养气者也。"此乃以《老子》中"谷神不死"之文附会方士"守生养气"之说，说明当时已有以神仙之术解读《老子》者。其后，《老子河上公章句》中将《老子》之"道"分为"自然长生之道"和"经术政教之道"②，亦属同类著作。东汉时黄老之学被视为"乘虚入冥，藏身远遁，亦有理国养人，施于为政"③ 之道，这应该主要反映在对《老子》思想的阐释。汉初的《黄帝书》大概由于主要为"经术政教之道"，在后世遂逐渐湮没。《老子河上公章句》中的"自然长生之道"主要是行气、房中和存神④，既依附《老子》而阐释仙道，则老子其人应该也是精通并传播诸方术之神仙。汉末牟子《理惑论》引时人之言曰："为道者，或辟谷不食而饮酒啖肉，亦云老氏之术也。"⑤ 此应为神仙方士之言，而称辟谷之术为"老氏之术"，可见当时求仙者对老子之推崇。

通过上述可知，在黄老之学与神仙方术结合为以个人成仙为主的黄老养性成仙之学后，老子实已取代黄帝而成为黄老之学的中心人物，也成为神仙方术的来源和求仙方士崇拜的偶像。《列仙传》中对老子的描述，即是老子这一神化过程的阶段性体现。

三、《老子铭》中的四种老子观

延熹八年（165）八月，桓帝梦见老子，遂遣人祀之，陈相边韶撰碑，此即

---

① （汉）桓谭：《新论》，上海：上海人民出版社1977年版，第31页。

② （汉）河上公撰，王卡点校：《老子道德经河上公章句》，北京：中华书局1997年版，第1页。

③ （南朝宋）范晔撰，（唐）李贤等注：《后汉书》，北京：中华书局1965年版，第2771页。

④ （汉）河上公撰，王卡点校：《老子道德经河上公章句·前言》，第12页。

⑤ （南朝梁）释僧祐撰，李小荣校笺：《弘明集校笺》，上海：上海古籍出版社2015年版，第52页。

为《老子铭》。据《后汉书·孝桓帝纪》，同年的正月和十一月，桓帝分遣中常侍左悺和管霸至苦县祠老子[①]，独此次无载。刘屹认为，"正月和十一月的两次是由皇帝派身边的宦官进行的，故得以加载正史；而八月的一次则由地方官员进行，为史籍所失载"[②]。按，此年八月桓帝亦曾遣使祭祀仙人王子乔，蔡邕《王子乔碑》曰："延熹八年秋八月，皇帝遣使者奉牺牲以致祀，祇惧之敬肃如也。"[③] 桓帝对于王子乔尚且遣使祭祀，何况他信奉黄老道，且又梦见老子，理应大肆渲染，八月祀老子应亦为桓帝遣使为之。宋谢守灏《混元圣纪》卷七曰："延熹八年乙巳八月甲子，帝梦老君乘华盖车降于殿庭，乃遣使诣陈国苦县致祠礼焉。敕陈相边韶撰碑文。"[④] 所言甚明。史籍偶有失载，亦在情理之中。

《老子铭》对研究后汉老子的神化有重要价值。刘屹总结了《老子铭》中的四种老子观[⑤]，但并未展开深入论述。今拟围绕这四种老子观，对《老子铭》所反映的汉末老子的神化情形做进一步研究。

第一种是"好道者"的老子观，这是边韶主要批判的一种老子观。《老子铭》曰：

> 或有浴神不死，是谓玄牝之言。由是世之好道者，触类而长之，以老子离合于混沌之气，与三光为终始。观天作谶，升降斗星。随日九变，与时消息。规矩三光，四灵在旁。存想丹田，大一紫房。道成身化，蝉蜕渡世。自羲农以来，世为圣者作师。[⑥]

"好道者"即方士、道士或道人之类，是东汉神化老子的主要群体。《王子

---

① （南朝宋）范晔撰，（唐）李贤等注：《后汉书》，第 313、316 页。

② 刘屹：《敬天与崇道：中古经教道教形成的思想史背景》，北京：中华书局 2005 年版（以下略注），第 337 页。

③ （清）严可均辑：《全后汉文》，北京：商务印书馆 1999 年版（以下略注），第 759 页。

④ （宋）谢守灏：《混元圣纪》，《道藏》第 17 册，第 848 页。

⑤ 刘屹：《敬天与崇道：中古经教道教形成的思想史背景》，第 342—344 页。

⑥ 对于《老子铭》原文之校录，刘屹以洪适《隶释》本为底本，谢守灏《混元圣纪》本为参校甲本，楠山春树 1956 年本为参校乙本，所做校录甚为精当，见《敬天与崇道：中古经教道教形成的思想史背景》之《〈老子铭〉研究》一节。本文所引《老子铭》内容，即以此为据。

乔碑》和《帝尧碑》中有"好道之侔"①，所指相同。"或有浴神不死，是谓玄牝之言，由是世之好道者，触类而长之"，此为以神仙方术阐释《老子》。《列仙传·容成公》中已有方士以"守生养气"解《老子》中"谷神不死"一语。"混沌"为天地未分之前的状态。《淮南子·诠言训》曰：

> 洞同天地，浑沌为朴，未造而成物，谓之太一……稽古太初，人生于无，形于有，有形而制于物。能反其所生，故未有形，谓之真人。真人者，未始分于太一者也。②

"真人"是修炼到无形而与"太一"为一的境界者。老子"离合于混沌之气"，合于混沌之气即相当于真人，而离于混沌之气则指由无形返于有形，化现人世，即"自羲农以来，世为圣者作师"。"三光"指日、月、星，"与三光为终始"极言老子寿命之无终。纬书中有托于老子者，如河、洛类有《老子河洛谶》，杂谶纬类有《孔老谶》《尹公谶》，"老"即指老子，"尹公"即所谓尹喜③。作谶须观天象，一般要根据北斗的运行确定吉凶。"观天作谶，升降斗星"，盖即指此。刘宋初《三天内解经》载老子有八名，又言："或一日九变，或二十四变，千变万化，随世沈浮，不可胜载。"④《混元圣纪》曰："老君降生九日，身有九变。"⑤ 老子"随日九变"应指老子身体有九种变化，且每变辄易其名、字。"与时消息"，指老子随世浮沉。"规矩三光"，《仙人唐公房碑》有"统御阴阳"⑥ 之语，《太平经》曰："其无形委气之神人，职在理元气；大神人职在理天；真人职在理地；仙人职在理四时；大道人职在理五行；圣人职在理阴阳。"⑦ "规矩""统御"和"理"三者意思相近，是说老子已成为可以掌理日月运行之神人。"四灵"指青龙、白虎、朱雀和玄武，老子身旁有四灵围绕。

---

① （清）严可均辑：《全后汉文》，第 758、1037 页。

② 何宁：《淮南子集释》，第 991—992 页。

③ 陈槃：《古谶纬研讨及其书录解题》，上海：上海古籍出版社 2010 年版，第 229 页。

④ 《三天内解经》，《道藏》第 28 册，第 413 页。

⑤ （宋）谢守灏：《混元圣纪》，《道藏》第 17 册，第 805 页。

⑥ （清）严可均辑：《全后汉文》，第 1063 页。

⑦ 王明：《太平经合校》，北京：中华书局 2014 年版，第 88 页。

"存想丹田，太一紫房"，一般认为是指老子存思太一①。恐未必如此。《王子乔碑》曰："于是好道之俦，自远来集，或弦琴以歌太一，或谭思以历丹田。"②《帝尧碑》曰："是以好道之畴，自远方集，或弦琴□□□一，或谭□□历丹田。"③谭思，应为存想之类方术。此二碑文中，存想丹田与歌太一者皆为"好道之俦"，旨在以此祈福获祚。老子与王子乔皆为仙人，地位甚至要高于后者，断不会与"好道之俦"一样还要经过存想或者弦歌太一来求取福佑。此句参照《抱朴子内篇·杂应》或可得其解。其文曰：

> 欲修其道，当先暗诵所当致见诸神姓名位号，识其衣冠。不尔，则卒至而忘其神，或能惊惧，则害人也……但谛念老君真形，老君真形见，则起再拜也。老君真形者，思之，姓李名聃，字伯阳……见老君则年命延长，心如日月，无事不知也。④

此言欲修某神之道，则须谛念此神之形，见之则能年命延长。《老子铭》赞辞言："出入丹庐，上下黄庭。"⑤黄庭一般指脑中、心中、脾中⑥，而上下黄庭者自当是指老子。《列仙传·朱璜》言老君有《黄庭经》，应该也是讲存思术之书。因此，"存想丹田"，当是指"好道者"存想老子以祈求福祚。同样，《王子乔碑》和《帝尧碑》中所言"谭思以历丹田"，乃指存思王子乔和帝尧。"弦琴以歌太一"，不是个人存思想象身中之神，而是在乐舞相伴下集体膜拜太一天帝⑦。《老子铭》所说"太一紫房"过于简略，可能有所不同。《太平经》曰："入室思道，自不食与气结也，因为天地神明毕也，不复与俗治也，乃上从天太一也，朝于中极。"⑧中极即太一天帝所居紫宫。"太一紫房"，或指于丹田存思

---

① 卿希泰主编：《中国道教史》第一卷，成都：四川人民出版社1996年版，第215页；刘屹：《敬天与崇道：中古经教道教形成的思想史背景》，第358—359页。

② （清）严可均辑：《全后汉文》，第758页。

③ 同上书，第1037页。

④ （晋）葛洪撰，王明校释：《抱朴子内篇校释》，第273—274页。

⑤ 刘屹：《敬天与崇道：中古经教道教形成的思想史背景》，第342页。

⑥ 梁丘子：《黄庭内景玉经注》，《道藏》第4册，第844页。

⑦ 刘屹：《敬天与崇道：中古经教道教形成的思想史背景》，第365页。

⑧ 王明：《太平经合校》，第450页。

老子，可上从于太一天帝。"道成身化，蝉蜕渡世"，言老子道成而度世。另外，赞辞中"先天地而生"一语，亦属于"好道者"的老子观，老子已被神化为先天地而生的神人。

需要注意的是，《老子铭》中"好道者"的老子观是通过边韶传达的。边韶本为儒生，"寐与周公通梦，静与孔子同意"[①]，对彼时所流行的神仙方术未必通晓，他应该只是将自己所听闻的老子神化事迹汇总在《老子铭》中，其间并没有一个统一的来源。通过边韶所转述的"好道者"的老子观，大体可分为两类：其一，老子为先天地而生的神人。"离合于混沌之气，与三光为终始"，"随日九变，与时消息。规矩三光，四灵在旁"，以及"世为圣者作师"等，都可视为老子在这一神格下的特点。也只有在这一神格下，汉末信奉黄老道者才会冀望通过祭祀老子以祈求长生。其二，老子为修道度世的神仙。"道成身化，蝉蜕渡世"，所描述的即属这一神格，与《列仙传》中老子的神格相类。

第二种是边韶自己的老子观。这也是边韶撰作此铭所要传达的主要意旨。《隶释》曰："碑中多用太史公语，唯'聃然老旄'之说不同。"[②] 边韶所言老子之出生地、官职、出关著书以及太史儋传说等，皆本于《史记》。老子之字为伯阳，首见于《列仙传》，至边韶时已为定说。《老子铭》以周幽王时伯阳父为老子，又言孔子见老子，老子"已二百余岁，聃然老旄之貌也"[③]。如此，老子"伯阳"与"老聃"之称皆有了合理的解释。对于这些说法，边韶已深信不疑。然而边韶并不信不死之说。"厥初生民，遗体相续，其死生之义可知也"[④]，其中"遗体相续"一语如何理解素有争议[⑤]。其实这句话所表达的是边韶自己的生死

---

① （南朝宋）范晔撰，（唐）李贤等注：《后汉书》，第2623页。

② （宋）洪适：《隶释·隶续》，北京：中华书局1986年版，第37页。

③ 刘屹：《敬天与崇道：中古经教道教形成的思想史背景》，第340页。

④ 同上书，第341页。

⑤ 王维诚认为，"生民遗体相续之言，中国古籍无闻，疑即印度轮回之说"。见王维诚：《老子化胡说考证》，《国学季刊》1934年第4卷第2号，第12页。汤用彤以"精神不灭"解释此句，"因谓老子即先天之道，遗体相续，蝉蜕渡世。形体虽聚散代兴，而精神则入玄牝而不死"。见汤用彤：《汉魏两晋南北朝佛教史》，北京：商务印书馆2015年版，第73页。刘屹认为，"遗体相续"意谓人民会相续死亡，"'遗体相续'应与'天地不自生'相对而言，天地不因私利而自生，也不会自亡；民既然是有生的，也就自然会死亡，即'遗体相续'，这才使人明白'死生之义'。故这并非是佛教轮回转世观念"。见刘屹：《敬天与崇道：中古经教道教形成的思想史背景》，第345页。

观，与"好道者"的"触类而长之"，即以不死说解读《老子》形成对比。"遗体"在古时本就是固定词语，指父母遗留给自己的身体。《礼记·祭义》："身也者，父母之遗体也。行父母之遗体，敢不敬乎?"①《汉书·霍光传》曰："去病不早自知为大人之遗体也。"②边韶此语意谓自生民以来，父死子继，代代相传，并不能像天地一样长久存在。在边韶看来，老子只是修道隐居、"守真养寿"之人。"羡彼延期，勒石是旌"③，边韶只是羡慕老子因养性而长寿，是以撰此碑文以彰其德。"世不能原，卬其永生"④，言世人不能推究其实情，反而夸张增饰，希求通过祭祀老子以实现长生。因此，边韶不仅多袭司马迁之言，其老子观也是继承《史记》老子"修道而养寿"之旨。

第三种为班固的老子观。汉初《老子》以其"深远"之"道德"思想而颇受推崇，其中的一些消极思想则微而不显。《史记·老子韩非列传》曰："庄子散道德，放论，要亦归之自然。"⑤"散道德"者仅止于庄子，而不关老子。汉武帝主政后，"罢黜百家，表彰《六经》"⑥，儒家思想成为国家意识形态的主流，而随着黄老学在政治上失去地位，老子思想中消极避世、非议仁义的一面凸显出来。《汉书·艺文志》言道家"为君人南面之术"，"及放者为之，则欲绝去礼学，兼弃仁义，曰独任清虚可以为治"⑦。此所谓"放者"，便应该已经包括老子在内了。《老子铭》曰："班固以老子绝圣弃智，礼为乱首，与仲尼道违。"⑧"绝圣弃智，礼为乱首"即出自《老子》⑨，成为班固评价老子的主要依据。司马谈《论六家要指》以道家为首，司马迁祖述之，班彪责其"崇黄老而薄《五经》"⑩，班固斥之"是非颇缪于圣人，论大道而先黄老而后六经"⑪，皆

---

① （汉）郑玄：《礼记正义》，上海：上海古籍出版社 2008 年版，第 1844 页。

② （汉）班固撰，（唐）颜师古注：《汉书》，第 2931 页。

③ 刘屹：《敬天与崇道：中古经教道教形成的思想史背景》，第 342 页。

④ 同上。

⑤ （汉）司马迁：《史记》，第 2156 页。

⑥ （汉）班固撰，（唐）颜师古注：《汉书》，第 212 页。

⑦ 同上书，第 1732 页。

⑧ 刘屹：《敬天与崇道：中古经教道教形成的思想史背景》，第 341 页。

⑨ 陈鼓应：《老子注译及评介》，北京：中华书局 1988 年版，第 136、212 页。

⑩ （南朝宋）范晔撰，（唐）李贤等注：《后汉书》，第 1325 页。

⑪ （汉）班固撰，（唐）颜师古注：《汉书》，第 2737—2738 页。

以儒家先于道家，老子之地位自然下降。司马迁曰："世之学老子者则绌儒学，儒学亦绌老子。"① 班固之贬老子，实为儒家与道家之争。

第四种为汉桓帝的老子观。"潜心黄轩"②，指桓帝事黄老道，其所求盖在于子嗣和长生③。桓帝求仙并不是通过修炼神仙方术，而是采取了最为直接便捷的祭祀方式。边韶言桓帝"存神养性"④，实为溢美之辞。《后汉书·襄楷传》曰：

> 又闻宫中立黄老、浮屠之祠。此道清虚，贵尚无为，好生恶杀，省欲去奢。今陛下嗜欲不去，杀罚过理，既乖其道，岂获其祚哉！或言老子入夷狄为浮屠。浮屠不三宿桑下，不欲久生恩爱，精之至也。天神遗以好女，浮屠曰："此但革囊盛血。"遂不眄之。其守一如此，乃能成道。今陛下淫女艳妇，极天下之丽，甘肥饮美，单天下之味，奈何欲如黄老乎？⑤

与边韶不同，襄楷直截了当地点出了桓帝的欲望与弊病。其所言清虚、无为、守一等，与边韶所传达的老子观大体一致。法国学者索安认为，桓帝祭祀老子时"希望这个圣人能够帮助他，使已经接近崩溃的汉朝恢复繁荣"⑥。刘屹亦言"老子在桓帝眼中还是类似傅说的帝王师，而非一个崇高万能的神主"，"促成桓帝祭祀老子至少有治国与养身两方面原因"⑦。这与边韶以及襄楷对桓帝的批评并不相符。桓帝祠老子，实则是希企在满足自己世俗嗜欲的前提下，以最廉价快捷的方式实现自己凌云升仙的欲望，在本质上与"好道者"并没有区别。边韶所批评"世不能原，卬其永生"之人，恐怕亦包括桓帝在内。

---

① （汉）司马迁：《史记》，第 2143 页。
② 刘屹：《敬天与崇道：中古经教道教形成的思想史背景》，第 341 页。
③ 刘玲娣：《〈老子铭〉和东汉的老子观》，《信阳师范学院学报》（哲学社会科学版）2007 年第 2 期，第 112 页。
④ 刘屹：《敬天与崇道：中古经教道教形成的思想史背景》，第 341 页。
⑤ （南朝宋）范晔撰，（唐）李贤等注：《后汉书》，第 1082—1083 页。
⑥ ［法］索安著，刘屹译：《国之重宝与道教秘宝——谶纬所见道教的渊源》，《法国汉学》丛书编辑委员会编：《法国汉学》第 4 辑，北京：中华书局 1999 年版，第 80 页。
⑦ 刘屹：《敬天与崇道：中古经教道教形成的思想史背景》，第 343 页。

在《老子铭》的四种老子观中，边韶既不认可"好道者"对老子的过度神化，也不同意班固对老子的贬低，而是承袭司马迁的观点，认为老子只是一"守真养寿"之人。边韶既不相信神仙之说，自然也不会赞许桓帝祠老子以求仙的行为。不同于襄楷之慷慨陈言，《老子铭》更像是边韶对桓帝委婉的谏奏，希望桓帝能"存神养性"，以获"延期"之福。

四、结　语

综上所述，《史记·老子传》与黄老之学关联密切，老子"修道而养寿"，并非出于方士之附会，"道"主要指黄老"道德"之学，司马迁所描述的主要还是作为修黄老"道德"之学的老子。《列仙传》中老子不仅是修房中术的仙人，而且出现了依托老子之仙术、仙书，老子也被尊称为老君，在当时求仙者中有着重要的地位。老子实已取代黄帝成为黄老之学的中心人物，也成为神仙方术的来源和求仙方士崇拜的偶像。《列仙传》所描述的即为东汉中期黄老养性成仙之学中的老子形象。《老子铭》阐述了四种老子观，包含了东汉末期对老子的各种认识，更像是对两汉时期老子神化过程的一个总结，而老子"先天地而生"这一神格特点，既是《列仙传》中老子神格的延续与深化，对汉末五斗米道对老子的崇奉与神化也有着重要的启示意义。

老子学刊

道学研究

昭格署的兴替与朝鲜王朝官方道教的终结[*]

黄　勇[**]

内容提要：道教在高丽时代获得了官方宗教的地位。但是，在以儒家思想为治国理念的朝鲜时代，传承自高丽的官方道教受到压制，高丽时代设立的道教机构被裁撤殆尽，昭格殿成为朝鲜时代唯一的道教机构。昭格殿在朝鲜的礼制文化体系中位列吉礼，并在世祖朝被改名为昭格署，定为隶属礼曹的正五品衙门。昭格署有着完善的管理机制，承担着为国家祈福禳灾的宗教职责，堪称朝鲜王朝官方道教的大本营。作为阑入于儒教礼制的异端成分，昭格署一直不能为儒家士大夫所容，在士大夫阶层的反对下，几经周折，并于 16 世纪末期彻底消亡。昭格署的消亡标志着在朝鲜半岛延续了六百多年的官方道教制度就此退出历史舞台。

关键词：昭格殿；昭格署；官方道教；礼制文化；韩国道教

道教传入朝鲜半岛后，在高丽（918—1392）初期便获得了官方宗教的地位。高丽王朝设立了众多具有官署性质的道教机构，并把斋醮纳入国家祭祀体

---

　　* 本文系国家社科基金项目"韩国道教史研究"（编号：14BZJ032）的阶段性研究成果。
　　** 黄勇，男，宁夏银川人，四川大学中国俗文化研究所教授。

系，从属于吉礼小祀①，从而促成了官方道教的繁荣。高丽后期，随着理学的传入，儒家士大夫阶层开始兴起。在新兴士大夫阶层支持下建立的朝鲜王朝（1392—1910）奉行独尊儒教的文化政策，道教由此受到打压。太祖元年（1392）朝鲜官方裁撤前朝道教机构，只留下昭格殿②。虽然在太宗四年（1404）重建了太清观，但是，世宗四年（1422）太清观再次被废止③。尽管在朝鲜京城之外还有太一殿和堑城坛两处道教场所，然而太一殿是昭格殿的分支机构，堑城坛的宗教活动亦由昭格殿主持。由此可见，太一殿和堑城坛都从属于昭格殿，昭格殿实际上是朝鲜王朝唯一的道教机构。昭格殿在世祖十二年（1466）被改名为昭格署，定为隶属礼曹的正五品衙门④；又，《春官通考》记载，昭格署在朝鲜王朝的礼制体系中位列吉礼⑤，可见道教在朝鲜时代仍然保持了官方宗教的地位。朝鲜王朝的官方道教活动主要是围绕着昭格署展开的，因此，昭格署的兴替史可以说就是朝鲜官方道教的历史。

一、昭格署的沿革及其性质

昭格署作为朝鲜王朝唯一的道教机构，在立国之初就受到士大夫阶层的非议。由于朝鲜王室对道教的包容，昭格署最终还是获得了官方的认可，由一座普通道殿上升为礼曹官署，成为朝鲜官方道教的大本营，对道教文化的开展发挥了重要作用。

（一）汉阳昭格殿的设置

昭格署的前身是位于高丽首都开城的昭格殿。朝鲜立国后，为削弱盘踞于开城的前朝士大夫的政治影响，采取迁都政策，在汉阳另立新都。太祖三年（1394）始营汉阳新都，太祖五年（1396）"十二月移都汉阳"⑥，并于是年正月

---

① 郑麟趾：《高丽史》，台北：文史哲出版社2012年版，第352页。

② 《太祖实录》，《李朝实录》第1册，北京：国家图书馆出版社2011年版（以下略注），第34页。

③ 黄勇：《韩国古代道观太清观》，《中国道教》2016年第6期，第59页。

④ 《世祖实录》，《李朝实录》第10册，第123页。

⑤ 《春官通考》第26册，首尔大学校奎章阁藏本，第73a页。

⑥ ［朝鲜］李肯翊：《燃藜室记述》，《朝鲜群书大系续》第11辑，京城：朝鲜古书刊行会1912年版，第64、67页。

"发左右道丁夫二百，营昭格殿"①，即在新都汉阳又建造了一座昭格殿。太祖七年（1398），靖安君（即太宗）发动政变，太祖被迫禅位于定宗。定宗即位后又将国都迁回开城，直到太宗十一年（1411）才正式还都汉阳②。在此期间，朝鲜王朝实际上有两个首都，两都皆有昭格殿。

在朝鲜国初，开城的昭格殿颇受重视。太祖三年，"上以诸宰相所上议论，多以迁都为不可，故有不豫色，曰：'予将还都，决疑于昭格殿。'"③ 面对反对迁都之议，太祖竟然以"决疑于昭格殿"的方式对抗，由此可见他对昭格殿的倚重。也许是因为已决意迁都，太祖似乎不太注重对开城昭格殿的维护。太祖二年（1393），"上如昭格殿旧基，相宗庙之基"④。既云"旧基"，说明昭格殿即便未废弃，但已濒于颓圮。太宗二年（1402），"作昭格殿于净事色古基"⑤，说明此时开城原来的昭格殿已不复存在。太宗也很重视昭格殿，《太宗实录》记载，太宗临御旧都开城期间共在昭格殿举行过 19 次斋醮。其中，太宗元年（1401）的太一醮⑥、金星醮⑦、镇兵醮⑧，明确记录是在新都汉阳昭格殿举行的。太宗二年（1402），在位于开城的净事色古基重建昭格殿之后，相关斋醮是在哪个昭格殿举行，则不得而知。据载，太宗二年（1402），"分遣大臣祈雨宗庙、社稷、名山大川及昭格殿"⑨；太宗四年（1404），"祷雨于宗庙、社稷、岳海渎名山大川及昭格殿"⑩；太宗五年（1405），"祷雨于宗庙及昭格殿"⑪；太宗七年（1407），"祷雨于宗庙、社稷、北郊、昭格殿"⑫。此时太宗虽然临御开城，但是宗庙、社稷坛等均在新都汉阳。换言之，虽然当时国王在开城，但是

---

① 《太祖实录》，《李朝实录》第 1 册，第 89 页。

② 《太宗实录》，《李朝实录》第 2 册，第 5 页。

③ 《太祖实录》，《李朝实录》第 1 册，第 69 页。

④ 同上书，第 52 页。

⑤ 《太宗实录》，《李朝实录》第 1 册，第 225 页。

⑥ 同上书，第 203 页。

⑦ 同上书，第 205 页。

⑧ 同上书，第 214 页。

⑨ 同上书，第 241 页。

⑩ 同上书，第 298 页。

⑪ 同上书，第 326 页。

⑫ 同上书，第 394 页。

朝鲜王朝的礼制文化中心已经迁到了新都汉阳。此处昭格殿与宗庙、社稷并举，说明这些斋醮应该是在汉阳昭格殿举行的。

朝鲜王朝在汉阳设置的新昭格殿，并非是对开城昭格殿的原样复制；新昭格殿还合并了其他一些道教设施，其规模远大于开城昭格殿。太祖六年（1397）八月，迁都汉阳才九个月左右，李成桂便下令"罢太一殿，合于昭格殿"①。卞季良（1369—1430）曾为福源宫太一殿迁址举行的斋醮撰写青词，文中有"新邑既成，式严玉宇；孟秋方届，恭迓瑶軿"②之句。"新邑既成"显然是指新都汉阳建成，"孟秋方届"则说明举行这场移排别醮的时间是孟秋七月。太祖下令"罢太一殿，合于昭格殿"的时间是仲秋八月，福源宫在王命正式下达之前，先行举办移排别醮合乎情理。可见《福源宫移排别醮礼青词》反映的应该就是太祖下令合太一殿于昭格殿之事，"合于昭格殿"的太一殿当即福源宫太一殿。又，《太宗实录》记载：太宗十年（1410），"移置星像于昭格殿。初，构别殿于阙内，以安星像，至是移之"③；太宗十六年（1416），"大司宪李原请移祀留后司大清观天皇大帝于昭格殿"④。由此可见，汉阳昭格殿不仅合并了其他道教设施，还接收了其他道教机构中供奉的神像，它并非是一座单独的道殿，而是由多个道教设施组合而成的颇具规模的道教场所。

（二）昭格署的位置与设施

朝鲜京城汉阳府的行政区划分为五部四十九坊⑤，《宫阙志》⑥《东国文献备考》⑦《汉京识略》⑧《东国舆地备考》⑨等众多古籍一致记载"昭格署，在北部镇长坊"。又，《汉京识略》记载："三清洞在北岳下镇长坊，旧时三清道观在此故而。"⑩据此可知，昭格署坐落于北部镇长坊三清洞。《燃藜室记述别集》记

① 《太祖实录》，《李朝实录》第1册，第110页。
② 卞季良：《春亭集》，《韩国文集丛刊》第8册，首尔：景仁文化社1990年版，第131页。
③ 《太宗实录》，《李朝实录》第1册，第110页。
④ 《太宗实录》，《李朝实录》第2册，第232页。
⑤ 《汉京识略》，首尔：首尔特别市编纂委员会1956年版，第223页。
⑥ 《宫阙志》，首尔：首尔特别市编纂委员会1957年版，第156页。
⑦ ［朝鲜］洪凤汉：《东国文献备考》，首尔：明文堂1981年版，第501页。
⑧ 《汉京识略》，首尔：首尔特别市编纂委员会1956年版，第210页。
⑨ 《东国舆地备考》，首尔：首尔特别市编纂委员会1956年版，第71页。
⑩ 《汉京识略》，首尔：首尔特别市编纂委员会1956年版，第302页。

载："三清洞在昭格署东，自鸡林第而北，清泉泻出乱松间，缘流而上，山高树密，岩壑深邃，行未数里，有岩断绝成崖。"① 据此，昭格署的准确位置应该在三清洞西部，当即今首尔景福宫东侧三清洞街区一带。

昭格署虽然源自昭格殿，但其并非是一座孤立的道殿。经过合并其他道教机构进行扩建后，昭格署中其实有众多道教设施。《慵斋丛话》记载：

> 大抵昭格署皆凭中朝道家之事。太一殿祀七星诸宿，其像皆被发女容也。三清殿祀玉皇上帝、太上老君、普化天尊、梓潼帝君等十余位，皆男子像也。其余内外诸坛，设四海龙王、神将、冥府十王、水府诸神。题名位版者，无虑数百矣。②

由此可知，昭格署内有三清殿和太一殿两座道殿，此外还有众多醮坛。由于此条记录过于疏略，传世文献中也没有留下别的相关记录，因此，这些宗教设施的具体位置以及整个昭格署的建筑布局是什么样的，已无从得知。

（三）昭格署的性质

从表面来看，昭格署是一座道教庙宇，但它其实并非纯粹的道观，而是一所具有官署性质的道教机构。太祖元年（1392）革除前朝道教机构时虽然保留了昭格殿，但却没有将其设为官署。太宗五年（1405）"礼曹详定六曹分职及所属"时，才正式确立昭格殿为"礼曹所属"官衙③；世祖十二年（1466）年"更定官制……昭格殿改称昭格署，置令一，秩正五品"④，为正五品衙门。世祖通过改昭格殿为昭格署，从名称上强化了昭格署作为官署的地位。

高丽任官之制，"颁政有定式，十二月为大政，六月为权务政，过此则虽有缺，未常（尝）差授"⑤。其中，权务官实为权补之职，官秩极低。据李奎报之

---

① ［朝鲜］李肯翊：《燃藜室记述别集》，《朝鲜群书大系续》第 21 辑，京城：朝鲜古书刊行会 1913 年版，第 292 页。

② 成俔：《慵斋丛话》，台北：东方文化书局 1971 年版，第 52—53 页。

③ 《太宗实录》，《李朝实录》第 1 册，第 321 页。

④ 《世祖实录》，《李朝实录》第 10 册，第 123 页。

⑤ ［朝鲜］柳馨远：《磻溪随录》，首尔：明文堂 1994 年版，第 264 页。

说，高丽"官爵之等级，约则九级……所谓权务者，又不在此例"①。可见权务官连九品官秩中最低级别的九品职阶都达不到。高丽道教机构中的职官几乎都是权务官。朝鲜太祖登极后厘定文武百官之制，曾把太清观定为东班官署，设判官二，皆为权务官，官秩为从九品②，显然是沿袭高丽旧制。但是，世祖却将昭格署定为礼曹所属的正五品衙门，所设职官也非权务官。由是观之，朝鲜官方道教虽不及高丽兴盛，但是作为朝鲜王朝唯一的道教机构，昭格署的职阶却高于高丽时代的道教机构。

二、昭格署的建制与职守

昭格署的建制与其他官署虽有相似之处，但是作为掌管道教事务的官衙也有其自身特点。昭格署的人员编制分道、俗两班，有品秩的官职由文人担任，道流则主要负责斋醮科仪事务。举办斋醮科仪为国祈福禳灾，是昭格署的基本职守。

（一）昭格署的人员构成

昭格署的人员构成大体可分为职官、杂役、道流三类。

1. 职官

昭格署所设职官，历朝略有不同，至成宗改制之时，始成定例。太宗朝置昭格殿书题二、殿直一③。世宗朝精简机构时，"昭格殿提调三，今革一；提举三，今革一；别坐一，今加一；惯习都监副使三，今革一；判官三，今革一"④。可见当时昭格署的职官有书题、殿直、提调、提举、别坐、惯习都监副使、判官。世祖改革官制时，"昭格署置令一，秩正五品"⑤。成宗厘定官制，编纂《经国大典》。《经国大典》载："昭格署掌三清星辰醮祭，提调一员，别提二员，令、别提并用文官。"提调又称令，秩从五品；两名别提，一为正六品，一为从

---

① ［朝鲜］李奎报：《东国李相国集》，首尔：明文堂1982年版，第284页。

② 《太祖实录》，《李朝实录》第1册，第25页。

③ 《太宗实录》，《李朝实录》第2册，第217页。

④ 《世宗实录》》，《李朝实录》第3册，第277页。

⑤ 《世祖实录》，《李朝实录》第10册，第123页。

六品；此外还设参奉二员，皆为从九品①。由是观之，成宗朝昭格署的职官较之太宗、世宗、世祖三朝已大为精简，最高官秩已由世祖朝的正五品降为从五品。

2. 杂役

《经国大典》载：昭格署有瓮匠4名②，差备奴44名、根随奴4名③，还拥有自己的柴场④。瓮匠、差备奴和根随奴皆是为昭格署执杂役之人：瓮匠隶属工曹，负责昭格署的日常修缮维护；差备奴和根随奴隶属刑曹，除了承担署中日常杂务外，主要是在昭格署的柴场从事农业劳作。

3. 道流

昭格署虽然是礼曹官署，但它毕竟也是道教庙宇，因此，道流才是其主体成员。《经国大典》载，昭格署有道流十五员⑤，皆经过严格选拔。按照选拔程序，道流首先要经过吏曹铨选，能够"讲《五经》中一，《四书》中一"⑥；之后再经礼曹铨选，要求会"诵《禁坛》，读《灵宝经科义》《延生经》《太一经》《玉枢经》《真武经》《龙王经》中三经"⑦。可见昭格署道流不仅要精通道教，还需有基本的儒学素养。昭格署原有书题一职，世宗十六年（1434），"革昭格殿书题，合于道流，定额二十，兼行书题之任"⑧，可见昭格署道流也有较高的书法素养。又，《经国大典·吏典·杂职》记载，昭格署有"道流十五员""叙用遁甲道流八员"⑨，可见道流在昭格署中的身份为杂职员吏。

（二）昭格署的仪制与斋醮

在朝鲜的官秩序列中，昭格署被定为隶属礼曹的五品衙门。掌管礼仪祭享事务，乃礼曹主要职守。这就说明，朝鲜时代的斋醮和高丽时代一样，仍然是国家礼制的组成部分。圜丘祭天之礼，在高丽朝为吉礼大祀。然而，以诸侯国

---

① 《经国大典》，首尔大学校奎章阁藏本，第31a—32a页。

② 同上书，第13a页。

③ 同上书，第22b页。

④ 同上书，第3b页。

⑤ 同上书，第41a页。

⑥ 同上书，第64b页。

⑦ 同上书，第38a页。

⑧ 《世宗实录》，《李朝实录》第4册，第382页。

⑨ 《经国大典》，首尔大学奎章阁藏本，第41b页。

身份行祭天礼，毕竟有悖于正统的儒教礼制。在儒教独尊的朝鲜王朝，祭天之礼遭到儒家士大夫的强烈反对，在朝鲜王朝初期便被废止。

"昭格署以祭天为名而设也。"①《明宗实录》中的这句话透漏了朝鲜国王设置昭格署的初衷，是为了弥补本朝不能祭天之憾。但是，坚守儒教立场的士大夫对此并不买账。知事金应箕尖锐地指出："昭格署非但左道而已，于祀典亦不合。天子祭天地，诸侯祭山川，我国之祀天，非礼也。"②面对儒臣对昭格署祭天为僭越行径的指责，恪守儒教治国理念的朝鲜国王虽然欲借道教科仪行祭天之礼，却不敢公开承认昭格署的祭祀为祭天礼。例如，世宗二年（1420）"十月望，地大震；二十日，彗星出东方，奔告。上大惊，亲临瞻星台测候，避正殿，减膳撤乐，省刑罚，洞开囹圄，大赦中外，恐惧修行，以答天谴……设祭天地星辰之礼，筑坛于昭格署"③。"以答天谴"说明"筑坛于昭格署"其实是祭天，然而，世宗却故意模糊其词，称之为"祭天地星辰之礼"。

设置昭格署虽有祭天之初衷，但是作为国立道教机构，昭格署所行祭天之礼乃是道教斋醮科仪，而非儒家祭祀礼仪。昭格署"上坛曰玉皇上帝，中坛曰老子，下坛曰阎罗王"④，可见祭天对象是道教的玉皇大帝，而不是儒教祭祀仪制中的昊天上帝。以昭格署醮祭玉皇大帝，一方面满足了祭天的愿望，一方面也规避了以圜丘祀昊天上帝造成的僭礼之咎，可谓两全之策。

作为朝鲜朝官方道教的大本营，举行斋醮乃昭格署的基本职守。按照太祖所定之制，斋醮文书由校书监负责撰写⑤。《世宗实录》记载："昭格殿醮礼青词，以艺文馆参外官员制述。"⑥可见艺文馆也负责为昭格署撰写斋醮青词。昭格署为礼曹官署，因此，其举行斋醮活动也要受礼曹管理。筹备斋醮时，礼曹会"择敬谨人员"参与其事⑦。《慵斋丛话》记载："献官与署员，皆白衣乌布

① 《明宗实录》，《李朝实录》第 21 册，第 245 页。

② 《中宗实录》，《李朝实录》第 16 册，第 449 页。

③ ［朝鲜］李肯翊：《燃藜室记述别集》，《朝鲜群书大系续》第 21 辑，京城：朝鲜古书刊行会 1913 年版，第 108 页。

④ 《明宗实录》，《李朝实录》第 21 册，第 245 页。

⑤ 《太祖实录》，《李朝实录》第 1 册，第 24 页。

⑥ 《世宗实录》，《李朝实录》第 5 册，第 319 页。

⑦ 《成宗实录》，《李朝实录》第 13 册，第 142 页。

致斋，以冠笏礼服行祭。祭奠诸果糍饼茶汤与酒，焚香百拜。道流头冒逍遥冠，身披班斓黑衣，鸣磬二十四通，然后两人读道经，又书祝辞于青纸而焚之。"①可见昭格署举行的斋醮科仪是由献官、署员和道流共同参与的。需要留意的是，献官与署员所服白衣乌布（按：乌布或为乌巾之误）和高丽福源宫道士"白布为裘，皂巾四带"②的服饰颇为相似，道流的服饰反倒与高丽道士不同。

作为朝鲜王朝的国立道教机构，昭格署举行斋醮活动较为频繁。根据笔者的统计，《李朝实录》所载昭格署举办的斋醮活动共计80次，明确记录斋醮名称的共计32次。与高丽时代相同，太一醮仍然是最重要的斋醮，共举行过13次。此外尚有北斗醮（4次）、火星醮（2次）、请命醮（2次）、金星醮（1次）、镇兵醮（1次）、太阳醮（2次）、太阴醮（1次）、真武醮（1次）、下元醮（1次）、开福神醮（2次）、三界大醮（1次）、雷声普化天尊醮（1次）。其中，雷声普化天尊醮不见于高丽时代，或为新出之醮仪。有据可考的80次斋醮活动中，明确记载举办目的的斋醮共计64次，出于祈雨目的的斋醮共计32次，祈晴5次，祈时令调和5次，禳风雨雷电灾变3次，为王室成员祷病12次，禳天文异象7次。由是观之，昭格署举行斋醮的目的大体不出为国家和王室祈福禳灾两途。农业乃朝鲜立国之本，前四种斋醮均与农业生产密切相关，合计45次，可见护佑农业生产乃是斋醮活动最重要的宗教功能。

昭格署虽是礼曹官署，但是和宗庙署、社稷署等同属礼曹的儒教性质的宗教机构有较大差别。道教信仰远比儒教礼制对个人有更大的吸引力，因而也更受王室成员的青睐。中宗朝侍读官柳庸谨就曾抱怨说："元子今三岁，已有知觉。闻近日入阙时下轿，命呼道流，此习于耳目而然也。闻之，至为惊骇！"③由此可见王室成员对道教的亲近程度。从三国时代（前57—668）开始，韩国就有建造胎室安放新生儿胎盘的风俗。朝鲜时代，为王室新成员的降生举行安胎仪式的"卷草之礼"演变成了祭拜太上老君的道教仪式④，在昭格署举行"卷草

① 成俔：《慵斋丛话》，台北：东方文化书局1971年版，第53页。
② （宋）徐兢：《高丽图经》，首尔：亚细亚文化社1972年版，第94页。
③ 《中宗实录》，《李朝实录》第17册，第186页。
④ ［韩］吴映玟：《朝鲜时代的宫中胎室文化研究》，《故宫博物院院刊》2012年第6期，第86—88页。

之礼"为王室新生儿祈福，已成宫中定例：

> 宫中诞儿，有卷蒿之礼。诞生之日，绚蒿索悬于室门扉上，命大臣多子无灾者，三日斋于昭格殿，设醮祭。尚衣院供五色彩段各一匹，男则幞头袍笏乌靴金带，女则钗簪背子鞋屦等物，陈于老君前，以祈退福。夜分祭毕，献官吉服，令人担布段冠服前导诣阙。至室门外，陈列卓上焚香再拜。内人受之而入，献官卷蒿索，纳诸袱中，贮诸漆函，以红袱裹之。出门外，谨封其函，授内资寺正。正奉之而行，纳于其司库内。若女则内赡寺主之。①

《成宗实录》载："署前洞口立石，禁人往来。近来考察陵夷，都中士女，托言浣濯，乱杂往来，申明禁断。"② 可见，昭格署和高丽王朝的道教机构一样，也不为王室以外的人提供宗教服务。但是，其影响还是溢出了宫廷之外，受到了社会人士的追捧。例如，《高丽史》的编纂者郑麟趾之父郑兴仁，就曾借担任内直别监之便，"入昭格殿，默祷愿生起家子，妻陈氏有娠，得异梦"③，诞得麟儿郑麟趾。

三、昭格署的废止与官方道教的终结

朝鲜王朝继承高丽道教制度，设昭格署为礼曹官署，确保了道教作为官方宗教的固有地位。然而，朝鲜王朝毕竟是士大夫阶层支持下建立的政权。随着以儒家思想为核心的文化秩序的逐步完善，阑入于礼曹的道教机构昭格署越来越不能为士大夫所容忍，革罢昭格署的运动也便提上了历史日程。

（一）昭格署被废止的经过

革罢昭格署是一场在净化儒教礼制文化的理念指引下，由士大夫阶层推动的辟异端运动。因此，其进程与缔造儒教独尊的王朝文化之进程基本同步。国

---

① ［朝鲜］成倪：《慵斋丛话》，台北：东方文化书局1971年版，第52页。
② 《成宗实录》，《李朝实录》第13册，第142页。
③ 权鳖：《海东杂录》，《大东野乘》第五辑，首尔：民族文化推进会1989年版，第122页。

初草创，典章未备，士大夫虽然对道教有所非议，但并不反对继承前朝道教制度。到了"由以佛教为中心的文化转型为以儒教为中心的文化"①的成宗朝（1470—1494），才正式出现了废止昭格署之议。降及新进士大夫全面掌权的中宗朝（1506—1544），废昭格署之议风起云涌，成为举国朝臣之共识。迫于压力，中宗最终宣布革罢昭格署，从而终结了朝鲜官方道教的历史命运。

要求革除昭格署的提议，其实最早出现于端宗朝。端宗二年（1454）二月，舍人元孝然上书要求废除世宗所设佛堂，并指鹿为马，声称"昭格殿三界之说与夫忌晨斋之类，皆是佛家事"②，要求撤销昭格殿，但是没有被采纳。据元孝然的上书可知，其矛头主要指向佛教，要求撤销昭格殿，不过是因反对佛教连带所及而已。端宗在位不到两年，就被其叔父世祖篡夺了王位。世祖是位极度强势的国王，且崇信佛老，即位后还将昭格殿改为昭格署，并定昭格署为礼曹正五品衙门，因此，其在位期间再未出现过革罢昭格署之议。

世祖之后的睿宗，执政时间不到一年，其在位期间也未出现革罢昭格署的提议。睿宗之后的国王成宗，乃右文尚儒的一代贤君，其在位期间，朝鲜朝的儒教制度趋于完善。于是，便出现了儒臣要求革除昭格署之议。面对儒臣革除昭格署的要求，他辩解道"昭格之祀，果非正道，然自祖宗朝有之，不可遽革"③，表明了既认同儒教理念，又尊重文化传统的立场。他还征求意见说："予岂不知其不可革乎？然祭祀不为则已，为则固当蠲洁。比闻多有不用意之事，别立纠检之条，何如？"④建议采取中间路线，通过改进祭祀方式以保留昭格署。

成宗之子燕山君在位期间也曾出现革除昭格署之议。燕山君九年（1503）十月十三日，检讨官沈贞请革昭格署，燕山君一方面承认昭格署"谓异端，则然也"，一方面又说"昭格署自祖宗朝设之已久，不宜一朝顿革"⑤。同年十一月一日，沈贞和掌令姜澄再次请革昭格署，燕山君仍然以"祖宗朝所设，其来已

---

① ［韩］李丙焘著，许宇成译：《韩国史大观》，台北：中正书局1979年版，第273页。

② 《端宗世家》，《李朝实录》第8册，第446页。

③ 《成宗实录》，《李朝实录》第14册，第280页。

④ 《成宗实录》，《李朝实录》第13册，第141页。

⑤ 《燕山君日记》，《李朝实录》第15册，第655页。

久，不可一朝废也"①为由拒绝。但是，《燕山君日记》记载，燕山君十二年曾"作离宫于昭格署旧基"②；又，燕山君曾下谕令称"佛教、道教皆是左道，而佛教则妖言惑众，其害有甚于盗，宜加痛革。道教则非如此类，昭格署虽已革罢，其位版可令藏置"③，可见昭格署此时已被革罢。不过，《中宗实录》记载，"时署移寓安阳君家"④，说明昭格署其实只是搬迁了地址，并未被彻底废止。燕山君是位有病态心理的暴君，其执政期间，荒淫暴戾，残害士林，甚至"以成均馆为宴乐之所，撤先圣位版置于高山庵"，"讲堂祀殿，变为兴清淫戏之所"⑤。可见燕山君毁昭格署旧址作离宫，只是为了满足其淫欲，而不是出于辟异端目的废除道教。

燕山君的倒行逆施激起了士林集团的激烈反抗。1506 年，朴元宗、成希颜等人发动政变，放逐燕山君，拥立中宗为国王，史称"中宗反正"。中宗崇尚儒教性理学，为了重振被破坏的儒教政治，开始起用士林势力，于是新兴士林阶层全面掌权。中宗对道教亦持包容态度，"反正"之后，马上传令工曹"急修昭格署，令本署官员还入"⑥，恢复了遭到燕山君破坏的昭格署旧制。但是，士林集团的目标是改革完善儒教政治，道教的昭格署必不能为其所容。中宗下令恢复昭格署二十二天之后，弘文馆副提学李胤便上疏要求中宗"永绝异端，昭格署、星宿厅之类，并皆革罢"⑦。此后，各级官员要求革罢昭格署的呼声日益强烈。根据《中宗实录》的记载可知，革罢昭格署的提议在儒臣中达成了空前的共识，甚至连地方官员都加入了要求革罢昭格署的行列。起初，中宗还以昭格署是祖宗遗制，列于《经国大典》等理由辩解，后来逐渐不胜其烦，常常以强硬态度直接予以回绝。但是，儒臣反昭格署的态度也同样强硬，中宗十三年

---

① 《燕山君日记》，《李朝实录》第 15 册，第 657 页。

② 同上书，第 815 页。

③ 同上书，第 810 页。

④ 《中宗实录》，《李朝实录》第 16 册，第 14 页。

⑤ ［朝鲜］李肯翊：《燃藜室记述》，《朝鲜群书大系统》第 11 辑，京城：朝鲜古书刊行会 1912 年版，第 472 页。按：兴清即妓女，系燕山君为妓女所立之名号。

⑥ 《中宗实录》，《李朝实录》第 16 册，第 14 页。

⑦ 同上书，第 21 页。

（1518）甚至出现了台谏集体辞职的抗议事件①。此后不久，士林领袖赵光祖"请面对，极论之。翌日又率馆员，伏阁四启，不允。光祖愀然谓同僚曰：'日已暮矣，言官皆已退，我辈虽被罪责，当竭诚论列，终夜不退，以回天为期。'"② 竟然采取彻夜进谏的极端手段逼迫中宗就范。在强大的压力之下，中宗被迫废止昭格署。

翌年（1519），反对改革的勋旧派大臣策划了迫害士林的乙卯士祸，赵光祖等人以叛逆罪名被罢黜。中宗十五年（1520）正月，中宗提出复立昭格署之议，因朝臣反对而作罢③。中宗二十年（1525），"因慈殿未宁，召大臣谕复立之意，郑光弼等议以为既罢不可复立。上令更议，光弼等再三以为不可。最后启曰：'自上非不知其不可，而为慈殿如是下教，臣等不敢献议。'遂复立"④。尊重太后要求恢复昭格署的懿旨，乃儒教所倡导的孝道。至此，中宗终于以孝道为借口力排众议，正式复设昭格署。昭格署虽然得以恢复，但是影响已大不如前。1592 年，日本大举入侵，昭格署在"兵燹后仍不复"⑤，就此消失于历史长河之中。

（二）废止昭格署的论争与官方道教的终结

废止昭格署之议，实际上是高丽末期兴起的儒家士大夫辟异端运动的延续，因此，昭格署存废之争是以儒家思想为评判标准展开的。朝鲜儒臣对昭格署的攻击大体不出以下四端：

1. 昭格署斋醮不合古礼，违背礼制，将昭格署置于礼曹实属不当。

2. 道教信仰有悖于儒教理念，乃异端左道，道教斋醮实为不合常典的淫祀。

3. 道教与佛无异，无君臣父子之道，违背儒教伦理。

4. 昭格署靡费国帑，有害无益。

朝鲜王朝以儒教为治国根基，儒教思想代表着政治正确。因此，那些试图维护官方道教制度的国王，对儒臣的观点除了接受别无选择。他们唯一的辩护

---

① 《中宗实录》，《李朝实录》第 17 册，第 338 页。

② ［朝鲜］李廷馨：《东阁杂记》，《大东野乘》第 13 辑，首尔：民族文化推进会 1989 年版，第 82 页。

③ 《中宗实录》，《李朝实录》第 17 册，第 481 页。

④ ［朝鲜］李廷馨：《东阁杂记》，《大东野乘》第 13 辑，首尔：民族文化推进会 1989 年版，第 82 页。

⑤ ［朝鲜］李晬光：《芝峰类说》，《朝鲜群书大系统》第 22 辑，京城：朝鲜古书刊行会 1915 年版，第 202 页。

理由，只有昭格署乃祖宗遗制，布在国典，不可轻废。然而，这种辩护理据其实根本不值一驳。例如，赵光祖就曾指斥中宗说："殿下尚滞胶牢拒，必以祖宗为辞。祖宗果信奉，而若是归之，则是彰先祖之过而无礼。因循偶存，而归之祖宗，是致累乎先祖而无敬，无敬无礼，人所不敢。"① 所谓坚守祖宗遗制，按照儒教逻辑反倒成了"彰先祖之过"的不孝逆行。由此可见，昭格署被废止，是朝鲜王朝以儒教为中心的单一文化格局形成后，不可避免的历史必然。

官方道教自高丽至朝鲜，延续了六百余年之久，毕竟有一定的影响。壬辰倭乱平定后，阴城县监郑大鹏和前承旨崔有渊曾先后上疏，建议仁祖恢复昭格署，但遭到朝臣的一致反对，谏院甚至为此上疏要求革罢郑大鹏的官职②，可见此时昭格署早已成明日黄花。昭格署废止后，署中道流无所凭依，大多沉沦于民间"以卜筮、诵道经为生业"③，朝鲜王朝从此连通晓斋醮科仪的专业道教人士也已不复存在。昭格署的废止，标志着高丽初期形成的官方道教制度在经历了六百多年的漫长岁月后，就此告以终结。

① 《己卯录别集》，《大东野乘》第 3 辑，首尔：民族文化推进会 1989 年版，第 77 页。
② 《仁祖实录》，《李朝实录》第 30 册，第 593 页；《仁祖实录》，《李朝实录》第 31 册，第 428 页。
③ 《汉京识略》，首尔：首尔特别市编纂委员会 1956 年版，第 212 页。

严遵思想评析*

陈　云　李远国**

内容提要： 严遵，字君平，西汉重要的道家思想家，首开蜀学融贯诸子、敢于理论创新的学风，并直接影响扬雄、王充、王弼、葛洪等一批思想家，对魏晋玄学的产生和发展有重要的启迪作用，成为隋唐重玄学的源头。其思想主要包括"以道为本的本体论""以《易》解《老》的诠释方法"和"人道互入的体道论"三个方面。他是四川思想史上第一位思想家，蜀学的开山祖师，享誉二千多年。

关键词： 以道为本；以易解老；人道互入

　　严遵，西汉重要的道家思想家，原姓庄，字君平，西汉末叶人。其事迹见于《汉书·王贡两龚鲍传》："君平卜筮于成都市，以为卜筮者贱业，而可以惠众人。有邪恶非正之间，则依蓍龟为言利害。与人子言依于孝，与人弟言依于顺，与人臣言依于忠，各因势导之以善，从吾言者，已过半矣。裁日阅数人，得百钱足自养，则闭肆下廉而授《老子》。博览亡不通，依《老子》《严周》之旨，著书十余万言。扬雄少时从游学，以而仕京师显名，数为朝廷在位

　　* 本文系国家社科基金一般项目"巴蜀道教文献研究"（项目编号：21BZJ046）、四川省社会科学院集体攻关项目《蜀学史》阶段性成果。

　　** 陈云，女，湖北襄阳人，四川省社会科学院哲学所副研究员；李远国，男，四川成都人，四川省社会科学院研究员。

贤者称君平德。杜陵李强素善雄，久之为益州牧，喜谓雄曰："吾真得严君平矣。"雄曰："君备礼以待之，彼人可见而不可得诎也。"强心以为不然。及至蜀，致礼与相见，卒不敢言以为从事，乃叹曰："扬子云诚知人！"君平年九十余，遂以其业终，蜀人爱敬，至今称焉。"① 常璩《华阳国志》亦称严遵："雅性澹泊，学业加妙，专精大《易》，耽于《老》《庄》。常卜筮于市，假蓍龟以教……著《指归》，为道书之宗。"② 后来的道教将他奉为真人，建严真观祭祀他。他是四川思想史上第一位思想家，蜀学的开山祖师，享誉二千多年。其思想主要包括"以道为本的本体论""以《易》解《老》的诠释方法"和"人道互入的体道论"三个方面。

一、以道为本的本体论

在《老子指归》中，严遵对《老子》自然哲学的许多范畴重新进行了阐释，赋予了新的含义，使《老子》旨意进一步得到了升华。首先是对"道"的概念的理解，严遵试图从定义上加以规范，赋予其明确的哲学内涵。他说："有生于无，实生于虚，亦以明矣。是故无无无始，不可存在；无形无声，不可视听；禀无授有，不可言道；无无无之无，始末始之始，万物所出，性命所以，无有所名者谓之道。"③ 这里对《老子》的"道"做了重大的改动。其一，"道"不再是"有物"，也不是"先天地生"。其二，"独立""不改""周行""不殆"这些实体性内容，也已不复存在。

严遵所理解的"道"，具有以下三个特征。第一，它是"无"。它没有开始的时候，没有存在，没有形体，没有声音，看不见，听不到，没有名称，说不出来，莫名其妙。第二，由"无"产生"有"。领受"无"，而授予"有"，并产生万物和生命。第三，它是永恒的。即没有开始，也没有终极。这个道，就是无法定义的终极实在，就是宇宙的过程，它无所不包，世界被看成在不断地流动和变化。著名科学家卡普拉指出："无论是印度教，佛教，还是道教，他们

---

①　（汉）班固：《前汉书》，《文渊阁四库全书》第 250 册，台北：商务印书馆 1984 年版，第 595 页。

②　（晋）常璩：《华阳国志》，《文渊阁四库全书》第 463 册，台北：商务印书馆 1985 年版，第 230 页。

③　（汉）严遵，王德有点校：《老子指归》，北京：中华书局 1994 年版（以下略注），第 17、18 页。

的信徒的最高目标是认知所有事物的统一和相互联系，超越孤立的单个自我的概念，并且使他们自与终极的实存归于统一。这种认知被认为是悟，它不仅是一种理智的行为，而且是牵涉到整个人的一种体验，其最终本质是宗教的。"①

　　这样，在宇宙起源论问题上，严遵用"无"阐释了"道"的本质，而将其作为本源。他说："是知道盛无号，德丰无谥，功高无量，而天下不以为大。德弥四海，而天下不以为贵。光耀六合，还返芒昧。夫何故哉？道之为化也，始于无，终于末，存于不存，贷于不贷；动而万物成，静而天下遂也。"②

　　关于"道"的规律性，他说："夫道之为物，无形无状，无心无意，不忘不念，无知无识，无首无向，无为无事，虚无澹泊，恍惚清静。其为化也，变于不变，动于不动，反以生复，复以生反，有以生无，无以生有，反复相因，自然是守。无为为之，万物兴矣；无事事之，万物遂矣。是故无为者，道之身体，而天地之始也。"③ "道以无有之形，无状之容，开虚无，导神通，天地和，阴阳宁，调四时，决万方，殊形异类，皆得以成，变化终始，以无为为常，无所爱恶，与物大同。群类应之，各得所行。"④ 天地万物的变化，阴阳四时的消息，都是处于无所不在、无所不包的"道"的规律性之中，而循环反复，相因而生，则是"道"的一个基本规律。

　　那么，"道"的规律性和宇宙本源的作用，是自身存在的，还是由外力主宰的？这在《老子》中并不是很明确，而严遵解决了此问题，这就是"自然"。他说："夫无形无声，而使物自然者，道与神也。有形有声，而使物自然者，地与天也。神道荡荡而化，天地默默而告。荡而无所不化，默而无所不告。神气相传，感动相报，反沦虚无，甚微以妙，归于自然，无所不导。"⑤ 这就告诉我们，"道"产生天地万物，都是"自然"变化的结果。换言之，只有"自然"才是宇宙万物的本源。所谓"道德因于自然"，就是说，"道"也好，"德"也好，都是依循"自然"的。"自然"成为《老子指归》的最高范畴。卡普拉指

---

① ［美］卡普拉著，朱润生译：《物理学之道》，北京：中央编译出版社2012年版（以下略注），第9页。
② （汉）严遵著，王德有点校：《老子指归》，第32页。
③ 同上书，第48页。
④ 同上书，第74页。
⑤ 同上书，第94页。

出："按照古典的哲学观点，既然运动和变化是事物的基本性质，那么引起运动的力就不在事物的外部，而是物质的一种属性。"①

严遵把"自然"的概念用于各个方面。他说："是以知足之人，体道同德，绝名除利，立我于无身。养物而不自生，与物而不自存。信顺之间，足以存神；室家之业，足以终年。常自然，故不可杀；处虚无，故不可中。细名轻物，故不可污；欲不欲，故能长荣。"② 可见，"自然"是修身的原则。

治民要遵循"自然"的规律。他说："天道自卑，无律历而阴阳和，无正朔而四时节，无法度而天下宾，无赏罚而名实得，隐武藏威无所不胜，弃捐战伐无所不克，无号令而民自正，无文章而海内自明，无符玺而天下自信，无度数而万物自均。是以赢而若绌，得而若丧。无钟鼓而民娱乐，无五味而民食甘，无服色而民美好，无畜积而民多盈。夫何故哉？因道任天，不事知故，使民自然也。"③

治国也需要遵循"自然"，他说："治之于国，则主明臣忠，朝不壅贤，士不妒功，邪不蔽正，谗不害公，和睦顺从，上下无怨，百官乐职，万事自然。远人怀慕，天下同风，国富民实，不伐而疆，宗庙尊显，社稷永宁。阴阳永合，祸乱不生，万物丰熟，境内大宁。邻家托命，后世蕃昌，道德有余，与天为常。"④ 治国的内容相当广泛，可以说寄托了严遵以道家"自然"观治国的美好理想。

自然所追求的境界和目的是"中和"，也就是老子所说的天之道。他说："天地未始，阴阳未萌，寒暑未兆，明晦未形，有物参立，一浊一清，清上浊下，和在中央，三者俱起，天地以成，阴阳以交，而万物以生。""故，和者，道德之用，神明之辅，天地之制，群生所处，万方之要，自然之府，百祥之门，万福之户也。故智者见之谓之智，仁者见之谓之仁，天下以之，日夜不释，莫之能睹。夫何故哉？以其生物微而成事妙也。是以天地之道，不利不

---

① ［美］卡普拉著，朱润生译：《物理学之道》，第9页。
② （汉）严遵著，王德有点校：《老子指归》，第25页。
③ 同上书，第27页。
④ 同上书，第54页。

害，无为是守，大通和正，顺物深厚，不虚一物，不主一所，各正性命，物自然矣。"① 从而把老子之道与儒家的中和之道完全融汇贯通，形成了自己独特的思想模式。

二、以《易》解《老》的诠释方法

严遵的著述，史籍记载的有两种，即《老子严遵注》《老子指归》。唐陆德明《经典释文》中收《老子严遵注》二卷，并曰：又作《老子指归》十四卷②。《老子指归》一书，《隋书·经籍志》著录十三卷，新旧《唐志》均著录十四卷，又曰冯廓《老子指归》十三卷。今仅存《老子指归》，有唐谷神子注本。宋晁公武《郡斋读书志》曰：《老子指归》十三卷，汉严遵撰，谷神子注。本理国修身清净无为之说。按《唐志》有严遵《指归》四十卷，冯廓注《指归》十三卷。此本有序注，而题谷神子，疑即廓也③。盖宋时全书尚存。考强思齐《道德真经玄德纂疏》、陈碧虚《道德真经藏室纂微篇》、李霖《道德真经取善集》、刘惟永《道德真经集义》并引《指归》之《道经》佚文。是南宋李霖、元刘惟永等尚见《指归》全书。明刊《正统道藏》本《指归》缺一至六卷，只存《德经》七卷，其注者为谷神子。

从汉至元，历代古籍对《指归》皆有记载，在各代学者中颇有影响。三国时期蜀国王商为严君立祠，蜀地名士把严君平与仲尼并提。李权说："仲尼、严平，会聚众书，以成《春秋》《指归》之文。"秦宓说："书非《史记》《周图》，仲尼不采；道非虚无自然，严平不演。"④ 晋人皇甫士安《高士传》及常璩《华阳国志》有关于严君平事迹的记载。唐宋元代诸家《老子》注中引《指归》之文有二百余处。凡此种种都是严君平作《老子指归》的历史证据。至明

---

① （汉）严遵著，王德有点校：《老子指归》，第112—113页。

② （唐）陆德明：《经典释文》，《文渊阁四库全书》第182册，台北：商务印书馆1984年版，第375页。

③ （宋）晁公武：《郡斋读书志》，《文渊阁四库全书》第674册，台北：商务印书馆1985年版，第218页。

④ （晋）陈寿：《三国志·蜀志》，《文渊阁四库全书》第254册，台北：商务印书馆1983年出版，第617页。

清时，不少学人对《指归》的作者提出疑议，断言《指归》是伪书。经王德有先生详细考辨，证明《指归》确为严君平所著①。

严遵主张《易》《老》会通，他将《周易》与《老子》融汇贯通，以《易》解《老》，独具特色，从而开启了融贯诸子、敢于理论创新的学风。书中除了大量化用《周易》的思想内容以外，还多处引用《周易》的文句和词语，对《易》《老》之旨做了充分的阐述。如在全书结构布局及章次安排上，严君平完全是按照《周易》天地之数的理论来安排。其《经目》说："阴道八，阳道九，以阴行阳，故七十有二首。以阳行阴，故分为上下。以五行八，故上经四十而更始。以四行八，故下经三十有二而终矣。阳道奇，阴道偶，故上经先而下经后。阳道大，阴道小，故上经众而下经寡。阳道左，阴道右，故上经覆来，下经反往。反覆相过，沦为一形，冥冥混沌，道为中主，重符列验，以见端绪。下经为门，上经为户。智者见其经效，则通乎天地之数，阴阳之纪，夫妇之配，父子之亲，君臣之仪，万物敷矣。"② 这种以《易》解《老》的思想趋向，完全打破了《道德经》原有的理论建构，从而为后人解读《道德经》开辟了新的思路。

《周易·系辞上》曰："故神无方，而易无体，一阴一阳之谓道。"③《老子》云："万物负阴而抱阳，冲气以为和。"④ 据此，严遵对阴阳学说做了全新的论述。在严遵看来，阴阳为自然之道。"夫天地之道，一阴一阳，分为四时，离为五行，流为万物，精为三光。阳气主德，阴气主刑，覆载群类，含吐异方，玄默无私，正直以公。不以生为巧，不以杀为工，因应万物，不敢独行，吉之与吉，凶之与凶，损损益益，杀杀生生，为善者自赏，造恶者自刑。"⑤ "故生之而为福者，天下之所祐。生之而为祸者，天下之所恶也。养天下之所恶者，伤天下之所祐。养天下之所祐者，伤天下之所恶。一反一覆，或为玄德。一覆一反，或为玄贼。父事天地，子孙是得。故长养而后世昌者，生当生也。生物而

----

① 参见王德有：《严君平〈老子指归〉真伪考辨》，《齐鲁学刊》1985 年第 4 期。

② （汉）严遵著，王德有点校：《老子指归》，第 1 页。

③ （春秋）卜商：《子夏易传》，《文渊阁四库全书》第 7 册，台北：商务印书馆 1983 年出版，第 97 页。

④ （三国魏）王弼注：《老子道德经》，《诸子集成》第 3 册，长沙：岳麓书社 1996 年版（以下略注），第 20 页。

⑤ （汉）严遵著，王德有点校：《老子指归》，第 24 页。

后亡者，生当亡也。杀戮而福至者，杀当亡也。丧物而祸来者，杀当生也。天之所恶，不敢活也。天之所祐，不敢杀也。天之所损，不敢与也。天之所益，不敢夺也。故生之而为福者，天下之所祐。生之而为祸者，天下之所恶也。养天下之所恶者，伤天下之所祐。养天下之所祐者，伤天下之所恶。一反一覆，或为玄德。一覆一反，或为玄贼。父事天地，子孙是得。故长养而后世昌者，生当生也。生物而后亡者，生当亡也。杀戮而福至者，杀当亡也。丧物而祸来者，杀当生也。天之所恶，不敢活也。天之所祐，不敢杀也。天之所损，不敢与也。天之所益，不敢夺也。"① 这是中国思想史上，第一次运用《老子》《周易》来解释阴阳学说，亦是经学与老学融汇贯通的新的思想成果。

严遵曰："天地之道，生杀之理，无去无就，无夺无与，无为为之，自然而已。正直若绳，平易如水，因应效象，与物俱起，损益取舍，与事终始，深浅轻重，万物自取，殊形异类，各反其所。生为杀元，杀为生首，二者相形，吉凶着矣。故知生而不知杀者，逆天之纪也。知杀而不知生者，反地之要也。故喜怒有分，生杀有节，受天之殃，得地之罚。当怒不怒，子为材狼，弟为兕虎。当斗不斗，妻为敌国，妾为大寇。当杀不杀，受天之害，为物所制。当喜不喜，蒙天之灾，获地之咎。当生不生，人君失国，庶人没命。故君子杀民如杀身，活人如活己，执德体正，不得已而后然。存身宁国，在于生杀之间，生杀得理，天地佑之，喜怒之节，万物归之。"② 在这里，严遵对《易》《老》的阴阳学说做了全新的解释，他用黄帝刑德之说，解释阴阳之利害、刑德之关系，开启了《黄帝阴符经》"天生天杀"之理论。这种损益取舍的生杀理论，完全契合《黄帝四经》，亦证明汉时《黄帝四经》尚存于世③。

在老子道论的基础上，严遵亦建构了一个宇宙生成的图式。他说："虚之虚者，生虚虚者。无之无者，生无无者。无者，生有形者。故诸有形之徒，皆属于物类。物有所宗，类有所祖。天地，物之大者，人次之矣。夫天地人之生

---

① （汉）严遵著，王德有点校：《老子指归》，第 102 页。

② 同上书，第 101—102 页。

③ 《黄帝四经》包含《经法》《十大经》《称经》《道原经》，马王堆汉墓出土帛书。《汉书·艺文志》曾著录此书，但以后就失传了。这是一部以治国为本的书，为重新认识黄帝提供了可靠的史料依据。

也，形因于气，气因于和，和因于神明，神明因于道德，道德因于自然。"① 这个显然有别于老子的宇宙生成论，它把整个宇宙发展过程分为两大阶段，第一阶段称之为"虚无"，第二阶段称之为"实有"。

在严遵看来，天地生成之前，整个宇宙尽管孕育着天地万物的基因，但是什么形象也没有，所以归之为"虚"或"无"；从天地分化开始，出现了有形有象的东西，所以归之为"实"或"有"。严遵说："万物之生也，皆元于虚，始于无，背阴向阳，归柔去刚，清静不动，心意不作，而形容修广，性命通达者，以含和柔弱，而道无形也。"②

严遵又以道生德，德生神明，神明生太和，太和生万物来解释宇宙的生成过程。道是宇宙演化、万物起源的第一阶段，是宇宙的原始，即"虚之虚者"，也就是绝对的"虚无"，但又是自然而然的存在。"由此观之，有生于无，实生于虚，亦以明矣。是故无无无始，不可存在。无形无声，不可听视。禀无授有，不可言道。无无无之无，始未始之始，万物所由，性命所以，无有所名者，谓之道。"③

以道生德，是宇宙生成的第一阶段。严遵曰："一者，道之子，神明之母，太和之宗，天地之祖。于神为无，于道为有，于神为大，于道为小。"④ 作为一种存在物，它虽然虚无而实有，无端无绪，不浮不沈，不行不止，为于不为，施于不与，合囊变化，负包分理。"是无无之无，始始之始，无外无内，混混沌沌，通达万天，流行亿野，万物以然，无有形兆。"⑤ 窅然独存于空间，玄妙独处于天地，周密无间，无所不有，陶冶神明，造化天地。"有物混沌，恍惚居起，轻而不发，重而不止，阳而无表，阴而无里，既无上下，又无左右，通达无境，为道纲纪，怀壤空虚，包里未有，无形无名，芒芒颍颍，混混沌沌，冥冥不可稽之。亡于声色，莫之与比，指之无向，搏之无有，浩洋无穷，不可论谕，潢然大同，无终无始，万物之庐，为太初首者，故谓之一。"⑥

---

① （汉）严遵著，王德有点校：《老子指归》，第17页。

② 同上书，第18页。

③ 同上书，第17—18页。

④ 同上书，第9页。

⑤ 同上。

⑥ 同上书，第18页。

在这个阶段的"德"，同于"一"。"德"已是最初出现混混沌沌的存在物，也就是所谓的原始物质。换而言之，作为伦理学最为重要的范畴——德，已被严遵转化成了一个哲学范畴。

以德生神明，是宇宙生成的第二阶段。所谓"神明"，同于老子所说的"二"，属阴阳相依相对的潜在阶段，是一种变化莫测、细小纤微、弥漫于空间的元气，又称神或神明，是"无之无"。严遵曰："一以虚，故能生二。二物并兴，妙妙纤微，生生存存，因物变化，滑淖无形，生息不衰，光耀玄冥，无向无存，包里天地，莫睹其元，不可逐以声，不可逃以形，谓之神明。存物物存，去物物亡，智力不能接，而威德不能运者，谓之二。二，即神明也。"①

神明生太和，是宇宙生成的第三阶段。严遵曰："二以元之无，故能生三。三物俱生，浑浑茫茫，视之不见其形，听之不闻其声，搏之不得其绪，望之不睹其门。不可揆度，不可测量，冥冥睿睿，潢洋堂堂，一清一浊，与和俱行，天人所始，未有形眹折垌，根系于一，受命于神者，谓之三。"② "故法象莫崇乎道德，稽式莫高乎神明，表仪莫广乎太和，着明莫大乎天地。道德神明，常生不死。清浊太和，变化无穷。天地之道，存而难亡。阴阳之事，动而难终。"③ 这个三，就是太和，是一种和谐的气，即妙气或和气。在宇宙化生的三个阶段中，"无"始终是生"有"的原始基因。著名科学家卡普拉指出："东方的宇宙观在本质上是能动的，并且包含着时间和永远变化的特性。宇宙被看成是一个不可分割的实在。它永远在运动，是有生命的、有机的，是精神的，同时又是物质的。"④

与秦汉许多学者一样，严遵认为气是无形的，故称为"无"；但气已属于物质，再进而演化，就形成了天地万物。若按演化的性质来分，又可分为两大阶段，一是从"虚之虚"到"虚"，二是从"无之无"的太和到"有"。前者是非实体性的演化，后者属于气的演化。所以严遵说："天地生于太和，太和生于虚

---

① （汉）严遵著，王德有点校：《老子指归》，第18页。

② 同上。

③ 同上书，第23页。

④ ［美］卡普拉著，朱润生译：《物理学之道》，第9页。

冥。"① "清浊太和，至柔无形，包里天地，含囊阴阳，经纪万物，无不维纲。"②
这就在宇宙万物之前，安排了一个非物质性的演化过程。这个演化的过程就是
绝对的"虚无"，演化为相对的"虚无"，再由"虚无"生神明，神明生太
和，太和生天地，这正是一个玄之又玄的演化过程，说明严遵所建构的宇宙模
型已达到一个相当精微复杂的系统，并为隋唐之际的重玄学开辟了一条蹊径。

应该说，严遵的这一宇宙生成图式，主要是在吸收、改造《老子》"道生
一"之说的基础上建构起来的，但与《周易》的启示也是分不开的。在解释与
"德"相同的"一"时，严遵又吸收了《易传》以"乾元"为万物基始的观点。
他说："确然《大易》，乾乾光耀，万物资始，云蒸雨施，品物流形，元首性
命，玄玄苍苍，无不尽覆。"③ 这来自《周易·乾卦·象传》"大哉乾元，万物资
始，乃统天。云行雨施，品物流行，大明终始，六位时成，乘六龙以御天，乾
道变化，各正性命，保合太和，乃利贞"④。可见，严遵所论与《易传》的太和
之说实际上是一致的。

"神明"一词，源于《庄子》。《庄子·天下》曰："配神明，醇天地，育万
物，和天下，泽及百姓，明于本数，系于未度，六通四辟，小大精粗，其运无
乎不在。"⑤《鹖冠子》曰："君也者，端神明者也。神明者，以人为本者也。"⑥
河上公《道德真经注》："自受取少，则得多也，天道祐谦，神明托虚。"⑦《周
易·说卦》："昔者圣人之作《易》也，幽赞于神明而生蓍，参天两地而倚
数，观变于阴阳而立卦，发挥于刚柔而生爻，和顺于道德而理于义，穷理尽
性，以至于命。"⑧ 这些言说反映出易学与道家学说存在着一种天然的密切关

---

① （汉）严遵著，王德有点校：《老子指归》，第 12 页。

② 同上书，第 20—21 页。

③ 同上书，第 10 页。

④ （春秋）卜商：《子夏易传》，《文渊阁四库全书》第 7 册，台北：商务印书馆 1983 年出版，第 3 页。

⑤ 《诸子集成》第 4 册，第 256 页。

⑥ （宋）陆佃解：《鹖冠子》，《文渊阁四库全书》第 848 册，台北：商务印书馆 1986 年出版，第 203
页。

⑦ 《道藏》第 12 册，北京：文物出版社、上海：上海书店、天津：天津古籍出版社 1988 年版（以下略
注），第 7 页。

⑧ （春秋）卜商：《子夏易传》，《文渊阁四库全书》第 7 册，台北：商务印书馆 1983 年出版，第 116
页。

系，亦是严遵易道会通的思想基础。

在社会政治思想方面，严遵亦以清静无为为治国之本。他说："道德无为，而神明然矣。神明无为，而太和自起。无为而万物自理。或无根而生，或无足而走，或无耳而听，或无口而鸣，殊类异伦，皆与之市。母忧其子，子忧其母，男女相兼，物尊其主。巢生而啄，胎生而乳，鸟惊而散，兽惊而聚，阴物穴居，阳物巢处，火动炎上，水动润下，万物青青，春生夏长，秋成冬熟，皆归于土，非有政教，物自然也。"① 正是因为无为，万物得以自理。

在严遵看来，社会治理的关键是要用中正之道。君臣百姓各有其分，与天地通，无事无忧，太平自兴。他强调："道德之生人也有分，天地之足人也有分，王侯之守国也有分，臣下之奉职也有分，万物之守身也有分。因道修德，顺天之则，竭精尽神，趣时不息，抱信效素，归于无极，纤微损俭，为天下式，各守其名，皆修其德，乐生安俗，四海宾伏，侯王之所以守任也。大通和正，直方不曲，忠信顺从，奉其分职，善善恶恶，不变名实，不小其位，不贱其服，臣下之所以守贞也。小心敦朴，节俭强力，顺天之时，尽地之力，适形而衣，和腹而食，日出而作，日入而止，不薄所处，不厌所食，万民之所以守其身也。"②

阴阳互补的原则可用于治国："道德有余，与天为常。治之于天下，则主阴臣阳，主静臣动，主圆臣方，主因臣唱，主默臣言，正直公方，和一大通，平易无为，寂泊无声，德驰相告，神骋相传，运动无端，变化若天，不行而知，不为而成，功与道伦，宇内反真，无事无忧，太平自兴。"③ 阴阳与刑德关系亦十分紧密："故天地之道，一阴一阳，阳气主德，阴气主刑。刑德相反，和在中央。"④ 可以说，《指归》继承了《黄帝四经》《老子》的阴阳理论，进而推衍到了各个方面。这种黄老一体的思想，充分展现了汉初黄老学派的精神面貌，开创了中国学术的新天地，并对道教重玄学产生了直接影响。

---

① （汉）严遵著，王德有点校：《老子指归》，第26页。
② 同上书，第107页。
③ 同上书，第54页。
④ 同上书，第60页。

三、人道互入的体道论

与老子不同，严遵又用"道德"来概括宇宙的全体。他说："道德至灵而神明宾，神明至无而太和臣，清浊太和，至柔无形，包裹天地，含囊阴阳，经纪万物，无不维纲，或在宇外，或处天内，人物借之而生，莫有见闻，羲不足以号，弱不足以为名，圣人以意存之物也。"① 它是天地万物的总根据，是从总体上对天地万物生存与发展规律的把握。但当人们面对无限、绝对的宇宙全体时，在或上或下的无穷变幻中，在天内宇外的流动中，言语、概念是无能为力的。要把握这一宇宙整体，靠的是身心的体验，靠的是人的素朴本性与宇宙本性的契合。

严遵指出："无为之关，不言之机，在于精妙，处于神微。神微之始，精妙之宗，生无根蒂，出入无门，常于为否之间，时和之元。故可闻而不可显也，可见而不可阐也，可得而不可传也，可用而不可言也。"② 所谓"机""关"是人的本性与天道相契合之点，这种契合是精妙的、神微的，只有在万物契合、天人合一的状态下，才能体现大道"生无根蒂，出入无门"的内在力量。

然而，对宇宙整体的把握不能使用概念加以分析辨别，因为语言是阻碍宇宙体验的因素。严遵说："道无常术，德无常方，神无常体，和无常容，视之不能见，听之不能闻，既不可望，又不可扣。故达于道者，独见独闻，独为独存。"③ 严遵描述的"道"，实际上与人类经验处于完全绝缘的状态，它一触即发，一触即非，是宇宙不可捉摸的本质，是生成万物的神秘力量，一切外在的观察、推理、假设、判断等人类所有的认识手段在它面前都会失灵。这个"道"超越了经验，超越了思维，超越了语言，只有达于道者，方能"独见独闻，独为独存"。

严遵多次描述了这种精神境界，他说盛德之人"无形无容，简情易性，化为童蒙，无为无事，若痴若聋，身体居一，神明千之，变化不可见，喜欲不可

---

① （汉）严遵著，王德有点校：《老子指归》，第20—21页。

② （汉）严遵：《道德真经指归》，《道藏》第12册，第352页。

③ （汉）严遵著，王德有点校：《老子指归》，第58页。

闻，若闭若塞，独与道存"①。任何人都有身体有相貌，为什么盛德之人却"无形无名"呢？这是从精神状态、心理状态来说的。"身体居一，神明千之"，是说圣人凝神之际身体不动，灵魂却可随宇宙遨游，同天地震荡，让神明寄托在宇宙万物之中，以有限的生命融入永恒的宇宙之中，在有限中体验无限，在瞬间体验永恒，使自己的身心获得解脱，获得自由。卡普拉说："东方有关神的形象并不是从天上指挥着世界的统治者，而是从内部控制着一切事物的一种原则。"② 英国麦克·阿盖尔（MichaelArgyie）指出："宗教经验会给拥有它的人带来一种与某种强力联系在一起的感觉，这通常是一种与整个创造过程融为一体，并且与一种超然存在的感觉。有此经历的人会有一种喜悦感，觉得更加完整，或被宽恕，有一种超越时间的感觉，并且确信自己与某种真实的东西联在一起。"③

这样的盛德之人，才能够"生之以道，养之以德，导之以精神，和之以法式，居以天地，照以日月，变以阴阳，食以水谷，制以无形，系以无极"④，"方于不方，直于不直，无圻无□，无法无式，不方不直，万物自得，不直不方，天地自行。在为之阴，居否之阳，和为中主，分理自明，与天为一，与地为常"⑤，达到我即宇宙，宇宙即我的境界。从而超越了物我界限，所得到的是宇宙全体，是无所不包的"道德"。这个"道德"就是宇宙万物的本性，也就是主体的本性。

在严遵看来，人与道并非主客的对峙，而是相互渗透、相互感应的彼此。他努力去求寻物我同一的中介，寻找天人合一的桥梁。他说："故人能入道，道亦入人，我道相入，沦而为一。守静致虚，我为道室，与道俱然，浑沌周密。反初归始，道为我袭。"⑥ 所谓"我道相入"，就是说人在修真入静的状况下，他的精神是可以进入玄之又玄的境界，体验到道最深刻、最隐秘的内奥；同

① （汉）严遵著，王德有点校：《老子指归》，第15页。
② ［美］卡普拉著，朱润生译：《物理学之道》，第9页。
③ ［英］麦克·阿盖尔著，陈彪译：《宗教心理学导论》，北京：中国人民大学出版社2005年版，第81页。
④ （汉）严遵：《道德真经指归》，《道藏》第12册，第348页。
⑤ 同上。
⑥ 同上书，第363页。

样，那个难以言说的"道"本身就深藏在我们大脑遗传记忆中。只要在特殊的时空中，"我"便成为"道室"，反初归始，领略生命与宇宙的进化与演变。人能体验道，道也能够禀施于人，道与人混为一体。体道之人虚怀若谷，天人合一的关键是主体意识。与道融为一体的人是能够产生"与物俱然，混沌周密"的精神境界。

他说："一者，道之子，神明之母，太和之宗，天地之祖。于神为无，于道为有，于神为大，于道为小。"① 在严遵的这段话中，"道"指的是万物的本性，宇宙运动的方式或过程是自然的秩序；"神明"指的是直觉的主体，人的身心精神，人的素朴本性；"一"指的是主体客体相契合，产生的天人一体、物我同一的情境。作为万物的本性是客观存在，而人的身心体验是心理的，因此说"于神为无，于道为有"。人们在超越的瞬间丧失了自我，丧失了时空，觉察不到时间的流逝和空间的界限，进入了绝对寂静的境界。

从道的原始意义上讲，它是终极的、无法定义的实在，是宇宙的过程，它包括一切。世界被看成是在不断地流动和变化。因此，在这种超越体验中，即不执着于有，也不执着于无，既不迷恋于万物，也没有自觉到主体，即严遵所说的"虚而实，无而有"。即以整个身心去体验世界的流动和变化，因而"通达万天，流行亿野"。把整个神思寄托在天地万物之中，随之起伏，随之生死，随之遨游，从而可以体验宇宙的一切事物和变化。因此说："陶冶神明，不与之同，造化天地，不与之处。"② 德国索伦博士指出："事实上，这个无——用一个喀巴拉信徒的话来说——比所有其他实体要实在无限多倍。只有当灵魂摆脱了所有的羁绊，用神秘主义语言来说，降临到无的深处，它才能遇到神。因为这个无拥有丰富的实在性，但不可能被界定。"③

严遵还详细地阐述了天人合一的基础。他说："由此观之，天地人物，皆同元始，共一宗祖，六合之内，宇宙之表，连属一体，气化分离，纵横上下，剖而为二，判而为五。或为白黑，或为水火，或为酸碱，或为征羽，人物同

---

① （汉）严遵：《道德真经指归》，《道藏》第 12 册，第 345 页。

② 同上书，第 345 页。

③ ［德］G·G·索伦著，涂笑非译：《犹太教神秘主义主流》，成都：四川人民出版社 2000 年版，第 25 页。

类，或为牝牡。"① "人主动于迩，则人物应于远。人物动于此，则天地应于彼。彼我相应，出入无门，往来无户，天地之间，虚廓之中，辽远广大，物类相应，不失毫厘者，同体故也。"② 这种心身合一、主客浑然的境界，在内炼时出现毫不奇怪。

内炼状况下产生的这种天人感应、个体融入自然的奇特的精神境界，早就引起了东西方学者的注意。卡普拉指出："当理性的思维沉寂下来时，直觉的思维方式就会产生一种特殊的知觉，以一种直接的方式去体验环境，而不经过概念思维的清理。庄子说：圣人之心静乎！天地之鉴也，万物之镜也。与周围环境浑为一体的体验，是沉思状态的主要特点。在这种意识状态下，一切形式的割裂都停止了，消退为无差别的统一体。"③ 美国系统科学家欧文·拉兹洛指出："我们作为具有一种进化了的心灵的复杂系统，不可能没有任何痕迹地从宇宙住所中消失。我们无论做了什么，甚至想了和感觉到了什么，都会被贮存在宇宙的记忆中，正如费克纳所写的那样，它们形成了新的关系并在未来的所有时间里成长和发展。"④ 人类本来是宇宙进化的产物，每个人的心灵都是人类亿万年生命和心灵进化和遗传的产物。

严遵认为天人之所以可以互相感应，就是因为"六合之内，宇宙之表，连属一体"的缘故。内在心理结构之所以能与外部事物结构相契合，这是人类千百年来社会实践活动在人们头脑中的积淀。人的心理结构具有容纳"道德"的客观基础。"道德"不仅可以畅通于人的心灵、魂魄之中，而且是宇宙万物、自然社会的共同根据，是客观世界统一的基础，天人、物我在"道德"的基础上得到了统一。然而，神秘的体验并不意味着它是秘而不宣的，而是直接的体验和觉察。它要求以自己的知觉做实验。这项实验就是入静内修，它强调需要通过艰难过程的静修，去追寻玄之又玄的深奥。

显然，严遵的《老子指归》不是从训诂角度去挖掘《老子》的原义，而是

---

① （汉）严遵：《道德真经指归》，《道藏》第 12 册，第 355 页。

② 同上书，第 356 页。

③ ［美］卡普拉著，朱润生译：《物理学之道》，第 22 页。

④ ［美］欧文·拉兹洛著，钱兆华译：《微漪之塘——宇宙进化的新图景》，北京：社会科学文献出版社 2001 年版，第 353 页。

发挥《老子》的微言大义。在他看来，注释不是复制的过程，不是恢复《老子》的本意，而是解决自己面临的社会与人生问题，力图在自己与《老子》之间架起了一座桥梁。因此可以说严遵的《道德指归》是他的世界观、政治观点、人生态度的真实表露。概而言之，《老子指归》一方面吸取了《老子》《庄子》和汉初黄老学派的思想财富，另一方面采纳了一些儒家思想来构筑自己的理论体系。严遵儒道结合、《易》《老》并重的思想特点，直接影响扬雄、王充等一批道儒兼收的思想家，对魏晋玄学的产生和发展也有重要的启迪作用，并且成为隋唐重玄学的源头。严遵的道家学说，善于融汇诸家学说，其中既吸纳了今文经学，又援引了古文经学，在融汇《易》《老》之中，敢于理论创新，提出许多新的观点、新的思想，这正是蜀学得以延续发展的灵魂。两千多年来蜀学发展的历史，正是不断创新、不断变革、不断发展的历史，而在这样一个充满生机的学派史上，严遵的贡献应该得到充分的肯定。

陈楠《翠虚篇》的篇目构成及其文本真伪考辨[*]

张晓东^{**}

内容提要： 陈楠《翠虚篇》现存主要有四个版本，分别为《诸真玄奥集成》本、《正统道藏》本、董德宁辑本和《（重刊）道藏辑要》本。《翠虚篇》的文献真伪问题应该考虑到其版本差异和篇目构成。《正统道藏》本《翠虚篇》误收了唐代外丹家元阳子的《大道歌》。《金丹诗诀》中的部分诗作亦非陈楠亲撰，其中有七首诗歌乃沿袭唐代的外丹著作《龙虎元旨》，又有四首诗歌乃沿袭北宋内丹家王庭扬的内丹诗作。至于《翠虚篇》中的其他作品，在没有可靠反证的前提下，仍然应该视为陈楠所作。

关键词： 陈楠；《翠虚篇》；《大道歌》；《金丹诗诀》

《翠虚篇》乃金丹派南宗四祖陈楠的唯一传世文集，是研究陈楠内丹理论和南宗修道思想的重要文献。由于陈楠在金丹派南宗中的特殊地位，学界对《翠虚篇》的学术价值已经有了较多的关注。但是，这种关注多集中在《翠虚篇》的思想内容方面，而较少对《翠虚篇》进行文献学角度的审视。目前学界对

---

* 本文系国家社科基金重大项目"中国宗教文学史"（15ZDB069）的阶段性成果。

** 张晓东，男，安徽亳州人，华东师范大学中文系 2019 级博士研究生。

《翠虚篇》的文献真伪问题的讨论多为经验式的笼统概括①，因此并未得出让人信服的结论。本文则从文本细读的角度出发，拟探讨《翠虚篇》部分篇目的文本真伪问题，以求能够引起学界对《翠虚篇》文献问题研究的重视。

一、《翠虚篇》现存的主要版本及其篇目构成

《翠虚篇》现存主要有四个版本。其一为元明间涵蟾子辑《诸真玄奥集成》所收《翠虚篇》（简称《集成》本）。《诸真玄奥集成》被收入明嘉靖十七年（1538）周藩所刻《金丹正理大全》，见藏于中国社会科学院图书馆，《四库全书存目丛书》子部道家类第 260 册收有影印本②；又被收入明万历十九年（1591）金陵阎氏所刻《道书全集》，见藏于南京图书馆，《续修四库全书》子部宗教类第 1295 册收有影印本③。其中《道书全集》又有《海王邨古籍丛刊》影印本（中国书店 1990 年版）和《三洞拾遗》选印本（黄山书社 2005 年版，第 19 册）④。其二为明《正统道藏》太玄部“妇”字号所收《翠虚篇》（简称《道藏》本）⑤。《中华道藏》第 19 册亦收有《翠虚篇》⑥，乃是根据《正统道藏》本标点，故不作为新版本著录。其三为清乾隆年间董德宁所辑《翠虚篇》（简称董德宁辑本）。该书最早被收入董德宁所辑道教内修丛书《修真六书》，后又被收入《道藏精华录》第八集和《道藏精华》第一集之六《金丹大成辑要》⑦。其四

---

① 参见任继愈、钟肇鹏主编：《道藏提要》，北京：中国社会科学出版社 1991 年版，第 836—837 页；丁培仁编著：《增注新修道藏目录》，成都：巴蜀书社 2008 年版，第 448 页。

② 《四库全书存目丛书》编纂委员会编：《四库全书存目丛书》子部道家类第 260 册，济南：齐鲁书社 1995 年版，第 218—229 页。

③ 《续修四库全书》编纂委员会编：《续修四库全书》子部宗教类第 1295 册，上海：上海古籍出版社 2002 年版，第 203—212 页。

④ 《金丹正理大全》本《诸真玄奥集成》和《道书全集》本《诸真玄奥集成》并无文字内容上的差异，仅在刊刻版式上略有不同。周藩《金丹正理大全》本《诸真玄奥集成》半页 10 行，行 21 字，字迹较为清晰；阎氏《道书全集》本《诸真玄奥集成》半页 11 行，行 22 字，字迹较为模糊。

⑤ （明）张宇初、（明）张宇清等编：《道藏》第 24 册，北京：文物出版社、上海：上海书店、天津：天津古籍出版社 1988 年版（以下略注），第 202—211 页。

⑥ 张继禹主编：《中华道藏》第 19 册，北京：华夏出版社 2010 年版，第 518—528 页。

⑦ 丁福保编：《道藏精华录》第 4 册，北京：北京图书馆出版社 2005 年版，第 293—307 页；萧天石主编：《道藏精华》第一集之六，台北：自由出版社 1990 年版（以下略注），第 73—87 页。

为清光绪年间《（重刊）道藏辑要》奎集所收《泥洹集》（简称《辑要》本）①。由于陈楠号泥丸，亦作陈泥洹，故《泥洹集》即《翠虚篇》。这四个本子中有三个本子存有王思诚序言，唯董德宁辑本删去了王序。其实通过比勘可以发现，这四个本子都出自王思诚序言本《翠虚篇》②。南宋陈与行《跋陈泥丸真人〈翠虚篇〉》云："《翠虚篇》，真息予（按：当为'子'）王公思诚续编之。"③由此可知，王思诚序言本《翠虚篇》的编纂者正是王思诚，然而王思诚所编《翠虚篇》原本已佚。现存以上四种《翠虚篇》版本的篇目构成和顺序如下：

《集成》本：《王思诚序》《紫庭经》《丹基归一论》《水调歌头·赠九霞子鞠九思》《鹊桥仙·赠蛰虚子沙道昭》《真珠帘·赠海南子白玉蟾》《金丹诗诀》

《道藏》本：《王思诚序》《紫庭经》《大道歌》《罗浮翠虚吟》《丹基归一论》《水调歌头·赠九霞子鞠九思》《鹊桥仙·赠蛰虚子沙道昭》《真珠帘·赠海南子白玉蟾》《金丹诗诀》

董德宁辑本：《紫庭经》《丹基归一论》《罗浮翠虚吟》《金丹诗诀》《水调歌头·赠九霞子鞠九思》《鹊桥仙·赠蛰虚子沙道昭》《真珠帘·赠海南子白玉蟾》

《辑要》本：《王思诚序》《（罗浮）翠虚吟》《紫庭经》《丹基归一论》《水调歌头·赠九霞子鞠九思》《鹊桥仙·赠蛰虚子沙道昭》《真珠帘·赠海南子白玉蟾》《金丹诗诀》

从以上篇目组成来看，《道藏》本《翠虚篇》比其他各本多出了《大道歌》；《集成》本《翠虚篇》比其他各本缺少了《罗浮翠虚吟》；董德宁辑本《翠虚篇》则删去了王思诚序，并对各篇的顺序进行了较大的调整。相比较而

---

① （清）阎永和、（清）贺龙骧等编：《（重刊）道藏辑要》第14册，台北：新文丰出版公司1986年版，第6176—6188页。

② 关于《翠虚篇》的早期成书过程以及四个主要版本之间的传承关系，笔者另有专文探讨。参见张晓东：《陈楠〈翠虚篇〉的早期成书与版本流变考》，《中国本土宗教研究》2022年第1辑（总第5辑），第137—150页。

③ （宋）白玉蟾：《白玉蟾全集》，《道藏精华》第十集之二，第1164页。

言，《辑要》本《翠虚篇》是篇目构成和顺序较为固定的本子。所以不同版本《翠虚篇》的篇目构成和顺序存在差异，对于《翠虚篇》的文献真伪问题不应该笼统地看待，而应该考虑到版本差异和篇目构成的具体情况。

二、《道藏》本《翠虚篇》中《大道歌》系误收

尽管现存《翠虚篇》主要有四个版本可以使用，但是学界却更青睐于《道藏》本，而没有注意到其他三个版本的重要价值。《道藏》本《翠虚篇》和《集成》本相比补入了《罗浮翠虚吟》，使《翠虚篇》具备了较为完整的面貌，因而《道藏》本《翠虚篇》具有特定的历史价值。但是，作为大型丛书之一的《道藏》本《翠虚篇》有其天然缺陷，一方面表现为抄录过程中新添错误较多，另一方面表现为补收篇目不够严谨。《道藏》本《翠虚篇》中《大道歌》一篇即为误收，目前学界对此尚缺乏清醒的认识。

其实《道藏》本《翠虚篇》中的《大道歌》并非陈楠所作，所谓《大道歌》实乃唐代外丹家元阳子所作，只不过当时元阳子并未冠以《大道歌》之名。元阳子此作被收入《正统道藏》洞真部方法类"珠"字号《元阳子金液集》，以七言绝句的形式呈现，每首七绝之后均附有注解，共计三十一首。这三十一首七绝合在一起即为《翠虚篇》中的《大道歌》。该诗又被收入《正统道藏》洞真部方法类"重"字号《还丹歌诀》卷下，以长篇歌行的形式呈现，和《翠虚篇》中《大道歌》的形式较为接近，但几乎逐句均有注解。《元阳子金液集》未题撰人，当默认是元阳子所作，全书仅收录元阳子的三十一首绝句和注解。《还丹歌诀》题为"元阳子集"[①]，上卷收录了元阳子以前的炼丹诗数首，下卷则仅收录了元阳子这首自作及其注解。经过更细致的文字对比可以发现，《翠虚篇》中的《大道歌》其实直接来自《元阳子金液集》，而和《还丹歌诀》中的元阳子诗歌字句差别较大。《翠虚篇》的编刊者将《元阳子金液集》中的三十一首绝句合并，删去了《元阳子金液集》中的注解，并冠之以《大道歌》之名。

---

① （唐）元阳子编：《还丹歌诀》，《道藏》第4册，第885页。

　　元阳子其人的姓氏和生平皆不详，或以为是唐代外丹家羊参微，然而证据并不充分①。但可以肯定的是，元阳子《大道歌》的创作时间早于《翠虚篇》。《正统道藏》洞真部方法类"重"字号收有李光玄《金液还丹百问诀》，太玄部"别"字号又收有李光元《海客论》。这两本著作主要内容相同，当为同一著作的不同版本。从作者的姓名和书中的具体内容可以看出，《金液还丹百问诀》尚未避讳"玄"字，《海客论》却已避讳"玄"字，可知《金液还丹百问诀》必然成书于宋真宗朝以前。萧登福先生《正统道藏提要》认为《金液还丹百问诀》引及中唐外丹家陶植之说，所以李光玄的年代不会早于中唐；又因书中有"干戈已作"之语，故而推测李光玄处于唐末五代②。萧先生的推论甚有见地。如此则《金液还丹百问诀》的成书时间要远早于南宋的《翠虚篇》，而《金液还丹百问诀》中已有三处引及元阳子此诗，均作"《元阳子歌》曰"③。除了《金液还丹百问诀》外，《正统道藏》洞真部方法类"珠"字号还收有宋仁宗朝杨在编的《还丹众仙论》，该书中亦有四处引及元阳子此诗，且引作"元阳子云"④。这些著作均比南宋陈楠的《翠虚篇》要早很多，说明元阳子的诗作远早于《翠虚篇》中的《大道歌》，因此《翠虚篇》中《大道歌》的著作权当归属于唐代的元阳子。

　　其实在《道藏》本《翠虚篇》问世以前，就有《翠虚篇》的某些版本误收了《大道歌》，当时有些学者对此已有较为清晰的认识。如元代俞琰《周易参同契发挥》曾多次引用陈楠《翠虚篇》，这说明他十分熟悉《翠虚篇》一书。同时俞氏该书又有四处引用了《大道歌》一诗，只不过当引及此诗时皆作"元阳子《大道歌》云"⑤，而不引作"陈泥丸《大道歌》云"。可见，俞琰清楚地知道《大道歌》其实乃元阳子之作。正如俞琰《席上腐谈》卷下所言："其（按：指《翠虚篇》）首篇数首诗，皆元阳子诗。"⑥ 所以俞琰见到的《翠虚篇》版本就已经误收了元阳子《大道歌》，只不过俞琰能够认清《大道歌》并非陈楠所作

---

①　陈国符：《道藏源流考》，北京：中华书局 2014 年版，第 235—237 页。

②　萧登福：《正统道藏提要》，台北：文津出版社 2011 年版，第 264—265 页。

③　（唐末五代）李光玄：《金液还丹百问诀》，《道藏》第 4 册，第 895、897、900 页。

④　（宋）杨在编：《还丹众仙论》，《道藏》第 4 册，第 337 页。

⑤　（元）俞琰：《周易参同契发挥》，《道藏》第 20 册，第 219、242、245、253 页。

⑥　（元）俞琰：《席上腐谈》，北京：中华书局 1985 年版，第 20 页。

的事实，而《道藏》本的编辑者则没能对《翠虚篇》的版本和篇目进行详细的考证，因而延续了《翠虚篇》误收元阳子《大道歌》的错误。值得庆幸的是，《翠虚篇》现存的四个主要版本中唯有《道藏》本误收了《大道歌》。但值得反思的是，现在学界较为通行的《翠虚篇》本子正是《道藏》本。

三、《金丹诗诀》中的部分诗歌并非陈楠亲笔所撰

《金丹诗诀》是《翠虚篇》的重要组成篇目，共计七言绝句一百首，现存四个主要的《翠虚篇》版本均有收入。但是《金丹诗诀》并非全部出自陈楠之手，其中大致可以分为三个文献来源。《金丹诗诀》的第一个文献来源是唐代《龙虎元旨》中的外丹诗歌。《金丹诗诀》有七首诗歌乃是沿袭外丹著作《龙虎元旨》而来。这七首诗歌的首句分别为"大道分明在眼前"，"认得根源不用忙"，"合其天地合其元"，"此宝从来二八传"，"天地初分日月高"，"龙虎丹砂义最幽"，"用铅须得汞相和"①。《龙虎元旨》见收于《正统道藏》太玄部"唱"字号，全书由论说和歌诀两部分组成，所述乃为外丹铅汞烧炼之术。该书歌诀部分共计为七首七绝，这和《翠虚篇》上述七诗内容雷同，仅排列顺序略有调整。就成书时间来看，《龙虎元旨》清晰地记录了自身的流传过程："东岳董师元于贞元五年（789），受之于罗浮山隐士青霞子。贞元十九年（803），传受（按：当为'授'）剑州司马张陶。开成三年（838），京师传族弟李汾长契。五年（840），传成君隐士。"② 这说明《龙虎元旨》的成书时间至迟不晚于中唐，远早于南宋成书的《翠虚篇》，因而《翠虚篇》中的七首诗歌当是沿袭《龙虎元旨》而来。

《金丹诗诀》的第二个文献来源是北宋内丹家王庭扬的内丹诗歌。王庭扬的著作多已散佚，仅《道枢》卷二十一《修真要诀篇》存有部分。《修真要诀篇》主要节录了王庭扬的一段内丹论述和内丹诗歌七绝十二首。而《金丹诗诀》中有四首诗歌与王庭扬《修真要诀篇》中的诗歌雷同，这四首诗歌的首句分别为"五行四象坎并离"，"若未逢师且看诗"，"鼎炉火候密推排"，"水火同精（按：

---

① （宋）陈楠：《翠虚篇》，《道藏》第 24 册，第 209、209、209、209、211、211、211 页。

② （唐）成君编：《龙虎元旨》，《道藏》第 24 册，第 174 页。

《修真要诀篇》作'情'）间木金"①。曾慥在《道枢》卷二十一《修真诀要篇》注中说："刘海蟾弟子王庭扬。"② 刘海蟾主要活动时期在晚唐五代，由此可以推知，王庭扬的生活时代当不晚于北宋初，所以王庭扬远早于南宋的陈楠，则《翠虚篇》中的这四首诗歌当沿袭自王庭扬。此外，《修真要诀篇》载："（王庭扬）著诗百章，摘其要妙，得十二篇。"③ 据此王庭扬共著有一百首内丹诗歌，而陈楠《金丹诗诀》亦为一百首，二者在结构形式上也存在相似之处。至于《金丹诗诀》中是否还有其他诗歌沿自王庭扬，由于文献资料不足，暂时难有定论。

　　《金丹诗诀》的第三个文献来源为陈楠自作。这部分诗歌当占《金丹诗诀》的绝大部分，元代俞琰在《周易参同契发挥》和《吕纯阳真人沁园春丹词注解》两书中多有引用，且将引言均归于陈楠《翠虚篇》名下。这些引言并不包含上述《龙虎元旨》和《修真要诀篇》诸诗，这说明至少当时人们认为这些引诗为陈楠所作。但在这些较为可信的陈楠诗歌中也存在问题，其中部分诗歌或诗句与白玉蟾《华阳吟》相似。如"怪事教人笑几回"④ 整首与《华阳吟》相似，又如"醉倒酣眠梦熟时，满船载宝过曹溪"和"但守火炎三百刻，产成一颗夜明珠"⑤ 数句与《华阳吟》相似。对于此类相似的诗歌很难断定归属，俞琰《周易参同契发挥》卷六便将"怪事教人笑几回"一诗引为"《翠虚篇》云"⑥，而萧廷芝《修真十书·金丹大成集》卷十三《解注吕公沁园春》则将此诗引作"紫清先生诗曰"⑦，其中紫清乃白玉蟾封号。其实只要考虑到陈楠与白玉蟾的师徒关系，这种部分诗歌相似的情况便不难理解。白玉蟾作为陈楠的弟子，自然十分熟悉陈楠的作品，况且这些作品还有很多正是直接赠予白玉蟾的，如《罗浮翠虚吟》《丹基归一论》《真珠帘·赠海南子白玉蟾》等。如此，白玉蟾的部分诗句在思想上和词语上沿袭陈楠便属正常，尤其是在早期南

---

① （宋）陈楠：《翠虚篇》，《道藏》第 24 册，第 210、210、210、211 页。

② （宋）曾慥编著：《道枢》，《道藏》第 20 册，第 714 页。

③ 同上。

④ （宋）陈楠：《翠虚篇》，《道藏》第 24 册，第 211 页。

⑤ 同上书，第 210、210 页。

⑥ （元）俞琰：《周易参同契发挥》，《道藏》第 20 册，第 235 页。

⑦ （宋）萧廷芝：《修真十书·金丹大成集》，《道藏》第 4 册，第 655 页。

宗丹经流传极为不广的情况下，这种师徒之间的诗句沿袭就更容易发生，这也是保护丹经有效流传的重要方式。因此，尽管《金丹诗诀》中存在部分与白玉蟾《华阳吟》相似的诗句，但我们不能据此轻易否定陈楠的著作权。

四、《翠虚篇》其他篇目的真伪情况辨析

《翠虚篇》的文献真伪问题历来众说纷纭，除了以上《大道歌》和《金丹诗诀》的文献问题外，其他篇目也曾受到过学者的质疑。据现存文献来看，元代道教学者俞琰最早提出了《翠虚篇》为伪托之作的观点，其《席上腐谈》卷下曰："陈泥丸《翠虚篇》亦是玉蟾所作，其首篇数首诗，皆元阳子诗，其后《紫庭经》《罗浮吟》《归一论》与《武夷》等集，如出一手。"[1] 后世学者对《翠虚篇》为伪作的怀疑，均引用俞琰此语作为论证依据，如任继愈、钟肇鹏主编的《道藏提要》即云："元俞琰《席上腐谈》卷下据其（按：指《翠虚篇》）文辞格调，疑为白玉蟾所作。"[2] 以"文辞格调"来断定《翠虚篇》为白玉蟾伪托似显草率，因为对"文辞格调"的判断会融入过多的主观因素。如明代王世贞便读出了《翠虚篇》和俞琰不一样的"文辞格调"，其《弇州山人续稿》卷一百五十八文部《白紫清指玄篇》论曰："诗歌之横逸痛快，无过于白紫清。凡张紫阳、陈泥丸之什，皆近真。"[3] 在王世贞眼中，陈楠《翠虚篇》就不同于白玉蟾的格调，反而更接近张伯端《悟真篇》的格调，所以用"文辞格调"来断定《翠虚篇》的真伪难以让人信服。而且即便俞琰对《翠虚篇》文辞格调的判断是准确的，也不能据此断定《翠虚篇》为白玉蟾伪托之作。其原因主要有两个方面。第一，内丹诗文的题材形式十分特殊，并不具备太大的描写空间，而且它们还共用一套相似的隐喻体系，或言婴儿姹女，或言黄芽白雪，所以可以说所有的内丹诗歌均有"文辞格调"相似的一面。就算把有些外丹诗歌混入内丹诗歌中，在"文辞格调"上亦无太大的违和感。如前文所论元阳子《大道歌》

---

① （元）俞琰：《席上腐谈》，北京：中华书局 1985 年版，第 20 页。

② 任继愈、钟肇鹏主编：《道藏提要》，北京：中国社会科学出版社 1991 年版，第 836 页。

③ （明）王世贞：《弇州山人续稿》，《明别集丛刊》第 3 辑第 38 册，合肥：黄山书社 2016 年版，第 582 页。

和《龙虎元旨》中的诗诀本为外丹诗歌①，当把它们混入《翠虚篇》中后，我们亦很难发现其为混入之作，正因为它们"文辞格调"相似。外丹诗歌尚且与内丹诗歌"文辞格调"相似，内丹诗歌之间存在"文辞格调"相似的情况更属正常。第二，正如前文所言，白玉蟾是陈楠的亲传弟子，白玉蟾必定对陈楠的思想和作品十分熟悉，偶尔化用陈楠的论述语句也未尝不可，他们之间存在风格相似的问题也在情理之中。而且陈楠在世之时的很多作品并非亲自记录，《静余玄问》载白玉蟾之言曰："湖广中人常勒先师（按：指陈楠）做诗，但见自口缕缕而出，皆成文理，第不肯把笔耳。"② 所以陈楠的很多作品是由"出入常侍左右"③ 的白玉蟾记录下来的。这从陈楠赴漳州鹤会留诗一事可以看出，在《静余玄问》中白玉蟾自言："先师（按：指陈楠）彼时在漳州赴鹤会罢，说与会主云：'我要来会里尸解。'会主不以为事。遂留四句，命予题之会中而去。"④ 又从《罗浮翠虚吟》被收入《海琼白真人语录》中也可以看出。《海琼白真人语录》由白玉蟾的门弟子编辑而成，主要收录了白玉蟾与弟子的问答以及白玉蟾的诗文作品，而其中却收录了《泥丸真人罗浮翠虚吟》，这首诗当是通过白玉蟾之口传于弟子的。既然陈楠的作品多是由白玉蟾笔录，或是由白玉蟾转述而成，那么白玉蟾对这些作品进行过润色亦未可知，从而导致了陈楠作品与白玉蟾作品风格相似，但这绝不等于白玉蟾伪作了《翠虚篇》。

即便抛开"文辞格调"相似的问题不谈，仅从《翠虚篇》的文献记载来讨论其真伪，《翠虚篇》亦当非白玉蟾伪托之作。《翠虚篇》的成书时间很早，南宋陈与行落款为嘉定丁丑（1217）的《跋陈泥丸真人〈翠虚篇〉》云："（陈楠）平生著述有《紫庭经》，察判潘公景良锓传；《翠虚篇》，真息予（按：当

---

① 《大道歌》的文献来源为《元阳子金液集》和《还丹歌诀》。丁培仁编著的《增注新修道藏目录》便将《元阳子金液集》《还丹歌诀》《龙虎元旨》三书归为外丹类著作，参见丁培仁编著：《增注新修道藏目录》，成都：巴蜀书社 2008 年版，第 407、407—408、409 页；任继愈、钟肇鹏主编的《道藏提要》亦论述了《元阳子金液集》《还丹歌诀》《龙虎元旨》三书的外丹性质，参见任继愈、钟肇鹏主编：《道藏提要》，北京：中国社会科学出版社 1991 年版，第 171、196、829—830 页。

② （宋）白玉蟾：《静余玄问》，《道藏》第 32 册，第 411 页。

③ （元）赵道一：《历世真仙体道通鉴》，《道藏》第 5 册，第 385 页。

④ （宋）白玉蟾：《静余玄问》，《道藏》第 32 册，第 411 页。

为'子')王公思诚续编之。"① 由此可知，《翠虚篇》的成书时间绝不晚于嘉定丁丑（1217），其中《紫庭经》的刊刻时间更早于此年。另据《历世真仙体道通鉴》卷四十九《陈楠传》，陈楠水解于嘉定六年（1213），一说嘉定四年（1211）②。所以陈楠作品集的流传应该就在其水解后不久，这留给白氏作伪的时间并不充裕。且据陈与行《跋陈泥丸真人〈翠虚篇〉》，最初编辑陈楠作品的人都是和白玉蟾同时代的人，一为锓传《紫庭经》的潘景良，一为编纂《翠虚篇》的王思诚，而且陈与行还和白玉蟾有过交往，陈与行之舅黄公庸亦慕陈楠其人③。以这种人物关系来看，留给白玉蟾作伪的空间亦不充足。此外，《翠虚篇》中还收录了两首陈楠赠给其他弟子的词作，一首为赠予九霞子鞠九思的《水调歌头》，另一首为赠予蛰虚子沙道昭的《鹊桥仙》。陈楠的这两位弟子历史上实有其人。《历世真仙体道通鉴》卷四十九《朱橘传》曾记载鞠九思传道朱橘之事："橘拜谢讫，道人乘云冉冉而去。道人者，即橘母所遇之鞠君子，号九霞，九霞之师则翠虚陈泥丸也。橘敬遵其教，入皖公山筑室修炼。"④《历世真仙体道通鉴》卷四十九《薛道光传》亦曾记载沙道昭复见尸解后的薛紫贤（按：即薛道光）之事："紫贤道成……于光宗绍熙二年（1191）九月初九日尸解……明年，沙道昭复见紫贤于霍童山。"⑤ 如果陈楠弟子鞠九思和沙道昭实有其人的话，那么白玉蟾伪作《翠虚篇》的可能性又将大大降低，至少《水调歌头》和《鹊桥仙》两首词绝不是伪作，否则白玉蟾的作伪行为便极容易穿帮。最后，白玉蟾有书简《为人与烟壶高士求〈翠虚妙悟全集〉书一幅》，此文曰："瀛山道院闻有《翠虚妙悟全集》，正在渴中，能周旋此人回否？"⑥《历世真仙体道通鉴》卷四十九《陈楠传》记载陈楠的著作云："（陈楠）有《翠虚妙悟全集》行世，及作《罗浮翠虚吟》以丹法授琼山白玉蟾。"⑦ 明王圻《续文献通考》卷一百七十九《经籍考·道家类》亦载："（陈楠）有《翠虚妙悟全集》行世，及作

---

① （宋）白玉蟾：《白玉蟾全集》，《道藏精华》第十集之二，第 1164 页。

② （元）赵道一：《历世真仙体道通鉴》，《道藏》第 5 册，第 385 页。

③ （宋）白玉蟾：《白玉蟾全集》，《道藏精华》第十集之二，第 1160—1165 页。

④ （元）赵道一：《历世真仙体道通鉴》，《道藏》第 5 册，第 387 页。

⑤ 同上书，第 385 页。

⑥ （宋）白玉蟾：《修真十书·武夷集》，《道藏》第 4 册，第 820 页。

⑦ （元）赵道一：《历世真仙体道通鉴》，《道藏》第 5 册，第 385 页。

《罗浮翠虚吟》。"① 这里均未提及陈楠最为重要的作品集《翠虚篇》，却提到了《翠虚妙悟全集》一书，则所谓《翠虚妙悟全集》应当就是《翠虚篇》，至少二者的内容应极为相似。试想如果《翠虚篇》真的是白玉蟾伪托之作，他又怎会"闻"有《翠虚妙悟全集》，又怎会去"求"《翠虚妙悟全集》，此与情理颇为不通。

总而言之，《翠虚篇》作为金丹派南宗四祖陈楠的重要传世文献，它确实存在不少文献真伪问题，其中《大道歌》就是误收元阳子的作品，《金丹诗诀》中的部分诗歌亦非陈楠亲撰。但是，除此之外的《翠虚篇》绝大部分著述应当认为是陈楠所作。在没有确凿文献证据的前提下，《翠虚篇》为白玉蟾伪托之作的观点并不成立。

余　论

陈楠的《翠虚篇》为我们遗留了较多值得探讨的文献问题，通过这些文献问题也可以管窥早期内丹文献的生成过程。首先就是外丹文献转化为内丹文献。道教炼丹学的发展有其特定的历史进程，由唐代以前的以外丹炼制为中心，逐渐转变为唐代以后的以内丹修炼为中心。内丹学在产生之初便和外丹学有着不解之缘，并常常在外丹学那里汲取理论思想和语言词汇。尤其是外丹学在发展后期弱化了五金八石等传统炼制药材，而格外重视铅、汞二味药物，并以之配合易学阴阳理论。这就为内丹学借用外丹学的理论和词汇提供了很大的便利，有些原本属于外丹学的文献甚至可以直接混入内丹学文献内，《翠虚篇》中的元阳子《大道歌》和《金丹诗诀》中的部分外丹诗歌便是明显的例子，这可以说是内丹文献生成中的重要现象。其次便是内丹文献在师徒之间的沿袭。早期内丹文献的传播不同于一般历史文献，它们多是一种师徒之间的秘密传播，并且需要进行盟誓等仪式，以保证弟子不会妄泄天机。所以早期内丹文献很少有大规模的刊刻流传，而多以口耳相传的形式让弟子默记于心，对于那些关键性的修炼口诀尤其如此。与此相应，师徒之间的著作权意识相对就比较薄

---

① （明）王圻：《续文献通考》，台北：文海出版社1979年版，第10773页。

弱，丹诀的传承意识则相对比较强烈。因此，一方面徒弟的内丹作品可能会深受师父内丹作品风格的影响，另一方面徒弟可能会将师父的部分口诀直接融入自己的作品中去，这是特殊传道形式所造成的时代特色。陈楠《金丹诗诀》中的部分词句和白玉蟾《华阳吟》相似，应该就是受到了这种内丹文献生成背景的影响。

早期道教雅俗观念探赜[*]

陈 丹 谭玉龙^{**}

内容提要：由于受到道教"内部"和"外部"因素的影响，早期道教文艺思想中的雅俗观念同时沾染上了儒道两家的特点，兼具"拔俗"与"绝俗"两个维度。一方面，在"治国与治身同也"的原则下，早期道教提出了类似于儒家文艺学的"拔俗"观，旨在拔除"郑卫淫声"所带来的毫无节制的情欲，以防止这种情欲威胁国家统治、社会安定，妨碍个人长生成仙。另一方面，早期道教又在继承道家文艺观的基础上，倡导"超然绝俗"的精神，通过荡去一切利害得失、高低贵贱等分别，进入无雅无俗、且凡且圣的无分别的超越之境。因而在"拔俗"与"绝俗"的双重变奏中，早期道教雅俗精神对后世两千多年的文学思想和艺术观念产生了不可忽视的影响。

关键词：道教雅俗观；儒道互补；"道"之二重性；超然绝俗

"雅""俗"是中国古代文学思想乃至中国传统文化中的重要观念。我们一般认为："'雅'属于统治者、士大夫精英文化层面，是正统的、雅正的；'俗'

* 本文系国家社科基金艺术学重大项目"中华美学与艺术精神的理论与实践研究"（批准号：16ZD02）阶段性研究成果之一。

** 陈丹，女，四川内江人，四川师范大学文学院 2021 级博士研究生；谭玉龙，男，四川乐山人，重庆邮电大学传媒艺术学院教授。

则属于被统治者、平民百姓大众文化层面的，是世俗、俚俗与浅俗、粗朴的。"① 雅俗文艺观念萌芽于新石器时代晚期，后经夏商两朝的发展，最终确立于"制礼作乐"② 的西周。礼乐文化就是属于统治阶层的雅文化，"礼"成为区分雅俗的标准。春秋中后期，社会动荡，礼崩乐坏，原有的雅俗文化格局被打破，所谓"天下无道，则礼乐征伐自诸侯出"③ 就是对这一局面的准确诠释。此时，儒家以力挽狂澜之势，试图维系周朝的统治，传承和宣扬周朝的礼乐文化（即"雅"文化），极力排斥那种以下犯上、不合礼法的"俗"文化，从而实现天下太平、社会安定。道家则将目光投向更加遥远的原生性社会之中，认为只有在消除阶级"区隔"（即雅俗未分、无雅无俗）的状态中才能真正实现太平和安定。这两种思想体现在文艺上就为儒家"崇雅斥俗"与道家"超越雅俗"或"超然绝俗"。至此以后，中国古代文艺思想中就出现了儒道两种不同的雅俗观念和区分标准。我们知道，道教与先秦道家有很强的继承关系，但道教的建立毕竟孕育于"推明孔氏，抑黜百家"④ 的时代，并且初创时期的道教不得不吸收和依附于占据主流地位的儒家思想。所以，早期道教（即汉魏两晋南北朝道教）及其文艺思想就同时沾染上了儒道两家的特色，使早期道教雅俗观念兼具"拔俗"与"绝俗"的两个维度，对当时和后世文学艺术观念产生了不容忽视的影响。

一、早期道教文艺之"道"本论的二重性

从道教的思想渊源、道教建立的历史时期和社会环境等"外部"因素来看，早期道教雅俗精神呈现出"拔俗"与"绝俗"双重变奏的特点，前者与儒家"崇雅斥俗"的文艺观相通，后者是对道家恬淡逍遥、寂寞无为的艺术精神

---

① 曹顺庆、李天道：《雅论与雅俗之辨》，南昌：百花洲文艺出版社 2009 年版，第 1 页。
② （汉）郑玄注，（唐）孔颖达疏：《礼记正义》，（清）阮元校刻：《十三经注疏》，北京：中华书局 1980 年版，第 1488 页。
③ （魏）何晏注，（宋）邢昺疏：《论语注疏》，（清）阮元校刻：《十三经注疏》，第 2521 页。
④ （汉）班固撰，（唐）颜师古注：《汉书》第 8 册，北京：中华书局 1962 年版，第 2525 页。

的继承与发扬。除"外部"因素外，我们还应从"内部"观之①。整个道教学术是以"道家—道教"之"道"本论为逻辑起点和哲学始基的，它的文艺思想、雅俗观念也必然以"道"为基础。易言之，由于道教哲学、道教文艺学对"道"的崇拜、以"道"为核心以及"道"本身所具有的特性，就从"内部"决定了道教雅俗精神具有了两种不同的维度和指向。

道教宗派林立、杂而多端，但各派都较为一致地以"道"为最高信仰，视"道"为宇宙万物的本体及生命。《道德经》曰："道生一，一生二，二生三，三生万物。"②《南华真经·大宗师》曰："夫道，有情有信，无为无形……自本自根，未有天地，自古以固存；神鬼神帝，生天生地……"③这种思想为后世道教所接受与崇奉，如"夫道何等也？万物之元首，不可得名者。六极之中，无道不能变化。元气行道，以生万物，天地大小，无不由道而生者也"④（《太平经·守一明法》），"道生万物……道长养万物"⑤（《道德真经注·能为》）。可见，道教之"道"与道家之"道"有明显的继承关系，无"道"则无万物、无生命，"道"是宇宙万物的存在之基。早期道教文艺学"分有"了道教哲学的本体论范畴"道"。所以"道"在早期道教文艺学中也是最高范畴，是美的本体和艺术的本体。从逻辑上讲，"道"化生天地万物，那么，它必然包含着天地万物之美。《老子想尔注》中有"道美大之也"⑥的说法。葛洪也说："无为而化美。"⑦（《抱朴子内篇·明本》）"无为"即"道"，所以"美"由

① "内部"和"外部"是美国学者韦勒克和沃伦在其合著的《文学理论》中提出的文学研究方法。文学的"外部"研究是指从外在于文学的因素（如历史环境、社会背景等）出发对文学进行研究与阐释，而文学的"内部"研究则是对文学本身具有的形式结构、内容类型等的研究。参见［美］雷·韦勒克、［美］奥·沃伦著，刘象愚、邢培明、陈圣生、李哲明译：《文学理论》，北京：三联书店1984年版，第65、145页。本文将文学研究中的"内部"与"外部"概念移植到道教美学研究中，从社会历史环境的角度探析道教美学问题，是谓"外部"研究；从道家道教本身所具有的理论思想出发探讨其美学问题，是谓"内部"研究。

② （魏）王弼注，楼宇烈校释：《老子道德经注校释》，北京：中华书局2008年版，第117页。

③ （清）郭庆藩撰，王孝鱼点校：《庄子集释》，北京：中华书局2004年版，第246—247页。

④ 王明：《太平经合校》，北京：中华书局1960年版，第16页。

⑤ （汉）河上公：《道德真经注》，《道藏》第12册，北京：文物出版社、上海：上海书店、天津：天津古籍出版社1988年影印版（以下略注），第3页。

⑥ 饶宗颐：《老子想尔注校证》，上海：上海古籍出版社1991年版，第18页。

⑦ （晋）葛洪撰，王明校释：《抱朴子内篇校释》，北京：中华书局1985年版，第186页。

"道"所化生，"道"是"美"的本体，"道—美"是最高、最真的美。另外，"道"还是艺术的本体，如："道者涵乾括坤，其本无名……为声之声，为响之响，为形之形，为影之影……"①（《抱朴子内篇·道意》）无论是时间艺术（"声""响"）还是空间艺术（"形""影"）都被"道"所涵盖，"道"是各种艺术存在的根据，是众声之声、众形之形。因此，"万物皆待道而生"②（《道德真经注·任成》），包括美和艺术在内的天地万物都由道而生、依道而行，"道"是道教文艺学及其雅俗精神的哲学始基，也是其最高范畴，"道"就是本体。

在道教看来，"道"是宇宙造化的本体，也是美和艺术的本体。而"本体"是存在的存在或终极存在，所以它必然超越一般的有限存在。这也就说明，"道"具有超越性。从时间上看，"道自在天帝之前，此言道乃先天地生也"③（《道德真经注·无源》）。"道"不在时间之内，而在时间之外。由"道"所化生之物因在时间之内而有限、短暂，"道"则超越时间而无限、永恒。从空间上看，"道"至大无外、至小无内，它无形无象、无声无色而虚无缥缈，正如陆修静所言："道体虚无。"④（《洞玄灵宝五感文·众斋法》）"道"超越时间和空间，是永恒的存在。这就使"道"无法被人的感官所把握，因为感官只能感知有形有象、有声有色的有限之物。故"道"也超越了人类的感官。基于此而认为"道本体的特点就是超越性"⑤的观点是合理的。但是超越性只是"道"性之一面，如果我们仅认为"道"的特点就是超越性，那么，"道"就不是超越，而是倾向于西方哲学中二元对立的"超绝"。方东美先生说："'超绝'（transcendent）系指'超'虽超矣，却与人世隔'绝'，二元对立。'超越'（transcendental）则指浩然同流，一体融贯，既能超越又不排斥内在。"⑥ 显然，道教之"道"在超越时空、感官的同时，并不与世隔绝、与现世对立，它还呈现出不同于"超绝"的另一面——"人间性""此岸性"。

---

① （晋）葛洪撰，王明校释：《抱朴子内篇校释》，北京：中华书局1985年版，第170页。

② （汉）河上公：《道德真经注》，《道藏》第12册，第10页。

③ 同上书，第2页。

④ （南朝宋）陆修静：《洞玄灵宝五感文》，《道藏》第32册，第620页。

⑤ 吕志鹏：《道教哲学》，台北：文津出版社2000年版，第26页。

⑥ 方东美：《中国人生哲学》，北京：中华书局2012年版，第108页。

在道家道教思想中，"道"虽是化生万物的终极存在，但这种"生"不是西方哲学中的"创生"。"创生"如鸡生蛋，鸡创造了一个外在于自身的蛋。而"化生"如蛋生鸡，即蛋向鸡生成，蛋和鸡为一物之两种存在方式。先秦道家文献《太一生水》曰："太一生水，水反辅太一，是以成天。天反辅太一，是以成地。天地复相辅也，是以成神明……"① "太一"即本体之"道"，它化生出"水"后，并没有与"水"割裂而是与"水"共同运行化生宇宙万物。此外，《太一生水》还说："太一藏于水，行于时。"② "水""时"都是由"太一"所化生，但"太一"又浑融于"水"，运行于"时"中。这足以说明道家以及后世道教之"道"本论不是"超绝"。此外，《南华真经》中道在屎溺③的观点也说明了"道"并非彼岸世界的超绝的精神实体，而是就在此岸世界之中，只不过它不在一处而处处遍在。所谓"物物者与物无际"④ 就表达出"物物"之道与有限之"物"并不隔绝，而是你中有我、我中有你的"一体贯融"。

由以上论述可知，道教文艺思想中的"道"虽具有超越性，但这种超越性并非与世隔绝的"超绝"，而是一种即此岸即彼岸、即人间即山林的超越。"道"具有超越与现世的二重性特点，这也使道教文艺学不像基督教文艺学那样认为"美在上帝"，而宣扬彼岸世界的神性之美，也不像佛教文艺学那样以"涅槃"为美，批判此岸世界的美。道教是在在尘脱尘、脱俗不离俗中，追求一种即此岸即彼岸、即世间即超越的境界之美。所以，葛洪曰："夫道者，内以治身，外以为国。"⑤ （《抱朴子内篇·明本》）陆修静也倡导："普济之法，内以修身，外以救物。"⑥ （《洞玄灵宝五感文·众斋法》）"为国""救物"是此岸现世的，"治身""修身"是为了长生不死、与道冥合，它是超越的。"道"之二重性让这两者融合为一，同时也从"内部"让此岸性的"拔俗"与超越性的"绝俗"共同构成了早期道教雅俗精神的两个维度。

① 荆门市博物馆编：《郭店楚墓竹简》，北京：文物出版社1998年版，第125页。
② 同上书，第125页。
③ （清）郭庆藩撰，王孝鱼点校：《庄子集释》，第749—750页。
④ 同上书，第752页。
⑤ （晋）葛洪撰，王明校释：《抱朴子内篇校释》，第185页。
⑥ （南朝宋）陆修静：《洞玄灵宝五感文》，《道藏》第32册，第620页。

二、早期道教文艺思想中的"拔俗"观念

先秦儒家文艺学着重对周代"雅"文化进行宣扬与传承，对那些不符合"雅"的文化持排斥态度，所以儒家"崇雅斥俗"。当然，儒家并不是简单地传承、复古，而是在传承的过程中为"雅""俗"注入了明确而新颖的内涵。《荀子·修身》曰："由礼则治通，不由礼则勃乱提僈；由礼则和节，不由礼则触陷生疾；由礼则雅，不由礼则夷固僻违，庸众而野。"① 荀子首先将"礼"视作雅和俗（野）的区分标准，符合"礼"意味着雅，否则就为俗。另外，他还明确赋予"雅"以维护政治统治、安定社会、平和人心等内涵，这就将儒家美学中的"文质彬彬""温柔敦厚""乐而不淫，哀而不伤""发乎情，止乎礼义"等观念全都纳入了"雅"之中。一言蔽之，"雅"就是符合"礼"的、具有教化作用的、和谐中正的艺术和审美风格，反之则是"俗""淫""野"。也正是由于此，儒家极力排斥"郑卫淫声"而推崇"雅乐正声"。

我们知道，道教除大量吸收和继承道家思想外，还吸收了儒家、墨家、阴阳家等的思想，再加上道教的建立孕育于一个"独尊儒术"的时代，这就使早期道教不得不沾染上一些儒家色彩。那么，道教文艺思想及其雅俗观念也自然不能例外。葛洪曰："礼乐者，儒之末也。所以贵儒者，以其移风易俗，不唯揖让与盘旋也。"② （《抱朴子内篇·塞难》）"制礼作乐，著法垂教，移不正之风，易流遁之俗。"③ （《抱朴子内篇·辨问》） "礼乐"虽被视作"儒之末"，但葛洪也肯定了"礼乐"在移风易俗、道德教化方面的作用。所以，早期道教也因此而"放郑声"。《老子想尔注》曰："'五音令人耳聋'，非雅音也，郑卫之声，抗净伤人，听过神去故聋。"④ 河上公《道德真经注·安民》曰："放郑声，远佞人。"⑤ 可见，早期道教具有一种与儒家类似的雅俗观——排斥

① （清）王先谦撰，沈啸寰、王星贤点校：《荀子集解》，北京：中华书局1988年版，第22—23页。

② （晋）葛洪撰，王明校释：《抱朴子内篇校释》，第138页。

③ 同上书，第224页。

④ 饶宗颐：《老子想尔注校证》，第14页。

⑤ （汉）河上公：《道德真经注》，《道藏》第12册，第1页。

"郑卫淫声"。

儒家文艺学认为，艺术的产生和创作是离不开情感的。《礼记·乐记》曰：

> 凡音之起，由人心生也。人心之动，物使之然也。感于物而动，故形于声。声相应，故生变，变成方谓之音，比音而乐之，及干戚羽旄，谓之乐。①

所以，"情"在儒家文艺思想中非常重要。但是，儒家却不允许那种毫无节制的情感。因为毫无节制之"情"就是"淫"，一方面它违背礼法，另一方面它激起人的欲望，扰乱人的心智，最终威胁到社会和谐和国家安定。在对"情"的态度上，早期道教文艺思想与儒家基本一致。葛洪《抱朴子内篇·微旨》曰："若欲纵情恣欲，不能节宣，则伐年命。"② 陶弘景《真诰·甄命授》曰："极哀者则淫气相及……使哀不至伤，哭不过恸。"③ 喜怒哀乐之情是人的正常心理反应，但那种毫无节制的"纵情恣欲""极哀"的情感就是"淫"。显然，后者同样不为早期道教文艺学所容忍。因此，早期道教倡导"哀不至伤，哭不过恸"的有节制的情感表达。从这个角度看，早期道教文艺思想与儒家一样必然排斥"郑声"，因为它由不合礼法、毫无节制的情感所创作而成，同时又激起听者的过分的情欲，扰乱人们的心智。

早期道教虽受儒家文艺思想的影响，持有与之相通的情感态度，所以排斥"郑卫淫声"。但早期道教并不止于此，它在"节情"的基础上更进一步倡导"去情"④ "除情"⑤。成仙得道是道教及道教文艺思想的最高追求和终极目标。自古以来，道门中人为了获得最高之"道"而提出种种修为方法，如"心斋""坐忘""守一"等。这些修为方法不是对人类情感的节制，而是通向了一种无情无欲的心灵状态和精神境界。河上公《道德真经注·厌耻》曰：

---

① （汉）郑玄注，（唐）孔颖达疏：《礼记正义》，（清）阮元校刻：《十三经注疏》，第 1527 页。
② （晋）葛洪撰，王明校释：《抱朴子内篇校释》，第 129 页。
③ ［日］吉川忠夫、［日］麦谷邦夫编，朱越利译：《真诰校注》，北京：中国社会科学出版社 2006 年版，第 220 页。
④ （汉）河上公：《道德真经注》，《道藏》第 12 册，第 5 页。
⑤ 同上书，第 3 页。

> 吾所以有大患者，为吾有身。有身忧其勤劳，念其饥寒，触情纵
> 欲，则遇祸患……使吾无身，体道自然，轻举升云，出入无间，与道
> 通神，当有何患？①

人的情感来源于欲望的满足与否，而欲望是因人之"有身"而存在，所以人之"身"是情欲之源，是"大患"之根。道教倡导"无有身体"，不是要结束自己的生命，而是要断除因"身"而起的一切欲望得失和爱恨情仇，拔除世情俗欲之根。"无身"就是庄子哲学所谓的"吾丧我"②。只有在断除欲望、荡去情感后，才能真正进入自然无为、逍遥无待的"与道通神"的神仙境界，当然这是一种集宗教、人生和审美为一体的最高境界。

儒家文艺学倡导"乐而不淫，哀而不伤"③，早期道教文艺学宣扬"哀不至伤，哭不过恸"④，所以他们对毫无节制、情欲宣泄的"郑卫淫声"持排斥态度。当然，儒家排斥"郑声"的最终目的是为了维护政治统治，达到安定社会、平和人心的效果，是一种入世的雅俗观。那么，早期道教雅俗观会是一种出世的雅俗观吗？答案是否定的！虽然早期道教向往长生不死、羽化成仙，也因此而节制或去除过分的情欲，如"声色有节者，强而寿"，"声色自放者，弱而夭"⑤（《养性延命录·教诫》）。但在早期道教治国如治身的理论背景下，让自我生命"强而寿"就是让国家生命"强而寿"。所以早期道教节制情欲，甚至"除情欲"⑥，不是要脱离"入世"而"出世"，而是将"入世"与"出世""治身"与"治国"完美融合，最终实现"治身而身长修，治国而国太平"⑦ 的双重目标。

汉魏两晋南北朝的早期道教还处在道教的创建和改造时期，卿希泰先生指出：

---

① （汉）河上公：《道德真经注》，《道藏》第 12 册，第 4 页。

② （清）郭庆藩撰，王孝鱼点校：《庄子集释》，第 45 页。

③ （魏）何晏注，（宋）邢昺疏：《论语注疏》，（清）阮元校刻：《十三经注疏》，第 2468 页。

④ ［日］吉川忠夫、［日］麦谷邦夫编，朱越利译：《真诰校注》，第 220 页。

⑤ （南朝梁）陶弘景撰：《养性延命录》，《道藏》第 18 册，第 476 页。

⑥ 同上书，第 1 页。

⑦ （晋）葛洪撰，王明校释：《抱朴子内篇校释》，第 148 页。

这个时期的主要特点，是民间的比较原始的早期道教逐渐分化并向上层化的方向发展，使与当时农民起义相结合的民间早期道教逐步被改造、并转化为维护封建统治阶级利益的上层化的士族贵族道教。①

因此，以"外部"观之，早期道教提出与儒家文艺学相通的"放郑声"的观点就是要拔除"郑声"所代表的世俗情感与欲望，通过这种"拔俗"节制或消除人们的情感和欲望，在实现社会和谐、国家安定，获得统治阶层的信任和支持的同时，也助人通向清心寡欲、寂寞无为的神仙之境、大道之境。

三、早期道教文艺思想中的"绝俗"精神

如前文所述，早期道教文艺思想中的"拔俗"观念旨在拔除有碍于"治身"与"治国"的毫无节制的世情俗欲，这是在吸收、借鉴儒家以"礼"为美、以"雅"为美的基础上而提出的雅俗观念。"拔俗"实际上暗含着一种区分和对待的态度，因为"拔"必先明确雅俗之辨的标准以及雅俗各自的优缺点，何者更有利于政教统治、修身养生，何者扰乱人心、激起情欲。而早期道教并不局限于此，它在吸收、借鉴儒家文艺思想的同时，还提出了属于"道家—道教"系统的文艺观念和雅俗精神——"绝俗"②。"绝俗"之"绝"是对知识的态度和分别的见解的超越，以万物齐一的态度面对世间之雅俗，所以"绝俗"不是追求"雅"，也不是追求"俗"，而是超越单纯的雅、俗及其区分，去追求浑全不割的本体之道。

早期道教之"绝俗"精神就是一种超越的精神（不是"超绝"），它超越了单纯的雅俗之区分。这种思想在早期道教人生哲学中尤为突出。早期道教往往在"我"（"仙""道"）与"众人""俗人"的对比中彰显这种超越精神。

---

① 卿希泰主编：《中国道教史》第 1 卷，成都：四川人民出版社 1988 年版，第 2 页。

② 葛洪《抱朴子内篇·论仙》中有"绝俗之志"之说，见王明：《抱朴子内篇校释》，第 19 页。《魏书·释老志》中也有"道士寇谦之……早好仙道，有绝俗之心"，"东莱人王道翼，少有绝俗之志"等记载，见（北齐）魏收：《魏书》第 8 册，北京：中华书局 1974 年版，第 3049、3054 页。可见，"绝俗"为早期道教的重要雅俗精神之一。

《老子想尔注》曰："众俗人怀恶，常有余意计念思虑；仙士意中都遗忘之，无所有也。"① "仙士与俗人异，不贵荣禄财宝，但贵食母……"② 在早期道教文艺学看来，众俗之人就是利害计较、利欲熏心之人，与"众俗"对立的并不是儒家所谓的"雅人""君子"而是"仙士"。"仙士"就是超越了分别计较、利害得失的"食母"之人，"食母"就是"得道"。所以早期道教人生哲学追求的是超越之"道"，这是一种无雅俗之区分、无贵贱之割裂的本体境界，也就是河上公《道德真经注》所谓的"无所分别""无所截割"③ 的"我"（"道"）之境。然而，我们绝不能认为"俗人"就是"有欲之人"，否定或除去欲望的"无欲之人"就是道教哲学追求的仙士。因为正如河上公《道德真经注·体道》曰：

　　"此两者，同出而异名"，两者，谓有欲无欲也。同出者，同于人心……"同谓之玄"，玄，天也。谓有欲之人与无欲之人，同受气于天。④

　　"玄"即"天"，"天"即"道"。"有欲之人"和"无欲之人"都是由"道"所化生，他们本身属于"器"的层次。从人生哲学角度讲，他们都是世俗之人。所以无论"有欲"还是"无欲"都不是"道"，因为他们皆出自人的利欲之心、分别之心。只有超越有欲与无欲、雅正与淫俗之分别，才能复归到那无雅无俗、无邪无正的"道"境。反过来说，当进入"道"的境界，就可"不贱石而贵玉，视之如一"⑤，一切高低贵贱、雅俗邪正荡然无存，有的只是"离有离无，且华且朴"⑥，"且天且地，若凡若圣"⑦ 的平等一如之心。所以早期道教人生哲学不是求"雅"，也不是求"俗"，而是超越雅俗，即"绝俗"。

　　这种超越雅俗之"绝俗"精神还渗透到早期道教文艺思想之中，使得早期

---

① 饶宗颐：《老子想尔注校证》，第 25 页。
② 同上书，第 26 页。
③ （汉）河上公：《道德真经注》，《道藏》第 12 册，第 6 页。
④ 同上书，第 1 页。
⑤ 同上书，第 8 页。
⑥ （南朝梁）陶弘景著，王京州校注：《陶弘景集校注》，上海：上海古籍出版社 2009 年版，第 183 页。
⑦ 同上书，第 194 页。

道教具有一套不同于儒家文艺学的雅俗文艺审美精神，如河上公《道德真经注·论德》曰"礼者贱质贵文"①，"为之者，言为礼制度，序威仪也"②，"言烦多不可应，上下忿争，故攘臂相仍引"③。在早期道教看来，"礼"是一种对高低贵贱的区分，是一种分别的态度和知识的见解，容易引起上下的争斗，故礼是"有为"。那么，儒家那种以"礼"为美、以"雅"为美的雅俗观自然不为早期道教所全盘接受与推崇。河上公《道德真经注·忘知》曰：

"为学日益"，谓政教礼乐之学也。日益者，情欲文饰日以益多。"为道日损"，道，谓自然之道。日损者，情欲文饰日以销损。"损之又损"，损之，损情欲也。又损之者，所以渐去之也。"以至于无为"，当恬淡如婴儿，无所造为。"无为而无不为"，情欲断绝，德与道合，则无所不施，无所不为也。④

早期道教认为，儒家所谓的"政教礼乐"之雅不是真正的雅而是情欲伪饰，是有为造作，与"道"相悖。早期道教文艺学所要追求的是损去世俗情欲、外在装饰以及刻意为之以后所达到的恬淡无为、无所造作的超越之境，即"道"境。早期道教所倡导的文艺也并非止于能够产生政治教化、维护阶级统治的雅文艺，而是如"婴儿之未言，鸡子之未分，明珠在蚌中，美玉在石间"⑤的无雅无俗、自然无为、恬淡虚静的文艺。这种文艺是对雅俗及其区分的超越。

《抱朴子内篇·遐览》载：

昔者幸遇明师郑君……性解音律，善鼓琴，闲坐，侍坐数人，口答诸问，言不辍响，而耳并料听，左右操弦者，教遣长短，无毫釐差过也。⑥

---

① （汉）河上公：《道德真经注》，《道藏》第 12 册，第 11 页。
② 同上书，第 11 页。
③ 同上书，第 11 页。
④ 同上书，第 14 页。
⑤ 同上书，第 1 页。
⑥ （晋）葛洪撰，王明校释：《抱朴子内篇校释》，第 331—332 页。

郑君是葛洪的老师郑隐。他天生懂得音律，擅长弹琴，可以一边和别人讲话，一边听旁边的人弹琴，同时还能准确地指出他们音律的长短。葛洪在此并不是要说明他的老师做事三心二意，也不是要赞扬他具有高超的"听"力。葛洪所要表达的是对"听之以气"的推崇。郑隐不是用耳朵去"听"琴，因为"听"就产生高低、轻重、缓急甚至雅俗的区分。这是一种世俗的态度。郑隐也不是用"心"去理解琴声（"听之以心"），因为"心"虽然可以获得琴音所表达的意思及其背后的意蕴，但这是知识的态度，仍然是对内容与形式、能指与所指的割裂。郑隐超越了分别的见解与知识的态度，将自我之生命与音乐相化合，他对音乐不是区分，不是理解，而是就在其中的体验，每一个音符都牵连着他生命的每一次律动，每一次律动又是对每一个音符的回应，音乐与他不是相互对立的主体与客体的关系，音乐就是他生命的一部分，他也是音乐的一部分。所以郑隐眼不需看、耳不必听，在"性"上就能感受到音之长短与差错。这才是葛洪所要真正宣扬的艺术境界，一种化"我—它"为"我—你"①的无分别、无欲望的超然绝俗之境界。在这种境界中，是不存在雅、俗及雅俗之辨的。一言以蔽之，早期道教文艺学所追求的不是雅，也不是俗，而是超越雅俗的超然绝俗，它通向了大道之境、存在之域。

四、结　语

道教虽然与先秦道家有很强的继承关系，但儒家也是其重要的思想来源之一。再加上道教的正式建立孕育于独尊儒术的汉代，所以汤一介先生认为道教"一开始就是以儒道互补为特征的宗教派别"②，甚为确切。从雅俗观念的角度看也是如此。早期道教所倡导文艺思想，一方面像儒家那样，排斥和否定毫无节制的情感欲望，并将其视作"俗""淫"，因为这些世情俗欲不利于"治身"，也不利于"治国"；另一方面，早期道教文艺思想又越出了儒家学说，与道家一脉相承，主张对区别的见解和知识的态度进行超越，那么，儒家那套雅

---

① ［德］马丁·布伯著，陈维纲译：《我与你》，北京：三联书店1986年版，第82—83页。

② 汤一介：《早期道教史》，北京：昆仑出版社2006年版，第7页。

俗及其区分的文艺观自然不为道教所接受，儒家所谓的雅与俗在道教看来都是俗，早期道教所要追求的是超越雅俗区分后的无雅无俗、且凡且圣的无分别的道境。前者为"拔俗"，后者为"绝俗"。虽然早期道教文艺学兼具二者，彰显出"儒道互补"的特点，但是正如有学者在论及"道家精神"时所言：

> 一方面，道家精神是包含在道家文化之中的；另一方面，道家精神又不是一般的道家文化因素，而是在道家文化中占据基础地位或者核心地位的因素……如果把道家比作一个人，那么道家精神就是中枢神经，是灵魂……道家精神就是道家文化的指挥系统。①

由此而论，超越雅俗之"绝俗"才可真正算作道教文艺思想中独特的雅俗精神，因为这种超越的境界是"道"的另一种诠释或显现方式，也是一种神仙境界，是道教的最高追求在文艺方面的体现。也正是由于这种精神被"道家—道教"一系所延续与推广，才为后世中国文学思想与艺术观念之中要求冲破道德礼教的束缚而追求一种任性而发、自然无为、逍遥闲淡的超越精神提供了理论资源与精神土壤。总之，由于"内部"和"外部"因素的影响，早期道教文艺思想呈现出入世之"拔俗"与超越之"绝俗"双重变奏的特点，但其最为基础、最为核心和最具特色的应该是不求"雅"，也不求"俗"，并且超越雅俗的"超然绝俗"的精神。这通向了大道之境、存在之域。

---

① 詹石窗、谢清果：《中国道家之精神》，上海：复旦大学出版社 2009 年版，第 13 页。

《真灵位业图》神仙名号研究

——以"道"及其衍生概念为中心的考察*

张雁勇**

内容提要：早期道教通过造构各种神仙名号，将抽象的"道"及其衍生概念予以具象化。在现存最早的道教神仙谱系《真灵位业图》中，频现以"道"及其衍生概念一、气、玄、元、初、阴、阳、胎、童、虚、清、灵、太一、太初、太素、太极等为文化元素的神仙名号。这些神仙名号多被列于高级阶位之中，共同营造着道教独特的神系环境，凸显出了神仙信仰的神圣性和辨识度。

关键词：《真灵位业图》；早期道教；神仙名号；道

"道"是道教信仰的核心，落实在具体层面则是对神仙的崇奉。为了宣扬神仙实有可致，早期道教吸收、改造或创造了大量神仙名号，南朝齐梁之际高道

---

* 本文为 2018 年度教育部人文社会科学研究青年基金项目"唐以前道教神系史料整理与研究"（项目编号：18YJC730007）阶段性成果。

** 张雁勇，男，山西原平人，山西大学历史文化学院副教授。

陶弘景所纂《真灵位业图》（以下简称《位业图》）即是这些神仙名号的聚合文本①，对于探讨早期道教神系具有十分重要的价值。《位业图》是现存最早的道教神仙谱系，它把将近 700 位神仙安置在玉清、上清、太极、太清、九宫、地仙、酆都鬼境七个等级之中，每个等级又设有中、左、右三个阶位，有的还有女真位和散仙位。在这些等级和仙位中，包含大量以"道"及其衍生概念一、气、玄、元、初、阴、阳、胎、童、虚、清、灵、太一、太初、太素、太极等为文化元素的神仙名号。若除去一个神仙名号含有多种元素的情况，此类神仙名号仍然占据《位业图》全部神仙数量的五分之一。近年来学界关于《位业图》的研究成果日益丰富②，不过据笔者目力所及，对上述神仙名号的造构问题仍然缺乏专文讨论。本文试图就此展开分析，以期为早期道教神系的研究提供一些参考。

一、化"道"成仙：含"道"的神仙名号

道家与道教向来以"道"观物。《老子》第二十五章将"道"视为万物本源："有物混成，先天地生。寂漠！独立不改，周行不殆，可以为天下母。吾不知其名，字之曰道，吾强为之名曰（大）。"③《云笈七签》卷一引《老君指归略

---

① （梁）陶弘景：《洞玄灵宝真灵位业图》，《道藏》第 3 册，北京：北京文物出版社、上海：上海书店、天津：天津古籍出版社 1988 年版（以下略注），第 272—282 页。按，后文所涉《位业图》神仙名号均出自该版本，不再出注。关于《位业图》作者问题，明代王世贞、清代王士祯、日本福永光司和广濑直记等对成于陶弘景提出了质疑，王家葵认为不排除其成书早于陶弘景的可能；余嘉锡、任继愈、李养正、卿希泰以及日本小柳司气太等多数学者均认为成于陶氏之手，我们也认同此说。相关讨论参见张雁勇：《〈真灵位业图〉神仙源流研究》上册，新北：花木兰文化出版社 2012 年版，第 7—10、17—39 页；张雁勇：《〈真灵位业图〉纂者为陶弘景新证——兼与广濑直记等先生商榷》，《地域文化研究》2023 年第 1 期；王家葵：《真灵位业图校理·真灵位业图蠡测（代前言）》，北京：中华书局 2013 年版，第 1—28 页。

② 有关成果主要涉《位业图》的成书背景与作者、文献特征、相关文献、历史地位、文本校注等方面，参见罗凉萍：《陶弘景的仙学思想探究》，《玄奘人文学报》2008 年第 8 期，第 153—159 页；张雁勇：《〈真灵位业图〉神仙源流研究》上册，新北：花木兰文化出版社 2012 年版，第 7—12 页；王家葵：《真灵位业图校理》，北京：中华书局 2013 年版；刘永霞：《〈洞玄灵宝真灵位业图〉研究》，中国社会科学院历史研究所文化史研究室编：《形象史学研究》（2012），北京：人民出版社 2012 年版，第 39—55 页；卿希泰、詹石窗主编：《中国道教通史》第一卷，北京：人民出版社 2019 年版，第 542—544 页。

③ 朱谦之：《老子校释》，北京：中华书局 1984 年版，第 100—101 页。

例》："夫道也者，取乎万物之所由也。"① 早期道教十分重视对"道"的阐说，如东晋道教理论家葛洪也认为"道"是万物之本。《抱朴子内篇·塞难》："道者，万殊之源也。"《道意》："道者涵乾括坤，其本无名。"《明本》："道也者，所以陶冶百氏，范铸二仪，胞胎万类，酝酿彝伦者也。"道也可以兼治身国，《明本》："夫道者，内以治身，外以治国。"不过他在《黄白》中特别强调"长生之道，道之至也"②。对于继承道家思想而崇奉神仙的道教来说，"道"这一核心概念自然渗入到了道教的方方面面。"道"以及由其派生出来的一、气、玄、元、初、阴、阳、胎、童、虚、清、灵、太上、太一、太初、太素、太极等具有鲜明道家和道教色彩的概念，往往通过道士与神仙的名号、道经、道观、神话等载体得以存在和传播。在神仙名号方面，早期道教往往将这些概念用作构拟神仙名号的重要元素，这在《位业图》中体现得非常明显。

　　"道"字主要出现在《位业图》尊神高仙和成仙道士的名号中，共计 42 位。尊神高仙方面，在第一等级 39 个仙位中，就有 17 个仙位的神仙名号含有"道君"，占了这一等级将近一半的比例。如中位主神名为"上合虚皇道君应号元始天尊"，左、右位还有东明高上虚皇道君、紫虚高上元皇道君等。陶弘景《登真隐诀》有三清九宫"其高总称曰道君"之说③，可见"道君"是道教神仙中地位最为尊贵的一个品级。第二等级也有上清高圣太上玉晨玄皇大道君、左圣紫晨太微天帝道君、八灵道母西岳蒋夫人等尊神高仙，其中"道母"与"道君"相对。第四等级有上皇太上无上大道君、南上大道君、九道丈人。道士方面，第四等级有磻冢真人右禁郎王道宁、毛伯道、刘道恭、刘伟道、徐季道，第六等级有翁道远、贾玄道、傅道流、刁道林、道君（居）、赵叔道、赵道玄、王少道，这些都是传说中的学道者。如《真诰·甄命授第一》记载：

　　　　昔毛伯道、刘道恭、谢稚坚、张兆期，皆后汉时人也，学道在王
　　屋山中，积四十余年，共合神丹。毛伯道先服之而死，道恭服之，又

---

　　① （宋）张君房编，李永晟点校：《云笈七签》，北京：中华书局 2003 年版，第 3 页。
　　② （晋）葛洪撰，王明校释：《抱朴子内篇校释》（增订本），北京：中华书局 1985 年版，第 138、170、185、288 页。
　　③ （梁）陶弘景撰，王家葵辑校：《登真隐诀辑校》，北京：中华书局 2011 年版，第 112 页。

死。谢稚坚、张兆期见之如此，不敢服之，并捐山而归去。后见伯道、道恭在山上，二人悲愕，遂就请道。与之茯苓持行方，服之，皆数百岁，今犹在山中，游行五岳。①

学道者的名号中含有"道"字，显然旨在将道教这一核心观念内化于心，外化于行，助力实现成仙的至高追求。

表1　《真灵位业图》中含"道"的神仙名号

元素	神仙名号	等级位次
道	1. 上合虚皇道君应号元始天尊	第一等级 中位
	2. 五灵七明混生高上道君	第一等级 左位
	3. 东明高上虚皇道君	第一等级 左位
	4. 西华高上虚皇道君	第一等级 左位
	5. 北玄高上虚皇道君	第一等级 左位
	6. 南朱高上虚皇道君	第一等级 左位
	7. 玉清上元宫四道君	第一等级 左位
	8. 玉清中元宫紫清六道君	第一等级 左位
	9. 紫虚高上元皇道君	第一等级 右位
	10. 洞虚三元太明上皇道君	第一等级 右位
	11. 太素高虚上极紫皇道君	第一等级 右位
	12. 虚明紫兰中元高上崢皇道君	第一等级 右位
	13. 上皇道君	第一等级 右位
	14. 玉皇道君	第一等级 右位
	15. 清玄道君	第一等级 右位
	16. 太上虚皇道君	第一等级 右位
	17. 太上玉真保皇道君	第一等级 右位
	18. 上清高圣太上玉晨玄皇大道君	第二等级 中位
	19. 左圣紫晨太微天帝道君	第二等级 左位

---

① （梁）陶弘景撰，赵益点校：《真诰》，北京：中华书局2011年版，第85—86页。

续表

元素	神仙名号	等级位次
	20. 紫清太素高虚洞曜道君	第二等级 左位
	21. 太虚上霄飞晨中央道君	第二等级 左位
	22. 太微东霞扶桑丹林大帝上道君	第二等级 左位
	23. 玄洲主仙道君太上公子	第二等级 左位
	24. 右圣金阙帝晨后圣玄元道君	第二等级 右位
	25. 八灵道母西岳蒋夫人	第二等级 女真位
	26. 主仙道君侍女	第二等级 女真位
	27. 上皇太上无上大道君	第四等级 中位
	28. 南上大道君	第四等级 左位
	29. 礵冢真人右禁郎王道宁	第四等级 左位
	30. 毛伯道	第四等级 左位
	31. 刘道恭	第四等级 左位
	32. 九道丈人	第四等级 右位
	33. 刘伟道	第四等级 右位
	34. 徐季道	第四等级 右位
	35. 翁道远	第六等级 左地仙散位
	36. 贾玄道	第六等级 左地仙散位
	37. 傅道流	第六等级 左地仙散位
	38. 刁道林	第六等级 右地仙散位
	39. 道君（居）	第六等级 右地仙散位
	40. 赵叔道	第六等级 右地仙散位
	41. 赵道玄	第六等级 右地仙散位
	42. 王少道	第六等级 右地仙散位

一、气、玄、元、初、胎、童、太一、太素、太初、太极等由"道"派生出来的概念，虽然其内涵各有侧重，但是皆有敬始重本之义。它们屡见于道教神仙名号之中，道家和道教的理念也由此得到了进一步彰显。

二、由"道"而生：含一、气、玄、元、阳、阴的神仙名号

一、气、玄是老子以来道家和道教哲学的最基本元素。金毅指出："战国中期以来黄老学著作《黄老帛书》《鹖冠子》《管子·心术》《文子》《淮南子》《老子指归》与《老子道德经河上公章句》等，把'玄''道''气''一'作为最高哲学范畴。葛洪继承他们的观点，则把'玄''道''气''一'作为构建神仙道教的哲学根据。"① 这三个抽象概念在构建神仙道教哲学的同时，也不断具象化，渗入了神仙名号之中。

《老子》第四十二章："道生一，一生二，二生三，三生万物。万物负阴而抱阳，冲气以为和。"②《位业图》第二等级女真位有"王抱一"，正是取自《老子》第十章所谓"载营魄抱一"和第二十二章"圣人抱一为天下式"③。由"一"又衍生出了"太一"和"正一"。"太一"自战国秦汉以来已被神化④，"正一"则与张道陵开创的正一道有关。在《位业图》中，第一等级右位有玉天太一君、太一玉君，第四等级右位有太一中黄、太一元君；第二等级左位有正一羽晨侯公杨子明、正一左玄执盖郎郗伟玄，第三等级右位有正一上玄玉郎王中，第四等级左位有正一真人三天法师张。朱谦之说："道生一，一者气也。"⑤包含"气"的神仙集中于第四等级左位，如九气丈人、定气真人、太气丈人、百千神气丈人。在道家和道教看来，阴阳是由"一"分化而成的，"二"即阴阳、天地。《位业图》中含有"阳""阴"的神仙分别有 12 和 4 位。含"阳"者如第二等级左位的紫阳左真人周君、女真位的右阳王华仲飞姬，第三等级左位的东极扶阳公子，右位的阳谷真人领西归傅淳于太玄；含"阴"者有第三等级左位的玄和阴陵上帝，第四等级右位的阴长生、四海阴王，第七等级中位的鄷都北阴大帝。从《位业图》总体结构来看，第七等级与前六个等级即为神仙

① （晋）葛洪著，金毅校注：《抱朴子内外篇校注》，上海：上海古籍出版社 2018 年版，第 6 页。

② 朱谦之：《老子校释》，北京：中华书局 1984 年版，第 174 页。

③ 同上书，第 37、92 页。

④ 李零：《"太一"崇拜的考古研究》，《中国方术续考》，北京：东方出版社 2001 年版，第 207—237 页。

⑤ 朱谦之：《老子校释》，北京：中华书局 1984 年版，第 174 页。

世界的阴、阳二界。

与一、气相比，《位业图》中含有"玄"字的神仙名号最多，共计 37 位。如先天尊神有第一等级右位的玉玄太皇君、清玄道君、玄皇高真，第二等级女真位的北海六微玄清夫人、太微玄清左夫人；后天成仙道士有第二等级左位的正一左玄执盖郎郗伟玄，第三等级左位的太极左仙公葛玄，第四等级左位的赵伯玄，第五等级左散位的王玄甫，第六等级右地仙散位的林屋仙人王玮玄、赵道玄等。"玄"之所以在神仙名号中深受青睐，主要在于老子言玄发其端，西汉扬雄力推之，以及葛洪等后世道教学者频繁论玄。《老子》第一章："无名，天地始；有名，万物母。常无，欲观其妙；常有，欲观其徼。此两者同出而异名，同谓之玄，玄之又玄，众妙之门。"① 在老子看来，变化无穷即为"玄"。在扬雄的改造下，"玄"又成为了宇宙的最高范畴、万物的本源。《太玄·玄图》："夫玄也者，天道也，地道也，人道也，兼三道而天名之，君臣父子夫妇之道。"② 葛洪《抱朴子内篇·畅玄》亦曰："玄者，自然之始祖，而万殊之大宗也。"③ 他又认为玄"胞胎元一，范铸两仪，吐纳大始，鼓冶亿类"④。《云笈七签》卷一引《老君指归略例》："玄也者，取乎幽冥之所出也。"⑤ 由于"玄"颇能体现道教虚无幽冥的至高境界，所以陶弘景《周氏冥通记》卷二有紫阳君改周子良之名为"太玄"的故事，仙人凤云芝解释道："太者，元始之极，而质象含真；玄者，谓应虚无之怃，挺分所至，非修身立功所得。"⑥ 与上述有别者，只有第一等级左位的北玄高上虚皇道君、第三等级左位的玄帝颛顼。此二"玄"皆与北方有关，是战国以来五行思想影响下方位与五色相配的产物。

---

① 朱谦之：《老子校释》，北京：中华书局 1984 年版，第 5—7 页。

② （汉）扬雄撰，（宋）司马光集注，刘韶军点校：《太玄集注》，北京：中华书局 1998 年版，第 212 页。

③ （晋）葛洪著，王明校释：《抱朴子内篇校释》（增订本），北京：中华书局 1985 年版，第 1 页。

④ 同上。

⑤ （宋）张君房编，李永晟点校：《云笈七签》，北京：中华书局 2003 年版，第 3 页。

⑥ （梁）陶弘景：《周氏冥通记》，《道藏》第 5 册，第 525 页。

表2 《真灵位业图》中含一、气、玄、阳、阴的神仙名号

元素	神仙名号	等级位次
一	1. 玉天太一君	第一等级 右位
	2. 太一玉君	第一等级 右位
	3. 正一羽晨侯公杨子明	第二等级 左位
	4. 正一左玄执盖郎郗伟玄	第二等级 左位
	5. 王抱一	第二等级 女真位
	6. 正一上玄玉郎王中	第三等级 右位
	7. 太上玄一三真	第三等级 右位
	8. 正一真人三天法师张	第四等级 左位
	9. 太一中黄	第四等级 右位
	10. 太一元君	第四等级 右位
气	1. 九气丈人	第四等级 左位
	2. 定气真人	第四等级 左位
	3. 太气丈人	第四等级 左位
	4. 百千神气丈人	第四等级 左位
玄	1. 北玄高上虚皇道君	第一等级 左位
	2. 三元上玄老虚皇元晨君	第一等级 右位
	3. 玉玄太皇君	第一等级 右位
	4. 清玄道君	第一等级 右位
	5. 玄皇高真	第一等级 右位
	6. 上清高圣太上玉晨玄皇大道君	第二等级 中位
	7. 紫元太微八素三元玄晨道君	第二等级 左位
	8. 正一左玄执盖郎郗伟玄	第二等级 左位
	9. 右圣金阙帝晨后圣玄元道君	第二等级 右位
	10. 北海六微玄清夫人	第二等级 女真位
	11. 太微玄清左夫人	第二等级 女真位
	12. 中元老人中央上玄子	第三等级 左位
	13. 北极老子玄上仙皇	第三等级 左位

续表

元素	神仙名号	等级位次
	14. 太极左仙公葛玄	第三等级 左位 第六等级 左地仙散位
	15. 玄和阴陵上帝	第三等级 左位
	16. 玄洲仙伯	第三等级 左位
	17. 玄圃真人轩辕黄帝	第三等级 左位
	18. 玄帝颛顼	第三等级 左位
	19. 玄洲仙都绛文期	第三等级 右位
	20. 郁绝真人裴玄仁	第三等级 右位
	21. 太玄仙女西灵子都	第三等级 右位
	22. 正一上玄玉郎王中	第三等级 右位
	23. 阳谷真人领西归傅淳于太玄	第三等级 右位
	24. 太上玄一三真	第三等级 右位
	25. 玄洲上卿太极中侯大夫苏君	第三等级 右位
	26. 玄成青天上皇	第四等级 左位
	27. 赵伯玄	第四等级 左位
	28. 中央真人宋德玄	第四等级 右位
	29. 太玄丈人	第四等级 右位
	30. 玄上玉童	第四等级 右位
	31. 王玄甫	第五等级 左散位
	32. 贾玄道	第六等级 左地仙散位
	33. 宋玄德	第六等级 左地仙散位
	34. 理禁张玄宾	第六等级 右位
	35. 林屋仙人王玮玄	第六等级 右地仙散位
	36. 赵道玄	第六等级 右地仙散位
	37. 辛玄子	第六等级 女真

续表

元素	神仙名号	等级位次
阳	1. 紫阳左真人周君	第二等级 左位
	2. 右阳王华仲飞姬	第二等级 女真位
	3. 太极左真人紫阳左仙公中华公子	第三等级 左位
	4. 朱火丹灵宫龚仲阳、幼阳	第三等级 左位
	5. 东阳真人陵阳子明	第三等级 左位
	6. 东极扶阳公子	第三等级 左位
	7. 紫阳真人范明期	第三等级 右位
	8. 阳谷真人领西归傅淳于太玄	第三等级 右位
	9. 潜山真伯赵祖阳	第四等级 左位
	10. 黄子阳	第六等级 左地仙散位
	11. 鲍叔阳	第六等级 左地仙散位
	12. 繁阳子何苗	第六等级 右地仙散位
阴	1. 玄和阴陵上帝	第三等级 左位
	2. 阴长生	第四等级 右位
	3. 四海阴王	第四等级 右位
	4. 酆都北阴大帝	第七等级 中位

"元"是以时间维度体现"道"本初之义的重要概念，《位业图》含有"元"字的神仙共计32位。其中第一等级中位主神"上合虚皇道君应号元始天尊"的名号即有本初之义。《元始无量度人上品妙经四注》卷一载唐代道士薛幽棲曰："元者，初也，始者，首也。言元始天尊建万化之初，为众道之首，居玉清上元之境，统大罗玄都之域，植天地之根，生万物之母。"① 署名青元真人的宋代《元始无量度人上品妙经注》卷上常以《老子》之文作注，解释"元始天尊"之义曰："元者，玄也，玄一不二，玄之又玄，为众妙门；始者，初也，元始禀玄一之道于元始之初，先天先地，为众妙之宗，出生之始，故曰元始。天

---

① （宋）陈景元集注：《元始无量度人上品妙经四注》，《道藏》第2册，第189页。

者，一炁之最上；尊者，万法之极深。当其氤氲未眹之时，湛然独立，天地凭之而处尊大者，故号元始天尊。"① 以《周易》阐释道教著称的现代学者潘雨廷则指出：

> 观《周易·乾象》曰"太哉乾元，万物资始，乃统天"，故有
> "元始"之名。又《周易·系辞》上曰"天尊地卑，乾坤定矣"，故又
> 取"天尊"以称之。然则"元始天尊"者，犹乾元纯阳之始气，天地
> 万物资焉。因知道教教理基本由《周易》出，所以使《周易》宗教
> 化，此又得一主要的确证。若"元始天尊"之名，盖起于葛巢甫的
> 《灵宝度人经》，贞白乃继之而重视之。②

先秦以来古人就有敬畏事物萌芽状态的虔诚心理，潘先生将"元始天尊"的名号归于《周易》的道教化，确实深得其义。《周易》元、始之义经过道教的吸收、重视和阐扬，故而成为了最高尊神名号的组成要素。需要补充的是，《位业图》第四等级左位还有一位"元始天王"，它较早出现于旧题葛洪所撰《枕中书》③，是元始天尊的原型。类似于儒家的"大一统"观念，元始天尊即是道教神界"大一统"的神圣象征。

在《位业图》中，"元"字常与皇、三、中、上、灵、高、紫、太、玄等字组合在一起。如第一等级有紫虚高上元皇道君、洞虚三元太明上皇道君、虚明紫兰中元高上崝皇道君、三元四极上元虚皇元灵君；第二等级有紫明太微九道高元玉晨道君、紫元太微八素三元玄晨道君、司命东岳上真卿太元真人茅君、右圣金阙帝晨后圣玄元道君。也有元晨君、元灵君、元台君、元胎君、元仙、元君式的组合，"元君"特指高级女真。道士之名也有含"元"者，如第五等级左散位的邓元伯，第六等级左地仙散位的左元放、右地仙散位的支子元等。

---

① （宋）青元真人注：《元始无量度人上品妙经注》，《道藏》第 2 册，第 252 页。

② 潘雨廷：《道藏书目提要》，上海：上海古籍出版社 2003 年版，第 64 页。

③ 《枕中书》，《道藏》第 3 册，第 269 页。关于《枕中书》的成书时代，余嘉锡、石衍丰、王卡、刘仲宇、王承文、王皓月等均有讨论，有的认为是葛洪之作，有的推测作于刘宋末或萧梁初，与上清经系关系密切。参见王皓月：《析经求真：陆修静与灵宝经关系新探》，北京：中华书局 2017 年版，第 295—318 页。不论如何，《枕中书》中的"元始天王"当是元始天尊的原型。

表3 《真灵位业图》中含"元"的神仙名号

元素	神仙名号	等级位次
元	1. 上合虚皇道君应号元始天尊	第一等级 中位
	2. 玉清上元宫四道君	第一等级 左位
	3. 玉清中元宫紫清六道君	第一等级 左位
	4. 玉清下元宫高清四元君	第一等级 左位
	5. 紫虚高上元皇道君	第一等级 右位
	6. 洞虚三元太明上皇道君	第一等级 右位
	7. 虚明紫兰中元高上亭皇道君	第一等级 右位
	8. 三元上玄老虚皇元晨君	第一等级 右位
	9. 三元四极上元虚皇元灵君	第一等级 右位
	10. 三元晨中黄景虚皇元台君	第一等级 右位
	11. 三元紫映挥神虚生主真元胎君	第一等级 右位
	12. 紫明太微九道高元玉晨道君	第二等级 左位
	13. 紫元太微八素三元玄晨道君	第二等级 左位
	14. 司命东岳上真卿太元真人茅君	第二等级 左位
	15. 右圣金阙帝晨后圣玄元道君	第二等级 右位
	16. 右辅小有洞天太素清虚真人四司三元右保公王君	第二等级 右位
	17. 紫微元灵白玉龟台九灵太真元君	第二等级 女真位
	18. 紫虚元君领上真司命南岳魏夫人	第二等级 女真位
	19. 三元冯夫人	第二等级 女真位
	20. 后圣上保南极元君紫元夫人	第二等级 女真位
	21. 后圣上傅太素元君	第二等级 女真位
	22. 中元老人中央上玄子	第三等级 左位
	23. 八老元仙	第三等级 右位
	24. 太清仙王李元容	第四等级 右位
	25. 司命太元定录紫台四真人	第四等级 右位
	26. 摩病上元君	第四等级 右位
	27. 三元万福君	第四等级 右位

续表

元素	神仙名号	等级位次
	28. 邓元伯	第五等级 左散位
	29. 岱宗神侯领罗酆右禁司鲍元节	第六等级 左位
	30. 左元放	第六等级 左地仙散位
	31. 支子元	第六等级 右地仙散位
	32. 鲍元治	第六等级 女真位

三、宇宙化生：含太初、太素、太极的神仙名号

与"元始"类似，《位业图》神仙名号中还包括反映宇宙原始状态的时间概念——太初、太素、太极。"太初"仅见于第六等级右地仙散位的"傅太初"，含"初"字的只有第六等级左地仙散位的"童初府"。含"太素"和"太极"的神仙名号则分别有 6 位和 15 位。如第一等级右位有太素高虚上极紫皇道君，第二等级左位有紫清太素高虚洞曜道君，女真位有后圣上傅太素元君，第四等级右位有太素玉女；第二等级女真位有太极中华石夫人，第三等级是太极境，中位主神为太极金阙帝君，左位有太极左真人中央黄老君、太极高仙伯延盖公子、太极上真公孔丘，右位有太极右真人西梁子文、太极法师徐来勒、陆浑真人太极监西郭幼度。

"太极"有本初、至极之义。《真诰·甄命授第一》："道者混然，是生元炁，元炁成，然后有太极。太极则天地之父母，道之奥也。"① 在古人看来，宇宙化生有一个漫长过程，太初、太始、太素、太极等表达了天地未分时的几种状态。《周易·系辞上》："易有太极，是生两仪。"② 《庄子·天地》："泰初有无，无有无名。"成玄英疏："泰，太；初，始也。元气始萌，谓之太初，言其

---

① （梁）陶弘景撰，赵益点校：《真诰》，北京：中华书局 2011 年版，第 78 页。
② （魏）王弼、（晋）韩康伯注，（唐）孔颖达疏：《周易正义》，（清）阮元校刻：《十三经注疏》，北京：中华书局 1980 年版，第 82 页。

气广大，能为万物之始本，故名太初。"① 纬书有进一步扩展，《孝经钩命诀》把宇宙化生过程称为"五运"："天地未分之前，有太易，有太初，有太始，有太素，有太极，是谓五运。形象未分，谓之太易。元气始萌，谓之太初。气形之端，谓之太始。形变有质，谓之太素。质形已具，谓之太极。五气渐变，谓之五运。"② 早期道经《太上老君开天经》采纳了这种宇宙生成阶段论，而且还同长生之说联系了起来：

> 太初一治，至于万劫，人民之初，故曰太初。是时唯有天地日月人民，都未有识名……太始者，万物之始也，故曰太始，流转成练素象于中而见气，实自变得成阴阳。太始既没而有太素，太素之时老君下降为师，教示太素，以法天下八十一劫，至于百成，亦八十一万年。太素者，万物之素，故曰太素。太初已下，太素已来，天生甘露，地生醴泉，人民食之，乃得长生。③

前述有关神仙名号正是取义于此而增加了神圣色彩。此外还有具象化为仙宫者，《真诰·甄命授第一》："昆仑上有九府，是为九宫，太极为太宫也。"④《位业图》第二等级左位有"太素宫官保禁仙郎裘文坚"。

表4　《真灵位业图》中含初、太素、太极的神仙名号

元素	神仙名号	等级位次
初	1. 童初府	第六等级 左地仙散位
	2. 傅太初	第六等级 右地仙散位
太素	1. 太素高虚上极紫皇道君	第一等级 右位
	2. 紫清太素高虚洞曜道君	第二等级 左位
	3. 太素宫官保禁仙郎裘文坚	第二等级 左位

---

① （清）郭庆藩撰，王孝鱼点校：《庄子集释》，北京：中华书局2012年版，第430页。
② ［日］安居香山、［日］中村璋八辑：《纬书集成》，石家庄：河北人民出版社1994年版，第1016页。
③ 《太上老君开天经》，《道藏》第34册，第618—619页。
④ （梁）陶弘景撰，赵益点校：《真诰》，北京：中华书局2011年版，第91页。

续表

元素	神仙名号	等级位次
	4. 右辅小有洞天太素清虚真人四司三元右保公王君	第二等级 右位
	5. 后圣上傅太素元君	第二等级 女真位
	6. 太素玉女	第四等级 右位
太极	1. 太极中华石夫人	第二等级 女真位
	2. 太极金阙帝君姓李	第三等级 中位
	3. 太极左真人中央黄老君	第三等级 左位
	4. 太极左真人紫阳左仙公中华公子	第三等级 左位
	5. 太极左卿黄观子	第三等级 左位
	6. 太极高仙伯延盖公子	第三等级 左位
	7. 太极左仙公葛玄	第三等级 左位
	8. 太极左公北谷先生	第三等级 左位
	9. 太极上真公孔丘	第三等级 左位
	10. 太极右真人西梁子文	第三等级 右位
	11. 太极右真人安度明	第三等级 右位
	12. 太极仙侯张奉	第三等级 右位
	13. 太极法师徐来勒	第三等级 右位
	14. 陆浑真人太极监西郭幼度	第三等级 右位
	15. 玄洲上卿太极中候大夫苏君	第三等级 右位

四、其他文化元素嵌入神仙名号

胎和童在《老子》中本是原初萌生状态的象征，早期道教在造构神仙名号时也予以吸收，这是《老子》文本用字神仙化的又一类案例。《老子》第十六章：“夫物云云，各归其根。归根曰静，静曰复命，复命曰常，知常曰明。”[1] 为

---

① 朱谦之：《老子校释》，北京：中华书局1984年版，第65—66页。

了阐明"道"义,《老子》常有以婴儿为喻的尚幼归根之言:

第十章:"专气致柔,能婴儿?"①

第二十章:"我魄未兆,若婴儿未孩。"②

第二十八章: "知其雄,守其雌,为天下蹊(奚)。为天下蹊(奚),常德不离,复归于婴儿。"③

第五十五章:"含德之厚,比于赤子。毒虫不螫,猛兽不据,攫鸟不搏。"④

老子只是以婴儿为喻,到庄子时已将神仙比作处子,《庄子·逍遥游》:

藐姑射之山,有神人居焉,肌肤若冰雪,绰(淖)约如处子。不食五谷,吸风饮露。乘云气,御飞龙,而游乎四海之外。⑤

早期道教刺取了《老子》和《庄子》中的尚幼元素来宣扬长生不死的信仰,《抱朴子内篇·仙药》记载服五云之法:"服之一年,则百病除;三年久服,老公反成童子。"⑥日本学者三浦国雄曾关注道教"返老还童"的主题⑦,不过没有讨论与神仙名号之间的关系。其实在神仙名号的造构中,胎、童、幼、孺子等文化元素均体现了返老还童(还胎、还婴、还幼)的追求。如《位业图》第一等级右位有三元紫映挥神虚生主真元胎君,第二等级左位有九微太真玉保王金阙上相大司命高晨师东海王青华小童君,第三等级左位有朱火丹灵宫龚幼阳,第四等级右位有三天玉童、玄上玉童,第五等级右散位有朱孺

---

① 朱谦之:《老子校释》,北京:中华书局1984年版,第39页。

② 同上书,第80—81页。

③ 同上书,第112页。

④ 朱谦之:《老子校释》,北京:中华书局1984年版,第218—219页。

⑤ (清)郭庆藩撰,王孝鱼点校:《庄子集释》,北京:中华书局2012年版,第31页。

⑥ (晋)葛洪著,王明校释:《抱朴子内篇校释》(增订本),北京:中华书局1985年版,第203页。

⑦ [日]三浦国雄著,王标译:《不老不死的欲求:三浦国雄道教论集》,成都:四川人民出版社2017年版,第407页。

子，第六等级左地仙散位有童初府，右地仙散位有东郭幼平、龚幼节，第七等级左位有右禁监谢幼舆。《上清元始变化宝真上经九灵太妙龟山玄箓》卷下提到的"三元紫映晖神虚生注真元胎君"，当即《位业图》第一等级右位的"三元紫映挥神虚生主真元胎君"。此神"元融虚之气，形长五千万丈"，可为存思之神，四季各有不同服饰，如"春三月，元胎君则变形为童子，头戴七星，身衣五色非衣，立五色灵龟之上，在玄虚之中，光明清曜，焕照十方，也（思）之还反真形"①。其实除神仙名号外，《位业图》第一等级的尊神高仙也反映了道家和道教复归原初自然的超然追求。

表5 《真灵位业图》中含胎、童、幼、孺子的神仙名号

元素	神仙名号	等级位次
胎	1. 三元紫映挥神虚生主真元胎君	第一等级 右位
童	1. 九微太真玉保王金阙上相大司命高晨师东海王青华小童君	第二等级 左位
	2. 三天玉童	第四等级 右位
	3. 玄上玉童	第四等级 右位
	4. 童初府	第六等级 左地仙散位
	5. 童初府师上侯刘宽	第六等级 右位
幼	1. 朱火丹灵宫龚幼阳	第三等级 左位
	2. 陆浑真人太极监西郭幼度	第三等级 右位
	3. 东郭幼平	第六等级 右地仙散位
	4. 龚幼节	第六等级 右地仙散位
	5. 右禁监谢幼舆	第七等级 左位
孺子	1. 朱孺子	第五等级 右散位

道家和道教主张清虚自守、清静无为，体现这一追求的虚、清、灵也常融入神仙名号。《老子》第十六章："致虚极，守静笃。"第二十六章："重为轻根，静为躁君。"第四十五章："躁胜塞（寒），静胜热，清静以为天下正。"②

---

① 《上清元始变化宝真上经九灵太妙龟山玄箓》，《道藏》第34册，第215页。
② 朱谦之：《老子校释》，北京：中华书局1984年版，第64、104、183—184页。

《汉书·艺文志》将道家思想概括为"清虚以自守，卑弱以自持"，"独任清虚可以为治"①。《洞玄灵宝本相运度劫期经》："问曰：'道所以独清？'答曰：'清者万行足而无垢尘，故曰清。'"②《周氏冥通记》卷二言及周子良之字"虚灵"的涵义曰："虚者，谓形同乎假，志无苟滞萧条而应真；灵者，谓在世而感神，弃世而为灵，此表里成功，飨流后裔也。"③蔡林波指出："道家最为崇尚的美感特征，仍是柔、虚、清、静、灵等较为空灵、婉约的风格之类。"④这反映在《位业图》中，仅第一等级的 29 个仙位，就出现"虚"字 15 次（主要是"虚皇道君"），"清"字 5 次⑤，"灵"字 2 次，含"虚"字的神仙占《位业图》此类神仙的一半以上。其他等级也有洞台清虚七真人、清灵真人裴君等兼具虚、清或清、灵二字的神仙名号。根据我们的统计，《位业图》神仙名号中含"虚"字者 23 位，含"清"字者 20 位，含"灵"字者 13 位，主要出现在前三个等级中。

表6 《真灵位业图》中含虚、清、灵的神仙名号

元素	神仙名号	等级位次
虚	1. 上合虚皇道君应号元始天尊	第一等级 中位
	2. 五灵七明混生高上道君	第一等级 左位
	3. 东明高上虚皇道君	第一等级 左位
	4. 西华高上虚皇道君	第一等级 左位
	5. 北玄高上虚皇道君	第一等级 左位
	6. 南朱高上虚皇道君	第一等级 左位
	7. 紫虚高上元皇道君	第一等级 右位
	8. 洞虚三元太明上皇道君	第一等级 右位
	9. 太素高虚上极紫皇道君	第一等级 右位
	10. 虚明紫兰中元高上崢皇道君	第一等级 右位

---

① （汉）班固：《汉书》，北京：中华书局 1962 年版，第 1732 页。

② 《洞玄灵宝本相运度劫期经》，《道藏》第 5 册，第 851 页。

③ （梁）陶弘景：《周氏冥通记》，《道藏》第 5 册，第 525 页。

④ 蔡林波：《助天生物——道教生态观与现代文明》，上海：上海辞书出版社 2007 年版，第 201 页。

⑤ 按，同一仙位重复出现"清"字者，计作 1 次。

续表

元素	神仙名号	等级位次
	11. 三元上玄老虚皇道君	第一等级 右位
	12. 三元四极上元虚皇元灵君	第一等级 右位
	13. 三元晨中黄景虚皇元台君	第一等级 右位
	14. 三元紫映挥神虚生主真元胎君	第一等级 右位
	15. 太上虚皇道君	第一等级 右位
	16. 左圣南极南岳真人左仙公太虚真人赤松子	第二等级 左位
	17. 紫清太素高虚洞曜道君	第二等级 左位
	18. 太虚上霄飞晨中央道君	第二等级 左位
	19. 右辅小有洞天太素清虚真人四司三元右保公王君	第二等级 右位
	20. 紫虚元君领上真司命南岳魏夫人	第二等级 女真位
	21. 紫虚左宫郭夫人	第二等级 女真位
	22. 洞台清虚七真人	第三等级 右位
	23. 上虚君	第四等级 右位
清	1. 玉清上元宫四道君	第一等级 左位
	2. 玉清中元宫紫清六道君	第一等级 左位
	3. 玉清下元宫高清四元君	第一等级 左位
	4. 玉清中散位一十君	第一等级 中散位
	5. 清玄道君	第一等级 右位
	6. 上清高圣太上玉晨玄皇大道君	第二等级 中位
	7. 紫清太素高虚洞曜道君	第二等级 左位
	8. 清灵真人裴君	第二等级 左位
	9. 右辅小有洞天太素清虚真人四司三元右保公王君	第二等级 右位
	10. 北海六微玄清夫人	第二等级 女真位
	11. 紫清上宫九华真妃	第二等级 女真位
	12. 太微玄清左夫人	第二等级 女真位
	13. 玉清神女房素	第二等级 女真位
	14. 清和天帝君	第三等级 左位

续表

元素	神仙名号	等级位次
	15. 洞台清虚七真人	第三等级 右位
	16. 太清太上老君	第四等级 中位
	17. 泰清王	第四等级 左位
	18. 太清右公李抱祖	第四等级 左位
	19. 太清仙王赵车子	第四等级 右位
	20. 太清使者	第四等级 右位
灵	1. 五灵七明混生高上道君	第一等级 左位
	2. 三元四极上元虚皇元灵君	第一等级 右位
	3. 清灵真人裴君	第二等级 左位
	4. 灵飞太真太上大夫	第二等级 左位
	5. 七灵台	第二等级 左位
	6. 紫微元灵白玉龟台九灵太真元君	第二等级 女真位
	7. 方丈台昭灵李夫人	第二等级 女真位
	8. 西华灵妃甄幽萧	第二等级 女真位
	9. 张灵子	第二等级 女真位
	10. 灵林玉女	第二等级 女真位
	11. 鲜于灵金	第二等级 女真位
	12. 西极老人素灵子期	第三等级 左位
	13. 太玄仙女西灵子都	第三等级 右位

五、结　语

　　道教的神仙信仰离不开多元神仙名号的助力。在《位业图》中，"道"以及由其衍生的一、气、玄、元、初、阴、阳、胎、童、虚、清、灵、太一、太初、太素、太极等道家和道教概念均通过嵌入神仙名号得以具象化。他们的结构都是复合模式，或为尊神高仙，或是修道成仙的典范，等级普遍较高，成为了道众可以崇拜和模仿的直观对象，共同营造着独特的道教神系环境，凸显了道教神仙信仰的神圣性和辨识度。不仅如此，翻检各种道教文献，围绕神仙还建构了很多宣讲道教经法以及学道成仙的神话故事，有些又配以丰富的图像，使其文化形象显得更加生动而鲜活，增强了道教神仙信仰的传播力和影响力。关于《位业图》中造构神仙名号的文化元素，除了本文所论之外，其实还有仙品职司、仙境治所、方位色彩、神秘数字、辟邪之术、日月星辰、长生吉祥等文化元素值得重视，所涉内容非常丰富，因篇幅所限，我们已另辟专文进行详细探究。

深根固柢　秉正发新

——成都市道教协会与当代成都道教的协同发展初探*

内容提要：成都市道教协会于 1962 年正式成立，自此至 2022 年这一甲子期间，其携同以成都道教界为主的各界人士顺时应势，秉正创新，成都道教发展虽经曲折却取得长足进步。当代成都道教的发展，可以从两大思维理路来审视，一是对传统道教的秉承与传续，二是对传统道教的鼎新与推进。以客观的态度审视成都道教走过的这六十年，不但可以窥见当代成都道教的筚路蓝缕、自信自强，亦可辩证看待其中之经验得失，并将之放在道教发展之大历史、社会发展之大视野、传统文化发展之大格局中来审视，进而以史为鉴，推动道教进一步与社会主义社会相适应。

关键词：当代；成都道教；成都市道教协会

　　道教是中华民族固有的本土性宗教。一般认为制度化、组织化的教团式道教创立于东汉末年，主要标志之一就是东汉顺帝时张道陵在西蜀成都下辖大邑

　　* 本文系国家社科基金西部项目"近世道教雷部神祇之文献、谱系、图像及功能的综合研究"（项目号：20XZJ007）阶段性成果之一。

　　** 于国庆，男，山东东营人，四川大学道教与宗教文化研究所研究员，四川大学老子研究院副院长；殷亭亭，女，山东聊城人，四川大学哲学系 2022 级博士研究生。

县的鹤鸣山创立正一盟威之道①。此后，道派纷续，教化手段益丰；高道辈出，义理仪法迭新，绵延近两千年而传承不绝。期间尽管道路曲曲折折，或衰或盛，时进时退，中国道教终成对老百姓影响甚深的一种不可忽视的宗教样态。作为其中举足轻重的重要组成部分，成都道教历史悠久、成就斐然。

1962 年成都市道教协会正式成立，自此至 2022 年这一甲子期间，在党和政府的领导和关怀下，成都市道教协会携同以成都道教界为主的各界人士顺时应势，秉正创新，既传承正统道教之薪火，不忘初心，又融创道教之新内容，去故鼎新，使得成都道教于曲折中取得了长足发展。以客观的态度审视成都道教走过的这六十年，不但可以窥见当代成都道教、乃至全国道教发展②的筚路蓝缕、自信自强，亦可总结不足，吸取借鉴其中之成功经验，并将之放在道教发展之大历史、社会发展之大视野、传统文化发展之大格局中来审视，以史为鉴，推动道教进一步与社会主义社会相适应，扎实实现道教中国化，这对成都道教、乃至中国道教之未来发展大有裨益③。

一、成都市道教协会的成立与组织特征

清末民国时期，道教发展积弱积贫，渐入衰落之势，当代道教要恢复发展、重新振兴，面临重重困境和诸多艰辛。1949 年中华人民共和国成立以后，党的宗教信仰自由政策逐步得到全面贯彻执行，道教开始走上复兴之路。1957 年 4 月，全国道教界联合的爱国宗教团体和教务组织——中国道教协会在北京成立。中国道教协会的成立，是道教历史上一件具有里程碑意义的大事，在它的工作

---

① 关于道教的肇始，一般认为以东汉末年张道陵创立正一盟威之道和张角领太平道为标志事件。詹石窗教授依据道教所遵循的古老传统，将道教的成立与发展分为了三大型态：原初道教、古典道教、制度道教。见詹石窗：《重新认识道教的起源与社会作用》，《中国道教》2013 年第 2 期，第 26—27 页。

② 学界对近现代以来全国道教发展展开研究的学术成果相对缺乏。关于这一部分，李养正先生的《当代中国道教》（北京：中国社会科学出版社 1993 年版）及其修订扩充版《当代道教》（北京：东方出版社 2000年版），可资参考。

③ 本文会涉及这一历史时期的一些史实，但重心并非在此，而是借以来阐释其背后的成都道教发展之经验得失。关于具体的史实，可参见张明心的《立身济人 广扬道化——成都市道教协会 60 年历程回顾与展望》（《中国道教》2022 年第 2 期，第 55—60 页），以及成都市道教协会、四川省道教协会历届理事会的协会章程、工作报告等。本文凡引上述文献，不再具体出注。

指导下，全国道教取得了长足的发展。

为了对道教徒进行爱国主义和社会主义教育，1958 年成都市道教徒学习委员会成立，其宗旨是：组织全市道教徒进行社会主义学习，接受党和政府的领导，协助人民政府贯彻宗教信仰自由政策，为成立成都市道教协会做好筹备工作。经过四年多的组织和筹备，1962 年 10 月成都市道教协会成立，办公地址设在青羊宫内①。随后，成都辖区不少区（市）县，如都江堰市、新津县、大邑县、金堂县、简阳市、彭州市等，纷纷成立道教协会。多年来，各级道教协会在促进各地区道教发展方面，做出了值得肯定的贡献。

六十年来，成都市道教协会在党和政府的领导下，高举"爱国爱教、团结进步"的旗帜，积极发挥桥梁纽带作用，团结和引导广大道教界人士和信教群众积极为构建和谐社会和促进经济社会发展做贡献。

笔者分析，成都市道教协会的会员构成有一大亮点，即参与者的构成十分广泛，并形成了有效合作机制。这充分体现了各界团结一致，共同促进成都道教发展的诚意与努力。这表现在：1996 年 10 月成都市道教协会第四次代表会议在成都青羊宫召开，本次大会出席代表达 73 位，其中除道士外，还增加了道教学者专家和武术界、医学界、艺术界人士以及道教信众居士。2005 年 4 月成都市道教协会第六次代表会议召开，参会代表达 132 名，会议选举张明心为会长，李明安为秘书长。在当选的副会长中，李刚、李远国等乃学术界研究道教的著名学者，既在各自专业领域有对道教研究的深邃洞见，更有对道教未来发展之宏观远见，这类学者的加入，无论是对道教协会还是对成都道教的发展都大有裨益。这成为后来成都市道教协会会员的构成惯例。由此，成都市道教协会就具有了三重关联架构与职能定位：一是道教自身系统的分支，以充分听取来自道教界内部的声音；二是指导道教发展的公职人员，以指导道教界与社会发展相协调，与社会主义社会相适应；三是学术界、文化界等其他社会各界人员，以集社会大众之思，广社会大众之益。这种架构形式，可以形象地称之为党和政府领导下的联合工作组。实践充分证明，其既是新时代道教发展的必然

---

①　1962 年，成都市第一次道教徒代表会议召开，成都市道教协会正式成立。1966 年至 1976 年，受"文化大革命"影响，成都市道教协会的正常工作全面停止。1984 年，成都市道教协会第二次代表会议召开，选举傅圆天为会长，张圆和为副会长，刘理钊为秘书长。此后成都市道教协会工作基本正常化。

产物，更是促成其发展之动力因，可谓善莫大焉。

之所以这样说，是因为自清末以来，与全国道教发展面临人才缺乏的困境一样，成都道教的发展同样面临人才极为缺乏的局面。具有"领导和指导"职能的道教协会，尽可能将最广泛的统一战线引入进来，建立起道教界与学界等力量的合作互助机制，使得各界人士各尽其能，一致而百虑，殊途而同归，这对道教发展是非常重要的一步。从某种程度上，这一举措既有力支撑了道教在"积贫积弱"情况下得以左右逢源而发展，亦使得成都道教走出了"视野小圈子"，在接受新知识、新观念、新方法、新力量方面迈出了重要一步。通过倾听来自各方的声音，成都道教得以广收博取，行稳致远。故此，成都市道教协会得以始终秉正爱国爱教之传统，在理念上以秉正传统道教之本、创新弘道利民之法、彰显巴蜀地区特色为三大工作突破点，在实践中围绕这几大方面开展工作，与道教界广大信众一起推动道教在曲折中传承发展。

因此可以这样说，道教协会是中国社会发展规律以及道教内生发展动力在新条件、新诉求中创生出来的新模式，具有非常重要的历史意义。作为其中典型代表者，从成员构成、功能定位、工作模式等方面可以看出，成都市道教协会得以形成和开展工作，乃是两股合力努力的结果——作为根基的党和政府推动道教发展与作为核心的道教凭借自身精神而推陈出新。这样的道教协会在方向上体现出始终坚持爱国爱教的根本大义，在内容上体现出道教一以贯之的"协同创新"的优势和长处，在形式上体现出道教发展务实求真、扎实有效的实践作风。如此一来，后面成都道教得以推陈出新，在创新性发展、创造性转化方面取得诸多成绩，则不难理解了。这是新时期成都道教取得长足发展的重要经验之一，至今被人津津乐道，传为佳话。

成都市道教协会在促进当代成都道教发展方面，做了大量实际性工作，诸如通过组织形式多样的活动促进道教界加强爱国主义教育，通过恢复、重建宫观等扩大道教活动场所，通过组织讲经、培训等活动引导道士群体加强文化学习，通过组织抗震救灾、慈善捐赠等活动推动道教界积极为社会做贡献，通过组织对外文化交流活动等推动成都道教走出去，等等①。无论从活动形式，还是

---

① 具体参见笔者团队撰"成都道教文化陈列馆"的文字图片稿。这部分内容十分丰厚，难以一一举列，只能归类概括。

从活动内容上看，这类活动都彰显出两大方面特征：一是对传统道教的传统弘道立教理念和模式的秉承与坚守；二是为了因应时代推进道教发展，在弘道立教之内容和形式上必须采取的创新性发展和创造性转化。在后文中，笔者将以归类概述的形式，提纲挈领地对之予以阐释，并将分析提炼其中的经验得失作为叙述重点。

二、固本培元：秉正道教传统

广袤、富饶的巴山蜀水，素有"天府之国"美誉。制度道教前身的种种传说与记载，如曾为黄帝之师的容成公隐居于青城山，黄帝问道宁封子得授龙蹻飞升之术①，文始先生尹喜会太上老君（老子）于青羊肆②，严遵于成都闹市讲《道德经》，等等，与这片美丽富庶之地紧密相连。这些故事传说丰富多彩，昭示着道教创始于西蜀鹤鸣山是因为这里有着得天独厚的天然因素和文化基因。

东汉末年，沛国人张陵（道教内部尊称张道陵）入蜀创立道教教派——正一盟威之道。据学者研究，"正一盟威之道"之义，大略是"道正一元"，此乃承自老君之正道、正法，以盟誓为此道派的主要入道方式③。张道陵及其后嗣张衡、张鲁等不仅在道教义理上做了理论建构，而且在教徒管理、组织架构、戒规戒律、传教方式以及与当时社会相适应方面等方面做了一系列深入思考和实践，并取得了良好效果④。正一盟威之道在修道之宗旨、道法之核心、立教之根本、传教之方法等方面所做的开创之功，后成为道教立教传教之重要蓝本。

作为制度道教创立的标志之一，正一盟威之道在义理建构、戒规内容以及传教方式上体现出明显的两大根本倾向：贵生修己和济世立功。这一倾向与制

① 《云笈七签》卷六称："昔黄帝……于青城山诣宁封真君，受灵宝龙蹻之经。"见（宋）张君房编，李永晟点校：《云笈七签》第 5 册，北京：中华书局 2003 年版，第 89 页。

② 青羊肆，在今青羊宫址。关于尹喜会太上之传说，道教典籍中记载颇多，如《终南山说经台历代真仙碑记》《混元圣纪》《犹龙传》《太上混元老子史略》等，此不一一举列。

③ 具体参见刘仲宇：《从盟威到授箓——早期道教入道方式的探索》，《正一道教研究》第一辑，北京：宗教文化出版社 2012 年版，第 216 页。

④ 关于早期正一盟威之道的立教之理论与具体传教方式，参见卿希泰主编：《中国道教史》第一卷，成都：四川人民出版社 1996 年修订版，第 156—200 页。

度道教创立之前的原初道教、古典道教一脉相承。自黄帝、老子一直到张道陵创立正一道之前的这一大历史时期，道教已经从贵生修己（治身）、济世立功（治国）两个方面展示出其后世传延过程中的两个维度：一是以贵生隐修为主，其要在于修道治身，以道之法则来养生立命，最终合归大道。二是以济世立功为主，接承上古道术之另一端绪，以出世立功、经邦济世作为道术之核心，此脉后来亦是传承不绝。后来以《老子》、黄老学为代表的古典道教特别强调的"以道治国"理念当渊源于此，再后来制度道教的"仙道贵生，无量度人"理念和"积极入世济世"立场以及其斋醮科仪、符箓法术、劝善救济等中体现出来的社会功能，都是这一道术理念的延续、扩展①。总体上看，道教的践行者和传承者可以大致分成侧重"修身治己"和侧重"爱国治世"这样两类来认识，当然，这两种理路虽侧重点不同，但很多时候也是重叠在一起的。

就身处巴蜀地区的成都道教而言，其紧紧围绕"修己度人"的维度，在传承过程中一直贯穿不辍，并因势利导，将之进一步扩充发挥。这种精神与方法，一直是巴蜀道教，特别是成都道教弘道兴教之法宝。进入新时代，特别是成都道教协会成立以后，更是将之概括成为明文，并转化为丰富多彩的具体实践：

第一，高扬爱国主义，加强道风戒规建设。高扬爱国主义，号召信徒信众坚定爱国爱教立场，严格遵守国家法律法规是道教秉持的一贯立场，并在道教的教理教义和戒规戒律之中得到充分体现。进入新时代以来，成都市道教协会与成都道教界对此尤为重视，并做了大量实效性工作。这些活动主要包括：一是举办或作为主体参与各类爱国主义研讨、学习活动②，二是宫观内的各类爱国

---

① 具体参见于国庆、何欣、张红志：《新编中国道学简史》，上海：上海科学技术文献出版社 2020 年版，第 44—45 页。

② 如举办"坚持道教中国化——宗教经典与优秀传统文化"研讨培训班，举办"宗教院校'坚持中国化办学方向'现场教学观摩培训活动"，举办成都地区各道观深入开展新修订《宗教事务条例》学习宣传活动，举办"新《宗教事务条例》解读"讲座系列活动，等等。值得一提的是，2019 年青城山道协道众培训班第一期在青城山道教学院正式开班，主要课程有"党的十九大主要内容以及四川省发展介绍""民族复兴与统一战线""畅谈青城山道教""当代道教的发展与中兴""宗教政策法规"等，这是一次全方位、立体化对道众进行爱国主义教育的培训活动。这类活动将爱国主义教育融入到常规性活动和临时性活动之中，对教育道众爱国爱教起到了积极作用。

主义实践活动①。与之呼应，成都道教重视自身道风道貌建设，强调道众对道教戒规的严格持守，并加强监督检查，以此树立起良好的新时代道教的新面貌和新形象。

第二，恢复道教宫观，加强宫观治理，为信徒的宗教信仰活动提供合法场所。1982 年，中央下发《关于我国社会主义时期宗教问题的基本观点和基本政策》，论述了党对宗教问题特别是关于社会主义时期宗教问题的基本观点和基本政策。随着党的宗教政策在四川省逐步贯彻落实，1982 年国务院宗教事务管理局批准了 21 座宫观作为全国道教重点宫观开放，其中青城山古常道观天师洞、青城山祖师殿和成都青羊宫这三处名列其中。与此同时，"文化大革命"期间被遣散的全真派道士陆续返回。此后经过成都市道教协会及广大道众的努力，成都地区逐渐恢复和重建了几十处道观，成都道教的发展步入正轨，信众的合法宗教活动得到了保证。据统计，截至 2022 年，成都地区开放为合法活动场所的宫观已经有 46 处，登记在册道士达 400 余人，比起"文化大革命"之前，无论是质上还是量上，都有了长足的发展。

第三，招收道徒信众，依法依规举行冠巾活动。党的宗教信仰自由政策得到落实之后，一批全真派道士陆续返回②，成都道教界有了一定的人力和人才，道教传统的冠巾活动才得以展开，自此成都道教界的自身建设和人才培养渐入正轨。1986 年青城山道教协会在青城山天师洞设坛，恢复举行道教全真派收徒的"冠巾"活动。此后青城山道教协会、成都青羊宫、新津老君山道观等又分别举行了多次冠巾仪式。与此同时，为了严肃规戒，规范管理，2002 年 9 月四川省道教协会制定了《关于对道士身份认定及制发〈冠巾证〉的暂行规

① 如在成都市道教协会指导下，扎实推进爱国主义教育的"四进活动"，这包括成都市及周边地区道教主要宫观及青城山道教学院开展"国旗进宫观"爱国主题活动，通过悬挂国旗、举行升旗仪式等，弘扬爱国主义，彰显道教界爱国情怀。此外，成都地区的道观内纷纷设立依法办教宣传板、宗教场所法治图书角、宗教事务条例宣传栏等，将爱国主义落到实处、落到细处。值得一提的是，2021 年 7 月 1 日，成都道教文化陈列馆落成开馆，此馆的主题展厅以党中央提出的"宗教中国化方向"和"文化自信"为指导精神，集中展现了成都道教界爱国爱教的多姿多彩的活动与形式。其中显著内容之一则是用道教义理诠释社会主义核心价值观，这是成都道教落实爱国爱教教育的颇具特色的活动，在新时代道教界属于创新活动。（具体参见笔者及团队撰《成都道教文化陈列馆》之文字图片稿。）

② 如青城山的傅圆天、吴圆昶、彭宗仁、江至霖、曹明仙、肖明孝、蒋信平，青羊宫的张圆和、周至清、刘理钊等。

定》，成都道教界积极响应，加强自律，予以贯彻落实。

第四，举办斋醮科仪等各类常规宗教活动。斋醮科仪是体现道教特色的重要活动，也是道教济世度人、辅国助民的重要科仪法事。进入新时代以来，成都道教界根据信众所需，积极举办各类宗教法事，一方面满足了信众在信仰和心理上的多重需求，另一方面使得传统的道教内容得以传承不辍。值得一提的是，道教斋醮科仪中，"罗天大醮"是最隆重的大型宗教科仪活动之一。2018 年 10 月 9 日至 10 月 17 日（农历九月初一至初九）戊戌年成都青城山罗天大醮祈福系列活动在青城山举办，本次活动由中国道教协会主办，四川省道教协会协办，成都市道教协会和青城山道教协会承办。法会历时 9 天，设立坛场 15 处，邀请来自海内外名山宫观经乐团共同参与①。本次罗天大醮以祈福中华、国泰民安、世界和平、众生安康为主题，旨在庆祝中国改革开放 40 周年，集中展现中国道教界落实党的宗教政策以来所取得的新发展、新面貌，传达道教界"珍视社会发展，感恩时代进步；回向社会大众，祈祷美好生活"的美好愿望，是成都道教、特别是青城山道教历史上一次难得的盛事②。

第五，积极广施善举，济世利人。汉末正一道在早期的传教过程中，十分重视以宗教形式推行"善道"，强调奉诚信，设义社，修道途，这也是吸引信徒广泛入教的重要原因之一，并成为后世道教的重要宗教修行内容："鲁遂据汉中，以鬼道教民……皆教以诚信不欺诈，有病自首其过。大都与黄巾相似。诸祭酒皆作义舍，如今之亭传。又置义米肉悬于义舍，行路者量腹取足，若过多，鬼道辄病之。犯法者三原，然后乃行刑。不置长吏，皆以祭酒为治。民、夷便乐之。"③可见，参与社会公益活动是道教历来的优良传统。新时代的成都道教继承了这一优良传统，十分重视各类慈善义举活动，将之作为道教济世利人的应有之义。总体来看，这些慈善义举主要包括捐资捐物、灾后助建、走访慰问、法事祈福、设立慈善基金等，且救助对象非常广泛，既有鳏寡孤独者，亦

① 本次醮会有北京白云观、香港飞雁洞、台湾高雄道德院、关帝庙、苏州玄妙观、上海城隍庙、新加坡韭菜芭城隍庙、美国道教协会、陕西龙门洞、武当山道协、西安八仙宫、海南玉蟾宫、江西龙虎山、武汉长春观、四川青城山以及各名山宫观大德尊师同坛举行。

② 具体参见各大媒体报道，此处不详细记叙。

③（晋）陈寿：《三国志》第 1 册，北京：中华书局 1959 年版，第 263 页。

有贫贱残疾者等等①。

三、与时偕行：奋创道教新篇

　　1962 至 2022 年成都市道教协会与成都道教协同发展的这六十年，在整个成都道教史上十分重要，对成都道教的未来发展有着深远影响。如果说上一部分的"固本培元"是着眼于探究当代成都道教在传承道教传统方面的坚守与不忘本心，那么这一部分的"与时偕行"则是系统、深入地分析在风云变化的境况下成都道教如何随顺应对，并开创新模式、新形象和新篇章。下面从三大方面予以概括：

　　第一，成都道教宫观的管理新制度。

　　在道教史上，道观具体什么时间正式出现，已经难以考定。不可否认的是，自有宫观以来，其作为道教修道、传教的重要场所一直起着不可替代的重要作用。新时代以来，随着社会组织理论和管理理论的发展，传统道教的组织管理模式如何在保证传统优良制度的同时，合理吸收新的管理理论和管理经验，使得成都道教走出一条适合新时代的组织管理制度，是六十年来成都道教孜孜不倦、一直摸索不辍的心头大事。

　　当代成都道教宫观，在管理组织与制度方面，除保留传统的组织与管理体制外，更多的是依法依规来进行管理，并引进了新的管理制度。就全真派宫观而言，现在成都地区的子孙庙，放弃了"庙产私有，师徒代代相传，徒弟即是继承师父的法嗣"这一传统旧制，每处宫观都已建立"宫观管理委员会"。宫观管委会对各项事务实行民主管理，通过集体讨论、民主协商决定宫观的重大事项。此外，宫观还设立了日常学习制度、安全消防制度、财务管理制度、外出参学制度、宫观宗教活动管理制度、宫观对外交往制度、文物保护制度等，这体现出成都道观将科学管理、依法管理等新式管理制度和理念引入宫观。现在登记开放的正一派宫观，基本亦是按照现代的管理模式，由宫观管理委员会实

---

　　①　当代成都道教的慈善义举在时间上连续不断，在形式和内容上多种多样，既有有形的，亦有无形的；既有群体的，亦有个人的。此处不着意于介绍这些具体义举，而是想说这种行为背后是传统道教"一以贯之"的慈善之情怀与利国利民之宗旨，并在今天得到了好的继承与发扬。

行民主管理。

第二，成都道教宫观功能、宫观形象新定位。

综合多种历史资料来看，传统道教宫观多作为修行、祀神、民俗、医疗等场所而存在，但随着社会的发展和外界环境的变化，尤其是社会分工的细化和发展，传统宫观的不少功能已经渐次被消解和取代，有些尽管还存在，但多数已渐渐式微；有些旧的功能甚至已然被消解，诸如治疗疾病、心理救治等功能，代之以如文化弘扬、爱国教育、对外交流等新功能、新形象。因此，为了满足民众的新需求，传统道观应该增加哪些新功能？如何去落实这些新功能？这既是一个在合理尺度中寻找平衡点的操作技术问题，更是一个保持道教自主性与适应社会需求的理论问题，其关系到道教中国化如何具体落实。

通过多年来对成都地区的青城山宫观群、大邑县鹤鸣山道观、新津老君山道观、成都青羊宫等的多次考察，笔者发现，多数道观的住持或监院对宫观功能的这种转向颇有想法，并已经着手改进道观功能和形象定位。目前来看，成都地区道观最明显的职能新转向是文化职能和文化形象的转向。根据"文化进宫观"和坚定文化自信的要求，在道协的指导下，成都道观从软硬件多方面加强文化宫观定位和文化形象建设，主要措施包括建立书院、设置文化展区、刊播文化刊物、举行学术交流和文化讲座活动①、举办讲经比赛等等②。值得注意的点是，与各大宫观自主建设文化形象的同时，成都道教界也在树立整体文化形象，其标志性事件之一就是 2004 年 6 月由中国道教协会、四川省道教协会、成都市道教协会联合主办的"中国（成都）道教文化节"在成都举办。这是我国第一个有代表性的道教文化节，它的成功不仅向世界展示了成都道教、四川道教乃至中国道教的古老文化、深邃内涵，而且也展现了当代道教宫观的崭新风貌。

---

① 值得提及的是青羊宫老庄书院，其创立至今，基本每月、每周都有常规性学术讲座活动，内容以传统文化为主，涉及历史、哲学、医学、艺术、民俗、古建等方面，著名学者卿希泰、马西沙、谢克庆、詹石窗、盖建民等教授都曾多次于此开展专题讲座，听众反响甚好。老庄书院创立以来，社会影响力逐渐扩大，渐成成都道教文化学术讲堂一大品牌。

② 诸如青羊宫内的老庄书院、道文化长廊、成都道教文化陈列馆，青城山道教学院、上清宫张大千纪念馆，以及成都至真观、新津老君山、鹤鸣山道观、大邑川主宫等都建立了各类书院，用以开展常规性文化讲座和文化学习活动。此外，大邑鹤鸣山道观还印送内部刊物《道源》，青羊宫老庄书院印送内部刊物《老庄》等，都在树立宫观的立体化文化形象。

除此之外，有些城市宫观还加强生态宫观建设，根据宫观的环境条件，将生态园林理念引进宫观，聘请专业人士给予精准指导，由此将道教的生态保护理念与实际的宫观形象完美结合在一起，使得宫观形象在信众乃至普通民众的心目中焕然一新①。

第三，成都道教人才的新需求及由此而来的人才培养新模式。

道教的传承发展和道教文化的落实建设，需要道教后备人才作为坚实基础。然而一个不可忽视的现实是，目前道教人才非常缺乏。据笔者观察，目前成都道教界在吸纳、培养人才方面取得了一定经验，其模式和手段大致包括五个方面：一是培养教内人才，就是将有潜力的道士送到道教学院、高等院校、各种培训机构去充实学习②。二是聘用所需的社会人才，按照社会职招模式来聘用③。三是合作模式，就是通过文化项目与其他社会团体建立合作，使得对方的人才为宫观的发展提供合理帮助等。四是借助居士的力量，使之成为道教文化建设的外围人才库。五是建立人才顾问团，诸如各行各业的专家、学者等，以合适的方式聘为专家顾问团，请他们高屋建瓴地提供专业帮助和智力支持等等④。

综合来看，当代成都道教在六十年的发展过程中，不仅很好地秉承了历代道教祖师所留下了优良传统和正统法脉，而且与时偕行、因地制宜，在道教之义理和传教方式等方面做出了大量创新性发展。本文的初探仅是引玉之砖，因能力和篇幅所限，肯定是挂一漏万，希望将来再做进一步深入研究。

---

① 青羊宫近几年在这方面的建设非常明显，给前来参访者留下了深刻印象。

② 这一方面，最值得提的是青城山道教学院的创办及其在培养成都道教人才方面做出的卓越贡献。青城山道教学院开设的课程有爱国主义教育、法律法规、中国历史、中国道教史、世界宗教、中国古代汉语、道经选读、斋醮科法、道教艺术、中医药学等几十门课程，培养了不少教界所需人才，同时积累了较为丰富的办学经验。笔者认为，当代道教学院的创立，是传统道教人才培养模式的创新性发展，其体现出道教人才观的点滴转变——培养什么样的人才，需要根据日新月异的社会环境、推陈出新的教育手段、革故鼎新的教育模式，以及宏观的教育目的来厘定。青城山道教学院站在历史的十字口，不仅承担着成都道教人才的培养，而且其能在良性运作中，塑造出成都道教界人才的培养模式，进而随着人才的逐渐发挥作用，推动成都道教从内到外产生与社会相适应的可喜变化。

③ 据笔者所见，青城山道教学院在师资和管理人员方面，聘请了大量学有专长的人士任教、管理。此外，青羊宫老庄书院、凤凰山至真观等亦采用这种人才引进模式。

④ 这五个方面，源于笔者多年来与成都道教宫观多位负责人的交流心得，以求缓解当下道教人才缺乏的局面。道教后备人才的良性培养与长远规划，有赖全国道教界统筹与扎实推进。

德国巴伐利亚州立图书馆藏
《悟真篇再注》的药物理论探析*

何 欣**

内容提要：《悟真篇再注》的贡献主要是把药物与火候论述得更为具体，将许多修炼上的细微末节分条梳理了出来。作者认为，金丹为药物所凝结，药物又可分为内药和外药，并进一步指出产药有其方位，生药有其时间，生药时上下有验证的景象，生药后有地方安置，安置好后又需要有物配合，药物与配合之物的斤两还必须是确定的。丹经向来隐晦，该书如此清晰指出药物及其相关环节的关键法诀，实属罕见。

关键词：药物；内外相接；《悟真篇再注》

《悟真篇再注》[①]（二卷，以下简称《再注》），清张煦注。笔者所见为清末手抄本，现藏于德国巴伐利亚州立图书馆，除笔者对该本的作者、成书与体例

---

* 本文系国家社科基金一般项目"清代民国西南地区珍稀刊本道书的搜集、整理与研究（21BZJ058）"阶段性成果。

** 何欣，男，四川三台人，四川大学道教与宗教文化研究所、四川大学生命哲学（学派）研究中心副研究员。

① （清）张煦：《自序》，《悟真篇再注》（二卷），德国巴伐利亚州立图书馆藏清末手抄本。文中所引，皆为此本。为方便读者查阅原件，脚注中便以图书馆提供的扫描件顺序标明页码。

进行了简要介绍外①，学界几乎未知此本存在②。张煦在文中多次提到其他注本的谬误之处，他说："闲时捡是篇（《悟真篇》）群注而览之，始知诸人之谬妄。"③ 细读下来，他所认为的"诸人之谬妄"主要是集中在如何处理与对待"同伴"的问题④。关于丹法基本原理，张煦与前人的论述基本是一致的⑤。《悟真篇再注》的贡献主要是把药物⑥与火候论述得更为具体，将许多修炼上的细微

---

① 参见何欣：《明清三种稀见〈悟真篇〉注本的作者与成书小考》，《老子学刊》2021 年第 1 期，第 130—155 页。

② 因文献材料的缺乏，笔者之前学界尚未有人对《悟真篇再注》进行研究。参见何欣：《百年来国内外〈悟真篇〉研究综论》，《宗教学研究》2020 年第 4 期，第 61—69 页；人大复印报刊资料《宗教》2021 年第 2 期全文转载，第 55—65 页。

③ （清）张煦：《自序》，《再注》上卷，第 3 页。

④ 张煦所传为同类阴阳的彼家神交丹法，对鼎炉有独到的理解，值得重视。关于鼎器，张煦认为真铅真汞（药物）驱于黄道中宫烹炼，可见他认为黄道中宫（黄庭）即烹炼的场所。关于炉具，张煦以同侣为炉，称偃月炉，认为应从同侣处采药。一阳初动处，即药物生起时。"同类阴阳的彼家神交丹法"的提法参见何欣：《浙江图书馆藏〈悟真篇直注〉的丹道鼎炉理论探析》，詹石窗主编：《生命哲学研究》第二辑，上海：商务印书馆 2021 年版，第 66—80 页。

⑤ 例如，作者在注释"学仙须是学天仙……九霞光里驾翔鸾"一诗时云："仙有五等，以天仙为极。天仙之道，金丹为宗。金丹配合两仪。攒簇五行。二物，乾坤也。《周易系辞》曰：'乾，阳物也；坤，阴物也。'情性，尤言气类感通之自然也。二物会，阴阳交。同气相求，同类相感，情来归性，而相合矣。五行，金、木、水、火、土也。铅为金水，汞为木火。一四二三是为中土。铅汞交会，以长黄芽。内外配合，虎龙蟠结，而生金丹。修士一铅就处，五行始全。其时即有龙吟虎啸之景，故曰：'五行全处，虎龙蟠也。'然阴阳铅汞，交会生丹者。因铅汞之中，彼此各怀真土。《参同契》曰：'坎戊月精，离己日光。'戊为阳土，一四水金之所合。己为阴土，二三木液之所合。戊己土德，同类之性情，金丹返还，资其联络，如世间夫妻之好合。其所以合二姓联姻娅者，媒娉之力。只候十月胎圆，火符数足，功成行满，臣事上帝，乘鸾飞行也。此诗举仙道之大纲，金丹之大局，约略言之也。"见《再注》上卷，第 9—12 页。张煦这里将"仙道之大纲，金丹之大局"做了简要概括，从论述来看，其象征体系、基本原理、药物、次第等与前人基本一致。

⑥ 药物为修丹的原料，一般是指人体的精气神。精气神又分为先天精气神与后天精气神。在实际修行中，又可细分为后天之先天精气神等。如果是同类阴阳法脉，涉及两位甚至三位修行者，情况会更加复杂。在具体的丹经中，几乎又全部是采用象征符号体系来代表上述先天精气神、后天精气神等，并且在不同的丹经中这些象征符号体系所代表的具体内容往往又存在差异。象征符号体系一般又与隐语和异名一起使用，某一种药物的隐语和异名可能又多达几百种。再加上不同的修行法脉对药物的理解与运用存在差别，这种差别在其法脉内部是有完整的药物理论体系，不同法脉之间有时甚至是矛盾的。更有甚者，丹经作者本身就有意隐瞒关键环节。所以，要想理解某一法脉完整的药物理论是非常困难的。综合来看，一般的丹经很难把药物的细枝末节条理清晰地展现出来。这种情况到清代有所缓解，有丹家开始尝试简明、清晰与完整地论述丹法理论。张煦对药物理论的论述相较前人更为简明与全面，本文拟分条进行梳理。

末节分条梳理了出来。张煦在书中将与药物相关的环节做了一个梳理，他说："金丹，为药之所结。药有内外，产之有方，生之有时，上下有景，安置有地，配合有物，斤两有定，不经师指，此事难知。仙师故显浅吟咏，以觉后来。能悟之者，丹法已得其半矣。"① 本文拟依其提供的线索，对其药物理论进行梳理。

一、药有内外，产之有方，生之有时，上下有景，安置有地

内药与外药是丹经对修炼药物（精气神）的划分，各派解释不一。一般而言，修同类阴阳者称从彼家得来之药为外药，从己身所产之药为内药；修自身阴阳者称先天精气神为内药，后天精气神为外药。有时亦以内药、外药来区分精气神合炼的程度。

《悟真篇再注》对内外药的区分与前人稍有不同。张煦在注释"内药还同外药，内通外亦须通。丹头和合数相同，温养两般作用。内有天然真火，炉中赫赫常红。外炉增减慎勤功，绝妙无过真种"一诗时云：

> 丹法以东西为内外，愚窃比之。大易卦爻，内三爻为内卦，外三爻为外卦。六爻合而成一卦，其实内外二爻，其尽相同，无有二致。丹法内外二药，和合成丹，同出异名，同类相亲，初无分异，惟火符内外两炉则不相同。内为文火，本乎天然，药即是火，火即是药，十二时中如龙养珠，如鸡覆卵。内炉之火，赫赫常红，无有间断，所谓守一不离也。外为武火，採（采）药野战，有爻符觔（斤）两，年月日时，抽添进退，工夫作用，宜勤慎无差。其绝妙惟有家园真种子，斯水火烹炼，乃能发荣滋茂，河车转运，周流十二也。真种之妙，篇中赞咏不一而足，学人可忽乎哉。②

张煦说"丹法以东西为内外"，这里没有讲清楚，张氏是想表达一般的丹经

---

① 《再注》上卷，第23页。
② 同上书，第57—59页。

对内药、外药的区分。在丹法理论中，方位体系与药物体系有着直接的对应。东为木，为元神（先天神），居左；西为金，为元精（先天精），居右；南为火，为后天神（意识），居上；北为水，为后天精（交感精），居下。丹法的传统说认为先天神、先天精为内药，后天神、后天精为外药。所以张煦想表达的应该是"丹法以东西南北为内外"。

张煦认为传统内外药的区分不利于丹法修持，他以六十四卦的内外卦为喻，提出以"惟火符内外"来区分内药与外药①。他说："丹法内外二药，和合成丹，同出异名，同类相亲，初无分异，惟火符内外两炉则不相同。内为文火，本乎天然，药即是火，火即是药，十二时中如龙养珠，如鸡覆卵。内炉之火，赫赫常红，无有间断，所谓守一不离也。外为武火，采（采）药野战，有爻符觔（斤）两，年月日时，抽添进退，工夫作用，宜勤慎无差。"张氏的这种分法，在实修中是有裨益的。就其本质而言，还是倾向于以先天精气神为内药，后天精气神为外药。例如，张煦在注释"铅遇癸生须急采"一句时云："坎为水乡，其象如铅。铅色黑，象水，内含金华，故外药谓之为铅。"② 这是直接点出了"铅"（后天精）为外药。那么，真铅（先天精）即内药。需要注意的是，由于论述的逻辑理路限制，对内外药的讨论此处并未完全展开，还需配合下文"铅汞合，大药就"处参阅。内药外药，体同而用异，言内言外，总属比喻，不可于理上求法，更不可望文解义，总须从实修处来悟，方得真知。

《悟真篇》对产药的方位是这样描述的："要知产药川源处，只在西南是本乡。"③ 紫阳真人实际上只提示了一个信息，那就是"西南"。张煦《悟真篇再注》注释云：

> 西南，坤位也。坤为地、为母、为阴。坤至柔而动也刚，阴极生阳，坤中爻之偶，变而为奇，坤变为坎。《入药镜》曰：产在坤，种在乾。但至诚，法自然。故曰：西南是本乡。坎中之奇，为金。坎为水乡，其象如铅。铅色黑，象水，内含金华，故外药谓之为铅。然但有

---

① 在不同的丹经中，内药与外药的含义区别很大，此处仅就张煦所呈现的体系探讨。
② 《再注》上卷，第 24 页。
③ （宋）张伯端撰，王沐浅解：《悟真篇浅解（外三种）》，北京：中华书局 1990 年版，第 13 页。

恍而无质，一落有形，则为无用。经曰：视之不见，听之不闻，博之不得。恍恍惚惚，其中有物，杳杳冥冥，其中有精。①

按后天八卦的方位，西南是坤卦的位置。丹经多依《易·说卦》"坤为腹"②的说法，将坤理解为人体的腹部，也即下丹田的位置。如混然子注解《入药镜》时云："张紫阳云：'要知产药川源处，只在西南是本乡。'此所以言吾身西南方，乃坤位也。人腹为坤，人首为乾，坤居下为炉，乾居上为鼎。金丹大药产在坤，种在乾。"③这种传统的解释确实指明了药物在人身上产生的具体部位，但并没有指出具体是哪种药物。

张煦也是按后天八卦方位，把西南理解为坤卦，不过他又将坤卦做了进一步"发挥"。具体来讲，坤卦三爻皆偶，其至柔而动也刚，中爻由偶变为奇，坤卦变为坎卦。张氏之所以把坤卦变成坎卦，是想引出产出的药物具体是什么。张煦云："坎中之奇，为金。坎为水乡，其象如铅。铅色黑，象水，内含金华，故外药谓之为铅。"这句话涉及五行、方位、矿物等，体系交错，比较难理解，其最终目的是想说"坎卦"是代表"铅"，也即他所称的"外药"。铅为外药，为后天精，张煦称之为"有恍而无质"，一落后天则为交感精，不能用于丹道修炼。更进一步隐含的意思是，"坎中阳"即"真铅"，也即他所称的"内药"。具体来讲，坎中之奇，即坎中阳，坎中阳为金，金代表先天精，坎中阳即后天之先天精（真铅）。坎五行属水，故为水乡。铅（指矿物之凡铅）色黑，其象亦为水；铅（指矿物之凡铅）中有金华（水中银）。于是丹家便用铅来代表水，代表坎卦，代表精气神中的"精"。外药即后天精，内药即后天之先天精（真铅）。可见，张煦的注解不但指出了方位，还指出了药物为何。

张煦在注释"万卷仙经话总同，金丹只此是根宗。依他坤位生成之体，重向乾家交感之宫"一句时云：

---

① 《再注》上卷，第23—24页。

② 黄寿祺、张善文译注：《周易译注》，上海：上海古籍出版社2007年版，第437页。

③ （元）王玠：《崔公入药镜注解》，《道藏》第2册，北京：文物出版社、上海：上海书店、天津：天津古籍出版社1988年版（以下略注），第883页。

天下无二道，圣人无两心。《道藏》仙经，千械万卷，无非阐明大道，接引后人。先圣后圣，同揆一致。仙品以天仙为极，天仙修金丹而成。金丹之法，无如《悟真篇》敷陈指说，明白透彻，自来仙经，莫之与比。其法庸近简易，依他坤位生成之体，重向乾家交感之宫，全体大凥，不过如此而已。坤位，阴也，地道也，妻道也。生成体，乃自然本有之物，非人力造作所为也。乾家，阳也，天象也，夫象也。交感宫，黄庭神室。丹法取真铅于西南，植真种于西北，绌缊变化，结就金丹，此元奥之天机，昔真不肯请以示人者。《参同契》曰：当与贤者谈，曷敢轻为书。仙师慈悲度人，志切吟咏是篇，漏泄天机，后之学者，若读是篇，了得诗中之意，证圣成真，撽（操）券而获，立地而仙矣。①

张煦这里直接指出"丹法取真铅于西南"，是对前文注释的佐证，也算是一种补充。更具体来讲，这里讲的"取真铅"是依"凡铅"（后天精）来取"真铅"（后天之先天精）。

知晓产药之方及药物为何后，紧接着的问题便是产药的时间，可供验证的修持内景以及将所采之药置于何地。张煦在注解"铅遇癸生须急採，金逢望远不堪尝。送归土釜牢封固……"时有简要论述，其云：

癸，尘浊之水。铅遇癸之将生，上有天星可凭，下有潮信可验，切勿忧游观望，急宜进火采取。若时移景迈，岁月差迟，如月轮过望，无复充盈满盛，则不堪尝试矣。若能时刻无差，得药归来，送入中宫黄庭之中，以意防守，毋稍疎（疏）逸，如炉火以六一泥封固鼎釜之坚牢。土釜取意中央也。②

如上节所述，张煦所讲的药物是指"真铅"（坎中阳、后天之先天精、真阳之炁、元炁）。"铅遇癸之将生"中的"铅"，就是指"真铅"。张煦这时是用

---

① 《再注》上卷，第50—52页。
② 同上书，第24—25页。

"水"来代表，"真铅"亦即是"肾水"。癸，是尘浊之水，属后天；壬，是清轻之水，属先天（实际为后天之先天）。真铅，亦即是壬水。人身皆属后天，要想采取先天壬水，必然要借助后天癸水。壬水就藏于癸水之中，癸水不生，壬水则不出现，真铅也就不能产生。但如果癸水已然生成，则必定下流（浊精）。所以，要抓住那"癸之将生"之时，紧急采取，癸水变壬水，采得真铅。过了这个时间，癸水也就不是修炼之药物了。简单来讲，真铅（后天之先天精）不能凭空产生，需要后天精的激发。修行者在静坐之时，静中生动（"静中才一动，便是癸生时"），癸水将生未生，及时采取，是为真铅。

那怎样判断"癸之将生"呢？张煦称为"上下有景"，即"上有天星可凭，下有潮信可验"。这是出自《入药镜》的"天应星，地应潮"[1]，本是指元炁在体内运行的路线，张煦用来指代"癸之将生"时的验证景象。宏观上讲，是指人身体的运行与日月星辰之阴阳升降、交会相应，可以称为生理上的天人相应。具体来讲，宜在"上下有景"时静坐修行。张煦在注释"若问真铅是何物，蟾光终日照西川"一句时，进一步对产药时间与验证景象进行了论述，其云：

> 真铅为丹道枢机，制伏变化，惟此是宗。不得真铅，徒劳枉作，若问真铅是何物？试看蟾光初三现于西方，可悟真铅之为物矣。歌有曰："真铅无象难言说，遥指天边月出庚。"即此义也。[2]

古人认为月宫中有蟾蜍与玉兔（亦有说蟾兔就是月中的玉兔），蟾光即月光。月光终日照在西方，这是每月初三特有的现象。张煦认为凭借这个现象，便可知晓真铅是何物。按纳甲法，初三日，月出庚（"真铅无象难言说，遥指天边月出庚"），为震卦，震卦一阳爻伏于二阴之下，即"一阳来复"也，这就是产药的景象和时间[3]。

---

① （元）王玠：《崔公入药镜注解》，《道藏》第 2 册，第 882 页。

② 《再注》下卷，第 100—101 页。

③ 涉及的推导过程参见何欣：《浙江图书馆藏〈悟真篇直注〉的丹道药物理论探析》，《宗教学研究》2021 年第 3 期，第 43—50 页。

位置、时间①、景象及所采药物皆明晰后，便可得药。张煦云："若能时刻无差，得药归来，送入中宫黄庭之中，以意防守，毋稍疏（疏）逸，如炉火以六一泥封固鼎釜之坚牢。土釜取意中央也。"② 这里主要强调了安置真铅的地方，即"中宫黄庭"。还要注意的是"以意防守"，将其封存不致泄漏，就像外丹炉火以六一泥封固鼎釜一样。

二、配合有物，斤两有定

送入中宫黄庭之后，还需要知晓配合之物与配合之斤两。张煦在注解"……次入流珠厮配当。药重一斤须二八，调停火候托阴阳"时云：

> 既得金华，须明配合。流珠，乾中爻之阴精。《参同契》曰："太阳流珠，常欲去人，卒得金华，转而相因。"次当运东阳之木液，流珠以厮配相当，则金木交融，阴阳浑冶。取坎卦之奇，以填离卦之偶，二三如六，循环流转，离复为乾，内卦已具，是已返还至十六时，丞末化精之候矣。一斤十六两，两个八也。《敲爻歌》曰"八八青龙总一斤"是也，而非"二八相交在壬丙"之二八也。虽明药物，不知斤两，毫发有差，大丹不结。必更调停火候，取法于天地阴阳之运行，配合抽添，工完行足，脱胎神化，方为了当之候也。③

金华是所得之药，即真铅。流珠，乾（疑为离）中爻之阴精。流珠是取水银的形态而名。水银，也称为汞，为容易流动的银白色液态金属。因人的心思变动不居，无有常态，与水银容易流动的特性相合，所以常以水银比喻人的心思。在丹经中，水银常称为"汞"，人的心思常称为"神"。

张煦又引用《参同契》之语，可以看出这里的流珠，是指"真汞"，亦即后天之先天神。"太阳流珠，常欲去人，卒得金华，转而相因"，后天之先天神与

①　采取时机见后文"二八"处的论述。
②　《再注》上卷，第25页。
③　同上书，第25—26页。

后天识神为消长关系，人心变动无常，识神作主，先天神（太阳流珠）常常离人而去（逐渐消失）。要想留住先天神，需得金华（真铅，即前述所得之药）制之，真汞、真铅转而相因相凝。所以，配合之物便是"真汞"（后天之先天神），也即上节所讲的"以意防守"。

张煦在前面都是重点在讲"真铅"，到这里才有了"真汞"的参与，初看好像真铅比真汞重要，实际上，真铅、真汞皆是修丹的药物，都很重要，真汞又比真铅更为重要。张煦云："丹法求铅，原为制汞。修行在汞而不在铅。"① 又云："盖金丹修持，抽铅添汞，内外相接，龙铅虎汞，升降飞走，以结圣胎，是以通灵入圣，惟水火熏蒸，温养涵濡，真铅坯（胚）胎之祖，无所复用。"② 张氏是从修行阶段上讲真汞比真铅更为重要。这也符合"先命后性"的修行路径，张煦云："……示人先命后性也，性命两宗修行并重。大易《河图》虚心，为丹法性工（功）之准；《洛书》实腹，为丹法命工（功）之规，性工法身之上事，命工色身上事，两者为人生之本，修此两者，为仙圣之源。"③

关于斤两，张煦云："《敲爻歌》曰'八八青龙总一斤'是也，而非'二八相交在壬丙'之二八也。"《敲爻歌》原文为："七七白虎双双养，八八青龙总一斤。"④ 张煦在注释"二八谁家姹女，九三何处郎君"一句时，有更为详细的论述：

> 二八十六，一觔（斤）之数，八八青龙也，汞也。九三，三九二十七，十四之数，七七白虎也，铅也。故自称木液与金精也。⑤

从论述来看，张氏征引《敲爻歌》"八八青龙总一斤"一句实为代表"七七白虎双双养，八八青龙总一斤"两句，意指青龙（木液、真汞）与白虎（金精、真铅）各占一半，阴阳平衡。《中和集》也持类似观点，其云："半斤

---

① 《再注》下卷，第104页。
② 同上书，第105页。
③ 同上书，第106页。
④ 《吕祖志》，《道藏》第36册，第483页。
⑤ 《再注》上卷，第66页。

铅，八两汞，非真有斤两，只要二物平匀，故曰二八。"①

丹经中还有一种常见的说法，谓二八非计量数，而是比喻采药时刻。张煦也有提及，他在注释"草木阴阳亦两齐，若还缺一不芳菲。先天绿叶阳先倡，次发红花阴后随。常道即斯为日用，真源反此有谁知。报言学道诸君子，不识阴阳莫乱为"一句时云：

> 此章诗明真水之候也，金丹法天象地，配合阴阳。阴阳为德，无物不具。语有曰：一物之中一太极。不但乾坤、坎离、铅汞、金木为阴阳，即药物亦有阴阳之别，先后之分。试观草木，秉二炁而生，其体具有阴阳。若缺其一，则孤阴寡阳不芳菲矣。先开绿叶，阳倡于先。次发红花，阴随于后。世间日用常行之道如是也。而真源之水，则与此相反。先发红花，阴倡于先，花落宝生，阳随于后。经曰：前弦金八两，后弦水半斤。先天为金，后天为水也。三丰真人曰：先天药能超脱，后天药延命壳。又有曰：这元机，世罕知，须共神仙仔细推。语曰：宁与人千金，不与人以六甲阴。不知此理而强为，是皆乱作狂为矣。②

水即铅，真水即真铅。真水之候，即采取真铅的具体时机。前文所讲"一阳来复"之时是大宇宙的时间，"癸之将生"是自身小宇宙的时间，这里的"二八"即癸之将生的具体时机。张煦云："前弦金八两，后弦水半斤。先天为金，后天为水也。"按丹法理论，金水共为一斤，旧度量衡制度一斤为十六两，半斤为八两。二八非计量数，乃暗喻时刻。即在精气已生之候，有气无质之时为金半斤，是先天的；在质生之时，为水半斤，是后天的。采取之候，即在先天将化、后天未现之间隙用之，所以二八之意，即有质无质之间，贵在火候知时③。

---

① （元）李道纯：《中和集》，《道藏》第 4 册，第 501 页。

② 《再注》上卷，第 40—42 页。

③ 参见闵智亭、李养正主编：《中国道教大辞典》，台中：台湾东久企业（出版）有限公司 1999 年版，第 8 页。

另外，张煦专门指出非为"二八相交在壬丙"的"二八"，这里的二八更为复杂。张煦在注释"月才天际半轮明，早有龙吟虎啸声。便好用心修二八，一时辰内管丹成"时有详细论述，其云：

> 此章诗，明艮兑二八之旨也。月为天地盈虚之消息，丹法取象为准绳。篇中歌咏屡见叠出。月有庚甲，为初生盈满之则。上下两弦，为阴阳各半之规。东西二位，具有玄机，必得师傅口诀，始能洞彻无讹。则金逢望远之月，八月十五玩蟾辉之月，坎配蟾宫之月，金乌搦兔儿之月，蟾乌遇朔之月，蟾光照西川之月，云霞日月之月，华池饮罢月，澄辉之月，兔鸡之月之月，日月三旬一遇逢之月，十月霜飞之月，与本章天际半轮之月。上下二弦，如前弦之后，后弦前之（疑为之前），二弦与本章二八之二弦。本章之二八，与八八青龙之二八，药重一斤须二八之二八，鲜不迷离淆乱者。愚再注是篇，逐一细解，务使朗然分别。期于正道昌明，俾来者不致怅于歧路。盖月虽阴体，自合璧以后，孕受阳炁，至初八日已及半轮，是阴体之中已具阳炁之半。如卦象之六爻，内三爻为内卦，外三爻为外卦。半轮明月，如卦之内三爻已成三阳，大丹已得其半，故曰，月终天际半轮明，是以月喻丹也。天际为乾阳位也。《敲爻歌》曰"火足数，药方成，便有龙吟虎啸声。三铅只得一铅就，金果仙芽未现形"，正此谓也。修丹至此，便好再安炉鼎，以修二八，会合丙壬，交媾龙虎，火足工周，铅龙上升，汞虎下降，龙吟虎啸，风狂浪涌，外则持盈捧满，内则走圣飞灵，中宫黄庭片晌之间，金丹自成矣。《参同契》曰：上弦兑数八，下弦艮亦八，两弦合其精，乾体乃成，如月之两半合为一轮也。昔人有句曰：丹光出林作明月，玉气上天为白云。炉火外丹成就，其光上浮亦作明月之象，丹之于月，非但金丹此拟法象也。[1]

张煦在书中云："金丹，合艮兑二弦之炁以成。"[2] 这里又云："此章诗，明

---

[1] 《再注》下卷，第119—123页。

[2] 《再注》上卷，第58页。

艮兑二八之旨也。"① 张煦采用了《敲爻歌》的说法，其云："火候足，药方成，便有龙吟虎啸声。三铅只得一铅就，金果仙芽未现形。再安炉，重立鼎，跨虎乘龙离凡境。日精才现月华凝，二八相交在壬丙。龙汞结，虎铅成，咫尺蓬莱只一程。乾铅坤汞金丹祖，龙铅虎汞最通灵。"② 刘一明《敲爻歌直解》云："还丹成就，即是金丹之事。金丹作用，又与还丹作用不同，必须重安炉鼎，再置钳锤，将还丹炼就一个永久不坏之物，方为极功，故曰'再安炉，重立鼎，跨虎乘龙离凡境'……'壬'即元精真一之水，'丙'即元神温和之火，灵根得元精、元神水火烹煎，自然刚而不至于太过，柔而不至于不及。"③ 张煦对药物的变化过程，有一宏观描述："黄芽，药之初生也。铅汞相生，坎离交合，火符数足，大药乃萌，黄芽斯长，继以壬丙交，龙虎媾，以生金丹，而结圣胎。"④

综合来看，张煦认为在修丹过程中有两个"二八"。第一个是在采药之时，二八是指两个八，指铅汞（阴阳）要均衡。第二个是在"大药乃萌，黄芽斯长"后，继以壬丙交（即"以修二八，会合丙壬"，"二八相交在壬丙"），壬指壬水（元精真一之水），亦即真铅；丙指丙火（元神温和之火），亦即真汞。前者指阴阳平衡，后者指真汞与真铅，义虽并通，但实指不同。

① 这种说法源于《参同契》，其云："上弦兑数八，下弦艮亦八，两弦合其精，乾坤体乃成。二八应一斤，易道正不倾。"见（唐）彭晓：《周易参同契分章通真义》，《道藏》第20册，第140页。上弦月即初八时的月相，为半月之相（偃月之状），于卦为兑，于药为真铅。下弦月即二十三的月相，十五为满月，距十五为八，下弦月亦为半月之相（悬胎之象），于卦为艮，于药为真汞。《参同契》大约成于汉代，其时半斤为八两，一斤为十六两，上弦为半斤，下弦为八两，两者合为一斤，正合"药重一斤须二八"之语。张伯端亦以身心分上下弦，其《金丹四百字·序》云："以身心分上下两弦。"见（宋）张伯瑞：《金丹四百字》，《道藏》第24册，第161页。如此，则身为命，为真铅，为上弦；心为性，为真汞，为下弦。
② 《吕祖志》，《道藏》第36册，第483—484页。
③ （清）刘一明：《道书十二种·〈敲爻歌〉直解》，《藏外道书》第8册，成都：巴蜀书社1994年版，第425—426页。
④ 《再注》上卷，第21页。

三、内外相接，以结金丹

张煦在注释"黄芽白雪不难寻，识者须凭德行深。四象五行全借土，三元八卦岂离壬。炼成灵质人难测，消尽阴魔鬼莫侵。欲向人间留秘诀，未逢一个是知音"一诗时云：

> 黄芽，药之初生；坎离交，内药成；大药初生之象也。白雪，丹之已成；铅汞合，大药就；内丹已成之景也。黄芽白雪，不难寻见，惟秉性温良，积德累仁之士，始能遭遇真师，获明正法。金丹大道，取坎填离，先天离坎，居东西，后天离坎，居南北。东西南北，四象也。一四合成五，为戊土。二三合成五，为己土。始也，生戊死己；继也，流戊就己。只因木、火、水、金，各怀真土。遥能和合四象，攒簇五行。丹经曰：皆秉中宫土德戊己之功。故曰：全借土也。三元，上中下也。八卦，乾、坤、坎、离、震、兑、艮、巽也。丹道运用，周天火符，会合八卦，肇始立基。周流斡旋，惟此天一之壬水。壬，即水中银也。故曰：岂离壬也。得丹以后，血化为膏，精化为炁，炁化为神，隐虚变化，凡躯成为灵质。贸贸世人，乌得而测之哉。经曰：纯阳无阴者，仙也。净阴无阳者，鬼也。阴阳各半者，人也。人可以为仙，可以为鬼。得丹则阴尽阳纯。魔鬼焉得而侵之哉。仙师志切度人，而道器难逢，知音罕见，载咏是篇，以贻后世。《道藏》丹经，无有出其右者。天中杲日，织细悉明，今日读之，如瞻慈笔也。①

张煦将修丹之事粗分为两个阶段：坎离交，内药成；铅汞合，大药就。书中其他地方，亦有相似论述，如其云："修士内药成就，外药和谐，乘龙跨虎，虎啸龙吟，二八相交，内外相接，以结金丹。"② 又云："修士调和铅汞，以

---

① 《再注》上卷，第37—39页。
② 同上书，第17页。

成金丹。"① 笔者分而论之。

其一，坎离交，内药成。

张煦在注释"偃月炉中玉蕊生，朱砂鼎内水银平，只因火力调和后，种得黄芽渐长成"一句时，对内药之生成有详细论述，其云：

> 偃月炉，先天法器。玉蕊生，一阳初动也。乾为金，为玉，即真铅之始生。朱砂鼎，木火烹炼之具。流珠，制于水银；木液凝而不飞，得真铅为之配合；运用火符消息，调和自尔刀圭变化，以长黄芽。药苗新苗，待火符数足，内药始成也。②

张煦此处是对上述几个小节的概括。木液，即真汞；真汞与真铅配合，运用火符消息，调和刀圭变化，以长黄芽，等到火符数足，内药便成了。而具体真汞与真铅如何配合呢？张煦云："黄芽，药之初生；坎离交，内药成；大药初生之象也。"③ 关键词是"坎离交"，张煦在书中其他部分也数次提及，如在注释"甘露降时天地合，黄芽生处坎离交"一处时亦云："黄芽，药之初生也。铅汞相生，坎离交合，火符数足，大药乃萌，黄芽斯长，继以壬丙交，龙虎媾，以生金丹，而结圣胎。"④

关于"坎离交"，张煦云："金丹大道，取坎填离，先天离坎，居东西，后天离坎，居南北，东西南北，四象也。一四合成五，为戊土；二三合成五，为己土。始也，生戊死己；继也，流戊就己。只因木、火、水、金，各怀真土。遥能和合四象，攒簇五行。"第一句都好理解，先天八卦，坎离居东西；后天八卦，坎离居南北。理解的难点在第二、三句，特别是其中"一四""二三"等数字从何而来。张煦在注释"离坎若还无戊己，虽含四象不成丹。只缘彼此怀真土，遂使金丹有返还"一句时，有详细论述：

---

① 《再注》下卷，第99页。
② 《再注》下卷，第96—97页。
③ 《再注》上卷，第37页。
④ 同上书，第21页。

坎离，后天居南北，先天居东西，是含四象也。坎中阳为水金，天一生水，地四生金，一四合成五，而生戊土。故《参同契》曰：坎戊月精。离中阴为木火，地二生火，天三生木，二三合成五，而生己土。故《参同契》曰：离己日光。只缘坎离彼此各怀真土，土德周流四象，性情同类，遂使金丹有七返九还之妙，篇中比之婚姻之媒媒，以其联络阴阳，和合坎离也。语有曰：中央无空位，以四象为位。《入药镜》曰：穷戊己。《参同（契）》曰：二物一家都归戊己。中宫黄帝（庭），为万物母，故曰黄婆。①

天一生水，地四生金；地二生火，天三生木。一四合成五，二三合成五。综合来看，所谓坎离交，本质上是将坎中阳与离中阴在真土的作用下行七返九还之功，功成则内药成。

其二，铅汞合，大药就。

张煦在注释"虎跃龙腾风浪粗，中央正位产玄珠。果生枝上终期熟，子在胞中岂有殊。南北宗源翻卦象，晨昏火候合天枢。须知大隐居尘市，何必深山守静孤"一诗时云：

虎，兑金也；龙，震木也。修士内药成就，外药和谐，乘龙跨虎，虎啸龙吟，二八相交，内外相接，以结金丹。当飞灵走圣混合乾坤、虎跃龙腾之际，外则持盈执玉，惟恐弗胜，如将有失；内则中宫神室产育玄珠。中央正位，《周易》"黄中通理，正位居体"也。歌有曰：山头虎啸风生处，海底龙吟浪起时。虎啸龙吟交战罢。风恬浪静产婴儿。玄珠，金丹也。②

从张煦所述可以看出，所谓"铅汞合"其实就是"二八相交"，亦即是"壬丙交合"。前文简单说明了壬丙所指，壬指壬水，即真铅；丙指丙火，即真汞。张煦在书中对"二八相交"之具体所指总是闪烁其词，盖为其丹法的隐秘

---

① 《再注》下卷，第113—115页。
② 《再注》上卷，第15—18页。

之处。

宋代萧廷芝云："莫问九三二八，无过阴偶阳奇。大都离坎结夫妻。要识屯蒙既未。若遇一阳起复，便堪进火无迟。只因差失在毫厘。野战更宜仔细。"[①] 李道纯《中和集》云："火符容易药非遥，造化全同大海潮。药物只于无里采，火丹全在定中烧。九三辐辏诸缘息，二八相交五气朝。阴尽阳纯功就也，真人出见谒神霄。"[②] 可见，自宋元以来，丹家就开始论述"二八相交"，但皆未具体说明其实质是什么。

仅以字面含义去理解，"二八相交"就是真铅真汞交合，那与"坎离交，内药成"就没有区别了。显然不是这样，张煦在论述"斤两"时，专门指出有两个"二八"，实际上已经暗示了"坎离交"与"铅汞交"的区别。

张煦虽然未在书中直接指明，但暗示之处颇多。综合来看，"铅汞交"的"铅汞"与前面"坎离交"的"铅汞"并非一物。当修内药之时，取铅以制汞，铅（金华、坎中阳、真铅）汞（流珠、离中阴、真汞）相投，火符数足，七返九还，结成内药。七返者，返真汞之本性；九还者，还真铅之本性。坎离交，内药成。所成之内药，亦称为"真铅"（铅），也称还丹，用"壬"代表。张煦云："黄芽，药之初生也。铅汞相生，坎离交合，火符数足，大药乃萌，黄芽斯长，继以壬丙交，龙虎媾，以生金丹，而结圣胎。"[③] 丙，即所返的真汞之本性。"继以壬丙交"，明确指出非为炼内药之时的"坎离交"。明白了这两段工夫，再去理解张煦的"坎离交""铅汞交"以及其他相关论述则会更明白。

至于张煦提到的"内外相接""内外和谐"等，实则便是两段工夫所属的两层内外。"坎离交"之时，汞为一己所有，不需采取，为内药；铅则需要等一阳来复之时，二八平平之机采取，为外药。铅汞相投，送归中宫黄庭，火符数足，七返九还之后，"内药"成就，进入下一阶段。"铅汞交"之时，上阶段所炼制"内药"（真铅）为原料，进行抽添进退，有爻符勐两，年月日时，按张煦"火候内外两炉"的分法，为武火，称为外药。此"真铅"（外药）与己身真一

---

① （宋）萧廷芝：《修真十书·金丹大成集》，《道藏》第4册，第648页。

② （元）李道纯：《中和集》，《道藏》第4册，第513页。

③ 《再注》上卷，第21页。

之汞同炼。真汞为火，即后天之先天神，为文火，此火十二时中，如龙养珠，如鸡覆卵，赫赫常红，无有间断，所谓守一不离，称为内药。学者要明白这两层内外药，才能有所得。

四、结　语

《悟真篇再注》中的象征体系、基本原理、药物、次第等与前人基本一致，其主要贡献是把药物与火候论述得更为具体，将许多修炼上的细微末节分条梳理了出来。张煦认为金丹为药物所凝结，药物又可分为内药和外药，他进一步指出产药有其方位，生药有其时间，生药时上下有验证的景象，生药后有地方安置，安置好后又需要有物配合，药物与配合之物的斤两还必须是确定的。丹经向来隐晦，张氏如此清晰指出药物及其相关环节的关键法诀，实属罕见，他本人也说"不经师指，此事难知"。火候历来被丹家视为秘中之秘，向来有"圣人传药不传火"之说。张煦称火候法度细密，活泼圆通，有定无定，无定有定，必须靠亲身经历，方能有得。内丹修炼过程中，不同阶段要用与之相应的火候，这就需要先有明师指导；而这些不同阶段火候法度的掌握，又必须依靠修行者在实际炼功中去领悟与体验，所以丹经中对火候的论述多是点到即止。张煦对火候的论述较多，也更为细致。

元代至元十八年焚道经书目考*

丁酩茗**

内容提要：《辨伪录》收录了元代至元十八年（1281）焚毁的道经书目39种，其中存在不少错误与疑点。实际上书目中有多部实际未阙，另有大量阙经不见于此名单。或许这39种经目是从实际数量更多的选定的焚毁经书中选择性地誊抄呈递的，在抄写过程中使用了简称、代称，且有部分书目出现了誊抄错误等情况。

关键词：《辨伪录》；道藏目录；佛道关系

从佛教东传以来，佛道关系一直都是古代社会宗教互动的一大主题，双方的势力消长都随着历代王朝的更替而发生着变化。道教与佛教在历史上曾经发生过几次比较大的争端，元朝宪宗时期（1251—1259）佛道双方已经产生了两次论战，到了元世祖至元十八年（1281），两教之间再次发生冲突，辩论的焦点集中于道教《化胡经》和《老君八十一化图》。僧人祥迈奉敕将这次事件的全部经过撰写成实录，即今所见《至元辨伪录》（简称《辨伪录》）。《辨伪录》共

---

* 本文系国家“十三五”规划文化重大工程《中华续道藏》（批准号：中央统战部“统办函”［2018］576号）的专项研究成果。

** 丁酩茗，女，四川成都人，中国人民大学哲学院佛教与宗教学理论研究所2020级博士研究生。

有五卷，卷二文末附有一篇《钦奉圣旨禁断道藏伪经下项（见者便宜烧毁）》①，收录了道教辩论失败后被要求焚毁的 39 部道经目录。经书目录如下（括号内为原注）：

《化胡经》（王浮撰）、《犹龙传》《太上实录》（宋谢守灏撰）、《圣纪经》《西升经》《出塞记》《帝王师录》《三破论》（齐人张融假托他姓）、《十异九迷论》（傅奕、李玄卿）、《明真辩伪论》（吴筠）、《十小论》（吴筠）、《钦道明证论》（唐员半千假托他姓）、《辅正除邪论》（吴筠）、《辟邪归正议》（杜庭）、《龁邪论》（梁旷）、《辩仙论》（梁旷）、《三光列记》《谤道释经》（《破大藏经》，林灵素、杜光庭撰）、《五公问虚无经》《三教根源图》（大金天长观道士李大方述）、《道先生三清经》《九天经》《赤书经》《上清经》《赤书度命经》《十三虚无经》《藏天隐月经》《南斗经》《玉纬经》《灵宝二十四生经》《历代应现图》《历代帝王崇道记》《青阳宫记》《纪胜赋》《玄元内传》《楼观先生内传》《高上老子内传》《道佛先后论》《混元皇帝实录》。②

以上 39 部道经仅存篇名及部分撰者名。此书目在道教《天皇至道太清玉册》、佛教《佛祖历代通载》（后文简称《历代通载》）、《释鉴稽古略续集》（后文简称《稽古略续》）、《解惑篇》中有转引，部分书目用字与上文有不

---

① 元刻本作"见者便宜收取"。详见（元）祥迈：《大元至元辨伪录》，《中华再造善本》，北京：北京图书馆出版社 2002 年版，据中国国家图书馆藏元刻本影印，共 4 册，22.5×33cm，10 行 20 字。

② （元）祥迈：《辨伪录》，《大正新修大藏经》（简称大正藏）第 52 册，东京：大正新修大藏经刊行会昭和 37 年（1962）版（以下略注），第 763—764 页。其中《化胡经》遭到焚毁当是不争的事实，也是这次事件的导火索，后文不再专门讨论《化胡经》。

同①；且《大正藏》本《辨伪录》所录书目与元刻本相比也存在个别差异。部分书目见于《道藏阙经目录》②（后文简称《阙经目录》）。陈国符在《道藏源流考》中对以上书目做了简单的考证，张云江在此基础上对元代焚经一事再次提出不同见解，学者的关注点也主要集中在《大正藏》本《辨伪录》书目上③。通过对以上书目进一步考证后，笔者发现这 39 部书目存在不少疑点，或许不足以代表当时焚经的全部情况。

一、书名错漏字及简称情况

以上书目中，有 8 部存在书名部分用字错误、3 部存在书名简称指代不明确的情况。

（一）书名用字错误情况

1.《楼观先生内传》当作《楼观先师内传》④。《宋史》著录"尹文操《楼观先师本行内传》一卷"，《崇文总目》作"《楼观内传》二卷"，《通志》著录

---

① （明）朱权：《天皇至道太清玉册》，《道藏》第 36 册，北京：文物出版社、上海：上海书店、天津：天津古籍出版社 1988 年版（以下略注），第 367—368 页；（元）念常集：《佛祖历代通载》，《大正藏》第 49 册，第 719 页；（明）幻轮编：《释鉴稽古略续集》，《大正藏》第 49 册，第 906 页；（清）弘赞编：《解惑篇》，《嘉兴大藏经》（简称嘉兴藏）第 35 册，台北：新文丰出版公司 1987 年版（以下略注），第 466 页。其中，《天皇至道太清玉册》转引书目与《大正藏》本《辨伪录》全同，后文不再提及；《释鉴稽古略续集》转引的书目中略去了全部作者信息，后文只对比其书名部分。

② 《道藏阙经目录》，《道藏》第 34 册，第 502—515 页。卷首称"于旧目录内抄出"。

③ 详见陈国符：《道藏源流考》（新修订版），北京：中华书局 2014 年版，第 135—137 页；张云江：《至元十八年焚毁道经事考辨》，《世界宗教研究》2014 年第 4 期，第 66—73 页；霍克功：《元代北京佛道关系研究》，《佛学研究》2014 年总第 23 期，第 150—156 页。

④ 可参见曾召南：《尹轨和〈楼观先师传〉考辨》，《宗教学研究》1984 年，第 76—82、104 页。另外，《阙经目录》另有"《太和楼观内纪本章记》"（《道藏》第 34 册，第 509 页）。从谢守灏"按《楼观先师传》及《楼观记》并云"（《混元圣纪》，《道藏》第 17 册，第 810 页）句，《云笈七签》"太清真人传"条"按《楼观仙师传》及《楼观本记》并云"（《云笈七签》，《道藏》第 22 册，第 707 页）等句来看，此阙经指的应是《楼观本记》而非《楼观先生内传》，但两者内容上当有莫大关系，故可能一并被焚。

"《楼观内传》三卷，尹轨、韦节等撰"①。《阙经目录》无载。《终南山说经台历代真仙碑记》载："始以太和尹君别作《楼观先师传》于晋，次则精思韦法师迷之于后，周末则尹尊师文操续之于唐，合三十人，各一列传，为书三卷，垂世久矣。"②此经为尹轨所著，韦节、尹文操续，最终成书三卷，此说法与《通志》著录同。

2.《青阳宫记》当作《青羊宫记》。《阙经目录》无载。此书指代不详，或有两种可能。其一，《阙经目录》中有"《太上老君青羊符瑞记》二卷"③，《通志》有"《太上老君青羊肆瑞砖应见记》一卷"④，或指代此记。其二，同样被列入焚经书目中的《犹龙传》和谢守灏作品当中⑤，出现了"青羊宫记"的说法，谢守灏提到"唐翰林学士承旨乐朋龟撰《青羊宫记》云"，"唐翰林承旨乐朋龟《青羊宫碑》云"⑥；《犹龙传》中有一段《青羊宫记》⑦的引文，内容与今所存《西川青羊宫碑铭》⑧同，《青羊宫记》指代《西川青羊宫碑铭》是有可能的。《辨伪录》所载"青阳宫"当是誊抄者在听音而未见字的情况下的误写。

3.《纪胜赋》当作《纪圣赋》。《阙经目录》有载⑨。《通志》《崇文总目》《国史经籍志》均著录有"《纪圣赋》一卷"⑩，未存作者姓名。元代赵道一撰

---

① （元）脱脱等：《宋史》，北京：中华书局2000年版（以下略注），第3456页；（宋）王尧臣等编次，（清）钱东垣等辑释：《崇文总目》第3册，《丛书集成初编》第23册，北京：中华书局1985年版（以下略注），第304页；（宋）郑樵：《通志》，北京：中华书局1987年版（以下略注），第788页。

② （元）朱象先：《终南山说经台历代真仙碑记》，《道藏》第19册，第549页。

③ 《道藏》第34册，第509页。

④ （宋）郑樵：《通志》，第789页。

⑤ 北宋贾善翔所撰《犹龙传》和南宋谢守灏所撰《混元圣纪》等，也被列入这39部焚经书目中，而这两部经中出现了不少对道经的引用提及，值得注意的一点是这些被提及的经目也多被列入焚烧书目中，后文中还会多次出现对此二书的引用。

⑥ （宋）谢守灏：《混元圣纪》，《道藏》第17册，第780页；《太上老君年谱要略》，《道藏》第17册，第884页。

⑦ （宋）贾善翔：《犹龙传》，《道藏》第18册，第15页。

⑧ （唐）乐朋龟：《西川青羊宫碑铭》，《道藏》第19册，第679—687页。

⑨ 《道藏》第34册，第515页，作"《纪圣赋》"。

⑩ （宋）郑樵：《通志》，第789页；（宋）王尧臣：《崇文总目》第3册，第309页；（明）焦竑：《国史经籍志》，王承略、刘心明主编：《二十五史艺文经籍志考补萃编》第23册，北京：清华大学出版社2014年版（以下略注），第279页。

《历世真仙体道通鉴》卷四十提到"（杜）光庭尝撰《混元图》《纪圣赋》《广圣义》《历帝记》暨歌诗杂文，仅百余卷行于世"①。杜光庭在《道德真经广圣义》卷五中提到"又《应号五圣图》及《纪圣》《老君内传》云"②，那么此文应在他之前已经问世并被他所知。《辨伪录》所作"纪胜赋"中的"胜"字，与"青阳宫"的"阳"字情况类似，可能是誊抄者在听音而未见字的情况下的误写。

4.《三光列记》当作《三天列记》。元刻本，《历代通载》《稽古略续》《解惑篇》中"光"字均作"天"字。《阙经目录》无载。《犹龙传》称："后圣君，《三天列纪》中自有传。"③ 元代刘大彬撰《茅山志》卷十"圣师金阙帝宸后圣玄元上道君"条提到"（后圣君）有传纪，名《灵书紫文》，一曰《五老宝经》，今《三天列纪》是也"④。《混元圣纪》虽未提到《三天列记》之名，但却有"按《后圣李君列记》云"⑤ 的说法，引文部分与今《正统道藏》所收录《上清后圣道君列记》⑥ 大致相同。此部《上清后圣道君列记》当是这里所说《三天列记》。

5.《赤书度命经》。《历代通载》《解惑篇》《稽古略续》作《赤画度命经》，两种说法或均为误。《阙经目录》、史著与道经中均无《赤书度命经》，但另有《太上洞玄灵宝诸天灵书度命妙经》（《灵书度命经》）存⑦。《赤书度命经》可能是《灵书度命经》的误写。一方面，南北朝甄鸾所撰《笑道论》已经有了对此经的批评⑧，另一方面，法琳在《辩正论》中多次提到"《灵书经》云""《灵宝诸天灵书度命妙经》称""《灵宝度命经》云"等⑨，两人所引内容也与《灵书度命经》同。《辨伪录》对道经的批评有不少延续了早期佛道辩论的

① 《道藏》第5册，第331页。

② 《道藏》第14册，第340页。

③ （宋）贾善翔：《犹龙传》，《道藏》第18册，第9页。

④ 《道藏》第5册，第596页。

⑤ （宋）谢守灏：《混元圣纪》，《道藏》第17册，第799页。

⑥ 《道藏》第6册，第744—748页。

⑦ 《道藏》第1册，第799—805页。

⑧ （唐）道宣：《广弘明集》，《大正藏》第52册，第150页；《大正藏》第52册，第186页。

⑨ （唐）法琳：《辩正论》，《大正藏》第52册，第536、543、546页。

内容，其中就包括法琳的诸多观点。以此来看，此经作《灵书度命经》当更有可能。

6.《五公问虚无经》。"五公"当作"五公子"，缺"子"字可能为誊抄漏字。《崇文总目》著录"《五公子问无虚道经》一卷"①，《通志》作"《五公子问虚无道》一卷"②，《国史经籍志》著"《五公子问虚无道经》一卷"③。《阙经目录》有载④。"五公子"问道一事在《修真十书杂著捷径》"西岳窦先生修真指南"条中有提到"我尝念昔有五公子问太上虚无之地"⑤。后文为太上老君的问答，称虚无之地有五，与五方、五脏、五体等对应，属于身内修行之法，当与《五公子问虚无道经》内容接近。

7.《道先生三清经》。《历代通载》《稽古略续》《解惑篇》均作《混元生三清经》，当为是。"道先"可能是"混元"的误写。《阙经目录》无载。《道先生三清经》的说法未见相关著录和记载，而《混元生三清经》则被后世提及过。金代翟三携撰《三清殿碑》中提到"尝观《混元三清经》"⑥，引文内容接近早期灵宝经关于大道创世的一贯说法。元代邓柟撰《道法宗旨图衍义》卷上中提到"《混元三清经》"⑦，但引文内容渊源不详。

8.《辩仙论》。元刻本作《辨仙论》，《历代通载》《稽古略续》《解惑篇》均与元刻本用字同，当为是。《阙经目录》有载⑧。

（二）书目简称不明情况

1.《九天经》。此经指代不详。《阙经目录》无此经名。道经中以"九天"为名者有多种，这些不同经文也存在被简称为"九天经"的情况，其中以《洞玄灵宝自然九天生神章经》⑨被简称为"九天经"的频率最高，即便如此，此经

---

① （宋）王尧臣：《崇文总目》第 3 册，第 272 页。

② （宋）郑樵：《通志》，第 790 页。

③ 王承略、刘心明主编：《二十五史艺文经籍志考补萃编》第 23 册，第 274 页。

④ 《道藏》第 34 册，第 507 页。

⑤ 《道藏》第 4 册，第 699 页。

⑥ （清）张金吾：《金文最》，北京：中华书局 1990 年版（以下略注），第 1080 页。

⑦ 《道藏》第 32 册，第 611 页。

⑧ 《道藏》第 34 册，第 508 页。

⑨ 《道藏》第 5 册，第 843—848 页。

更多的简称还是《生神章经》或《九天生神章》。在唐代佛道辩论中，法琳曾经引用评论过《灵宝九天生神章》①；《辩伪录》"创立劫运年号伪"② 中出现了类似《九天生神章》的引文，是以不排除《九天经》指代《洞玄灵宝自然九天生神章经》的可能。

2.《赤书经》。此经指代不详。《阙经目录》无此经名。道经中有诸多以"赤书"为名的经文。《犹龙传》中提到："《赤书》云：劫运者，三十日为一交，十二交为一度，三千三百度为小劫，九千九百度为大劫。"③ 此段引文见于《元始五老赤书玉篇真文天书经》④。《赤书经》可能指代《元始五老赤书玉篇真文天书经》。

3.《上清经》。此经指代不详。"上清经"是道教上清派经系的统称，《阙经目录》无此经名，但以"上清"二字为首的阙经则为数众多。同时，道经引文中出现"上清经"简称的经书较多，具体指代也各不相同。其中有三处关联较大。第一，法琳《辩正论》有一段"所以《上清经》云"⑤ 的引文，内容与《三天内解经》很相似；第二，杜光庭《太上老君说常清静经注》称"《上清经》云：诸方各有五亿五万五千五百五十重天，天地之数亦然"⑥，此内容同样见于上文所称《赤书经》《灵书度命经》中；第三，《犹龙传》和谢守灏《混元圣纪》中也有单称"《上清经》"的用法，如"按《上清经》云：天圆十二纲，地方十二纪……"⑦ 比对引文内容来看，此文出处为《上清三天正法经》，此经《阙经目录》有存⑧。以上所述三种情况的共同点是都与早期上清经系相关。

---

① （唐）法琳：《辩正论》，《大正藏》第 52 册，第 498 页。

② （元）祥迈：《辩伪录》，《大正藏》第 52 册，第 753—754 页。

③ （宋）贾善翔：《犹龙传》，《道藏》第 18 册，第 5 页。

④ 《道藏》第 1 册，第 774—799 页。

⑤ （唐）法琳：《辩正论》，《大正藏》第 52 册，第 536 页。

⑥ 《道藏》第 17 册，第 184 页。

⑦ （宋）谢守灏：《混元圣纪》，《道藏》第 17 册，第 794 页。

⑧ 《道藏》第 34 册，第 503 页，"《上清太上三天正法经诀》"。

二、经目作者不符及书目重复

上述 39 部书目中，有 13 部列出了作者的名字，其中 8 部与史载略有出入：

1. 《三破论》（齐人张融假托他姓），《宋史》《通志》著录为"张融撰"①。《阙经目录》有载②。关于《三破论》的作者，后世记载略有不同③。其中"道士假称张融撰"之说最为流行，"齐人张融假托他姓"的说法当为误。

2. 《甄邪论》《辩仙论》作者均为"梁旷"。《阙经目录》均有载④。《北史》中有关于"梁旷"的零星记载，仅知他是北周时期一读书人⑤。《隋书·经籍志》《旧唐书·经籍志》等著录有梁旷所撰《老子道德经品》《南华仙人庄子论》二书⑥。《宋书》著录有"梁日广"所撰《释仙论》一卷⑦，梁日广应即梁旷，《释仙论》或与《辨仙论》相关。但早期著录所见梁旷作品均无《释仙论》《甄邪论》，此二书可能为后人假托梁旷之名，又或是同名者所撰。

3. 《十异九迷论》（傅奕、李玄卿），《历代通载》《解惑篇》作"傅奕、吕玄卿"撰。《新唐书》著录为"道士李少卿《十异九迷论》一卷"，《通志》《国史经籍志》所载同⑧；《阙经目录》有载⑨。唐代太史令傅奕为罢黜佛教前后七次上疏，当时有道士李仲卿呈送《十异九迷论》、刘进喜呈送《显正论》等文，支持傅奕的立场。此事引起当时诸多僧人撰文反斥，如法琳《十喻九箴篇》

---

① （宋）郑樵：《通志》，第 789 页；（元）脱脱等：《宋史》，第 3456 页。

② 《道藏》第 34 册，第 508 页。

③ 详见刘林魁：《〈三破论〉撰者诸说检讨——兼论刘勰〈灭惑论〉在当时的影响》，《中南大学学报》（社会科学版）2013 年第 5 期，第 84—89 页。

④ 《道藏》第 34 册，第 508 页，存目"《甄邪论》二卷""《辨仙论》"。

⑤ 详见（唐）李延寿等：《北史》第 5 册，北京：中华书局 1974 年版，第 1342—1343 页；《北史》第 7 册，第 2269—2271 页。

⑥ （唐）魏征等：《隋书经籍志》，《丛书集成初编》第 6 册，第 67、68 页；（后晋）刘昫等：《旧唐书经籍志》，《丛书集成初编》第 7 册，第 63、65 页；（宋）欧阳修等：《新唐书》第 5 册，北京：中华书局 1975 年版（以下略注），第 1515、1520 页；（宋）郑樵：《通志》，第 787 页。

⑦ （元）脱脱等：《宋史》，第 3456 页。

⑧ （宋）欧阳修等：《新唐书》第 5 册，第 1521 页；（宋）郑樵：《通志》，第 789 页；王承略、刘心明主编：《二十五史艺文经籍志考补萃编》第 23 册，第 281 页。

⑨ 《道藏》第 34 册，第 508 页。

就是对李仲卿《十异九迷论》的反驳①。上文所载李仲卿和李少卿应为同一人，也是这篇文章的真正作者。"傅奕、李玄卿"的说法当为误，一来此文非傅奕所撰；二来李玄卿当为误写，《大涤洞天记》记载唐时有一名叫"李玄卿"的道士与吴筠交好②，吴筠的作品也被列入焚烧书目中，或许是因此关系而导致的误写。至于"吕玄卿"则又更为后世误抄。

4.《十小论》（吴筠），《历代通载》《解惑篇》《稽古略续》均作《十山论》，未存作者名，《阙经目录》无载，未见著录和后世提及。吴筠所著《明真辨伪论》《辅正除邪论》也在上述焚经目中，《新唐书》《崇文总目》《宋史》《通志》等著录吴筠的作品很详细③，虽然记载略有差异，但其中《明真辨伪论》《辅正除邪论》这两本确定为吴筠所作，而《十小论》或《十山论》则并不在此列。此文应非吴筠所作，可能为后人假托。

5.《钦道明证论》（唐员半千假托他姓），《历代通载》作"唐员半千"撰，《解惑篇》作"唐员半子"撰。《阙经目录》有载④。此论未见史书存目与提及。员半千是唐代武状元，《旧唐书》中收录有员半千的作品，其中并无此论。员半千曾经为道士尹文操撰写过碑文⑤，此为员半千与道士有交集之一例。另外，《辨伪录》在驳斥《化胡经》时称，包括员半千在内唐代有八学士参与了对《化胡经》的讨论，但除员半千外，其他七位学士在《唐书》列传中均无名姓，员半千本人的传记里也没有记载和《化胡经》相关之任何议论⑥。《辨伪录》此段内容旨在怀疑八学士讨论《化胡经》这件事的真假。谢守灏《混元圣纪》里有关于唐代八学士奉敕鉴定《化胡经》真伪的详细记载，其中就包括"弘文馆学士赐紫金鱼袋员半千"，讨论的最终结论是"明知《化胡》是真，非

---

① （唐）法琳：《十喻九箴篇》，（唐）道宣：《广弘明集》，《大正藏》第 52 册，第 175—187 页。

② （宋）邓牧：《大涤洞天记》，《道藏》第 18 册，第 156 页。

③ （宋）欧阳修等：《新唐书》第 5 册，第 1522—1523 页；（宋）郑樵：《通志》，第 789 页；（元）脱脱等：《宋史》第 3450、3455 页；（宋）王尧臣：《崇文总目》第 3 册，第 270—271、274、280、284 页。

④ 《道藏》第 34 册，第 508 页。

⑤ （唐）员半千：《大唐宗圣观主银青光禄大夫天水尹尊师碑》，（元）朱象先：《古楼观紫云衍庆集》，《道藏》第 19 册，第 550 页。

⑥ （元）祥迈：《辨伪录》，《大正藏》第 52 册，第 762 页。

谬云云"①。除了员半千外，其余七学士中仅"太中大夫守秋官侍郎上柱国刘如璇"在史书中能找到其名。《新唐书》《通志》《崇文总目》《文献通考》均有"《议化胡经状》一卷，刘知璇等撰"②的记载。由于没有更多证据支持，此状撰述人员情况不明，员半千是否参与其中也不能断定。但从《辨伪录》的表述来看，撰者既然认为员半千与化胡之事无关，那么此《钦道明证论》与其说是"员半千假托他姓"，倒不如说是"他人假托员半千姓"更符合《辨伪录》的主张。

6.《辟邪归正议》（杜庭）、《谤道释经》（林灵素、杜光庭撰），其中《辟邪归正议》，《历代通载》《解惑篇》《稽古略续》作《辟邪归正论》，元刻本"杜庭"作"杜光庭"，《历代通载》《解惑篇》同元刻本；《谤道释经》，《稽古略续》作《谤道释论》。此二论《阙经目录》均无载，史料也未见著录和记载。有关杜光庭的作品目录中，未见有此二篇；关于林灵素的生平记载中，均未见有此论。再者，林灵素为北宋末人，杜光庭为唐末人，两人同为《谤道释经》的作者似乎不太可能。此两篇作品或为后人假托，但一来史料无载，二来《阙经目录》无载，三来假托林灵素和杜光庭同为作者的方式较为奇怪。

7.《三教根源图》（大金天长观道士李大方述），《阙经目录》有《辩讹三教摭宝根源图》③应即此文。金代元好问《通玄大师李君墓碑》对李大方生平记载甚详④，李大方于金大定初年（1161）游关中，主盟秦雍者二十年，金泰和七年（1207）诏以提点中都太极宫事，赐号体玄大师，后又于大安三年（1211）主持罗天大醮三昼夜⑤。在泰和二年（1202）之前，太极宫被称为天长观（或十方大天长观），泰和二年（1202）天长观毁于火灾，次年金章宗重建，完成后改称太极宫。李大方的称谓为"太极宫提点"而非"大金天长观道士"。不过《辨伪录》后文提到当朝辩论结束后，落发的十七位道士中包括"大都天长观"

① （宋）谢守灏：《混元圣纪》，《道藏》第 17 册，第 860 页。

② （宋）郑樵：《通志》，第 789 页；（宋）欧阳修等：《新唐书》第 5 册，第 1521 页；（宋）王尧臣：《崇文总目》第 3 册，第 304 页；（元）马端临撰，上海师范大学古籍研究所、华东师范大学古籍研究所点校：《文献通考》第 10 册，北京：中华书局 2011 年版，第 6182 页。

③ 《道藏》第 34 册，第 513 页。

④ （清）张金吾：《金文最》，第 1548—1550 页。

⑤ 《投龙碑（大安三年）》，（清）张金吾：《金文最》，第 1174—1175 页。

十二名道士，但其时"天长观"已改称"长春宫"，但至元十八年（1281）依然以"天长观"为名称呼这些道士，那么也有可能同样以天长观道士称呼李大方。这样一来或许可以认为，这是列出经目后重新为作者所取的代称，而非李大方在作品中所署的原落款。

8.《太上实录》（宋谢守灏撰）、《混元皇帝实录》。《阙经目录》均无载。今《藏外道书》存有谢守灏撰《太上老君实录》七卷①；另一本《混元皇帝实录》原文未著录撰写人，今《正统道藏》存有谢守灏撰《混元圣纪》九卷②，《混元圣纪》当即《混元皇帝实录》，且《混元皇帝实录》与《太上实录》也实为同一书。首先，《历世真仙体道通鉴》谢守灏传记中称"（谢守灏）作《太上老君混元皇帝实录》一部七卷"③，"太上实录"和"混元皇帝实录"实则均为《太上老君混元皇帝实录》的不同简称。其次，史书著录谢守灏此部作品，分别有《老子实录》《混元皇帝实录》《混元实录》《太上混元实录》《老君实录》等不同名称④，也均未称谢守灏撰有两部不同的老君传记。最后，从《太上老君实录》七卷本和《混元圣纪》九卷本内容对比来看，两者实为同一部书，并且《混元圣纪》是删除了《太上老君实录》中大量化胡内容的"简本"⑤。焚经目中将其分作两书，一来或许是经目罗列有误，导致错误的重复计入；二来或许至少在元代，此书已经有了以上两个版本，但即便是删去了化胡内容的简本，也被列在焚书之列。《解惑篇》称"昔元世祖焚道藏伪经时，《（太上）实录》隐匿，故魔邪流至于今也"⑥，说明此经虽被列入焚经书目，但一直在世流传，与该书今存之事实相符。

---

① （宋）谢守灏：《太上老君实录》，《藏外道书》第18册，成都：巴蜀书社1992年版，第1—208页。

② （宋）谢守灏：《混元圣纪》，《道藏》第17册，第779—884页。《正统道藏》另收录有谢守灏撰《太上老君年谱要略》一卷、《太上混元老子史略》三卷。

③ （元）赵道一：《历世真仙体道通鉴续编》，《道藏》第5册，第445页。

④ 见（宋）陈傅浪：《止斋先生文集》，张元济主编：《四部丛刊初编》第1113册，上海：商务印书馆1922年版（以下略注），第72—73页；（宋）叶适：《水心先生文集》，《四部丛刊初编》第1238册，第49页；（宋）楼钥：《攻媿集》，《四部丛刊初编》第1146册，第8页；（明）张宇初：《岘泉集》，《道藏》第33册，第202页；（宋）志磐：《佛祖统纪》，《大正藏》第49册，第371页。

⑤ 参见定阳子：《〈混元圣纪〉与〈太上老君实录〉》，《宗教学研究》1997年第1期，第34—37页。

⑥ （清）弘赞编：《解惑篇》，《嘉兴藏》第35册，第467页。

三、经目存阙情况①

以上书目虽被要求收取焚烧，但并未全部阙失；那些阙失的经目中，有些是此次焚毁导致的，有些或许早就遗失，后世仅仅存目；还有部分书目不见任何记载。

1.《阙经目录》有载而今《道藏》不存的书目

这部分书目能够确定的共有 11 部（《三破论》《十异九迷论》《钦道明证论》《辅正除邪论》《甀邪论》《辩仙论》《五公问虚无经》《三教根源图》《纪胜赋》《玉纬经》《十三虚无经》②）。这些经曾经被更早的元代《道藏》收录过，到明《道藏》编撰时已经遗失。这些经当是较为能够代表焚经情况的。

2.《阙经目录》无载而今《道藏》存有的书目

这部分书目共有 12 部（《太上实录》《三光列记》《九天经》《赤书经》《赤书度命经》《青阳宫记》《混元皇帝实录》《犹龙传》《藏天隐月经》③《南斗经》④《灵宝二十四生经》⑤《历代帝王崇道记》⑥）。这些经虽然被列入焚烧书目，但并没有因此阙失。

3.《阙经目录》无载且今《道藏》无存，但见他处著录的书目

这部分书目共有 9 部（《化胡经》《明真辨伪论》《道先生三清经》《上清

---

① 为方便对照，以下经目名称保留《大正藏》本《辨伪录》原称。

② 《十三虚无经》单独书目无存，但在《云笈七签》"七部名数要记"中保存有"十三虚无"条目，大意为老君依次讲述"虚、无、清、静、微、寡、柔、弱、卑、顿、时、和、啬"十三字的含义，这段内容可能就为此经的全文或节选。见（宋）张君房：《云笈七签》，《道藏》第 22 册，第 633 页。

③ 《上清黄气阳精三道顺行经》，《道藏》第 1 册，第 822—831 页。道经中多有对此经的引用，通常称为"黄气阳精藏天隐月经"。

④ 《太上说南斗六司延寿度人妙经》，《道藏》第 11 册，第 350—352 页。

⑤ 《洞玄灵宝二十四生图经》，《道藏》第 34 册，第 337—353 页。

⑥ 《历代崇道记》，《道藏》第 11 册，第 1—7 页。

经》《楼观先生内传》《西升经》《出塞记》①《历代应现图》②《高上老子内传》③《圣纪经》④）。这些经或许并没有被收录在元代《道藏》中，有些经可能早有遗失，这部分书目或许并不能够完全代表《道藏》雕板的焚毁。

4. 未见著录和引用的书目

这部分书目共有 6 部（《十小论》《辟邪归正议》《谤道释经》《帝王师录》《玄元内传》⑤《道佛先后论》），既不见于《阙经目录》，也不见于《正统道藏》，同时他处也未见提及引用，难以查证。

四、经目选取方式蠡测

从元代《玄都宝藏》七千余卷次中，选出以上书目作为焚经的代表，应当是具有相当难度的。何况上述书目还具有相当多的不合理性。以上书目的选取标准或许有以下三个：

第一，直接搜罗了和佛道辩论相关的书目。

从《阙经目录》中能发现，除了上文提到的佛道辩论的书目外，如《辨方正惑论》《诸家优劣论》《显正破邪论（二卷）》《中元论》《三教论》等书目也一并阙失⑥。首先，以上书目在元代《道藏》中可能作为一个整体罗列并排在一起，并且都和佛道辩论有关，检索者无需专挑一二本，而是全部收取更合理。其次，《辨伪录》中另行提到"《化胡经》《十异九迷论》《复淳化论》《明真辩

---

① 见（宋）王尧臣：《崇文总目》，第 304 页；（元）脱脱等：《宋史》，第 3460 页；（宋）郑樵：《通志》，第 789 页，增"宣虞撰"，谢守灏多次提及此经但称作者为"虞宣"。唐代法琳、玄嶷对此经均有提及。

② 见（宋）郑樵：《通志》，第 791 页；（元）脱脱等：《宋史》，第 3456 页。虽未直接题名杜光庭，但均将此图列在杜光庭系列作品中。

③ 见（后晋）刘昫等：《旧唐书经籍志》，第 42 页；《新唐书》第 5 册，第 1519 页；（宋）郑樵：《通志》，第 788 页；（宋）王尧臣：《崇文总目》第 3 册，第 306 页。

④ 《圣纪经》为唐代尹文操所著。见（后晋）刘昫等：《旧唐书经籍志》，第 63 页；（宋）郑樵：《通志》，第 789 页；（元）脱脱等：《宋史》，第 3456 页。《圣纪经》有一卷本和十卷本的不同说法。《云笈七签》存有《混元皇帝圣纪》全文一篇，似为此经的一卷本而非十卷本。见（宋）张君房编：《云笈七签》，《道藏》第 22 册，第 689—691 页。

⑤ 《历代通载》《稽古略续》《解惑篇》作《玄九内传》。

⑥ 《道藏》第 34 册，第 508 页。

伪论》《辩正谤道释经》《辟邪归正议》《八十一化图》，上钦奉圣旨倚付将来"①。其中《复淳化论》便是 39 部经目中没有列出的吴筠的作品，从文中来看明显一并被收取，《道藏阙经目录》中"《辨方正惑论》《诸家优劣论》"这两部作品也是吴筠所撰排佛之作，以此而言，吴筠的此类作品可能全被搜罗过，并不仅限于焚经书目中的两部。最后，与李仲卿、傅奕同一时期上疏排佛的刘进喜所著《显正论》，也在上文阙失之列。因此，这些作品虽未被列入焚烧经目，但同样引起了注意，一并遭受到了焚毁。

第二，参考了道教中人对老君生平、早期道教创世等记载的书目。

涉及老子生平传记相关的内容，往往包含老子化胡或者老君祥瑞之事，外加不少早期道教创世传说，这些都属于《辨伪录》所驳斥的"伪"事。其中尤其值得注意的作者是谢守灏。首先，他自己的作品就被列入焚经目当中，并且他在作品中提及引用过的包括《玉纬经》《老子内传》《出塞记》《楼观先师传》《历代应见图》《西升经》《纪圣赋》《上清经》《九天生神章》《灵宝二十四生图》《后圣李君列记》《圣纪经》《南斗经》《犹龙传》《青羊宫记》等书目也均在焚经目之列，其余一些引用书目虽未在焚经目中，但见于《阙经目录》，甚至部分焚经书目简称都和谢守灏的记载一致。其次，《辨伪录》中曾提到的八学士议论《化胡经》之事，谢守灏的作品中对其记载甚详，与《辨伪录》的记载完全对应得上，此事于他处则少见提及。最后，据谢守灏自称他的作品吸纳了尹文操《圣纪经》和贾善翔《犹龙传》而成，以上焚经书目中，又以谢守灏作品问世年代最晚，对老君生平整合最为详细，且引用他书最多，影响力也很大，如僧人所撰《佛祖统纪》"道门诸书"条目中列有《老君实录》一书，后又称"永嘉谢守灏述《老君实录》引诸书言"，并且对这部作品做了较为详细的介绍②，以此来看，佛教僧众当对此书较为熟悉。与老子相关的内容，参考了谢守灏《太上实录》等作品而将这些书目直接罗列并非完全不可能，这其中不乏部分早已阙失而实际上未被元代《道藏》收录的经目。从《阙经目录》来看，其中还有大量以"太上混元上德皇帝"为首的经目阙失，这次焚经事件还波及大量老君传授的相关经目，以上书单中的仅仅是其中的一小部分。

---

① （元）祥迈：《辨伪录》，《大正藏》第 52 册，第 772 页。

② （宋）志磐：《佛祖统纪》，《大正藏》第 49 册，第 371—372 页。

第三，参考了佛教中人批评过的道书。

以上经目不少属于早期的灵宝经或上清经系，且很多经目在唐代及以前就已经被僧人所注意，其中尤其以唐代法琳留下的相关著述最多。通过对法琳作品中涉及的道经与《阙经目录》做一对比，我们能够发现法琳提到过的道经中，除了列入焚经目录的《灵宝九天生神章》《化胡经》《西升经》《十异九迷论》《出塞记》《灵宝诸天灵书度命妙经》《玉纬经》《阴阳二气黄精经》（藏天隐月经）等，另有如《宝玄经（洞真太上宝玄上经）①》《太上玄妙经（太上老君玄妙内经）》《升玄内教经（太上灵宝无等等升玄内教经十卷）》《灵宝自然经诀（太上太极太虚上真人演太上灵宝真一自然经诀）》《黄书（黄书八卷）》《灵宝真文度人本行经（太上洞玄灵宝真文度人本行妙经）》《太上消魔宝真经（洞玄灵宝太上消魔经）》《左仙公传》《玄都律（洞玄灵宝菁松先生玄都律十卷）》《三天正法经》《高士传（高士传十卷）》等也在《阙经目录》之列。

五、结　论

以上 39 部经目没有明显逻辑顺序，且存在一些不合理处。这份书目的抄录似乎并不特别认真细致。如果将这份有着诸多错误和模糊性的书单作为"见者便宜烧毁（收取）"的指引目录，当应难以进行实操。从结果来看，以上书目有十部左右并未阙失，反之有大量相关阙经并未出现在焚经目中。因而，这份书目倒更像是同时参考了道门和佛门中人的论述，从已经选出来的大量书目中，另行誊抄出了其中 39 部。誊抄者或许不止一人，并且在抄写过程中使用了简称、代称，故出现书名誊抄错误、作者表述错误等情况。

此次焚经事件作为研究元代佛道关系的切入点值得做进一步讨论。结合《辨伪录》五卷整体内容来看，除了涉及寺观争夺财产等经济问题外，思想方面的争端依然集中在《化胡经》和《老子八十一化图》等中，被《辨伪录》逐条驳斥为"伪"事的内容，几乎都是唐代及以前历次佛道争论过的焦点。即便涉及如林灵素等北宋末人，也只是对其为人的批评，而非对同一时期以林灵素等

---

① 括号内为《道藏阙经目录》所存经目全称及卷次。

为代表的道士思想的驳斥。此次事件虽主要针对全真道，但焚经目中并不包含全真道祖师的作品。书目中最晚出者当为南宋谢守灏撰述的老子生平传记，此外能够代表北宋末至元代之间道教发展的代表性作品几乎没有。以上或许说明，这次焚经事件虽然发生在元代，但仅就其思想方面而言，实际还是唐代及以前争论的延续和缩影。

云南民间道书文化内核研究[*]

宋野草^{**}

内容提要：民间道书作为道教文化传承的重要载体，在生命道教的传播过程中起到了重要的作用。本文以云南民间道书文本为切入点，从人与自然、人与社会、个人身心三个维度以及生活伦理和生态伦理两个方面分别梳理了作为其文化内核的生命观和伦理观。对云南民间道书生命观、伦理观的研究，有助于我们从区域个案入手，深挖民间道书中的文化内核。这对于理解生命道教之本旨，进一步推广道教文化，增强文化自信，提升中国传统文化的向心力蔚为重要。

关键词：民间道书；文化内核；生命观；伦理观

道教作为本土宗教，在传播过程中承载了中国传统文化，表现出的是一种民族精神和核心价值观。在此传播与文化承载中，道书起到了至关重要的作用。所谓民间道书，主要指散落于民间的稀有范本、科仪典籍、道医书籍、戒律善书、宫观堪舆等方面的书籍总和。目前针对道书的文本研究虽多，但从传播与文化层面进行深入分析者甚少。国内对云南道教的研究，总体上看，多集中于道教在云南传播及演变、云南少数民族道教、民间道教科仪、道教传播与民族

* 本文系国家社科基金一般项目"生命道教与中国传统文化时空观内核的重构研究"（项目编号：21BZJ047）的阶段性成果。

** 宋野草，女，河南安阳人，云南民族大学社会学院副教授。

认同等方面。聚焦民间道书的研究较少，主要有王卡、汪桂平的《洞泾乐仪与神马图像》①、郑开的《水穷云起集——道教文献研究的旧学新知》② 从文献的角度重点介绍了滇西腾冲地区的道教民俗与经文。学界对道书的研究多集中于经书的收集、整理以及科仪本身。民间道书在道教承担的民族文化传承作用中扮演的重要角色为学界所忽视。云南地区各民族融合发展，与依托于民间道书传播的文化大融合有密切关系。本文以云南地区民间道书为例，旨在通过对其生命观和伦理观两大文化内核进行深入剖析，揭示道书在传播民族文化，形成文化向心力的过程中起到的重要作用。

一、生命观

死亡是人类自诞生之日开始面临的一大终极问题。任何宗教之根本，都要试图解决彼岸世界的问题。对生命的尊重是道教的内核，决定了道教与其他宗教不同的生命观。道教之主旨在于效法天地与重生贵己，以生为美。道教的诸多要义，均直接或间接与生命观发生联系。云南民间流传的道书中大多是科仪本，而这些科仪本中均流露出道教的核心——道教生命观。道教科仪涵盖了生命的各个节点，如出生、成人、婚丧、延寿等，无不体现出道教对于生命的关注。同时，民间道书中有大量的劝善书，看似是对行为的规范，是一种伦理教化，其实也是对于如何安身立命的现世指导，最终也是落脚在对生命的观照之上。

（一）生命道教之要义

道教的生命观是一种延展性的生命观，关注的是如何更好地生，如何超越对死亡的恐惧而更好地理解生命的延续。在有形的生命状态存续期间，如何珍爱生命，如何与其他生命体保持一种和谐的关系，这都是道教试图解决的重要课题。以生命观的角度去审视道教以及道教经书，会发现这是道教文化中一以贯之的主体脉络，并且，这种观念，在文化的发展过程中，根植于中国传统文化，形成了独有的文化特质。詹石窗教授关于生命道教的提法中，再一次延续

---

① 王卡、汪桂平：《洞泾乐仪与神马图像》，北京：社会科学文献出版社 2016 年版。

② 郑开：《水穷云起集——道教文献研究的旧学新知》，北京：社会科学文献出版社 2009 年版。

了道教思想之内核——生命观。詹教授提出，生命道教更应该转化体现在生活中，故而进一步提出"生活道教"之概念，将经典道教中老子提出的"和其光，同其尘"贯穿于生活中①。道教的生命观，在完成最初生命诞生的理论构建后，继而重点阐明在生命的过程中，如何践行生命观。

元初道教阶段，道教生命观已见其雏形。对于生命是从何而来的问题，各民族有很多相关的神话传说，如《太平御览》中《诗含神雾》提到"大迹出雷泽，华胥履之，生伏牺"②华胥氏履雷神脚印而感应生子。这种感应天地而生物的思想，深深地影响了后来的道家思想。道家认为生命由道、气所创造。《黄帝内经》提到："黄帝曰：何者为神？岐伯曰：血气已和，营卫已通，五藏已成，神气舍心，魂魄毕具，乃成为人……百岁，五藏皆虚，神气皆去，形骸独居而终矣。"③作为元初道教的代表作品，《黄帝内经》向我们展示了道家的生命观，形、神、气三者合一才构成完整的生命形态。

古典道教阶段的生命观，在老子处，被阐释为一种生命的整体状态。

> 道生之，德畜之，物形之，势成之。是以万物莫不尊道而贵德。道之尊，德之贵，夫莫之命而常自然。故道生之，德畜之，长之育之，成之熟之，养之覆之。生而不有，为而不恃，长而不宰，是谓玄德。④

人如果能尊道、体道，则能与天地为一，保持不朽的生命力。在庄子看来，生命被理解为外在形体与内在精神两个方面。养生的最好方式就是"得道"。一个人应该节欲守神，保持虚静的状态。在动静、虚实之间，践行养生长世之道。

制度道教阶段，随着外丹学、内丹学的产生，生命观逐步演化为道教修炼

---

① 此处"生命道教""生活道教"以及后文"原初道家""古典道家""制度道教"等提法，均见詹石窗、何欣：《关于生命道教的几点思考》，《湖南大学学报》（社会科学版）2018 年第 6 期，第 119—120 页。

② 袁珂：《中国神话资料萃编》，成都：四川省社会科学出版社 1955 年版，第 15 页。

③ 《黄帝素问灵枢集注》，《道藏》第 21 册，北京：文物出版社、上海：上海书店、天津：天津古籍出版社 1998 年版（以下略注），第 435 页。

④ 朱谦之：《老子校释》，北京：中华书局 2006 年版，第 203—204 页。

理论的基本内容。魏晋时对外丹服食尤为推崇，唐代是外丹服食的顶峰时期。但由于在实践中出现过不少因服食外丹而中毒身亡的案例，故而道教开始将寻求长生的方法转向内丹修炼。后期，道教徒依然追寻大道合一的神仙状态，希望通过一系列的内丹功法、炼养功夫，如心斋、坐忘、符咒、养生术、服气、辟谷、存思、导引等，达到羽化登仙的目的。葛洪在《抱朴子·地真》中说：

> 吾闻之师云，道术诸经，所思存念作，可以却恶防身者，乃有数千法。如含影藏形，及守形无生，九变十二化二十四生等，思见身中诸神，而内视令见之法，不可胜计，亦各有效也。①

道教徒通过存想来治疗疾病、强身健体以至于长生。

（二）云南民间道书中的生命观展演

以云南民间常见道书为例，《太上三元赐福赦罪解厄消灾延生保命妙经》《太上玄灵北斗本命延生真经》《太上太清天童护命妙经》《无上虚空地母玄化养生保命真经》《太上三清洞真洞玄洞神赐福宝忏》等经忏，皆以保命延寿为直接目的；《太上洞渊辞瘟神咒妙经》《太上灵宝天尊说禳灾度厄真经》《玄帝报恩真经除罪法忏系列》《太上正一朝天三八谢罪法忏》《圣帝大解冤经》《五公解禳救劫妙经》《南斗护命卫生保胎妇科》等经忏，主要为消灾解厄用书，然其服务于生命的主题不变；又如《冥府十王妙经》《地司遣煞》《灵宝阴世开坛》《青玄救苦救亡七三会道坛（土伤）演仪科经》《指路鬼秘旨本》《清微灵宝十王开路科》《太上玄灵早晚开坛鸿科》等科仪本，均使用于阴事道坛，为丧葬度亡所用。在道教文化中，人死之后，生命以另一种形态存在，故而超度亡灵也是对生命的另一种形态上的观照。《灵宝无量度人上品妙经》中的《保胎护命品》写到：

> 元始天尊说经一遍，诸天圣母同时称善，是时一国仙妃神女忆悟往因，见道本元信，知天地未生，元气肇始，神精吸粹，阴阳定

---

① 《抱朴子》，《道藏》第 11 册，第 243 页。

胎，九十亿劫，三气混沦；九十大劫，三华始分，五老保胎，三元育魂，七窍洞开，大块乃诉，二仪出胎，始建寰海。说经二遍，胎卵湿生，毛鳞介东，无不备成。说经三遍，噱鸣口语，呼应调顺，真协天律。说经四遍，肤革坚完，金真散灵，刚风宛转。说经五遍，道出英妙，才韵秀爽。说经六遍，至巧功成，曲遂天德。说经七遍，育婴端就，善慧滋身。说经八遍，妇人怀娠，鸟兽含胎，已生未生，皆得生成。说经九遍，胎脏发泄，内宝露形，说经十遍，道用神化，自然成人。是时一国，是男是女，莫不倾心，保胎护命，咸得长生。①

从道书中可见道教的生命观。生命的产生是在元始天尊连续不断的"说经"过程中，元气肇始，天地初分，自然运化，万物赋形，生命孕育。语言文字本身是道的一个载体，是彰显道的一种可感知的形式。《太上老君内观经》记载：

承其宿业，分灵道一，父母和合，人受其生。始一月为胞，精血凝也；二月成胎，形兆胚也；三月阳神为三魂，动而生也；四月阴灵为七魄，静镇形也；五月五行分五藏，以安神也；六月六律定六腑，用滋灵也；七月七精开窍，通光明也；八月八景神具，降真灵也；九月宫室罗布，以定精也；十月气足，万象成也。②

从上述道经的记载不难发现，道教的生命观是一个不断发展完善的过程。早期的元始天尊读经孕育生命到后期的母体胎内孕育生命，道教理论家们在不断地丰富和发展着道教生命学说。随着历史的不断发展，道教形成了完整的生命观。

道教追求长生的态度贯穿在了道教经书当中。民间的延生、祈福、度亡等科仪本中所表达出的宗教文化内核即道教的生命观。民间道书展示的某些科仪中，要求法师进行存想，通过存想在斋醮中使符咒等串联起来发生作用。这种要诀其实体现了道书中的一种生命观内核。法师在仪式过程中的内在体验，通

---

① 《道藏》第 11 册，第 286—287 页。
② 《道藏》第 11 册，第 396 页。

过存想达到了神、人、鬼的沟通。除关注个体外，道教科仪中还体现了道教无量度人的思想。一方面，道教出于对个人生命的重视，在科仪法事中，体现了对个人生命中诸多节点的关注。另一方面，在具体的法事环节中我们可以看出道教对于与个人相关的家庭、民族、社会的关注。诸如祈福消灾、国泰民安的诉求，恰恰从多个维度诠释了道教重个人生命、社会现实、济世利人的文化内核。以生为人之乐事，以现世为乐土，对个体生命的尊重，对社会生活的热爱，使得道教的生命观栩栩如生，有着旺盛的生命力。

（三）民间道书生命观之维度

民间道书中反应的生命观从理论层面可以剖析为以下三个层面：

第一层面，在有形生命体的过程中，处理好人与自然的关系，倡导人与自然的和谐相处。《太平经》有言：

> 人乃甚无状，共穿凿地，大兴起土功，不用道理，其深者下著黄泉，浅者数丈。母内独愁惠，诸子大不谨孝，常苦忿忿捆忆，而无从得通其言。古者圣人时运未得及其道之，遂使人民妄为，谓地不疾痛立也。地内独疾痛无管，乃上感天，而人不得知之……天地，人之父母也。子反共害其父母而喊伤病之，非小罪也。故天地最以不孝不顺为怨，不复赦之也。①

作为道教主要经典的《太平经》中，将自然环境视作人类之父母，人类对自然环境的过度开发被视作不肖之举，自然也必将有所惩戒。强调人与自然的和谐关系，反应了道教宏大的生命观，生命之本，在于其生存环境之稳定。

第二层面，即是在人与社会的关系上，保持和谐状态。《无上秘要》之《妙真经》中描述了道教理想的和谐：

> 夫道德治之于身，则心达志通，众神爱袤，轻物贱名，思虑不惑，血羔和平，肌肤润泽，面有光莹，精神专固，身体轻强，虚实相

---

① 王明：《太平经合校》，北京：中华书局1997年版，第114—115页。

成，鬓发润光，佼好难终。治之于家，则父慈子孝，夫信妇贞，兄宜弟顺，九族和亲，耕桑时得，福实积殷，六畜繁广，事业修治，常有余矣。治之于乡，则动合中和，睹正纲纪，白黑分明，曲直异理，是非自得，奸邪不起，威严尊贤，奉上化下，公如父子，爱敬信向，上下亲喜，百姓和集，官无留负，职修名荣，没身不殆。治之于国，则主明臣忠，朝不隐贤，士不妒功，邪不蔽正，谗不害公，和睦顺从，上下无怨，百官皆乐，万事自然，远人怀慕，天下向风，国富民实，不伐而强，宗庙尊显，社楼永昌，阴阳和合，福乱不生，万物丰熟，界内大宁，邻家托命，后世繁昌。①

　　稳定的社会环境，是个人在生命过程中能够健康存续的另一大环境保障。在道教的文化体系中，人与自然、人与社会之间的关系是整个大的生命观中的两大重要维度。一个健康完整的生命观绝不是单一的物理性生命体征的维持，而是更多的看中这个生命体在社会关系中如何维系自身的存在和发展，如何健康地生活。故而道教生命观的第二层面，使得其生命更加的立体、完整、丰富。

　　第三层面，是个人的身与心的和谐，身心和谐，才能保证基本的健康。在道教看来，一个完整的生命体必然是身心和谐统一。形神两者相互依存，不可分割。故而健康的生命体，必然注重身心的养练。保持身心的健康，其中一点在于防止后天被过多的欲望所纠缠。恰如《道德经》所言，五色、五音、五味这些欲望会扰乱人的心神，对人体的各种脏器造成损害，使身心失去和谐，进而影响到人的健康状态，甚至会危及生命。一个人如果能遵循大道，去巧、去知，摒弃种种欲望，则能够保持生命力，达到和谐的生命状态。生命的健康，不单单是生理上的，还有心理上的。这个观点从现在的医疗卫生角度看，似乎泛善可陈，然而放在历史的环境中，在千年前的制度道教时期就已经孕育的健康生命观的视角下，道教生命观有着进步的意义。

---

① 《道藏》第 25 册，第 141 页。

二、伦理观

道教之主旨除了前文所述生命观外，还重视如何提升生命的质量，如何指导世人在有形生命阶段安身立命，因为只有善于自律而律他，才能更好地修炼自身的德行，进而达到修德以羽化之目的。道教认为伦理道德与养生长生关系密切。道教宣传以德养生，修仙之要在于修德。道教之伦理核心要义在于通过自修获得资源而非外求于他物。且，道教之伦理，不单单是解决人与人之间的关系，更要处理人与神之关系。姜生教授将道教的伦理学说划分为生命伦理、社会伦理、神学伦理三个层面。其中神学伦理提出，斋戒、道符、祈禳、法服均为道教徒沟通人神的媒介，具有独特的伦理功能①。

从道教的理论来源看，道教在构成之初就受到了先秦诸子等多种理论的影响，其伦理思想的形成也是吸收了早期多流派思想的结果。东汉末年，《太平经》《周易参同契》《老子想尔注》等经书先后问世；南北朝时期是道教力量增强和道书涌现的一个时期，葛洪的《抱朴子》内外篇、陆修静修订的《三洞经书目录》、陶弘景的《真诰》都在此时出现；北宋末出现的道教善书《太上感应篇》、张伯端《悟真篇》、《太上洞渊神咒经》和《度人经》中有大量济世度人的思想；明初，《绿野仙踪》《封神演义》等小说都包含着许多道教伦理思想。在民间流传的诸多道书中，有一大类是以劝善为内容的。如《太上感应篇》《五圣经》《太上洞玄灵宝度人妙经》《太上老君说常清静经》《文昌帝君阴骘文》《关圣帝君觉世真经》《目连大孝普光经》《灵宝元皇十种报恩讲科》《劝同人赶办内功白话启》《醒迷要言》《孔子一转朝科全卷》等道书，有大量关于行善、孝道、报恩的描述，对于规范信徒行为、宣传伦理教化有着重要的意义。总体而言，道教的伦理思想主要体现在生活伦理和生态伦理两个层面。

（一）生活伦理

作为中国传统文化源头活水的《周易》，提出"推天道以明人事"的原则。这一原则被儒、道两家继承发扬。其中道教将"天道"作为伦理的依据。道教

---

① 姜生：《论道家伦理的思想特质及其对道教伦理的影响》，《世界宗教研究》1995 年第 4 期，第 94—97 页。

所信奉的伦理观，与儒家思想最大的不同之处在于其神圣性。道教伦理的神学化，一定程度上有助于增加道教伦理的威慑性，使得其功能的发挥最大化。葛洪《抱朴子》曰："为道者以救人危使人免祸，人疾病，令不枉死，为上功也。欲求仙者，要当以忠孝和顺仁信为本，若德行不修，而但务方术，皆不得长生也。"① 此处，明确地将忠孝仁义作为成仙得道的基础条件。在道书的伦理思想中，成仙的先决条件是为善。自我修养成为道书中个人伦理道德的基本要求。

在人与社会的关系上，道书的伦理观吸收了儒家的伦理思想，并将其进一步宗教神化。早期道教经典《太平经》有言：

> 元气有三名，太阳、太阴、中和。形体有三名，天、地、人。天有三名，日、月、星，北极为中也。地有三名，为山、川、平土。人有三名，父、母、子。治有三名，君、臣、民。欲太平也，此三者常当腹心，不失铢分，使同一忧，合成一家，立致太平。②

其中，认为父母与君臣均为道德之门户，强调忠君事亲。后期发展到净明道时期，更以"忠、孝、廉、谨、宽、裕、容、忍"八字作为主要教义，可见其突出伦理的特色。这种伦理思想，一方面有助于个人修行，另一方面有助于人与人之间、人与社会之间的关系互动。其中孝文化，最初产生于祖先祭祀，早期功能更多表现在宗教范围内。随着人类社会的发展，宗法制度的产生，血亲关系的建立，孝开始展现出更多的伦理内涵。孝道外化的行为符号之一就是丧葬仪式。而丧葬仪式是道教科仪中的重要一环。所谓生则养，死则葬，丧毕祭。丧葬之礼，不单为了逝者，也是为了生者。生者在这一系列繁复的礼节中表达了情感，重新审视了生命的意义。这些仪式行为是内在文化的一种象征性表达。

道教的伦理思想，还表现在道教经典中规范的各种戒律。在道书的伦理戒律中体现着一种主体性的伦理自持。通过持戒，践行了助人、孝道、忠义。出于受戒进而成仙的需求，道教徒的这种践行，却也是从另一个层面对伦理思想

---

① 王明：《抱朴子内篇校释》，北京：中华书局 1985 年版，第 53 页。
② 王明：《太平经合校》，北京：中华书局 1960 版，第 19—20 页。

的传播。不孝是连有好生之德的天地都无法包容的。《抱朴子内篇》中也讲：欲求仙者，要当以忠孝和顺仁信为本；若德行不修，而但务方术，皆不得长生也。也就是说，道教认为求仙必先做人，必须在德行上做到忠孝仁信，才有得道成仙的可能。道教宣扬孝道的民间道书很多，如各种报恩经，其中大量都是关于感激父母养育之恩，教化世人遵行孝道之语。《关圣帝君觉世真经》直接指出："若不尽忠孝节义等事，身虽在世，其心已死，是谓偷生。"①

　　劝善书，是一种特殊的道德教化书籍，《太上感应篇》标志着劝善书正式成型。劝善书主要是以因果报应主导的宣传伦理道德的书籍，多为宗教性的训俗小册子。劝善书在民间广为流传，在传播的过程中，不同阶层的民众，不同类型的宗教信仰都不断地附着于这个流动的体系中，不断丰富和完善着劝善书的思想。道教劝善书多以神仙之口来训示世人，教人向善修仙之道。劝善书中有相对较为理性的说明伦理意义的书，与上述《太上感应篇》并称为三大善书的还有《文昌帝君阴骘文》《关圣帝君觉世真经》，也有通过具体的神仙故事来展现伦理训诫的，如《梓潼帝君化书》《除欲就本》等。在劝善书中，惩恶与扬善并举。通过惩罚的警示作用进一步警醒世人，作恶会遭到报应，死后会在地狱经受煎熬。而行善会增加德行，会更靠近神灵。道教有自己独特的监督机制，认为天、地、人三才中均有监督个人行为之神灵，在这样密集监督的体制下，其伦理道德指向性和完成性更加明确和具体。对于解决冲突，书中还有一些民间通俗的劝解歌谣：

　　　　百万黄金总是虚，富翁何复较锱铢。贪财最足招尤怨，结讼徒然饱吏胥。若待终凶倾产业，空来晚悔丧形躯。君今欲种儿孙福，步步当留地有余……唆讼之人最不良，往来暗地使刀枪。当官硬证伤天理，害众深谋夸己长。公道难容神鬼恨，幽冥定与子孙殃。曾闻起灭包词讼，拔舌阴刑有剖肠。②

　　民间道书中的这种劝善思想，在人们的日常生活中起到了调和矛盾、润滑

---

① 唐大潮等注译：《劝善书注译》，北京：中国社会科学出版社2004年版，第119页。

② 袁啸波编：《民间劝善书》，上海：上海古籍出版社1995年版，第4—6页。

社会关系的作用。有了神仙加持的这种劝解，又更具神圣性，在践行中，更具影响力。

笔者收集到的《孔子朝圣科》中认为诵读《大学》，以此仪式践行儒家精神，儒道互融，这是教育功能的体现，文化传承的工具。儒家更加民间化，仪式反应的是一种儒家的礼，礼的作用在于淳化民风，仪式增加参与性。经文提到了道家众多神仙的一部分，如神农、尧、舜、禹、周文王、周武王等中国历史上的国家领袖，也介绍了儒家学派颜回、孟子等杰出的哲学家，还提到了七曲文星、梓潼帝君等掌管文化、教育的道教神祇，最后着重介绍孔子及其成就。涉及的神祇主要掌管文化、教育方面，这也就表明了此经文主要从文化、教育这个大的方向来对孔子进行朝拜和祈祷。孔子作为受到崇拜的对象，其本质是人。人们将其教育的功能放大，不仅仅是教育人民获得知识，更将教育放大到整个社会，人们所遭受的劫难——瘟疫、水灾等都可以通过教化人心来获得避免。而邪说横行、世道衰微、人心陷落、劫运干戈、饥荒瘟疫等灾难的出现也都是没有知识、不懂礼数造成的。教育的作用在此处得到最大化的展现。具体的教化体现在传道心、定礼正乐、删诗书、授心法、立学校、教人伦仁义等，它们从外在到内在，提升人们对"礼"的认识，并作为准则，成为人们行为处事的规范，起到一定的律法作用。在此篇经文中，孔子的各种成就自有其功效。大学之道，实外王内圣之经纶，熟读《大学》，能对外称王，对内贤圣，《大学》是最高统治者应当学习的经典。忠孝两经，是臣子应当掌握的知识，对君上忠诚，对父母尽孝，有利于国家的稳固；中庸之道，是民众应该悉知的知识，民众应懂得事物的生灭变化在于上天决定。这种根据等级来教化的观念，正是儒家思想的体现，君臣、父子都有明确的定位，都有各自的职能。

（二）生态伦理

在人与自然的关系问题上，道书中也充满着独特的伦理智慧。《阴符经》开篇就提出要观天之道，执天之行，强调天、地、人三才的和谐相处，人和自然的共融，是早期道书中一种生态伦理思想的直接反应。道教的生态伦理思想是一种独特的认知体系，道教将整个宇宙视作一个生命体，地球是母亲，地球上的山林、树木犹如人的毛发，河流湖泊如同人的血管，日月如眼睛，万物生灵如同大地母亲的子女。也就是说，在道教的视野中，宇宙中的任何生命都是平等的。人类和万物生灵都应和平共处，人类应该善待天地万物，万物就如同自己的兄弟姊妹。这种观念在很大程度上决定了道教的生命伦理。詹石窗先生提出生命道教的观点，认为生命道教是以生命认知、生命养护、生命超越为内涵的一种教化理论①。这是建立在道教本有的"大生命观"上的，即万物为一，遵循春生夏长秋收冬藏之大道。其次，具体到生活层面的行为环节，道教更立足于佑护生命平安，养护生命之本体，滋养生命之灵魂，最终实现生命之超越。

《物种起源》中，达尔文是这样描述生态的：

> 凝视树木交错的河岸，许多种类的无数植物覆盖其上，群鸟鸣于灌木丛中，各种飞虫飞来飞去，蚯蚓在混土里爬过，并且默想下，这些构造精巧的类型，彼此这样相异，并且以这样复杂的方式相互依存。而它们都是由于我们周围发生作用的法则产生出来的。②

道教经书中所描述的生态伦理，与科学家描述的有一致性，都追求万物平等、和谐统一。在道教的生态伦理思想中，人和万物一样，得天地之气氤氲而生，都是自然当中的一环。尊重生命、尊重自然界的规律，是人与自然和谐相处的首要法则。从这点看，道教伦理反对人类中心论，人应对自然存敬畏之心。这种生态伦理思想其实为解决我们当下社会的环境问题，提供了一个很好的思路。平等、戒杀才是应该践行的健康生态伦理观。而不是一味地夺取自然资源，这样只会造成种群灭绝，生物链失衡。道教讲慈心于物，不可乱开杀戮。对于杀害动植物的行为一样视作恶行，会有相应的报应惩罚。对于天地、自然环境，道教经书中也有大量文字训诫，认为人类应该善待大地母亲，善待山河，不可肆意开凿，破坏自然环境。如果伤害到自然万物，则可能会惊扰神灵。如《太上感应篇》就有提到，书中有圣人托生其中，不可妄动。诚然，对道教这种万物有神的观点我们持保留态度，但是其背后训导的万物平等、弱人类中

① 詹石窗、何欣：《关于生命道教的几点思考》，《湖南大学学报》（社会科学版）2018年第6期，第119页。
② ［英］达尔文著，周建人、叶笃庄、方宗熙译：《物种起源》，北京：商务印书馆2005年版，第556—557页。

心论是值得颂扬和践行的。对待生命，我们应该有敬畏心，如伦理学者史怀哲先生所言，伦理与人对存在于他范围之内的生命行为有关。只有当人有敬畏心地对所有一切生命予以尊重，才是真正的伦理的开始。善的本质，是对生命的态度，对生命的尊重。这正是道教生命伦理之根本。

道经中宣扬的生命伦理，除上文中强调的不杀戮之外，还要尊重其他生灵的生存状态，如对于鸟兽，不要惊扰在休憩中的鸟兽，面对垂死之鹿、猿的哀嚎垂泪，要有怜悯心。这种对万物的同理心是人心的共情、良知。当然，道教讲的不乱杀戮，不是绝对不杀，而是因时循道而发。如春天乃万物生发之时节，如此时杀戮捕猎，则与上天生生之德相违背。妄自过分捕猎，攫取自然资源，必然受到自然的报复。以生命为中心的道教伦理思想，最终体现的是对人的生命价值的尊重。通过经书中的故事、戒律重塑人们的生命价值观。通过慈心、贵生、守道来践行生命伦理。道教经书中对于道德的理解，在后期转变为与儒家的伦理思想一致。在众多的民间道书中，均有对于儒家礼乐文化的融合与流传。这种伦理不仅是针对信众，同时也是对神仙的约束。在道书的记载中，很多人物成仙的过程都是伦理升华的过程。很多历史人物如关羽等被追为神仙供奉，也是因为其理想人格被世人尊敬，其某些品质符合伦理的要求。民间流传甚广的《关圣帝君觉世经》《武帝正心宝诰》《伏魔帝君圣诰》《超生度人减罪宝忏》《三界伏魔大帝关圣帝君忠义真经》《太上忠武关圣帝君护国保民宝忏》等道书都有关羽之名。道书中不断强化关羽因忠肝义胆的品质而成仙，同时以这种模式来固化道教的伦理意义，在经书传播的过程中同时起到了伦理教化的良好社会作用。

（三）民间道书伦理观之内核

总体而言，道教经书中的道德伦理教化，是整体上教育功能的实现。首先，这种伦理培养，是人格上的培养，道书中对道的尊崇，贯彻到个人品德修养上，是一种对人淡泊名利的培养。这一方面是对人行为的规范，一方面也是对人一种潜移默化的培养，培养一种寡欲的心态。道教这种寡欲的心态培养，对于缓解人生的各种矛盾有很好的心理疏导作用。同时，这种寡欲的心态，也有助于调节人与自然的关系，有助于可循环可持续的健康的天人关系发展。当今社会面临的各种环境污染、生态失衡等问题，实则是一种人类的贪婪，而道教的这种淡泊思想，是一种调节剂。其次，道教经书中的伦理劝善思想还有更高的家国情怀，对国家、对社会也要求有责任感。济世利人是道教的一种社会道德，是在社会层面对人行为的一种规范。对万事万物有一颗慈爱之心，也是一种情怀。在如何处理人与人的关系问题上，民间道书中有关于此的一些戒律，在道书的传播过程中，融合了儒家的仁义礼智信等要求，在人的社会生活诸多层面成为了人们行为伦理准则。

三、结　语

民间道书从内容上看，纷繁复杂，而从文化内核梳理，则都反映了道教的内核：生命和伦理。云南民间道书多见科仪本，这些流传度广的道书的内容多围绕生命之生、老、病、死等节点的仪式展开。活态的民间道书之流布与传播恰恰反映了服务于现实需求的道教之本旨——对生命的关切（生命观），对生活的规范（伦理观）。本文对于云南民间道书的文化内核之梳理，有助于厘清经书与教义之关系，凸显民间道书承载并传播道教文化内核之功用。更希望借此研究能在法师渐少、经书毁坏、科仪淡化这一时代背景之下，引起学界对于民间道书研究的重视。研究民间道书，是对道书文本的保护，对道教史意义重大，同时是对其文化传承功能的一种肯定，有助于民族间的文化认同。

宋代道教对上古传说的吸纳与改编

——以"涿鹿之战"为例

宋　峰[*]

内容提要："涿鹿之战"是上古传说中最为重要的一场战争。由于相传黄帝在冀州击败蚩尤，并将其肢解处死，因此阪泉附近出产的解州池盐被称为"蚩尤血"。而宋代解州盐池的数次干涸与溃堤事故，则被视为"蚩尤为害"；对解州盐池的治理与斩蛟仪式，也被称作"战蚩尤"。在赵宋皇族的授意及推动下，宋代道教将关羽崇拜和蚩尤崇拜融会贯通，把"涿鹿之战"改造为"关羽战蚩尤"传说。该传说用伦理道德解释解州池盐的丰歉，削弱解盐减产对社会生活造成的负面影响。宋代道教通过吸纳和改编上古传说，与统治阶层共同打造出一种具有特殊伦理特征和理性倾向的世界秩序。

关键词：涿鹿之战；蚩尤；解盐；宋代道教；关羽战蚩尤

作为上古传说中最重要的一场战争，"涿鹿之战"在世代相传的过程中持续地进行着演变和衍生。它在原有的人物、地点、事件日趋丰满的同时，不断以正邪交锋作为主题产生新的神话传说。其中一个衍生物，便是产生于宋代的"关羽战蚩尤"传说。如何从上古时期的"黄帝战蚩尤"一步步演变为宋代的

---

　* 宋峰，男，河南平顶山人，四川大学道教与宗教文化研究所2020级博士研究生。

"关羽战蚩尤",这是一个值得深思的问题。以下我们将针对这一问题,从"涿鹿之战"的概述、解州盐池与盐池神、解盐减产与"蚩尤为害"、斩蛟仪式与"关羽战蚩尤"等四个方面,详细剖析宋代道教如何围绕着解盐的歉收现象,通过利用关羽取代黄带成为"战蚩尤"的主角,完成对"涿鹿之战"的吸纳与改编。

一、"涿鹿之战"概述

太史公撰写《史记》时,在开篇的《五帝本纪》中便为蚩尤记下了浓重一笔:"于是轩辕乃习用干戈,以征不享,诸侯咸来宾从。而蚩尤最为暴,莫能伐……蚩尤作乱,不用帝命。于是黄帝乃征师诸侯,与蚩尤战于涿鹿之野,遂擒杀蚩尤。"[1] 太史公认为涿鹿之战的起因是"蚩尤作乱,不用帝命",因此黄帝联合其他部族力量,同蚩尤在涿鹿展开了激烈交锋。太史公的这种观点,应该承袭自《尚书》。在《尚书·吕刑》中,对于蚩尤作乱的罪行有着较为具体的控诉:

> 若古有训,蚩尤惟始作乱,延及于平民,罔不寇贼鸱义,奸宄夺攘矫虔。苗民弗用灵,制以刑,惟作五虐之刑曰法,杀戮无辜,爰始淫为劓、刵、椓、黥,越兹丽刑并制,罔差有辞。民兴胥渐,泯泯棼棼,罔中于信,以覆诅盟,虐威庶戮,方告无辜于上。上帝监民,罔有馨香,德刑发闻惟腥。皇帝哀矜庶戮之不辜,报虐以威,遏绝苗民,无世在下。[2]

这里对蚩尤的描述颇为不堪,不仅列举了蚩尤率领苗民"作五虐之刑""杀戮无辜"的种种暴行,同时也记载了"上帝"对苗民的严厉制裁。无论如何费心解释"涿鹿之战"发生的起因,这场传说中发生在蚩尤与黄帝之间的大

---

[1] (汉)司马迁撰,(刘宋)裴骃集解,(唐)司马贞索隐,(唐)张守节正义,[日]泷川资言考证,[日]水泽利忠校补:《史记会注考证附校补》,上海:上海古籍出版社1986年版(以下略注),第2页。

[2] (清)阮元校刻:《十三经注疏》,北京:中华书局1980年版,第247页。

战，都是上古两大部落集团争夺生存空间的较量。姑且抛开对这场战争的道德评判不谈，我们可以根据各种相关记载来尽量复原这场上古大战的大致轮廓。

关于蚩尤战败被杀的发生地，通常认为是在涿鹿。如《庄子·盗跖》曰："黄帝不能致德，与蚩尤战于涿鹿之野，流血百里。"① 《战国策·秦策》曰："昔者黄帝伐涿鹿而禽蚩尤。"② 《盐铁论·结和》曰："轩辕战涿鹿，杀两暭、蚩尤而为帝。"③《志林》云"黄帝与蚩尤战于涿鹿之野"④，《通典·乐典》亦云蚩尤与黄帝战于涿鹿⑤。在《逸周书·史记解》中，则将蚩尤称之为阪泉氏："昔阪泉氏用兵无已，诛战不休，并兼无亲，文无所立，智士寒心。徙居独鹿，诸候畔之，阪泉以亡。"⑥ 这里较为详细地记述了蚩尤从阪泉迁徙至涿鹿的过程，以及蚩尤败灭身亡的诸多原因。

有一些观点指出，蚩尤战败被杀的地方称作"凶犁土丘"。如《山海经·大荒东经》曰："大荒东北隅中，有山名曰'凶犁土丘'。应龙处南极，杀蚩尤与夸父，不得复上，故下数旱。"郝懿行引用皇甫谧的观点，对此解释道："'黄帝使应龙杀蚩尤于凶黎之谷'，即此。黎、犁古字通。"⑦ 此外，《云笈七签》卷一百引唐王瓘《轩辕本纪》云："（黄帝）杀蚩尤于黎山之丘。"⑧ 凶犁土丘、凶黎之谷、黎山之丘，指的是同一个地方。

另有涿鹿与冀州两种说法杂糅形成的综合型观点。如《逸周书·尝麦解》云："蚩尤乃逐帝，争于涿鹿之河，九隅无遗。赤帝大慑，乃说于黄帝，执蚩尤杀之于中冀。"⑨ 涿鹿属于冀州，可见即便蚩尤不是被擒杀于涿鹿，那么也很可能是在兵败逃亡至冀州地区时，被黄帝一方擒获斩杀的。因此，蚩尤崇拜在冀

---

① 上海古籍出版社编：《二十二子》，上海：上海古籍出版社1986年版（以下略注），第79页。

② （汉）刘向集录，范祥雍笺证，范邦瑾协校：《战国策笺证》，上海：上海古籍出版社2006年版，第141页。

③ （汉）桓宽著，王利器校注：《盐铁论校注》（增订本），天津：天津古籍出版社1983年版，第489页。

④ （宋）李昉等：《太平御览》，北京：中华书局1960年版（以下略注），第78页。

⑤ （唐）杜佑：《通典》，《四库全书》第605册，上海：上海古籍出版社1987年版，第8页。

⑥ 黄怀信、张懋镕、田旭东：《〈逸周书〉汇校集注》，上海：上海古籍出版社1995年版（以下略注），第1030页。

⑦ 上海古籍出版社编：《二十二子》，第359页。

⑧ （宋）张君房：《云笈七签》，北京：书目文献出版社1992年版，第712页。

⑨ 黄怀信、张懋镕、田旭东：《〈逸周书〉汇校集注》，第782—783页。

州地区的流传颇为广泛。如《述异记》云："涿鹿今在冀州，有蚩尤神。俗云：'人身牛蹄，四目六手。'今冀州人掘地，得髑髅如铜铁者，即蚩尤之骨也。"[①] 冀州地区的民众不仅信奉蚩尤神，而且口耳相传他的形象，以"人身牛蹄，四目六手"来神化蚩尤，并且还将发掘出的上古猿人化石称之为"蚩尤之骨"，借此来进一步加深对蚩尤的神化。除此之外，冀州地区还有祭祀蚩尤的乐舞流传："今冀州有乐名'蚩尤戏'，其民两两三三，头戴牛角而相抵。汉造角抵戏，盖其遗制也。太原村落间，祭蚩尤神，不用牛头。今冀州有'蚩尤川'，即涿鹿之野。汉武时，太原有蚩尤神昼见，龟足蛇首，其俗遂为立祠。"[②] 太原的村落间不仅祭祀蚩尤神，而且还在汉武帝时期为蚩尤神立祠。由此可见，山西地区的蚩尤崇拜由来已久，并且深入到乡间村落之中。山西当地民众对蚩尤神的祭祀和对蚩尤传说的口耳相传，为蚩尤与解州盐池产生联系积累了深厚的思想基础。

二、解州盐池与盐池神

有关解州盐池的记载古已有之。如《山海经》云："又南三百里，曰景山，南望盐贩之泽……"郭璞注曰："盐贩之泽，即盐池也；今在河东猗氏县。"[③] 解州盐池开采历史颇为久远，有学者认为在先民时期解盐便已经得到开采，这甚至是引发涿鹿之战的直接原因[④]。对于解盐，《水经注》卷六"涑水"条中有着较为详尽的解释：

> 沉沙煮海谓之"盐"，河东盐池谓之"解盐"。今池水东西七十
> 里，南北十七里。紫色澄渟，潭而不流，水出石盐，自然印成。朝取

① （梁）任昉：《述异记》，《四库全书》第1047册，上海：上海古籍出版社1987年版（以下略注），第613页。

② （梁）任昉：《述异记》，《四库全书》第1047册，第613页。

③ （清）王国维校，袁英光、刘寅生整理标点：《水经注校》，上海：上海人民出版社1984年版（以下略注），第89页。

④ 如钱穆在《国史大纲》中率先指出，涿鹿之战的起因在于对解州盐池的争夺，这引起了学界的激烈讨论。此后，有学者在此基础之上进行了进一步的论证。参见郭正忠主编：《中国盐业史（古代编）》，北京：人民出版社1997年版（以下略注），第14页。

夕复，终无减损，惟水暴雨澍，甘潦奔洙，则盐池用耗。故公私共堨水径，防其淫滥，故谓之"盐水"，亦为堨水也。故《山海经》谓之"盐贩之泽"也。①

　　解州盐池之所以能够出产食盐，乃是因为得天独厚的自然条件。解盐的一大特色便是"遇风即成"，对此文献中有许多相关记载。如北宋陶节夫曾指出："造化虽出于自然，未有不因天时、假人力者。故大卤灵泉，亦须因南风、赤日，略假人力，灌种而成。"② 可见风吹与日晒，是解盐生产的必要条件。进一步分析之后，我们可以发现：相对于日晒而言，风吹的作用更为重要。沈括通过实地走访，在《梦溪笔谈》卷二十四《杂志》中对这种特殊的现象做出了形象的记载："解州盐泽之南，秋夏间多大风，谓之'盐南风'。其势发屋拔木，几欲动地。然东与南皆不过中条，西不过席张铺，北不过鸣条，纵广止于数十里之间。解盐不得此风不冰，盖大卤之气相感，莫知其然也。"③ 沈括猜测解盐的凝结是因为"大卤之气相感"而造成的，至于具体是如何"相感"，就连博闻强识的沈括也自叹"莫知其然也"。

　　为了能够对这种用常理无法解释的自然现象做出必要的解读，于是人们便将造成这种自然现象的不明力量人格化为神灵，并且编造出相应的神话④。因此，"盐南风"在民间便被神化为相应的神祇，并得到祭祀。

　　据《万历野获编》卷十四载，大历十三年（778）敕封解州盐池为"宝应灵庆池"，解池池神为"宝应灵庆公"⑤。唐代不仅敕封了解池池神，而且还以隆重的仪式对其进行祭祀，以期确保解盐能够稳定生产。在唐代刘宇《河东盐池灵庆公神祠碑阴记》一文中，对祭祀解池神之事有较为详细的论述，兹摘录于下：

---

① （清）王国维校，袁英光、刘寅生整理标点：《水经注校》，第223页。

② （清）徐松辑：《宋会要辑稿·食货》24之39，转引自郭正忠：《宋代盐业经济史》，北京：人民出版社1990年版，第52页。

③ （宋）沈括著，胡道静校注：《梦溪笔谈校注》，上海：上海古籍出版社1987年版（以下略注），第747页。

④ ［美］阿兰·邓迪斯编，朝戈金等译：《西方神话学读本》桂林：广西师范大学出版社2006年版（以下略注），第81页。

⑤ （明）沈德符：《万历野获编》，北京：中华书局1959年版，第365页。

天作渊极，神将宅焉。神者何？灵化之真宰者也。夫神之俶落，实曰盐宗，间阎祷之，不在祀典。先皇朝有元老韩公滉之总邦赋，以大咸之功，康济是博，上以供宗庙之费，下以代田野之租。升闻于天，请加礼秩。帝曰"可"。于是册为"灵庆公"。俎豆之数，视于淮济；享谒之期，载在王府。故及东都留守礼部尚书崔公纵顷知河中院，以神之旧宫，僻在幽阻，既崇其礼，宜敞厥居，是用迁置于斯。乃饬殿堂，开像设，面亦沦之积水，跨逦迤之重冈，阴阴森森，容卫毕备，立卒走壁，俨然如生。虽水府灵居，未之若也。今职方郎中兼侍御史冯公兴，纂其是职，推置信让，无小无大，报之以德。顷以天久不雨，虑失其岁，职方于是斋心累辰，亲执牲帛，将至诚之德，告灵化之源。尝不朝而雨斯足，如是者数四。是则人有德于神，神亦有德于人，德交归焉，政是用长。宜其建石表异，征文纪灵，是以有太常博士崔君之颂也。逮夫石自他山而至，文自奉常而来，知解县池詹事府司直陆位，事以道自集，商以仁自来。知安邑池大理评事韦纵，财以清自丰，吏以明自肃。此二公者，以为职方之精意，可达于鬼神，如之何不奉矣！乃相与就其磨砻，覆以栋宇，自朔及望，揭焉而举。《洪范》曰："润下作咸。"夫叙赞灵庆公阴潜之功，亦所以表圣皇泽及于万姓者也。恐其颂或有阙，乃命山客重纪于背阴。贞元十三年七月二日记。①

该记载尚有与之相关的出土实物《河东解池灵庆公神祠颂碑》可供参考，如下图所示：

---

① （清）董诰等编：《全唐文》，北京：中华书局 1983 年版，第 6262 页。

图1　唐河东盐池灵庆公神祠颂碑①

碑文中指出，解池神为"灵化之真宰"，虽然没有跻身祀典之列，然而却以"盐宗"的身份在民间享受着祭祀。后来，由于解州池盐在经济方面的重要性，韩滉上书奏请礼秩，解池神因此被皇帝册封为"灵庆公"。崔纵顷对解池神的宫殿加以整饬，造立神像，设置走卒，绘制壁画。在此之后，冯兴因为担忧久旱不雨影响岁收，于是诚心斋戒，亲自带着牺牲锦帛等物，前往神宫祷告，祈雨成功。如是者共达四次之多。于是当地官员便刻碑立石，表征冯兴与解池神的事迹。通过碑文我们可以发现，这是一系列围绕着解池神编造的神话传说，解州官员借此来对当地干旱的出现及祈雨的成功进行解释说明。这种编造实际上是对无法解释的真相的掩饰，或者说是对未经解释的真理的掩饰。而这便是塞奇·莫斯科维奇所提到的宗教的功能之一：对奥秘的隐藏②。这里隐藏的奥秘，便是解池神对解州地区气候的影响。能够影响解州地区的雨量变化，便可以改变当地的自然秩序，进而可以影响当地的社会秩序。正如韦伯所指出的那样："当自然界之秩序与社会界之秩序被认为是神祇的创造物，而非超

① 郭正忠主编：《中国盐业史（古代编）》，图版第12。

② ［法］塞奇·莫斯科维奇，许列民、薛丹云、李继红译：《群氓的狂欢》，北京：中国法制出版社2019年版，第407页。

越他们的存在，那么神祇理所当然会保护他所创造的秩序不受任何侵犯。"①

由上述碑文内容可知，作为维持当地自然界秩序的解池神，在贞元年间还是具有"阴潜之功"的灵庆公。此时的解池神的神力尚弱，能够因为官员的诚心祷告而祈雨有验。那么，这位灵应有加的善神灵庆公，又是如何变为危害解池的凶神蚩尤的呢？换言之，解池究竟是如何与蚩尤产生联系的呢？

三、解盐减产与"蚩尤为害"

丁山先生依据《水经注》中的记载指出："蚩尤泉即阪泉的支津，阪泉又即涿水的支津，当然与炎帝的阪泉之战，可以说即与蚩尤战于涿鹿。由是言之，所谓赤帝（或曰炎帝），确即蚩尤了。"② 蚩尤曾继承炎帝之号，应当具备火神的神格。据《史记·高祖本纪》载："刘季为沛公，祠黄帝，祭蚩尤于沛庭，而衅鼓旗，帜皆赤。由所杀蛇白帝子，杀者赤帝子，故上赤。"③ 由此可见，蚩尤被视为继承了炎帝的火神神格。

至于舜作《南风歌》所歌颂的"薰风"，则是解池附近的这种"盐南风"。《孔子家语·辩乐解》曰："昔者舜弹五弦之琴，造《南风》之诗，其诗曰：'南风之薰兮，可以解吾民之愠兮；南风之时兮，可以阜民之财兮。'"④ 丁山先生亦指出："意者晚周之时，世人或称南风为'舜风'，如《礼记·乐记》云，'舜作五弦之琴，以歌南风'，其辞云，'南风之薰兮，可以解吾民之愠兮'。所谓'薰风'，正'舜风'音转，亦南风古有舜号之切证。"⑤ 由此可知，薰风便是舜风。舜风象征了炎帝的火神神格，而这种神格又被蚩尤所继承。

炎帝的火神神格，反应了初民时期神话中世界的秩序，并且被蚩尤所继承。

① ［德］马克斯·韦伯，康乐、简惠美译：《宗教社会学：宗教与世界》，桂林：广西师范大学出版社2010年版（以下略注），第48页。

② 丁山：《中国古代宗教与神话考》，上海：上海文艺出版社1988年版（以下略注），第394页。

③ （汉）司马迁撰，（刘宋）裴骃集解，（唐）司马贞索隐，（唐）张守节正义，［日］泷川资言考证，［日］水泽利忠校补：《史记会注考证附校补》，第235页。

④ （三国魏）王肃编著：《孔子家语》，郑州：中州古籍出版社1991年版，第42页。

⑤ 丁山：《中国古代宗教与神话考》，第84页。

这种秩序作为一种范例和模式，对后世的类似神话具有重要的借鉴价值①。因此，薰风作为重要的转化媒介，将蚩尤与解州盐池联系起来。

那么，蚩尤又是如何成为解池神的呢？为了便于之后展开论述，我们这里有必要对"关羽战蚩尤"传说的不同版本进行归纳总结。

表 1　"关羽战蚩尤"传说元素归纳表②

版本	文献名称	事发时间	事发地点	参与高道	蚩尤为害的缘由
真宗版	《新编连相搜神广记》	祥符七年	解州，盐池	张天师	池之患，乃蚩尤也。往昔蚩尤与轩辕帝争战，帝杀之于此地盐池之侧，至今尚有遗迹。近闻朝廷创立圣祖殿，蚩尤不忿，攻竭盐池之水。 吾乃蚩尤神也，奉上帝命，王此盐池。于民有功，以国有益。今朝廷崇以轩辕，立庙于天下，吾乃一世之雠也。此上不平，故竭盐池水。
	《三教源流搜神大全》	祥符七年	解州，盐池	张天师	池之患，乃蚩尤也。往昔蚩尤与轩辕帝争战，帝杀之于此地盐池之侧，至今尚有近迹。近闻朝廷创立圣祖殿，蚩尤大忿，攻竭盐池之水。 吾乃蚩尤神也，奉上帝命来此盐池，于民有功，以国有益。今朝廷崇以轩辕，立庙于天下，吾乃一世之雠也。此上不平，故竭盐池水。
	《关帝圣迹图志》	宋大中祥符七年	解州，盐池	张天师	为盐池之患者，蚩尤也。 吾，蚩尤也。上帝命我主此盐池。今者，天子立轩辕祠。轩辕，吾雠也。我为此不平，故绝池水尔。若急毁之则已，不然祸无穷矣。

---

① ［美］阿兰·邓迪斯编，朝戈金等译：《西方神话学读本》，第61—62页。

② 宋峰：《神圣身份的认同："关羽战蚩尤"传说的政治背景解读》，《道学研究》2021年第2期。表1中所引各文献出处详见该文，此处不再赘述。

续表

版本	文献名称	事发时间	事发地点	参与高道	蚩尤为害的缘由
徽宗版	《大宋宣和遗事》	崇宁五年，夏	解州，盐池	张继先	昔轩辕斩蚩尤，后人立祠于池侧以祀焉。今其祠宇顿弊，故变为蛟，以妖是境，欲求祀典。
	《地祇馘魔关元帅秘法》附录《事实》	崇宁年间	盐池	张继先	未提及蚩尤
	《汉天师世家》	崇宁三年	解池	张继先	未提及蚩尤
	《关将军四祀图序》	宋政和中	解池	虚静真人	此蚩尤神暴也。
	《弇州续稿》	宋政和中	解州，盐池	虚静真人	此蚩尤神暴也。
	《仿洪小品》	宋崇宁中	解州，盐池	张静虚	相传黄帝执蚩尤于中冀，戮之，肢体身首异处，而名其地曰解。其血化为卤，遂成池。
	《历代神仙演义》	崇宁二年	解池	张继先，徐神翁	无
其他	《蒲州府志》	李晟镇河东日	河东	无	不详

通过表1我们可以发现："关羽战蚩尤"传说主要集中体现为两种相似但却又不尽相同的版本——"真宗版"与"徽宗版"。这两个版本的"关羽战蚩尤"传说，都是围绕着解州盐池发生的。事发的缘由，都与解盐减产有关；事情的参与者，都是道士与帝王。道士为张天师、张继先及徐神翁，帝王为宋代著名的崇道帝王宋真宗和宋徽宗。由此可见，这两个版本的"关羽战蚩尤"传说，是由宋代道士与帝王一起编造出来的道教传说。

真宗版"关羽战蚩尤"传说的主要原因是盐池减水，而徽宗版"关羽战蚩尤"传说则是因为池水数溃所致。单从结果来看，解盐是因为某种自然灾害而导致减产的，这种自然灾害的直接原因应当是气候的异常变化。详读相关文献，我们还能发现：在这两个版本中，邪恶一方都是蚩尤，正义一方则是关羽及黄帝。正义与不义的角色塑造，具有显著的宗教意涵。道教正是通过这种塑造，用伦理道德取代气候变化的异常，进而借此来对解州池盐的丰歉进行解读。与此同时，能够与代表正义的关羽进行抗衡的蚩尤，显示出一种微妙的平等地位。正如伯格森所言："平等可以意味着某些比例，可以成为某种均衡。"① 这种均衡可以作为一种补充说明，用来解释为何解池会不时减水，然而又不时会溃堤。减水与溃堤，都可以视为是正义之神（关羽和黄帝）与不义之神（蚩尤）双方较量的结果。

接下来，我们将分别从解池减水与解池水溃两方面，分析关羽崇拜和蚩尤神话如何具体与这些自然灾害搭上关系，以及宋代道教如何通过解盐和"蚩尤血"的重合来实现对"涿鹿之战"的改编。

四、关羽战蚩尤：对涿鹿之战的改编

（一）"蚩尤血"与"蚩尤为害"

《山海经·大荒南经》云："有宋山者……有木生山上，名曰枫木。枫木，蚩尤所弃桎梏，是谓枫木。"郭璞注云："蚩尤为黄帝所得，化而为树也。"② 既然连蚩尤的枷锁都可以化为树，那么蚩尤的血自然也可以化为其他事物了。《尸子》曰："黄帝斩蚩尤于中冀。"③ 罗泌进而发挥道："传战执尤于中冀而殊之，爰谓之'解'。"④ 于是乎，蚩尤的死与解州紧密联系在了一起，蚩尤死后流出的鲜血则与解州盐池紧密相关。

解盐"卤色正赤，在阪泉之下，俚俗谓之'蚩尤血'"⑤。由此可见，解盐正是因为其赤红的卤色而被称之为"蚩尤血"的。解盐之所以颜色赤红，是与

---

① ［法］H·伯格森，王作虹、成穷译：《道德与宗教的两个来源》，贵阳：贵州人民出版社 2007 年，第 43 页。

② 袁珂：《山海经校注》，上海：上海古籍出版社 1980 年版（以下略注），第 373 页。

③ 上海古籍出版社编：《二十二子》，第 377 页。

④ （宋）罗泌：《路史》，《四库全书》第 383 册，上海：上海古籍出版社 1987 年版，第 110 页。

⑤ （宋）沈括著，胡道静校注：《梦溪笔谈校注》，第 127 页。

解州盐池特殊的地质结构密切相关的。通过对其化学成分进行分析可知，解州盐池属于硫酸盐型，主要成分是硫酸钠、硫酸镁、氯化钠等。因为有铁盐的胶态杂质悬浮在卤水之中，这可能是造成卤水呈现为红色的原因。

"涿鹿之战"作为上古传说中最为重要的事件之一，成为了一种文化范式。用神话的眼光来看，这种范式是能够以静止的形态延续至后世的①。后世需要做的，只是结合当下的一些具体情况，对该范式进行一定程度的改写。由此可见，之所以解盐被称之为"蚩尤血"，乃是上古"涿鹿之战"传说经历了长期的流变并结合解州的地理位置而形成的。于是乎，具有神话符号属性的"蚩尤血"同"卤色正赤"的解州池盐合二为一。

解池的地质构造颇为特殊："久雨，四山之水悉注其中，未尝溢；大旱未尝涸。"② 在正常的年景下，解州盐池可以自行应对旱涝的挑战。然而一旦降雨量过大，便会对解盐的生产造成巨大影响。《仿洪小品》云："宋崇宁中，池水数溃……每大雨，辄能败盐，必祷于神而止。"③ 由此可知，解池的水溃便是由秋季降雨过量所直接引发的，并且当地民众总是以此求助于解池神的庇佑。

而在蚩尤神话中，呼风唤雨乃是蚩尤法力的集中体现之一。《山海经·大荒北经》曰："蚩尤作兵伐黄帝……蚩尤请风伯、雨师，纵大风雨。"④ 云雾是降雨的主要征兆，因此在传说中蚩尤同样具备布云作雾的能力，如《志林》云："黄帝与蚩尤战于涿鹿之野，蚩尤作大雾弥三日，军人皆惑。"⑤ 龙与云雨的关系密切，古人总是通过借助龙的能力来干涉气候。如唐密大师善无畏应唐玄宗的要求祈雨，便是通过实施法术役龙降雨⑥。道教亦有类似的法术，如《道法会元》卷之九十七《上清飞捷五雷祈祷大法》中的"祈晴"之法："天下妖龙作孽之鬼，付都符下灭。吅。"⑦ 由此可见，妖龙作祟可以视为阴雨连绵的原因之一。

① [美] 阿兰·邓迪斯编，朝戈金等译：《西方神话学读本》，第64页。
② （宋）沈括著，胡道静校注：《梦溪笔谈校注》，第127页。
③ （明）朱国祯：《仿洪小品》，北京：北京燕山出版社1995年版，第786页。
④ 袁珂：《山海经校注》，第430页。
⑤ （宋）李昉等：《太平御览》，第78页。
⑥ （宋）赞宁：《宋高僧传》，北京：中华书局1987年版，第21页。
⑦ 《道法会元》，《道藏》第29册，北京：文物出版社、上海：上海书店、天津：天津古籍出版社1988年版，第418页。

解池水溢的元凶，最初也是被描述为蛟龙作祟。《汉天师世家》卷一曰："崇宁初，解盐池水溢，遣使者召见，书铁符投之，怒雷砾蛟，蛟死水裔。"① 姑且不论这蛟到底是鳄鱼还是其他动物，蛟曾被视为解池水溢的元凶当是可以肯定的。而蚩尤能够行云布雨、兴风作浪的形象在与解池蛟害重叠后，蚩尤便成为了解池水溢的元凶。《大宋宣和遗事》中张继先对解池蛟害的解释是这样的："昔轩辕斩蚩尤，后人立祠于池侧以祀焉。今其祠宇顿弊，故变为蛟，以妖是境，欲求祀典。"② 由此可见，蚩尤在与蛟害重组融合后，便成为解池水溢的元凶。

（二）解池减水与"战蚩尤"

解池减水，最可能的原因便是干旱。而干旱，则与火神密切相关。《淮南子·天文训》曰："南方火也。其帝炎帝，其佐朱明（一作祝融）执衡而治夏。其神为荧惑，其兽朱鸟。"③ 董仲舒在《春秋繁露》中提道："夏求雨……其神蚩尤，祭之以赤雄鸡、七玄酒，具清酒膊脯。祝斋三日，服赤衣跪拜。"④ 可见汉代时尚视蚩尤为炎帝，而炎帝因其火神的神格而被视为引起干旱的原因。在夏日通过祭拜蚩尤来求雨，是通过祭祀仪式来重现黄帝擒杀蚩尤的事件。该祭祀仪式不仅能够维护解州当地民众的正常社会生活的运转，同时也能够解释因为解池的堤溃导致的盐价波动。因此，蚩尤不仅可以视为导致干旱发生的原因之一，同时也可以作为宋代道教协助朝廷保持和加强社会成员间关系的有效道具。

除了蚩尤自身的证明之外，其对手的神格也可作为反证。作为"涿鹿之战"中蚩尤的主要对手——应龙，其所具有的神格乃是"主雨水"。如《山海经·大荒东经》云："大荒东北隅中，有山名曰凶犁土丘。应龙处南极，杀蚩尤与夸父，不得复上。故下数旱，旱而为应龙之状，乃得大雨。"⑤ 《山海经·大荒北经》亦云："应龙已杀蚩尤，又杀夸父，乃去南方处之，故南方多雨。"⑥ 正因为

① （明）张正常：《汉天师世家》，《道藏》第34册，北京：文物出版社、上海：上海书店、天津：天津古籍出版社1988年版，第816页。
② （宋）无名氏：《新刊大宋宣和遗事》，上海：中国古典文学出版社1954年版，第15页。
③ 上海古籍出版社编：《二十二子》，第1216页。
④ 同上书，第804页。
⑤ 同上书，第359页。
⑥ 同上书，第361页。

应龙主降水，因而才能够诛杀主干旱的蚩尤。而在"涿鹿之战"中，应龙又是受到黄帝的派遣而去攻击蚩尤，故此同样具备道德的优势。这种优势实际上是由应龙与蚩尤共同营造出的结果。

"神话除了具有传统口头故事的基本性质之外，还可能具有多种不同的形式和功能——与神明和仪式相联系，成为对领土、资格、制度及信仰的认可或特许状，对各层次的问题给出解释，而且以多种方式探究问题和解答问题，还为心智与情感提供多种形式的安慰与支持。"[①] "战蚩尤"神话与应龙和祈雨仪式相联系，不仅成为了解盐生产得以顺利进行的保障，同时解答了解盐歉收的原因，并且为各方参与者提供了能够普遍接受的安慰与支持。赵宋皇族为了神化自身血统，将其编造出的始祖赵玄朗称为黄帝转世。调遣应龙攻杀蚩尤的黄帝，与调遣关羽攻杀蚩尤的宋真宗及宋徽宗相呼应，应龙也与关羽产生了对应关系。这是宋代道教与统治阶层一同打造出的世界秩序，具有特殊的伦理特征和理性倾向[②]。通过人格化的善恶之神的较量，解释了解州地区气候的异常变化，并在此基础之上凸显出解盐能够恢复生产是因为赵宋皇族乃黄帝后裔。"天命所在"的赵宋皇族保障了解盐的正常生产，同时确保了与之相应的当地民众的正常生活。

概言之，在统治阶层的授意与推波助澜之下，宋代道教将对关羽的崇拜和对蚩尤的崇拜融会贯通，并结合对"涿鹿之战"的改编，形成了宋代版的"涿鹿之战"——"关羽战蚩尤"传说。

五、总　结

"关羽战蚩尤"传说的出现绝非偶然，是宋代道教对上古传说吸纳和改编的产物。通过详细梳理，我们可以发现："关羽战蚩尤"传说与宋代的解盐生产密

---

① ［美］阿兰·邓迪斯编，朝戈金等译：《西方神话学读本》，第 72 页。

② 韦伯在《宗教社会学》中指出："它们是一种世界之和谐与合理秩序的神意之力，在某些个别场合可能会偏向宇宙的层面或者是伦理与社会的层面，不过一般而言，通常两个层面皆含摄在内。对儒教而言（道教也一样），这个秩序兼具一种宇宙的以及特殊之伦理与理性的性格；它是一种非人格性的、神意的力量，保障着世界万事万物之规则性与适当的秩序，这是来自理性主义官僚体制的观点。"［德］马克斯·韦伯，康乐、简惠美译：《宗教社会学：宗教与世界》，第 47 页。

切相关。由于相传黄帝在冀州击败蚩尤，并将其肢解处死，因此阪泉附近出产的解州池盐被称为"蚩尤血"。而宋代解州盐池的数次干涸与溃堤事故，则被视为是"蚩尤为害"；对解州盐池的治理与斩蛟仪式，也被称之为"战蚩尤"。在统治者的推动下，宋代道教将关羽崇拜和蚩尤崇拜融会贯通，并在此基础之上对"涿鹿之战"传说进行吸纳和改编。

黄帝的华夏初祖身份，在汉代得以确立。"涿鹿之战"在汉代形成华夏民族的族群意识过程中，充当了重要的构成元素。随着华夏民族的族群意识不断强化，"涿鹿之战"的故事结构也随之不断精细化。"涿鹿之战"作为一则能够对华夏民族进行溯源及解释的传说，具有能够世代相传的吸引力及生命力。到了宋代，赵宋皇族出于统治需求，对"涿鹿之战"传说中的人物关系进行改写。赵宋皇族为了神化自身血统，将其编造出的始祖赵玄朗称为黄帝化身。调遣应龙攻杀蚩尤的黄帝，与调遣关羽攻杀蚩尤的宋真宗及宋徽宗相呼应，应龙也与关羽产生了对应关系。如此一来，"战蚩尤"的黄帝和关羽产生了对应关系。关羽受到代表着黄帝后裔的宋真宗与宋徽宗的役使，成功斩杀蚩尤，重现了"涿鹿之战"传说，"黄帝战蚩尤"也被顺势改编成为"关羽战蚩尤"。

"关羽战蚩尤"传说同"涿鹿之战"传说相比较，其重点发生了偏移，目的也有所改变，因此有着不一样的解读。"关羽战蚩尤"传说不仅融入了解州当地的风俗，满足了解州地区民众的心理需求，同时也顺应了占据主导地位的统治阶层的观念。通过"关羽战蚩尤"传说对"涿鹿之战"的改编，我们可以发现："关羽战蚩尤"传说刻意强调了正邪双方的角色对比。减水与溃堤作为导致解盐减产的两种主要原因，被道教塑造成正义之神与不义之神之间的较量。邪恶的一方始终都是蚩尤，而正义的一方则由黄帝变为关羽，以及役使他的宋代帝王与道士。宋代道教正是通过吸纳和改编"涿鹿之战"，打造出"关羽战蚩尤"传说，用伦理道德解释气候变化的异常，进而借此来对解州池盐的丰歉进行解读。这是宋代道教与统治阶层一同打造出的世界秩序，它不仅维护了宋代社会生活的稳定，同时也凸显了身为黄帝后裔、赵玄朗子孙的赵宋皇族的血统神圣性。

闵一得与太上心宗

伍宇昊*

内容提要：闵一得是清代江南地区著名高道，他受全真龙门派嫡传，但不拘泥于道士身份，学综三教，曾担任官职，红尘、方外两不耽误，颇显逍遥旨趣。他所开创的龙门方便法门和提炼总结的三尼医世说，皆大倡三教合一，是为明代以来高涨的三教合一思潮的直接继承。在此基础上，闵一得力图建构一个体系化的道学正统，他博采众长，将包括西竺心宗在内的各门派精华汇成一炉，独标太上心宗，意在直承老子宗旨，绍隆道学，振兴华夏。

关键词：闵一得；太上心宗；三教合一；三尼医世说

一、闵一得其人：三教合一思潮下的身份认知

闵一得，全真龙门派第十一代传人，名苕旉（旉），派名一得，字小艮，道号懒云子，又号际莲氏、定梵氏等，浙江归安（今浙江省湖州市吴兴区）人，生年有争议，卒于道光丙申年（1836），历乾嘉道三朝，一生著述宏富，主要作品都收入《古书隐楼藏书》中，另著有《金盖心灯》，系统地记录了全真龙

---

* 伍宇昊，男，四川南充人，南京大学哲学系 2019 级博士研究生。

门派教史。

闵一得虽孩童之年便已入道，但不以道士身份为拘束，他学综三教，更蒙家族余荫出任地方官职，红尘、方外两不耽误，颇显逍遥旨趣。许叔平《里乘》卷五《李泥丸》对闵一得日常形象曾有所记录：

> 先大夫守湖州时，小艮司马居金盖山。会先妣杨太夫人有疾，先大夫携予宿金盖山礼忏，求丹药疗之，果瘳。司马遇醮坛则易道装，平时酬酢往来仍著冠服。尝至署中，先大夫觞之，予亦侍坐，司马茹荤饮酒，谈道娓娓不倦。[①]

小艮司马即闵一得。按文中所载，闵一得平日儒服衣冠，且对酒肉无所禁忌，进行道教仪式时才换上道袍。闵一得自己所著的《还源篇阐微》也透露出他日常生活的风貌，其书前列有杏林真人（石泰）、太虚主人（沈太虚）和金盖山人（闵一得）三人的图像。其中，石泰与沈太虚皆束发，服装有纹饰，呈传统道士形象；而闵一得额前至头顶无发，只从后脑微微露出两撮头发，服装纯色，上无任何纹饰。

由于剃发易服的关系，清朝汉人的服饰与发型发生了重大变革。虽然某些地区可能对剃发易服的要求并不严格，且随着时间推移整个规定有所松弛，但闵一得曾入仕为官，想必剃发是一定的了。《还源篇仙考》所示闵一得图像，基本符合剃发易服的特征，与传统道士形象有所出离。

关于闵一得的道士身份，闵一得自己在为《东华正脉皇极阖辟证道仙经》作注时，谈及金盖山戒律传承曾言道："尔时佛道两宗传戒，非奉旨不得私开。其所传，有律、有书、有手卷……所传之书，义理本无所禁，然戒律郑重，恐人亵玩，故轻泄之律最严，是以律裔一概袭藏，而凡无人可授之裔，则必聚而焚之，此食古不化之流弊。律祖三传而道遂绝，今嘉庆年间所开演钵，邱祖戒本失传，近所传访诸《净明宗教录》，与邱祖所传，小同而大异也。我山先

---

① 《笔记小说大观》第 33 册，扬州：广陵古籍刻印社 1983 年版，第 261 页。

辈，亦守戒焚之，书则录本幸存，而卷、律亡矣。"① 从中可见，金盖山所传戒所需文本只有书尚存，而卷、律失传，那么即使如闵一得品学兼优也无从得戒。

查《龙门正宗觉云本支道统薪传》和《道统源流》皆以"宗师"称闵一得。所谓宗师，依《道统源流·凡例》："历代师真分受律、承宗、传嗣三者。凡承受戒法后确能遵守戒律者称律师；凡承宗传道，品学兼优者称宗师；凡承嗣正宗，恪守玄规者称嗣师。"② 此种分类，大体也符合《金盖心灯》中的情况。《金盖心灯·龙门正宗流传支派图》龙门第四代周大拙律师下标记"自周律师传张、沈二人，始有律师、宗师之分"③，所列龙门派各代传人，基本上都在姓名字号后缀有律师、宗师、嗣师之称谓。而闵一得所在的金盖山云巢一脉，常以"先生"缀于诸师名号之后，如靖菴先生、陶石庵先生、徐紫垣先生。闵一得亦遵此例。《金盖心灯》所列名贤、善士、高人等一般也称先生，可见"先生"为普遍性尊称，和现代语义无两样。因此，闵一得在《金盖心灯》中被称"先生"，除了未正式受道戒，也有遵循金盖山云巢一系传统的缘故，其后的《龙门正宗觉云本支道统薪传》和《道统源流》对称谓做了进一步统一，而称闵为"宗师"。在《金盖心灯·嘉庆初刊序》中，萧抡对闵一得的思想学风作了点评：

> 先生中岁尝服官滇南，及丁外艰归，遂侍养其母以终天年，不复谒选，居家以孝友训子弟。其远祖牧斋公墓，久莫知所在。先生积年访求，乃得之余杭朱葛里，即赎归其地而修葺之，虽以磬其私，弗惜也。其笃于报本若此，以视祖尚玄虚而置庸德庸行于不讲者，岂可同日道哉。④

可见，闵一得虽承袭龙门律宗之学，却于儒家忠孝之道无丝毫懈怠。其实如此风尚在金盖山由来有自，萧抡《金盖心灯·嘉庆初刊序》中谈到开创金盖

---

① （清）闵一得原著，董沛文主编，汪登伟点校：《古书隐楼藏书》，北京：宗教文化出版社 2010 年版（以下略注），第 548—549 页。

② 庄严居士辑：《道统源流·凡例》，无锡：中华印刷局 1929 年版。

③ （清）闵一得撰，王卡、汪桂平点校：《金盖心灯》，北京：中华书局 2020 年版（以下略注），第 31 页。

④ 同上书，第 16 页。

山云巢支系的陶靖庵对其徒的训导，曰：

> 居常训其徒，以为天上神仙皆是人间孝子忠臣，不必有子午烹炼、休粮出俗之行，神通法术乃驻世神仙万不得已一行之事，岂吾道所尚哉。然则彼传吕仙之道者，固惟以忠孝为本，能忠孝则为悌弟、为信友，而于人伦之道无不尽仙。①

陶靖庵平日以人伦孝悌教导弟子，这是典型儒家思想的体现。陶靖庵逝世后，陶石庵继为主持金盖山务，继承了陶靖庵的学风。闵一得记述陶石庵在教导门人徐紫垣时曾说："读书不忠孝，修玄不清净，譬如引泉入溷，遗羞洁类，罪在不赦。兹山立法，教孝教忠。"② 后徐紫垣接续陶石庵主持金盖山务，闵一得这种笔法突出了陶石庵有心传衣钵于徐紫垣的用意，而这衣钵的关键，便是忠义孝悌的门风。后来闵一得入主金盖山，进一步将此风发扬光大。

另外，据《晟舍镇志》（闵一得出生地地方志。晟舍镇，今浙江省湖州市吴兴区织里镇晟舍村），时人并不把闵一得当道士，而是更认可他的世俗身份。赖全教授《统合与革新——闵一得研究》谈到，《晟舍镇志》将闵一得归于卷三"历仕"条目与卷五"人物"条目，而对闵氏家族其他在宗教界有巨大影响的人物，则归于卷五"方外"条目③。可见，闵一得除了未能受戒，在时人的眼中，也不认为他的身份是道士，而最多只能说是"隐士"。闵一得平素儒服衣冠、茹荤饮酒，也显示了不拘于道士身份的自我认知。

迨至清代，三教合一思潮继明而后达到又一顶峰，上至统治阶级，下至贩夫走卒，无不受此影响，遂成思想文化层面一大格局。道教作为三教中较为弱势者，对三教合一的提倡最为主动积极。闵一得在这种学风的浸润下，开创了融三教学说为一炉的"龙门方便法门"。据《龙门正宗觉云本支道统薪传·第十一代闵大宗师传》载：

---

① （清）闵一得撰，王卡、汪桂平点校：《金盖心灯》，第15页。

② 同上书，第106页。

③ 赖全：《统合与革新——闵一得研究》，北京：中国书籍出版社2015年版，第135—136页。

沈师羽化金盖山，师遂主之。闭关修道。悯其法嗣凌替，屋宇倾颓，慨然思振其绪，于是修葺增壮，拓其规模。遂启龙门方便之法，以三教同修。儒者读书穷理，治国齐家；释者参禅悟道，见性明心；道者修身寡过，利物济人。至律法宗教四宗，及居家出仕，入山修道，寻师访友，蓄发易服，均俾有志者自然而行。大旨以五伦八箴为体用，盖圣贤仙佛天不由五伦八箴而证果焉。故曰龙门方便法门。自是学者日进，自当代名公卿相，及缁流羽士，以至胥吏仆舆，钦其道范，纳交授业者，实繁有徒。入室者虽不多，而诱掖奖劝，因其言而自新者，亦复不少。①

所谓龙门方便法门，是一种简便易行的修行方法，门槛不高，不拘一格广纳遗贤，颇有儒家"有教无类"之气象。个中原因，除了离不开闵一得弘道济人的情怀，还与其较少受道戒约束而可以便宜行事有很大关系。此外，闵一得还创造和润色了所谓"医世宗"，成为了清代三教合一思潮进一步发展的表现之一②。

二、三尼医世说

医世宗的概念，最早由意大利学者莫尼卡提出，其来源为三尼医世说。三尼医世说的系统阐发主要见于《三尼医世说述》一书。闵一得在该书序言中以其师高东篱言论揭开此书传承历史：

吾曾见于王阳明先生箧中书之内编，其门人王龙溪刻以传世者，是羲黄以身治世之大道也。③

高东篱称曾亲见王阳明弟子传有三尼医世说，这是力图确证"三尼"一说

---

① 胡道静等主编：《藏外道书》第31册，成都：巴蜀书社1994年版，第470页。
② 陈云：《闵一得研究》，成都：巴蜀书社2017年版，第81—82页。
③ （清）闵一得原著，董沛文主编，汪登伟点校：《古书隐楼藏书》，第575页。

来源的真实性。所谓三尼，即孔子仲尼、如来牟尼、老子青尼之合称。《三尼医世说述》原序为陶石庵所撰，序首花了很长一段篇幅叙其三教合一之思想，而既言三教，理论上就不应该只有道教一家有此书。陶石庵认为，三尼医世本有经书，儒、释、道三家各依经书作说述，只是儒释说述早已被毁，只剩道家说述赖吕祖之力流传：

> 医世之说，其本经全书，自有金简玉函，藏在天府，世不概见。此书全部，尚有儒释医世说述。太律师昆阳王祖闻诸异人云："儒毁于秦，释毁于晋，世不可得而见矣。"世所流传者，特道宗医世入手之则。盖吕祖驻世时，得闻是说，阐述本经之义，授之法嗣，乃本经注疏，不是经文，故其文平近易晓，而于经中玄微功候，尚未述及。第就道宗医世入手次第叙起焉耳。其大要与儒释两门，虽殊途，而同归于一，故此书有三尼之名，且经吕祖升证金仙后，尝亲印证于三尼者。①

医世说的基础是道家身世同治的理念。《道德经》有"修之于身，其德乃真；修之于家，其德乃余；修之于乡，其德乃长；修之于国，其德乃丰；修之于天下，其德乃普。故以身观身，以家观家，以乡观乡，以国观国，以天下观天下"②之语，《庄子》则以藐姑射山神人的传说同证斯理，而所谓"内圣而外王"③，亦蕴含此意味。道教承继此种理念，建构出天地人三才一贯的模型，此模型中，以三才任一才可通其余二才，而人最是灵明，因此人最能贯通天地，此中之根源在于天地人都秉道而生。陶石庵认为，大道之本原名为真一，人得其理为性，得其气为命，合为性命，万物皆有性命，则万物皆不离真一。真一的说法被闵一得所继承，并发展出"真一""真元"论④。既然万物同

① （清）闵一得原著，董沛文主编，汪登伟点校：《古书隐楼藏书》，第578—579页。
② （魏）王弼注，楼宇烈校释：《老子道德经注校释》，北京：中华书局2008年版，第143—144页。
③ 是故内圣外王之道，暗而不明，郁而不发，天下之人各为其所欲焉以自为方。参见（晋）郭象注，（唐）成玄英疏，曹础基、黄兰发点校：《南华真经注疏》，北京：中华书局1998年版，第606—607页。
④ 参见唐大潮：《试析闵一得"真一""真元"论及其三教观》，《社会科学研究》2003年第6期。

此性命真一，那么人与万物的交通可凭此达成：

> 有生以来，人我同此一性，同此一命，即同此一道。形隔而气
> 通，气通则性命通，极之天之所覆，地之所载，皆一气呼吸之所通。
> 道在我，则我为宰。其始，一物不有；其终，一物不遗。而其妙万物
> 也，仍一物不有。斯道也，何道也？真一之道也。成己成物，皆道中
> 之事。万物各正性命，而后道之量于是乎全，遗世独立，不可以言
> 道，此医世之说所由来也。①

人与万物虽然形体相互隔阂，而有一气呼吸相通，此即性命之发挥。万物
各正其性命，则一己之气阻塞，则物物不为所通。那么，修道之士虽修己
身，不可遗漏万物，遗世独立则非道，这就是医世说的逻辑脉络。

此种以身及世的观念，在儒家，则有《大学》之八条目，其从格物到致
知，到诚意，到正心，到修身，到齐家，到治国，到平天下，亦是从己身出发
而至于世之平治，从而与道家身世同治理念有相似之处，因此儒家吸收庄子
"内圣外王"思想而大力阐发，化为己用，此是儒道一致之处。略有差异的地
方，在于道教医世讲求修身即化世，而儒家虽也修身，但却是在修身之后通过
社会活动等行为参与世事的治理，以此化世。

而在佛家，本来排斥世间之事，其修行旨在超离世间，求得跳出轮回之解
脱。大乘思想兴起后，方有"无住涅槃"之说，大阐救度众生之慈悲情怀，但
身世同治的理念并不明显。不过，西竺心宗将《持世陀罗尼经》的"持世"解
释为"医世"，以达到三教和同之目的：

> 佛曰"持世"，盖犹我宗之"医世"，乃有身治世宁之义……太乙
> 有言："心即天也，身即地也，念即人也"，如是体之，三才一身
> 也，原人一身，自心以上曰天，自心以下曰人曰物，自腹以下曰地曰
> 海，而心能包身，身能容念，故身亦名世，世身身世，不二不一，盖

---

① （清）闵一得原著，董沛文主编，汪登伟点校：《古书隐楼藏书》，第578页。

谓主夫世者惟人，主夫身者乃念，而念承夫心，心承夫天，身承夫地，地天无心寄心于人，故人得为造化主，人自小视身心耳。①

在这个角度下，陀罗尼效用的发挥，便是以身之气沟通世之气、人之性通达佛之性的结果，三才一贯之理昭然，则"持世"即是"医世"便不足为怪了。

行持医世功法，可以达到什么效果呢？理论上说，"近则一家一村，远则一县一郡，推其极则四大部洲，无不调摄于此方寸之中。消其灾沴，则无水火刀兵、虫蝗疫疠；正其趋向，则俗无不化、人无不新、民安物阜，熙熙然如登春台"②，但实际效果没有如此夸张。闵一得曾作《读吕祖师三尼医世说述管窥》谈及自己行持医世功的心得体会，他形容自己行功完毕后，"颜色顿变，忽成少年，须发皆变白成黑"③。更有甚者，闵一得记述在他常住之地，如金盖之云巢、姑苏之大德庵等处，行持医世功后，桃、杏、玉兰、紫荆、辛夷、木瓜、西府海棠等植物不仅春天开花，在秋天也同样绽放，花朵艳丽芬芳。另外，在金盖山的河埠吴沈门，桑椹连续七年在小春日结果。嘉兴老翁童宏毅，年老足跛，算命先生说他活不过七十岁，但他仅仅服下一小把吴沈门的桑椹果，身体便骤然强健，行步如飞。以后年年入山采桑椹，紫色的用作丸药和泡酒，稍次的用于药材配伍，治病医疾，效果立竿见影……等等奇事，让人不禁怀疑其真实性。不过清代著名诗人陈文述，曾拜于闵一得门下，记录闵一得医世功奇效，也说"（闵一得）所至禽畜互乳，草树交芬，善气所敷，动植胥化，得中和位育之道焉"④，一片儒家大同社会景象。

三、建构"太上心宗"

闵一得一生正式拜师两人，一为高东篱，一为金怀怀，在《金盖心灯》二人传记中，一称子高子，一称子王子（王为金怀怀姓）。但闵一得入道时，高东

① （清）闵一得原著，董沛文主编，汪登伟点校：《古书隐楼藏书》，第488—489页。

② 同上书，第593页。

③ 同上书，第595—596页。

④ 胡道静等主编：《藏外道书》第34册，成都：巴蜀书社1994年版，第666页。

篱年岁已大，不久便去世，同时闵一得与金怀怀也只有一面之缘。闵一得真正的授业师，主要是沈太虚与鸡足道者二人，但由于辈分原因，并不以"子"相称。总的来说，闵一得主要师承有两支：一是纯本土的龙门正宗嫡传，一是西竺心宗。

对于龙门嫡传与西竺心宗两支传承，闵一得曾做了大量努力，以推动二者理论融合。其中三尼医世说是融合后的典型代表，除此之外，还有大量证据表明了西竺心宗与龙门正宗之间一直存在全方位的理论共享，如《二懒心话》中闵一得托名懒翁（闵一得道号懒云子）与西竺心宗传人大懒探讨玄关一窍，又如《修真辨难参证》中闵一得与张蓬头交流阴阳门派的分类等等。在这些理论与实践的基础上，闵一得取其精粹者，做了系统化的升华，提炼出一个新的体系，这便是太上心传。

所谓太上心传，或称太上心宗，此概念散见于闵一得各种著作。《天仙心传注·内篇注》中，闵一得曾引沈太虚之言述太上心宗脉络："我师泥丸氏，述授余曰是真太上心传……我宗溯自秦汉，直承单传，始自关尹，吕祖承之，宗旨复振，既而中晦，我师泥丸氏承之，炳得窃袭（炳乃太虚派名），自惭德薄，第谨识授。学者得之，务望参诸道籍，证诸佛经，不立有无，一循道体，而事兼存导，尤必造至自然，庶几不负所示云尔。"① 沈太虚所言"我宗"，依前文"我师泥丸氏，述授余曰是真太上心传"②，可解为太上心传之宗，即太上心宗。依此说，太上心宗的脉络为老子传关尹子，关尹子传吕洞宾，吕洞宾传李泥丸，李泥丸传沈太虚，沈太虚传闵一得。

虽然沈太虚勾勒了老子—关尹—吕洞宾—李泥丸—沈太虚的谱系，但闵一得的论述中，又将南宗一系，以及王常月、尹蓬头纳入其中。闵一得之意，大概凡是得承天仙功夫真正精髓的人物都属于太上心宗，可见此太上心宗，并非一个有严谨组织架构的宗派，而更重在其所传之法。因此，闵一得著述中称"传"多于称"宗"，如《皇极仙经·序》云："然传本讹误，未有如近日所见誊本二书，一名《吕祖师先天虚无太一金华宗旨》，一名《尹真人东华正脉皇极

---

① （清）闵一得原著，董沛文主编，汪登伟点校：《古书隐楼藏书》，第 659—660 页。
② 同上书，第 659 页。

阖辟证道仙经》，实皆太上心传，玄门宝筏。"① 《修真辨难参证》："密受律宗以世守，是为太上心传。"②

太上心传的概念，闵一得之前的道门中人也有提及。如王常月曾说："太上心传，备于此矣，是乃即世圆行之功法，而淑世功验，亦于此下，不可偏在一身看。"③ 薛道光说："太上心传，存若婴儿者，言须养若婴儿，乃是假实证虚之慈旨。"④ 这些言论都记录在《古书隐楼藏书》中。从字面意思讲，太上心传指的是老子亲传的心法精髓，而以太上心宗言之，有显著的谱系化、体系化意图。闵一得弟子薛阳桂在其著作《梅华问答编》的序言中也说："先生……所著《古书隐楼藏书》，真诠密谛，直写心源，无一不从性海中流出，去尽铅汞之喻言，独传先生之遗秘，俾太上心传重显于世，此先生度世苦心，亦后来学者之万幸焉。"⑤ 可见此一概念作为闵一得学术传承的核心，被后学所继承。闵一得吸纳西竺心宗等各派精要，博采众长，汇成太上心宗，意欲光大道教正统，汪登伟道长评论道："闵真揭示太上心传，有如宋明理学发挥孔孟心传一样，旨在争取学术正统，绍隆道学，振兴华夏。"⑥ 经闵一得提炼升华而成的太上心宗的确呈现出一个学术上有体有用的完整体系的样态。

然而，一个宗派的建立，离不开开创者的辛勤耕耘，更有赖于后人。如禅宗，虽上溯至达摩，乃至摩诃迦叶，但如果没有慧能、神会等人的光大，恐怕不能真正成建制地流传。这即是开创者意图与现实情况之间的参差。闵一得逝世后，时近清末，海内外局势大变，国运衰减，道运亦蹉跎。其弟子蔡阳倪曾有"今金盖颓矣，四海内无有知金盖者"⑦ 之叹，此言载于《还源篇阐微》，大概发表于道光十八年（1838）前后，可见此时金盖山已没有闵一得在世时之盛况，太上心传宗旨也隐而不振。道运亦国运乎？身世同修的医世理论，并非单纯以身医世，实也有赖于以世医身。

---

① （清）闵一得原著，董沛文主编，汪登伟点校：《古书隐楼藏书》，第 526 页。

② 同上书，第 307 页。

③ 同上书，第 517 页。

④ 同上书，第 640 页。

⑤ 同上书，第 755 页。

⑥ 同上书，《太上心传·丹道奇葩》（导读），第 14 页。

⑦ 同上书，第 685 页。

老子学刊

传统文化与三教关系

论钟馗信仰的多元形成[*]

胡长海^{**}

　　内容提要：钟馗是重要的民间信仰，探究其原型对厘清钟馗信仰的多元形成过程有重要价值。最初蔜葵以其形态而代指椎形器具，进而演化为辟邪打击器具。而在门神逐步出现的过程中，门神所持椎形器具蔜葵逐步代称此类门神，实现从物向人格神的转变。同时，钟馗信仰还与历史上名钟葵字辟邪之同音同名的人物附会，取其辟邪之义。唐代随着门神的普及与道教神仙体系的建立，结合儒家提倡忠孝的诉求而容纳终南士人钟馗的人格化形象，进而形成忠孝正义的驱鬼民间信仰。从蔜葵到钟馗的融合演变过程，始终不离驱鬼的功能与职责，植根于民间驱鬼的现实需要，反映出民俗文化发展的现实关照，凸显民间信仰的多元融合特征。

　　关键词：钟馗；蔜葵；钟葵；驱鬼

　　钟馗作为重要的民间信仰，考辨其原型对探究民间信仰多元形成有重要意义。现存关于钟馗原型的说法主要有三类：一是认为钟馗本即蔜葵的草本植物；二是认为钟馗为名钟葵字辟邪的古人同音同名讹传；三是认为钟馗源自唐不第进士钟馗。而这三种观点其实存在内在的逻辑演进关系。钟馗最初原型可能是蔜葵，其形似椎，故以蔜葵称椎形打鬼器具。民间门神逐步演化，椎形器具作

　　* 本文系国家社会科学基金一般项目"宋明理学异端观研究"（22BZX071）阶段性成果。
　　** 胡长海，男，四川广安人，中南大学马克思主义学院讲师。

为门神的打鬼器物逐步代指此类门神，出现以钟馗为门神的信仰。也有观点认为，钟馗缘起名为钟葵字辟邪的人物，取其辟邪之义，进而形成对钟馗辟邪的信仰。随着"贴门神的风俗习惯逐渐普及"①，以及"道教神仙谱系最终定格"②，亟需确定具体的人格神形象。而三教交融视域下，儒者为"渲染儒学的忠孝伦理"③，取终南进士钟馗为原型，求其忠孝之义。进而，钟馗特殊神道形象在"盛唐以后，基本定型"④。钟馗源自蔡葵，取其椎形打鬼器具之义，以器具之名附会门神，唐代则具体化为终南士人钟馗。钟馗信仰的形成过程既以驱鬼器物演变为神灵，又吸纳钟葵辟邪之义涵，以及钟馗的忠义原型，最终形成现有的钟馗形象。从蔡葵到钟馗的演变过程，植根于民间驱鬼需求，表明社会需要是民间信仰发展演变的根本动力。

一、化物为神：从辟邪之物到逐鬼之神

关于钟馗原型，有观点认为是蔡葵，"物变成了神"⑤，根源在于人们对此物的"崇敬、感激、依恋之情"⑥。许慎解释："葵，菜也。"⑦ 李时珍说："落葵，叶冷滑如葵，故得葵名。释家呼为御菜，亦曰藤儿菜。"⑧《续博物志》载"终葵，菜名"⑨。显然，葵作为一种菜品，在古代已经广为种植。《齐民要术》辟专节论述种葵法，"秋六月六日可种葵，中伏后可种冬葵"⑩。《钦定授时通

① 王树村：《年画史》，上海：上海文艺出版社1997年版，第21页。

② 于国庆：《道教与传统兵学关系研究》，北京：东方出版社2009年版，第83页。

③ 徐朝旭：《儒家文化与民间信仰》，北京：人民出版社2013年版，第192页。

④ 陆萼庭：《钟馗考》，上海：上海古籍出版社2017年版，第16页。

⑤ 郭立诚：《中国民俗史话》，台北：汉光文化事业股份有限公司1983年版，第192页。

⑥ 李昆声，黄懿陆主编：《中华历史文化探源》，昆明：云南人民出版社2012年版，第124页。

⑦ （汉）许慎：《说文解字》，北京：中华书局1963年版，第15页。

⑧ （明）李时珍：《本草纲目》，《文渊阁四库全书》第773册，台北：商务印书馆1986年版，第562页。

⑨ （宋）李石：《续博物志》，《文渊阁四库全书》第1047册，台北：商务印书馆1986年版，第965页。

⑩ （后魏）贾思勰：《齐民要术》，《文渊阁四库全书》第730册，台北：商务印书馆1986年版，第33页。

考》也说："葵，《说文》曰菜也，《农书》曰阳草也。"① 需要指出的是，冬葵或者露葵并非蔟葵，"谓露葵为葵之一种，及以释草蔟葵繁露，为露葵者，并谬"②。据吴其濬《植物名实图考》，冬葵又名冬寒菜，而蔟葵则名木耳菜③。蔟葵有叶圆而厚的特征，陈大章在《诗传名物集览》说："蔟葵，叶圆而厚，故以象形。"④ 郑樵等也指出："蔓生绕篱落，叶圆而厚。"⑤ "蔓生，叶似杏叶而肥厚。"⑥ 诸多记载将冬葵与蔟葵分别叙述，诸如杨升庵说："冬葵菜名，今之滑菜也。又名露葵。终葵，繁露也。见《尔雅》，名承露，可以染蔬，俗名胡燕脂，又名染姜子。"⑦ 正是蔟葵"叶圆而厚"似杏叶，故取其椎形之意。宋代陆佃指出："大圭长三尺杼上，蔟葵首义取诸此也。"⑧ 据《考工记》载："蔟葵，椎也。其首为椎，又在杼上。"⑨ 蔟葵形状椎形，似杼的尖部，因而将二者同名相称。史料载："杨升庵谓《考工记》：大圭，首终葵。注：终葵，椎也。"⑩ 李时珍则指出："按《尔雅》云：钟馗，菌名也。《考工记》注云：终葵，椎名也。菌似椎形，推似菌形故得同称。"⑪ "圭首六寸为椎，然则此菜亦以其叶似椎头，而名之乎。"⑫ 即是说，蔟葵本为菜名，其叶形似椎头，而"以其形态似而名之"⑬，故而将似椎之物称为蔟葵。古人认为："盖音相近而通欤……

① （清）鄂尔泰等：《钦定授时通考》，《文渊阁四库全书》第 732 册，台北：商务印书馆 1986 年版，第 847 页。

② （清）姚炳：《诗识名解》，《文渊阁四库全书》第 86 册，台北：商务印书馆 1983 年版，第 471 页。

③ （清）吴其濬：《植物名实图考》，郑州：河南科学技术出版社 2015 年版，第 54、101 页。

④ （清）陈大章：《诗传名物集览》，《文渊阁四库全书》第 86 册，台北：商务印书馆 1983 年版，第 745 页。

⑤ （宋）郑樵：《通志》，《文渊阁四库全书》第 377 册，台北：商务印书馆 1984 年版，第 575 页。

⑥ （清）鄂尔泰等：《钦定授时通考》，《文渊阁四库全书》第 732 册，第 848 页。

⑦ （明）杨慎：《升庵集》，《文渊阁四库全书》第 1270 册，台北：商务印书馆 1987 年版，第 799 页。

⑧ （宋）陆佃：《埤雅》，《文渊阁四库全书》第 222 册，台北：商务印书馆 1984 年版，第 204 页。

⑨ （宋）林希逸：《考工记解》，《文渊阁四库全书》第 91 册，台北：商务印书馆 1983 年版，第 51 页。

⑩ （清）吴景旭：《历代诗话》，《文渊阁四库全书》第 1483 册，台北：商务印书馆 1988 年版，第 762 页。

⑪ （明）李时珍：《本草纲目》，《文渊阁四库全书》第 774 册，第 162 页。

⑫ （明）李时珍：《本草纲目》，《文渊阁四库全书》第 773 册，第 562 页。

⑬ 程超寰：《本草释名考订》，北京：中国中医药出版社 2013 年版，第 349 页。

椎，击也。齐谓之终葵，终葵为椎，犹邾娄为邹，皆齐鲁间俗语。"① "椎，直追切。木拳所用，以椎击者也……冬葵，戎葵也，其实拳然为椎者象之……冬葵首谓象葵，实为椎首也，与锤通。"② 这表明蓤葵因其叶的形状而被赋予了椎形器物的内涵。

　　蓤葵以其椎形器具内涵最终演变为打鬼工具。许慎指出："椎，击也。"③《考工记》则说："以意推之，祭祀之时，则执大圭，上有椎头，不至失坠。"④ 蓤葵最初乃是指圭的椎头部分，逐步演变为椎形打击器物。而以器物击鬼，自古有之。《礼记注疏》认为方相氏职责便是在宫中驱鬼："积尸之气，气佚则厉鬼，随而出行，命方相氏帅百隶，索室驱疫以逐之。"⑤ 而驱鬼必然配备诸多工具，"周礼夏官方相氏掌之，蒙熊皮黄金四目，执戈扬盾，帅百隶索室驱疫"⑥。显然，方相氏驱鬼务必戴面具而手持兵器。同时，在丧葬中方相氏也需执戈扬盾驱除厉鬼："玄衣朱裳，执戈扬盾，大丧先柩谓葬，使之前导，以郄凶恶也。及墓入圹，以戈击四隅，驱罔两也。"⑦ 可见，周代便有专职驱鬼职官，在宫中以及葬礼中持器驱鬼。史料载王莽好巫蛊，驱使士兵持剑击鬼："莽恶高庙神灵，遣虎贲武士入高庙，拔剑四面提击。"⑧ 显然，自古便有持器物驱鬼之说。再如以桃木驱鬼："桃，鬼所畏也，苅苕帚所以扫不祥。"⑨ "巫以桃苅驱鬼。"⑩

---

① （清）惠士奇：《礼说》，《文渊阁四库全书》第 101 册，台北：商务印书馆 1983 年版，第 658 页。

② （宋）戴侗：《六书故》，《文渊阁四库全书》第 226 册，台北：商务印书馆 1984 年版，第 414 页。

③ （汉）许慎：《说文解字》，北京：中华书局 1963 年版，第 123 页。

④ （宋）林希逸：《考工记解》，《文渊阁四库全书》第 91 册，第 51 页。

⑤ （汉）郑玄注：《礼记注疏》，《文渊阁四库全书》第 115 册，台北：商务印书馆 1983 年版，第 333 页。

⑥ （清）鄂尔泰：《日讲礼记解义》，《文渊阁四库全书》第 123 册，台北：商务印书馆 1984 年版，第 208 页。

⑦ （宋）聂崇义：《三礼图集注》，《文渊阁四库全书》第 129 册，台北：商务印书馆 1984 年版，第 271 页。

⑧ （清）秦蕙田：《五礼通考》，《文渊阁四库全书》第 136 册，台北：商务印书馆 1984 年版，第 938 页。

⑨ （汉）郑玄注：《周礼注疏》，《文渊阁四库全书》第 90 册，台北：商务印书馆 1983 年版，第 590 页。

⑩ （清）方苞：《礼记析疑》，《文渊阁四库全书》第 128 册，台北：商务印书馆 1984 年版，第 194 页。

马王堆简帛载巫祝驱鬼："帝有五兵，尔亡。不亡，探刀为创。"① 五兵乃是戈、殳、戟、酉矛、夷矛五种兵器。以器物驱鬼广为流传，民间还以栌木驱鬼："程雅问拾栌木一名无患者……得鬼则以此为棒杀之。"② 再如哥舒翰打鬼："遂潜取帐外竿，忽于暗中掷出大叫击鬼。"③ 民间还有打鬼为戏的民俗："集市中为戏。首以一人为鬼，系绳其腰，群儿共牵之，相去丈余，轮次跃而前，急击一拳以去，名曰打鬼。"④ 这表明巫文化植根中华文明，驱鬼之说自古有之，"椎成为主要的打鬼工具"⑤，蔡葵由此逐步代指驱鬼的椎形器具。

而蔡葵如何由驱鬼器具演变为具体化的人物呢？这与民间的门神发展紧密相关。正是基于驱鬼的需要，民间逐步形成以门神驱鬼的习俗。门神最早出现在《礼记》中，"祀门之礼，北面设主于门左……其他皆如祭灶之礼"⑥。《礼记·月令》："孟秋之月其祀门"，注："秋阴气出，祀之于门外阴也。"⑦ 厉鬼即是阴气衍生而来，"阴寒至此不止，害将及人，所以及人者阴气……积尸之气，气佚则厉鬼"⑧。所以，祀门的目的便是驱除阴气及阴气导致的厉鬼。而后世的门神则逐步演化为具体的形象。朱熹说："后世门神便画一个神象。"⑨ 早期的门神主要以猛虎为典型，诸如"门外画虎焉，以明猛于守""画虎于门，皆效于前事，藉以卫凶也"⑩。汉代将门神人格化，蔡邕记载："帝颛顼有三子，生而亡去为鬼，其一者居江水，是为瘟鬼。其一者居若水，是为魍魉。其一者居人宫室枢隅处，善惊小儿……而时傩以索宫中驱疫鬼也。桃弧、棘矢、土鼓、鼓

---

① 湖南省博物馆、复旦大学出土文献与古文字研究中心编纂，裘锡圭主编：《长沙马王堆汉墓简帛集成》（五），北京：中华书局 2014 年版，第 285 页。

② （晋）崔豹：《古今注》，《文渊阁四库全书》第 850 册，台北：商务印书馆 1986 年，第 112 页。

③ （宋）李昉：《太平广记》，《文渊阁四库全书》第 1045 册，台北：商务印书馆 1986 年版，第 541 页。

④ （清）于敏忠等：《钦定日下旧闻考》，《文渊阁四库全书》第 499 册，台北：商务印书馆 1985 年版，第 280 页。

⑤ 参见陆尊庭：《钟馗考》，上海：上海古籍出版社 2017 年版，第 3 页。

⑥ （汉）郑玄注：《礼记注疏》，《文渊阁四库全书》第 115 册，第 353 页。

⑦ 同上。

⑧ 同上书，第 333 页。

⑨ （清）程川编：《朱子五经语类》，《文渊阁四库全书》第 193 册，台北：商务印书馆 1984 年版，第 712 页。

⑩ （汉）应劭：《风俗通义》，《文渊阁四库全书》第 862 册，台北：商务印书馆 1986 年版，第 399 页。

旦射之……乃画荼垒并悬苇索于门户，以御凶也。"① 荼、垒便是人格化的门神。汉代广川惠王"其殿门有成庆画，短衣大绔长剑"②"成，古之勇士也"③。可见，汉代便以勇猛之士画为门神以趋避厉鬼。宋代"汴中家户门神多番样，戴虎头盔，而王公之门至以浑金饰之"④"岁旦绘二神贴户左右，左神荼，右郁垒，俗谓之门神……以伺不祥之鬼，絷而杀之"⑤。后人认为门神手持器物以驱鬼，椎形器物附会为蔟葵，以蔟葵代指手持椎器的门神。杨慎指出："俗画一神像，帖于门，手执椎，以击鬼，好怪者，便傅会说钟馗，能啖鬼。"⑥ 吴景旭也说："俗画神像贴于门首，执椎以击鬼，便附会说钟馗能啖鬼。"⑦ 李时珍说得更明白："钟馗，菌名也，《考工记》注云：终葵，椎名也。菌似椎形，椎似菌形，故得同称。俗画神执一椎击鬼，故亦名钟馗。好事者因作钟馗传，言是未第进士能啖鬼，遂成故事不知其讹矣。"⑧ 清代赵翼说："终葵本以逐鬼，后世以其有辟邪之用，遂取为人名，流传既久，则又忘其为辟邪之物，而意其为逐鬼之人，乃附会为真有是食鬼之姓钟名馗者耳。"⑨ 李贽则指出："钟馗为进士，进士为大圭首，大圭首为椎。总之，一椎而已。"⑩ 显然，蔟葵因其叶形似椎，逐步将椎体器物称为蔟葵。后人以器物驱鬼，椎形器物成为门神手持器物，演变为以手持椎形器物的门神称为蔟葵（钟馗）。

二、取辟邪之义：人与神的交融与附会

对于钟馗形象原型，也有考证认为钟馗是附会同音同名人物而讹传。一种

---

① （汉）蔡邕：《独断》，《文渊阁四库全书》第 850 册，台北：商务印书馆 1986 年版，第 83 页。

② （汉）班固：《前汉书》，《文渊阁四库全书》第 250 册，台北：商务印书馆 1984 年版，第 304 页。

③ 同上书，第 304 页。

④ （宋）袁褧：《枫窗小牍》，《文渊阁四库全书》第 1038 册，台北：商务印书馆 1986 年版，第 230 页。

⑤ （宋）曾慥：《类说》，《文渊阁四库全书》第 873 册，台北：商务印书馆 1986 年版，第 99 页。

⑥ （明）杨慎：《升庵集》，《文渊阁四库全书》第 1270 册，第 324 页。

⑦ （清）吴景旭：《历代诗话》，《文渊阁四库全书》第 1483 册，第 762 页。

⑧ （明）李时珍：《本草纲目》，《文渊阁四库全书》第 774 册，第 162 页。

⑨ （清）赵翼：《陔余丛考》，北京：中华书局 2006 年版，第 769 页。

⑩ （明）李贽：《焚书·续焚书》，北京：中华书局 2009 年版，第 215 页。

观点认为钟馗原型乃是北朝时期的人物。关于钟葵，《梁书》载："道武帝父钟葵。"①《魏书》载"顿丘王李钟葵"②"给事杨钟葵"③。学者认为钟葵附会钟馗乃是以尧暄为原型。《魏书》说："尧暄字辟邪，上党长子人也。本名钟葵，后赐为暄。"④ 后人考证钟馗多以钟葵逐步演变为钟馗，如《续博物志》说："俗传钟馗起于唐明皇之梦，非也。《北史》尧暄，本名钟葵，字辟邪……非特明皇时，但葵、馗二字异耳。"⑤ 古人认为钟馗乃钟葵，是北朝时期的人物，不过其名字钟葵与钟馗音似，故而附会。又清代人考证："尧暄本名钟葵，字辟邪，此皆史册可据者。杨慎《丹铅录》云：世画钟葵，千门谓之辟邪，由尧暄而傅会，但葵、馗二字异耳，俗传钟馗，谓起于唐明皇之梦，盖为唐人戏作钟馗传所误，征明故自负博洽者，何未加详识耶？"⑥ 这种观点认为钟馗本钟葵字辟邪，是北朝时期人物，后世误传为钟馗。还有人认为是后人将钟葵与钟馗两个历史人物混淆而误写："《北史》尧暄本名钟葵，字辟邪，生于魏道武时。又有于劲者亦字钟馗，以世数考之暄又居前，则知不特起于宋也。然馗葵二字不同，必传写有误。"⑦ 甚至有人以历史上多位名钟葵者为原型，强调钟馗起于唐的观点错误，如"俗传钟馗起于明皇之梦，非也。《北史》尧暄本名钟葵，于劲字钟葵，宋宗悫妹名钟葵，非特明皇时。但葵、馗二字异耳"⑧。而以钟葵为钟馗原型，根源在于钟葵字辟邪，后世取其辟邪之义，进而附会为捉鬼之钟馗。顾炎武等指出："尧暄本名钟葵，字辟邪，则古人固以钟葵为辟邪之物矣。"⑨ "尧暄本名钟葵字辟邪，后世画钟葵于门，谓之辟邪，由此傅会也。"⑩ 显然，钟馗有可能为钟葵附会而来，取其辟邪字义，其真正原型为北朝时期的钟葵。

① （唐）姚思廉：《梁书》，《文渊阁四库全书》第 260 册，台北：商务印书馆 1984 年版，第 327 页。

② （北齐）魏收：《魏书》，《文渊阁四库全书》第 261 册，台北：商务印书馆 1984 年版，第 111 页。

③ 同上书，第 593 页。

④ 同上书，第 588 页。

⑤ （宋）李石：《续博物志》，《文渊阁四库全书》第 1047 册，台北：商务印书馆 1986 年版，第 965 页。

⑥ （清）董诰等编：《御制诗集》，《文渊阁四库全书》第 1307 册，台北：商务印书馆 1987 年版，第 671 页。

⑦ （宋）曾慥：《类说》，《文渊阁四库全书》第 873 册，台北：商务印书馆 1986 年版，第 826 页。

⑧ （清）吴景旭：《历代诗话》，《文渊阁四库全书》第 1483 册，第 762 页。

⑨ （清）顾炎武：《日知录》，《文渊阁四库全书》第 858 册，台北：商务印书馆 1986 年版，第 1118 页。

⑩ （明）杨慎：《丹铅摘录》，《文渊阁四库全书》第 855 册，台北：商务印书馆 1986 年版，第 307 页。

另一种观点认为钟馗原型乃"宗悫妹，名钟葵"。古人关注钟馗原型问题，对金石考古出现关于钟馗的相关内容多有考辨。此观点源自金陵一座南朝宋古墓出土墓志铭。史料记载："皇祐中，金陵上元县发一冢，有一石志，乃宋征西将军宗悫母郑夫人墓，汉大司农郑众女也。悫有妹名钟馗。"① "金陵上元县发一冢有一石志……悫有妹名钟馗，智以此即李石所云宗悫妹，悫、悫字近也。"② "皇祐中金陵发一冢有石志，乃宋宗悫母郑夫人。宗悫有妹名钟馗，则知钟馗之说亦远。"③ 也有人认为郑夫人之妹为钟葵："岁首画钟馗，不知起自何时。皇祐中金陵发一冢，有石志，乃宋宗悫母郑夫人，云有妹曰钟馗。"④ 但是有学者批判这些观点，指出钟馗在六朝之前便已经流传，取名钟葵或者钟馗是取其辟邪之义，是由钟馗而演化为取名钟葵或者钟馗的民间现象。他说："钟馗之名在六朝前已有之流传，执鬼非一日矣。尧暄之本名钟葵，宗氏之妹名钟馗，皆即以鬼神为名，故暄名钟葵而字辟邪者，即取钟馗能驱邪辟耗之意。后人既不得钟馗出处，见暄名钟葵又有辟邪之字，反以世传钟馗为出于此，岂不甚乖舛哉。"⑤ 这种观点怀疑后世所传钟馗源自尧暄或者宗氏之妹，认为这二人取名钟葵本身即是吸纳钟馗辟邪之义，表明钟馗应在此二人之前。而以宗悫之妹为原型也是对钟馗嫁妹进行的原型推论。在钟馗信仰中出现钟馗嫁妹，如："李伯时旧戏作嫁妹图，或云即移家图。"⑥ "戏担双鬼当双鱼，小妹停肩雪霁初。莫道丹青资一笑，人间物物是苞苴。"⑦ 显然，从历史寻找原型必然有相关女性为根底，有人认为"宋宗悫妹名钟葵，后世画工作钟馗嫁妹图，由宗悫妹而傅

---

① （宋）沈括：《梦溪笔谈》，《文渊阁四库全书》第 862 册，台北：商务印书馆 1986 年版，第 881 页。
② （明）方以智：《通雅》，《文渊阁四库全书》第 857 册，台北：商务印书馆 1986 年版，第 449 页。
③ （宋）江少虞：《事实类苑》，《文渊阁四库全书》第 874 册，台北：商务印书馆 1986 年版，第 509 页。
④ （宋）高承：《事物纪原》，《文渊阁四库全书》第 920 册，台北：商务印书馆 1986 年版，第 219 页。
⑤ （清）吴景旭：《历代诗话》，《文渊阁四库全书》第 1483 册，第 762 页。
⑥ （明）王世贞：《弇州四部稿》，《文渊阁四库全书》第 1281 册，台北：商务印书馆 1987 年版，第 281 页。
⑦ （明）凌云翰：《柘轩集》，《文渊阁四库全书》第 1227 册，台北：商务印书馆 1987 年版，第 746 页。

会也"①，"宋宗悫妹名钟葵，后世画工作钟馗嫁妹图，由此傅会也"②。可见，也有较多人认为钟馗可能是附会宗悫妹名钟葵发展演变而来。

应看到，很难确定钟馗的历史原型，古人考证中亦列举诸多可能。诸如："懿有妹名钟馗，后魏有李钟馗，随将乔钟馗，杨钟馗，然则钟馗之名，从来亦远矣。"③"宋宗悫母墓志，载其妹名钟馗。又《北史》尧暄本名钟葵字辟邪，生于魏道武时。又有于劲者亦字钟葵。"④再如："《北史》张白泽本字钟葵，又太原公于劲字钟葵，又尧暄本名钟葵，宋宗悫妹名钟葵。"⑤"又隋炀初即位岚州刺史，乔钟葵从汉王谅起兵为大将军。"⑥显然，古代名钟葵的人物繁多，很难确定钟馗原型为某一确切历史人物。甚至有学者总结诸多名钟葵的历史人物，指出："《魏书》尧暄本名钟葵，字辟邪，则古人固以钟葵为辟邪之物矣。又有淮南王佗子名钟葵，有杨钟葵、丘钟葵、李钟葵、慕容钟葵、乔钟葵、宫钟葵、于劲字钟葵、张白泽本字钟葵，唐书有王武俊将张钟葵，则以此为名者甚多，岂以其形似而名之，抑取辟邪之义。"⑦"后汉有李钟馗，隋将有乔钟馗、杨钟馗，然则钟馗之名，非起开元。"⑧至于钟馗是否为附会同名人物，古人也难以确定："钟馗事，仅见唐传奇中，杨用修以为乔钟葵，字辟邪，后人因而附会之，恐亦非也。"⑨可见，古人对历史上名钟葵或钟馗的人物也进行过详细地考订和梳理，说明钟馗的原型有多种可能，但也可能是"好多人都用钟馗命名，意取辟邪禳灾之意"⑩，钟馗是这些名字的源头。所以"以此为名者甚

① （清）王杰等编：《御制诗集》，《文渊阁四库全书》第1311册，台北：商务印书馆1987年版，第291页。

② （明）杨慎：《丹铅总录》，《文渊阁四库全书》第855册，台北：商务印书馆1986年版，第489页。

③ （宋）沈括：《梦溪笔谈》，《文渊阁四库全书》第862册，第881页。

④ （宋）曾慥：《类说》，《文渊阁四库全书》第873册，第826页。

⑤ （清）王杰等编：《御制诗集》，《文渊阁四库全书》第1311册，第291页。

⑥ （清）吴景旭：《历代诗话》，《文渊阁四库全书》第1483册，第762页。

⑦ （清）顾炎武：《日知录》，《文渊阁四库全书》第858册，第1118页。

⑧ （明）方以智：《通雅》，《文渊阁四库全书》第857册，台北：商务印书馆1986年版，第449页。

⑨ （明）王世贞：《弇州四部稿》，《文渊阁四库全书》第1281册，第281页。

⑩ 郭立诚：《中国民俗史话》，台北：汉光文化事业股份有限公司1983年版，第192页。

多，岂以其形似而名之，抑取辟邪之义"①，"诸取名者，皆以鬼神为名也"②。显然，钟馗与钟葵已经逐步相互影响，甚至可能互为原型。

三、神灵的儒化：钟馗忠孝形象的建构

后世定型的钟馗形象多源自唐玄宗时期的传说，以终南进士为原型。《钟馗传略》载："夫钟馗者，姓钟名馗，古有雍州终南人也，生于终南而居于终南，文武全修……获贡士首状元不及，抗辩无果，报国无门，舍生取义，怒撞殿柱亡，皇以状元职葬之，托梦驱鬼愈唐明皇之疾，封赐福镇宅圣君，诏告天下，遍悬《钟馗赐福镇宅图》护福祛邪魅以佑平安。"③《氏族大全》介绍道："钟馗，唐武德中应举不捷，触殿阶而死后现梦于明皇，曰臣终南山进士钟馗，愿为扫天下虚耗之孽。"④ 大多数记载皆以唐代武德年间不第进士为原型，如："臣终南山士人也。武德中举进士不中，羞归故乡，触殿阶而死。"⑤ "《逸史》云唐高祖时钟馗应举不第，触阶而死。"⑥ "臣终南山进士钟馗也，因武德中应举不捷，羞归故里，触殿阶而死，是时奉旨赐绿袍以葬之，感恩发誓与我王除天下虚耗妖孽之事。"⑦ "钟馗，唐武德中应举不捷，触殿阶而死，后见梦于明皇。"⑧ 显然，以钟馗为武德进士的说法流传较为广泛，但也有人以钟馗为开元进士，"文人又戏作钟馗，传言钟馗为开元进士，明皇梦见，命工画之"⑨。甚至明代《钟馗全传》说："大唐德宗年间，进士钟馗……德宗怜悯其

---

① （清）顾炎武：《日知录》，《文渊阁四库全书》第 858 册，第 1118 页。

② （明）方以智：《通雅》，《文渊阁四库全书》第 857 册，第 449 页。

③ 文彦生：《中国鬼话》，上海：上海锦绣文章出版社 2014 年版，第 11 页。

④ （元）不著：《氏族大全》，《文渊阁四库全书》第 952 册，台北：商务印书馆 1986 年版，第 84 页。

⑤ （明）王植：《抑庵文集·后集》，《文渊阁四库全书》第 1242 册，台北：商务印书馆 1987 年版，第 382 页。

⑥ （明）李时珍：《本草纲目》，《文渊阁四库全书》第 774 册，第 162 页。

⑦ （宋）祝穆：《古今事文类聚·前集》，《文渊阁四库全书》第 925 册，台北：商务印书馆 1986 年版，第 103 页。

⑧ （明）陈士元：《名疑》，《文渊阁四库全书》第 952 册，台北：商务印书馆 1986 年版，第 680 页。

⑨ （明）杨慎：《升庵集》，《文渊阁四库全书》第 1270 册，第 324 页。

才，封钟馗为驱魔大神。"① 不过以钟馗为开元以及德宗进士的论述出现较晚，显然是后世学者的误传。还有一部分人只记述了钟馗为唐代不第进士，如："唐有进士，鬼之司，直梦中诛邪。"② "钟馗氏即武举不捷之士也。"③ 甚至，直接以进士称之，不名时代，重在刻画其中正形象。如《终南进士行题马麟画钟馗图》："终南进士发指冠，绿袍束带乌靴宽。赤口淋漓吞鬼肝，铜声剥剥秋风酸。大鬼跳梁小鬼哭，猪龙饥嚼黄金屋。"④ "进士已成仙伯状，元祇类魌头未免。"⑤ "终南进士倔然起，猬磔于思含缺齿。袍蓝带角形甚傀，乌帽裹头靴露指。"⑥ 此外，乱世中世人还有以钟馗为忠孝典范的："震慑披靡，有服厥辜，解磔裂毁在，当时为不第，失志之人，千载之下，貌之者知其为正直聪明之士。"⑦ 甚至以此比喻社会正气："尊吾瞻视俨，吾衣冠正心，以正一家，则上下莫不一于正而相安，复何有邪气奸，其间又奚事乎，灵怪呵卫于门阑，昌黎五鬼不足虑，进士且返终南山。"⑧ 显然，终南进士是钟馗形象的重要原型，不论是唐代武德还是开元，甚至不明确指出年代，都表明唐代终南山不第进士乃是钟馗重要原型，并以此塑造忠孝形象并演变为民间钟馗驱鬼之信仰。而民间信仰之所以容纳儒家形象，与唐代礼制下移有紧密联系，"凡旧俗之害民者，悉革其弊"⑨ 的政策促进了民间信仰向儒家的靠拢，推动钟馗此类"地方性神祠崇拜逐渐获

---

① （明）云中道人：《钟馗全传》，哈尔滨：黑龙江美术出版社 2011 年版，第 1 页。

② （明）李梦阳：《空同集》，《文渊阁四库全书》第 1262 册，台北：商务印书馆 1987 年版，第 551 页。

③ （宋）沈括：《梦溪笔谈》，《文渊阁四库全书》第 862 册，第 881 页。

④ （清）陈邦彦：《御定历代题画诗类》，《文渊阁四库全书》第 1436 册，台北：商务印书馆 1988 年版，第 62 页。

⑤ （清）蒋溥等编：《御制诗集》，《文渊阁四库全书》第 1303 册，台北：商务印书馆 1987 年版，第 264 页。

⑥ （明）凌云翰：《柘轩集》，《文渊阁四库全书》第 1227 册，台北：商务印书馆 1987 年版，第 826 页。

⑦ （明）郑真：《荥阳外史集》，《文渊阁四库全书》第 1234 册，台北：商务印书馆 1987 年版，第 338 页。

⑧ （元）王礼：《麟原文集·前集》，《文渊阁四库全书》第 1220 册，台北：商务印书馆 1987 年版，第 437 页。

⑨ （后晋）刘昫等：《旧唐书》，北京：中华书局 1975 年版，第 4511 页。

得合法地位"①。而隋唐时期道教神仙体系的建构②也加速了驱鬼神灵的人格化，促成了从蔠葵到钟馗的实现。

四、小　结

钟馗原型及其演变，是一个多元建构的历史过程，凸显了"民俗的流动性与多样性"③特征。钟馗最初原型可能是名蔠葵的植物，以其叶形态似椎故以蔠葵名椎形器物。后因门神形态的人格化演变，逐步以门神手中椎形器物代指手持椎形器物之门神。同时，还有古人考证钟馗也可能是名字为钟葵的同音同名之人附会而来，尤其是部分古人名钟葵字辟邪，由此演变为钟馗。但有人指出，以钟葵为名或许取钟馗辟邪之义，由钟馗而钟葵。唐代逐步以终南山不第进士钟馗为原型，取其忠孝之义。关于钟馗原型及其演变，古人已有考辨，指出："《考工记》大圭首终葵。注：终葵，椎。齐人名椎，曰终葵。盖大圭之首似椎尔。《金石录》晋宋人多以终葵为名。其后讹为钟馗，至作钟馗传，谓为开元进士。"④而后世诸多钟馗故事，诸如其辟邪、嫁妹都由历史附会而来："北史尧暄本名钟葵字辟邪，后世画钟葵于门，谓之辟邪，由此傅会也。宋宗悫妹名钟葵，后世画工作钟馗嫁妹图，由此傅会也。"⑤可以说，钟馗的原型是多元的，既取蔠葵之形作驱鬼器物演化为驱鬼之门神，又取历史上名钟葵字辟邪之同音同名的人物附会，还基于儒家提倡忠孝的政治诉求而容纳终南士人钟馗的人格化形象，进而形成中正无私的驱鬼民间信仰形象。钟馗信仰融合了民间巫鬼文化、道教学说以及儒家忠孝理论，无外乎有学者将"中国或汉人社会的宗

①　王美华：《礼制下移与唐宋社会变迁》，北京：中国社会科学出版社 2015 年版，第 111 页。

②　参见《太上说朝天谢雷真经》，张宇初等编：《道藏》第 31 册，北京：文物出版社、上海：上海书店、天津：天津古籍出版社 1988 年版，第 766 页。

③　赵睿才：《唐诗与民俗：时代精神与风俗画卷》，石家庄：河北人民出版社 2013 年版，第 150 页。

④　（清）张尚瑗：《三传折诸·左传折诸》，《文渊阁四库全书》第 177 册，台北：商务印书馆 1984 年版，第 476 页。

⑤　（明）杨慎：《丹铅总录》，《文渊阁四库全书》第 855 册，第 489 页。

教性特征概括为诸教混合主义"①。而从三类原型的演变与融合过程可以窥见，钟馗始终不离驱鬼的功能与职责，植根于民间驱鬼的现实需要，反映出民俗文化发展的现实关照，以及"中国民间信仰的多元融合特点"②。

---

① ［日］渡边欣雄：《汉族的民俗宗教——社会人类学的研究》，天津：天津人民出版社 1998 年版，第 13 页。

② 王志钢：《北镇碧霞宫观音殿与关帝药王庙重修纪念碑考》，《辽宁工业大学学报》（社会科学版）2018 年第 2 期，第 90 页。

从古代海上丝绸之路看中西文化的相遇

——方士安期生群体入华初探

田茂泉　李显光[*]

内容提要：本文通过将正史文献、方志文献、道教文献与考古资料相参证，尝试对历史上属于方仙道系统的方士安期生进行初步的探索和考察。本文认为"安期生"有三重意义，其中第二重意义指来自安息帝国的拥有外丹术的修炼者，是一种集体性的称谓。他们约于我国秦代或西汉初期从安息帝国通过海上丝绸之路来到我国滨海地带，活动在自南方交趾至北方齐鲁的广大地区。后来，这一群体中特别著名的一位，即以山东滨海为主要活动区域的"安期生"与宋毋忌、充尚、羡门高、阴长生等人一起被视为方仙道士，后在陶弘景《真灵位业图》中被尊为"北极真人"。

关键词：方士；安期生；古代海上丝绸之路；中西文化

＊ 田茂泉，男，山东博兴人，鲁东大学历史文化学院副教授；李显光，男，台湾台北人，中国台湾极忠文教基金会董事长。

前言：方仙道的起源说

众所周知，道教是以先秦道家思想作为思想之渊源，以方仙道、黄老道的修持方法为实践依据而形成的①。有关方仙道，《史记·封禅书》谈到，战国时"自齐威、宣之时，驺子之徒论著终始五德之运……而宋毋忌、正伯侨、充尚、羡门高最后皆燕人，为方仙道，形解销化，依于鬼神之事"②，他们将方术与神仙传说和邹衍的阴阳五行说揉合起来，形成方仙道。方仙道主要流行于燕齐的上层社会，主张通过形解销化，追求长生求仙。据此，则方仙道所谓"方"指道术秘方，所谓"仙"指对长生不死的追求。正如詹石窗所言，"方仙道是道教史前的一个准宗教派别，兴于齐威王和燕昭王时期，后来得到秦始皇和汉武帝的提倡而昌盛……方仙道就是信奉神仙家的偏方秘术以求长身不死的一种'道'"③。

然而，有关方仙道的起源，却是聚讼纷纭、莫衷一是。其中观点大致分为两类。一是方士本土说，即因神仙信仰古已有之，求仙的方士自然也来自中国，如许地山、潘雨廷等人皆主此说。许地山说："神仙信仰底根源当起于古人对于自然种种神秘的传说。"④潘雨廷则结合对古代封禅的研究，认为"道教的中心内容不外封禅的仪式，通过生物为一，归诸有人情味之仙境，宜重视人生对本身的修炼，有药物原理以达长生的目的，此即方仙道前早已具备的道教内容"⑤。顾颉刚（1893—1980）认为战国时海洋交通已萌芽，航线已扩展到南海的东京湾，"燕齐吴越等国，由于沿海常会看到样子特别的外国人，听到许多海洋景物的描述，于是有了《齐谐》一类的志怪之书……于是激起海上三神山的

---

① 参见卿希泰主编：《中国道教史》（修订本）第1卷，成都：四川人民出版社1996年版，第1页；卿希泰：《中国道教的产生、发展和演变》，《文史知识》编辑部编：《道教与传统文化》，北京：中华书局2005年版，第54—55页。

② （汉）司马迁：《史记》，北京：中华书局1959年版，第1368—1369页。

③ 许地山著，詹石窗讲评：《道教史》，南京：凤凰出版社2010年版，第121页。

④ 同上书，第119页。

⑤ 潘雨廷：《道教史丛论》，上海：复旦大学出版社2012年版，第62页。

传说和求仙的欲望，有了方仙道"①。

第二类观点是方士外来说。余英时（1930—2021）认为："中国东部海上贸易的起源，可能会追溯到史前时代。不过自公元前4世纪以来，这一地区的沿海航行和远洋航行才发展到了空前的程度，这与追求长生不老的道教的兴起密切相关。"② 饶宗颐在对比古印度《梨俱吠陀》的 a-mrta（不死者）与先秦典籍中的不死观念之后，认为方士"宋无忌"是以《吠陀》之月神 soma 为名，因而方仙道受到了古印度婆罗门教的影响③。方汉文通过对比梵文典籍和《史记》《汉书》中关于羡门的记载，认为羡门是早期的佛教沙门的音译。羡门名称来源于海外，它的出现与燕齐海外方士的求仙活动有直接关系④。李显光在《试论海上神仙传说》中也认为方仙道与跨海而来的外来文化有关，是中西文化跨越海洋的相遇和相容⑤。

一、"安期生"意蕴辨析

有关安期生的记载和研究较多，但对于安期生的身份问题，仍然不甚明了。事实上，考诸载籍，历史上"安期生"的称谓应有三义：一是作为黄老道的学者兼纵横策士的安期生；一是方士安期生群体的总称；一为活跃于山东滨海地区的方士安期生，他被后世传为仙人⑥。有关黄老道安期生，《史记》有载。《史记·乐毅传》在谈到乐毅后人乐臣公时，说他"学黄帝、老子，其本师号曰河

---

① 顾颉刚：《秦汉的方士与儒生》，上海：上海古籍出版社1998年版，第9页。

② 余英时著，邬文玲等译：《汉代贸易与扩张》，上海：上海古籍出版社2005年版，第173页。

③ 参见饶宗颐：《不死观念（a-mrta）与齐学——邹衍书别考》，《梵学集》，上海：上海古籍出版社1993年版，第53—58页。《史记·封禅书》云："宋毋忌、正伯侨、充尚、羡门高最后皆燕人，为方仙道，形解销化，依于鬼神之事。"司马贞"索隐"有按语："乐产引《老子戒经》云'月中仙人宋无忌'。"似可与饶宗颐的考证相互参照。见（汉）司马迁：《史记》，北京：中华书局1959年版，第1368—1369页。

④ 参见方汉文：《萨满、羡门与沙门：佛教入华时间新释》，《中国文化研究》2004年第1期，第125—133页。

⑤ 参见李显光：《试论海上神仙传说》，《宗教与民族》第十辑，北京：宗教文化出版社2016年版，第292—304页。

⑥ 为行文方便起见，下文皆以"方士安期生群体"指称"安期生"的第二义，以"山东滨海方士安期生"指称其第三义。

上丈人，不知其所出。河上丈人教安期生，安期生教毛翕公，毛翕公教乐瑕公，乐瑕公教乐臣公，乐臣公教盖公。盖公教于齐高密、胶西，为曹相国师"①，则此人为黄老道学术传承脉络中的一名学者；《史记·田儋列传》说纵横之士蒯通"善齐人安期生，安期生尝干项羽，项羽不能用其策。已而项羽欲封此两人，两人终不肯受，亡去"②，则作为黄老道学者的安期生还是一名身怀纵横之术的策士。

"安期生"的第二重意义是指"来自安息的先生"③，是作为来自安息帝国的方士的集体性称谓④。"安息"是我国对阿尔萨息帝国的音译称呼，最早来自《史记·大宛列传》：

> 安息在大月氏西可数千里。其俗土著，耕田，田稻麦，蒲陶酒。城邑如大宛。其属小大数百城，地方数千里，最为大国。临妫水，有市，民商贾用车及船，行旁国或数千里。以银为钱，钱如其王面，王死辄更钱，效王面焉。画革旁行以为书记。其西则条枝，北有奄蔡、黎轩。⑤

以上为张骞第一次出使西域（前138—前126）时所听闻的情况。据19世纪英国学者金斯米尔（T. W. Kingsmill）考证，安息是古代中国人对阿尔萨息（Arsak）的音译；清末的国内学者也考证出安息帝国即帕提亚帝国⑥。此后，我国古籍常用安息来指称这一古老的波斯帝国。而安期生的事迹和传说又广布于当

---

① （汉）司马迁：《史记》，北京：中华书局1959年版，第2436页。

② 同上书，第2649页。

③ "生"是有学问、有德行的人，是"先生"的省称，一如《史记·儒林列传》司马贞在注释"言《尚书》自济南伏生，言《礼》自鲁高堂生"时所说"云'生'者，自汉已来儒者皆号生，亦'先生'省字呼之耳"。见（汉）司马迁：《史记》，北京：中华书局1959年版，第3118页。

④ 《旧唐书·哥舒翰传》云："蕃人多以部落称姓，因以为氏。"来华胡人往往冠国名为姓，康居人姓康，天竺人姓竺，月支人姓支，安息人姓安。例如东汉桓帝时来华的安息国太子安士高，以及南宋宁宗时青城山道士安世通。"安士""安世""安期"皆是"安息"（Arsak）发音之转译。见（后晋）刘昫等：《旧唐书》，北京：中华书局1975年版，第3211页。

⑤ （汉）司马迁：《史记》，北京：中华书局1959年版，第3162页。

⑥ 参见王三三：《帕提亚与丝绸之路关系研究》，南开大学博士学位论文，2014年，第67页。

时中国的交趾、湖南道州九嶷山、广州白云山、浙江舟山和山东滨海的广大地区，因此笔者认为"安期生"这一称谓盖与"羡门"的称呼一样，实际上代表了一个来自古代安息的修行者群体。方汉文先生在《萨满、羡门与沙门：佛教入华时间新释》一文中认为，"羡门"实际上是早期的佛教沙门的音译，代表了至迟于秦代进入中国传教的佛教徒群体①。"安期生"活动范围如此之广，也是因为它代表了一个来自安息帝国的怀有秘术的雅利安人群体，他们入华之后在中国沿海的不同地域活动。

"安期生"的第三重含义是专指安期生群体中活动在山东滨海的著名方士，他后来被陶弘景《真灵位业图》尊为"北极真人"。有关这一位安期生的记载，见于《史记》。《史记·封禅书》中载李少君对汉武帝说："臣尝游海上，见安期生，安期生食巨枣，大如瓜。安期生仙者，通蓬莱中，合则见人，不合则隐。"②于是汉武帝派遣方士入海求蓬莱安期生。同书又载栾大言："臣常往来海中，见安期、羡门之属。"③

然而在历史的记载中，"安期生"的三重意义并未各自延展和发展，而是逐渐汇融为一，以山东滨海方士安期生综括三者。尤其是作为方士安期生群体的安期生（即其第二义）并未独立凸显出来，甚至并未被后人充分意识到，因而被作为山东滨海方士的安期生（即其第三义）所取代。而且随着时间的推移，后者在正史和道教典籍中的历史书写中日渐丰满起来。考诸载籍，作为山东滨海方士的安期生的形象大致从以下三个方面做了完善。

首先是逐渐将黄老道学者的安期生吸纳进来。《汉书》有关安期生的记载与《史记》略同，黄老道学者安期生与山东滨海安期生仍未相互淆乱。但至西汉刘向（前77—前6）之《列仙传》，情况就有了变化。《列仙传》云："安期先生者，琅琊阜乡人也。卖药于东海边，时人皆言千岁翁。秦始皇东游请见，与语三日三夜，赐金璧度数千万。出于阜乡亭，皆置去。留书以赤玉舄一双为

---

① 参见方汉文：《萨满、羡门与沙门：佛教入华时间新释》，《中国文化研究》2004 年第 1 期，第 125—133 页。

② （汉）司马迁：《史记》，北京：中华书局 1959 年版，第 1385 页。

③ 同上书，第 1390 页。

报，曰：'后数年求我于蓬莱山。'"① 这就进一步将安期生与秦始皇的求仙活动联系在了一起，同时将其籍贯确定在了琅琊阜乡（今山东莱州附近），盖将作为学者-策士的山东人安期生的事迹羼入了作为方士的山东滨海安期生传记中。皇甫谧（215—282）《高士传》在此基础上作了进一步发挥："安期生者，琅琊人也。受学河上丈人，卖药海边，老而不仕，时人谓之千岁翁……曰：'后数十年，求我于蓬莱山下。'及秦败，安期生与其友蒯通交往项羽，欲封之，卒不肯受。"② 至此，《史记》所记载的作为方士-神仙的安期生和作为学者-策士的安期生已经融合为一。

其次是道教典籍将山东滨海安期生与金液还丹联系起来，视他为外丹术传承链条的重要一环。如葛洪（283—363）将安期生与金液还丹联系起来："昔安期先生、龙眉宁公、修羊公、阴长生，皆服金液半剂者也。其止世间，或近千年，然后去耳。"③ 又，《神仙传》说马明（鸣）生从安期生受"太清金液神丹方"，马明生又授阴长生《太清金液神丹经》④。《抱朴子·金丹》称左慈以《太清丹经》传葛玄，后由郑思远传葛洪。《华阳陶隐居内传》卷中引《登真隐诀》佚文："泰（太）清金液，此乃安期所传。"⑤ 陈国符《道藏源流考》论我国与西域长生药术之关系时说"应细检释藏"，即他感觉炼丹术与西域⑥有关。《太清金液神丹经》卷下说扶南、西图、大秦、月支、安息等二十余国多出产丹砂仙药，称之为"生丹之国"⑦。西汉初年流传西王母在安息西海（今波斯湾），掌不死之药之说。方士安期生来自安息帝国，那么他有外丹秘术就不足为奇了。

再次是将山东滨海安期生与来自西亚的波斯枣联系起来。以《史记·封禅书》所说的"大如瓜"的波斯枣记载为基础，《仙果道迹经》进一步发挥了安期生食枣之事："安期生谓太真夫人曰：'昔与女郎游于安息西海际，食枣异

---

① （汉）刘向：《列仙传》，《道藏》第 5 册，北京：文物出版社、上海：上海书店、天津：天津古籍出版社 1988 年版（以下略注），第 68—69 页。

② （晋）皇甫谧：《高士传》，台北：中华书局 1972 年版，第 13 页。

③ 王明：《抱朴子内篇校释》，北京：中华书局 1985 年版，第 53 页。

④ （晋）葛洪撰，胡守为校释：《神仙传校释》，北京：中华书局 2010 年版，第 167 页。

⑤ 《华阳陶隐居内传》，《道藏》第 5 册，第 505 页。

⑥ 陈国符：《道藏源流考》，北京：中华书局 1963 年版，第 396 页。

⑦ 《太清金液神丹经》，《道藏》第 18 册，第 757—758 页。

美，此间枣永不及。忆此未久，说已三千年矣。'神女云：'吾昔与君共食一枚，乃不尽，此小枣哪得相比？'"① 波斯枣又称海枣、阿拉伯枣，是古代阿拉伯人的主食之一②。由此也可佐证，安期生曾经生活在安息帝国，并且来到中国东部沿海以后仍然食用家乡的波斯枣。

二、方士安期生群体的入华路线：由古代中国、古印度与安息构筑的古代海上丝绸之路

据《史记》《汉书》的记载可知，以山东滨海安期生为代表的方士群体大约在我国的秦代或者西汉初期（即安息帝国初期）来到中国。当时尚在张骞凿空西域（即出使西域开通欧亚陆上丝路）之前。因此其入华的线路当是海路，即沿着包括了中国滨海地区、东南亚、古代印度和安息在内的古代海上丝绸之路进入中国。

德国自然地理学家、地质学家李希霍芬（Ferdinand von Richthofen，1833—1905）在其五卷本《中国新程旅行记》的第一卷（1877）中首次使用了"丝绸之路"的概念，用来指称自中国经西域到希腊、罗马的陆上交通线路，并在该卷的地图中首次提出"海上丝绸之路"的说法③。此后法国汉学家沙畹（Edouard Chavannes，1865—1918）在其所著《西突厥史料》中明确提出丝绸之路有海路、陆路两条线路；日本考古学家三杉隆敏在1967年出版的《探寻海上的丝绸之路》和1979年出版的《海上丝绸之路》对海上丝绸之路的历史作了初

---

① （北周）宇文邕敕纂：《无上秘要》，《道藏》第25册，第11页。

② 如唐段成式《酉阳杂俎》云："波斯枣，出波斯国，波斯国呼为窟莽。"见（唐）段成式著，张仲裁译注：《酉阳杂俎》，北京：中华书局2017年版，第1123页。晋嵇含《南方草木状》说海枣树"身无闲枝，直耸三四十丈，树顶四面共生十余枝，叶如栟榈，五年一实。实甚大，如杯碗，核两头不尖，双卷而圆。其味极甘美，安邑御枣无以加也。泰康五年，林邑献百枚"。见（晋）嵇含：《南方草木状》，广州：广东科技出版社2009年版，第43页。

③ 参见黄启臣主编：《广东海上丝绸之路史》，广州：广东经济出版社2003年版，第32页。

步探讨①。我国香港的饶宗颐先生是华人中最早提出"海上丝绸之路"的学者②。他们的研究表明，古代海上丝路是由古代中国人、印度（身毒）人、阿拉伯人和希腊人等不同的民族共同开辟的，是多个不同地区的航线集腋成裘的结果。这条以丝绸、瓷器、香料、药材为贸易媒介的海上丝绸之路的开辟，为方士安期生群体的入华活动，提供了有利的外在条件。

事实上，古代海上丝绸之路的发展是一个由点到面、集腋成裘的渐进的历史进程，不同海域的人们发展出了各自的沿海航线③。

尽管2006年我国提交的《中国世界文化遗产预备名单》将海上丝绸之路（中国段）的上限定在汉武帝在位期间（约前141—前87），但考古资料和文献记载显示，包括东海（今黄海）航线和南海航线两个区段④的海上丝绸之路（中国段）在此之前就已贯通⑤。

古代海上丝绸之路（中国段）的东海航线是从古登州或秦皇岛起航到朝鲜和日本的航线，与古代中日、中朝交往关系密切⑥。而南海航线则是从我国雷州半岛或广州出发，经过包括交趾在内地区抵达东南亚的航线。以此为基础，古

---

① 参见［日］三杉隆敏：《海のシルクロードを求めて—東西やきもの交渉史》，大阪：创元社1968年版。

② 饶宗颐：《蜀布与Cinapatta——论早期中、印、缅之交通》，《台湾"中央研究院"历史语言研究所集刊》1974年第4期，第561—584页。

③ 罗德里希·普塔克（Roderich Ptak）在其所著《海上丝绸之路》中，将1500年之前的海上丝绸之路划分为五个阶段：（1）海洋的百衲毯（从远古到公元元年）时期，发展水平不同的各个海域（如东亚、东南亚、南亚、西非和东非海岸）逐渐拼接为一个百衲毯；（2）各区域的融合（1—600），不同的海域之间日益靠近；（3）在唐与阿拉伯帝国之间（约600—950/1000），亚洲海域渐成一体；（4）在远东的旋涡中（约950/1000—1350），各个海域结合更为紧密；（5）转型时期（约1350—1500），中国的引领作用减弱，中国-东南亚航线使用减少。参见［德］罗德里希·普塔克著，史敏岳译：《海上丝绸之路》，北京：中国友谊出版公司2019年版，第51—281页。

④ 陈炎：《海上丝绸之路与中外文化交流》，北京：北京大学出版社1996年版，第28页。

⑤ 同上。

⑥ 具体而言，古代海上丝绸之路（中国段）的东海航线是从山东半岛（或秦皇岛）出发，经朝鲜半岛至日本的航路。这一航路开辟时间最早，陈炎先生认为春秋时期这一航线就已经十分热络，当时的滨海大国姜齐与朝鲜半岛和日本列岛已经有了跨海文化交流，因此其时间上限至少可以上溯至先秦的春秋战国时期。参见李世惠、于清才：《蓬莱："东方海上丝绸之路"的起航地》，耿昇、刘凤鸣、张守禄主编：《登州与海上丝绸之路》，北京：人民出版社2009年版，第54—55页；陈炎：《海上丝绸之路对世界文明的贡献》，《今日中国》2001年第12期，第39页。

代帆船可以继续航行到安达曼海和孟加拉湾（即印度洋东段），一直到今天的巴士拉。这一航线在西汉初年已相当成熟，《汉书·地理志》之"粤地"条有载：

> 自日南障塞、徐闻、合浦船行可五月，有都元国；又船行可四月，有邑卢没国；又船行可二十馀日，有谌离国；步行可十馀日，有夫甘都卢国。自夫甘都卢国船行可二月馀，有黄支国，民俗略与珠崖相类。其州广大、户口多、多异物，自武帝以来皆献见。有译长，属黄门，与应募者俱入海市明珠、璧流离、奇石异物，赍黄金杂缯而往，所至国皆禀食为耦，蛮夷贾船，转送致之。亦利交易，剽杀人……自黄支船行可八月，到皮宗；船行可二月，到日南、象林界云。黄支之南，有己程不国，汉之译使自此还矣。①

文中的"杂缯"即多种丝绸，"黄支国"即今印度南部泰米尔纳德邦的康切普拉姆。这是我国海路以丝绸为商品与印度进行官方贸易的最早记载，其记载的线路与晋代法显和唐代义净取海道回国的路线基本吻合②。

《战国策》有关记载和考古资料也显示，古代海上丝绸之路中国段的南海线路在战国时期就已经贯通。《战国策·楚策》谈到，楚怀王曾派人向秦王"献鸡骇之犀、夜光之璧"③，学者们多认为这是印度的一种宝石（学名"金绿宝

---

① （汉）班固撰，（唐）颜师古注：《汉书》，北京：中华书局1962年版，第1671页。日南郡，为西汉武帝所开，即秦代的象郡，徐闻、合浦，为西汉合浦郡五县之二，在今雷州半岛。参见（汉）班固撰，（唐）颜师古注：《汉书》，北京：中华书局1962年版，第1630页。都元国，即马来半岛的都昆（Dungan）；邑卢没国，即缅甸沿岸的拘萎密；谌离国，即唐代骠国（缅甸）的悉利城，在今缅甸唐冈附近；夫甘都卢国，为缅甸的蒲甘（Pugan）；皮宗，为马来西亚的毗宗岛（Pisang）；已程不国，即今斯里兰卡。参见冯承均：《中国南洋交通史》，北京：商务印书馆2011年版，第3—9页。

② 参见陈炎：《海上丝绸之路与中外文化交流》，北京：北京大学出版社1996年版，第71—72页。海上丝绸之路（中国段）的南海航线，又称南海丝绸之路。其最早的路线，则是从西南丝路的永昌（今广西凭山）向南，沿伊洛瓦底江至今日的仰光入孟加拉湾，西至印度，然后由印度商人渡印度洋，或登陆进入中亚，或继续沿海航行至大秦（古罗马帝国）。参见茅惠伟：《丝路之绸》，济南：山东画报出版社2018年版，第48页。

③ 缪文远等译注：《战国策》，北京：中华书局2012年版，第647页。

石"，梵文为 Karketana），主要产于斯里兰卡和南印度西海岸①。另外，1978 年山东青州西辛村出土了列瓣纹金银器，其工艺与近年来在伊朗发现的埃兰银器如出一辙，都属于波斯人、帕提亚人传承的埃兰文明的成果，从而确证了山东半岛的此类产品是由海路传入的②。

在古代海上丝路中扮演了重要角色的身毒（古印度），位于古代海上丝绸之路东西方的连接处。已有的研究表明，战国中后期的古印度人掌控了印度洋乃至南中国海的海权③；而印度人和他们被称为"科兰迪亚"（Kolandia）的古帆船④在东西方贸易中扮演着极其重要的角色。这也是《汉书·地理志》所载汉武帝的使者必须通过印度商船的"转送致之"才可以到达目的地的原因。

那么位于西亚的安息王朝（即阿尔萨息王朝，又称帕提亚王朝）⑤ 又在这一时期的海上丝路中扮演着怎样的角色呢？事实上，在其之前统治波斯的阿契美尼德王朝（前 559—前 330）就修建了著名的"皇室大道"，连接了中亚、伊朗高原和地中海东岸，为后来贯通东西的海上丝绸之路的开辟奠定了基础⑥。其后的马其顿帝国和塞琉古王朝时期，古老的波斯文明受到了希腊文化的影响，继续重视海上商业贸易，底格里斯河畔有著名的希腊化城市塞琉西亚，成为东西方海上贸易往来的重要节点。安息帝国也继承了此前王朝重视商贸的传统，后

---

① 参见林梅村：《丝绸之路考古十五讲》，北京：北京大学出版社 2006 年版，第 94 页；王三三：《帕提亚与丝绸之路关系研究》，南开大学博士学位论文，2014 年，第 55 页。

② 参见林梅村：《丝绸之路考古十五讲》，北京：北京大学出版社 2006 年版，第 104—105 页。

③ 在公元前 4 世纪，古印度已大量使用中国丝绸。公元前 4 世纪古印度旃陀罗笈多王朝的考第亚（kautilya）在《政事论》（Arthasastra）中说"支那（梵文 Cīna）产丝绸与纽带，贾人常販至印度……出产在支那成捆的丝"，说明"至迟在公元前四世纪中国丝已输入印度"。参见季羡林：《中国蚕丝输入印度问题的初步研究》，《历史研究》1955 年第 4 期，第 37 页。而在古印度孔雀王朝时期，阿育王（前 303—前 232）曾派使团从恒河入海，走海路到斯里兰卡和地中海东岸，即贯通了从印度洋到红海的航线。参见林梅村：《丝绸之路考古十五讲》，北京：北京大学出版社 2006 年版，第 102 页。

④ 参见林梅村：《丝绸之路考古十五讲》，北京：北京大学出版社 2006 年版，第 102—103 页。

⑤ 公元前 3 世纪，塞琉古王国帕提亚行省的帕尔尼人阿尔萨息（Arsaces）带领部落反抗塞琉古王国的统治。公元前 247 年，阿尔萨息一世在帕提亚自立为王，定都尼萨（今土库曼斯坦阿什哈巴德附近），是为阿尔萨息王朝（前 247—224），因兴起于帕提亚，也称帕提亚王朝。帕尔尼人属于雅利安人的部落，其语言属于印欧语系伊朗语族。经过不断的扩张，阿尔萨息逐渐成为领有伊朗高原、美索不达米亚、埃及、中亚和印度一部分的庞大帝国，形成与地中海霸主罗马人分庭抗礼的政治格局。

⑥ 哈全安：《伊朗通史》，上海：上海社会科学院出版社 2020 年版，第 9 页。

来还建设了与塞琉西亚隔河相望的城市泰西封，使两个城市共同构成了东西方奢侈品的海上交易中心①。

由于安息帝国是自中国至地中海沿岸的漫长航线的必经之地，因此海运航线的相当一部分掌握在安息人手中。普塔克的研究表明，安息帝国治下的查拉西尼王国（Charakene，在今巴士拉附近）有著名的商业中心阿波罗格斯（Apologos）和斯巴希诺·夏拉克斯（Spasinou Charax），他们是海上船只和商队在印度和黎凡特之间进行海上商贸往来的交通枢纽②。这说明中国的丝绸从我国南方出发，经东南亚、印度和安息的辗转贸易，方可抵达红海和地中海沿岸。

由此可见，印度洋南亚次大陆两侧经由各个沿海港口城市，在公元前最后几百年，即大约在我国的战国晚期、秦代和西汉初期，就已联系在一起，从而确认了海上丝绸之路的各个海域共同构成了具有各自区块特征的海上"百衲毯"③。这样一来，来自古代安息帝国的方士安期生群体也就具备了通过海上丝绸之路来到中国的外在条件。

三、方士安期生群体入华后的活动：从交趾到齐鲁

秦汉以降，有关安期生的传说就遍及自中南半岛象郡④的交趾（今越南北部）、珠江三角洲南海郡的番禺（今广州）、长江三角洲会稽郡（今宁波、舟山群岛）以及山东半岛的齐郡、琅琊郡沿海一带。其分布范围如此之广，说明当时南北方所称呼为"安子"或"安期"的当为一个庞大的方士群体，这一群体是从安息帝国通过古代海上丝绸之路浮桴跨海而来，与黄老道的安期生不可混

① ［伊朗］Houchang Nahavandi、［法］Yves Bomati 著，安宁译：《伊朗四千年》，长沙：湖南文艺出版社2021 年版，第 74 页。

② ［德］罗德里希·普塔克著，史敏岳译：《海上丝绸之路》，北京：中国友谊出版公司 2019 年版，第73 页。

③ 同上书，第 67 页。

④ 为行文方便起见，后文所用的郡县皆用秦代所设之郡、县行政区划。象郡辖今安南北与桂、粤边境，南海郡辖今广东，会稽郡辖今江苏南部和浙江北部，齐郡辖故齐地，即今山东中部和东部一带。参见郭沫若主编：《中国史稿地图集》上册，北京：中国地图出版社 1996 年版，第 23—24 页；陈致平：《中华通史》第 2 册，贵阳：贵州教育出版社 2013 年版，第 21—23 页。

为一谈。沿着我国东南漫长的海岸线，按照从南向北的次序，安期生的传说一路播撒开来，一如东汉桓帝时来华的安息国太子安士高①。下面仅就安南、番禺、会稽郡和齐郡等地作初步考察。

方士安期生群体入华之后，首先抵达的是象郡之安南，即后来的交趾②。它与雷州半岛的"徐闻""合浦"共同构成了我国的南大门③，来自西方的海上商人多先在此驻留④。

这一群体中的一部分在此居留修行，留下了有关安子山（又称"安山"）的遗迹和传说。道教洞天福地之一的交趾安山就以其姓氏命名。笔者曾考察过位于今越南广宁省东潮县的安子山，至今山上尚存有题为"安期生"三字的风化已经非常严重的石像。据当地父老相传，安子山因安期生之石像而得名。这与道教文献的许多记载若合符节。如唐司马承祯《洞天福地》载七十二福地第二十"安山在交州北，安期先生隐处，属先生治之"⑤；唐末五代杜光庭《洞天福地岳渎名山记》记载第七十二福地"安山在交州，安期先生居处"⑥。

番禺即今广州，是古代中国南方重要的港口城市，西汉初已为繁荣的贸易中心⑦。方士安期生群体中的部分人在安南驻留后，可以沿海岸线继续北上抵达

---

① 有关安世高的身世、来华路线，参见王三三：《帕提亚与丝绸之路关系研究》，南开大学博士学位论文，2014年，第196—205页。

② 秦统一中国，随即在此设象郡，秦末赵佗趁乱割据岭南，建立南越国，都于番禺（今广州），在交州地区设立交趾、九真两郡。西汉元鼎六年，汉武帝平南越，称为交趾，后称交州。参见（汉）班固撰，（唐）颜师古注：《汉书》，北京：中华书局1962年版，第1603页。

③ ［德］罗德里希·普塔克著，史敏岳译：《海上丝绸之路》，北京：中国友谊出版公司2019年版，第89页。

④ 如《南史·夷貊传》载"孙权黄武五年（226），有大秦贾人字秦论来到交趾。太守吴邈遣送诣权，权问论方土谣俗"。见（唐）李延寿等撰：《南史》，北京：中华书局1975年版，第1961页。又，《旧唐书·地理》说"交州都护制诸蛮，其海南诸国……自汉武以来皆朝贡。必由交趾之道"，盖自东南亚与古印度、安息的使节与商船，在汉代以来皆先来到交趾，或贸易或驻留。见（后晋）刘昫等：《旧唐书》，北京：中华书局1975年版，第1750页。

⑤ （唐）司马承祯：《天宫地府图·七十二福地》，（宋）张君房著，李永晟点校：《云笈七签》，北京：中华书局2003年版，第622页。

⑥ （唐）杜光庭：《洞天福地岳渎名山记》，《道藏》第11册，第58页。

⑦ 广州地区西汉晚期和东汉墓葬中出土不少裸体胡俑，束发或头上缠巾，作屈膝跪坐或箕踞蹲坐的姿势。1983年广州南越王墓出土的圆形银盒，花纹用锤揲法压制而成，这种工艺源于波斯。证明番禺在西汉以前，为中西文化交流的热区之一。

番禺。这部分人在番禺和附近的博罗县（今惠州市）罗浮山都留下了遗迹或传说。《道教灵验记》卷二："广州菖蒲观为安期先生修真之所。药灶、丹井、灵溪、古松为州中游赏之最。"① 《神仙传》之"李少君"条云："安期将少君东至赤城，南至罗浮，北至大垣，西游玉门。"② 这与《太平寰宇记》的记载可以互相参证："蒲咸平中，姚成甫常采菊涧（即菖蒲涧——引者注）侧，遇一丈夫谓甫曰：'此涧菖蒲，昔安期生所饵，可以忘老。'"③

方士安期生群体自番禺沿古代海上丝绸之路中国段北行，可至会稽郡。地方志中多有在此修行的安期生的记载。如《延祐四明志》卷十八引吴澄《大瀛海道院记》："宁波象山县东二十里曰爵溪，潮汐豁冲，贾舶络绎，东望日本，南走天台，世传神仙安期生之属所来往也。"④ 《浙江通志》卷十四引《嘉靖宁波府志》："双泉山在（象山）县东四十里大海中，上有二穴出泉，味极甘冽，岩上有巨人迹、上马石，相传安期生常游于此，故又名道人山。"⑤ 《宝庆四明志》卷二十则说："安期先生洞在马秦山，世传安期生隐于此，因以名乡焉。"⑥

来自安息的方士安期生群体中，也有继续沿我国滨海北行至今山东半岛，即秦代的齐郡、琅琊郡者。有关此处安期生群体的记载颇多。如《太平御览》卷八百八引晋伏琛《三齐记》："东武城（今山东武城）有云母山，山有云母，因以为名。安期先生常所游耳。"⑦ 《大清一统志》卷一百四十说："苍山在兰山县（今山东省临沂市）东九十里……上可瞰海中，有石室，世传安期生、

---

① （唐）杜光庭：《道教灵验记》，《道藏》第 10 册，第 806 页。

② （晋）葛洪，胡守为校释：《神仙传校释》，北京：中华书局 2010 年版，第 206 页。

③ （宋）乐史：《太平寰宇记》，《景印文渊阁四库全书》第 470 册，台北：台湾商务印书馆 1985 年版，第 467 页。

④ （元）袁桷：《延祐四明志》，《景印文渊阁四库全书》第 491 册，台北：台湾商务印书馆 1985 年版，第 650 页。

⑤ （清）沈翼机等编纂，嵇曾筠等监修：《浙江通志》，《景印文渊阁四库全书》第 519 册，台北：台湾商务印书馆 1985 年版，第 424 页。

⑥ （宋）罗濬：《宝庆四明志》，《景印文渊阁四库全书》第 487 册，台北：台湾商务印书馆 1985 年版，第 324 页。

⑦ （宋）李昉等：《太平御览》，《景印文渊阁四库全书》第 900 册，台北：台湾商务印书馆 1986 年版，第 223 页。

徐则升仙处。"①《山东通志》卷二十一《沂州府寺观》亦云："玉虚宫在府城东八十五里苍山之阳，相传安期生修炼处。"②

然而，抵达山东滨海的方士安期生群体后来皆被"山东滨海安期生"一人的形象所代表。一如前文提到的，《汉武帝外传》进一步将安期生与泰山、李少君联系在一起，如《汉武帝外传》云："李少君字云翼，齐国临淄人也。少好道，入泰山采药，修绝谷遁世全身之术。道未成而病困于山林中，遇安期先生经过，见少君。少君叩头求乞活，安期愍其有至心而被病当死，乃以神楼散一匕与服之，即起。少君于是求随安期，奉给奴役。便听师事之。"③

事实上，由于北方是当时中国的政治、经济、文化中心，文献记载也最为丰富，这就很好地解释了何以安期生在北方的影响尤其显著，甚至有学者认为广州的安期生传说是从北方传入④的原因。而此前研究的误区在于，未能将"安期生"视为一个自安息帝国跨海而来的修行群体，从而将同样出自方士安期生群体的不同个体的安期生混为一谈了。

四、余论：古代海上丝绸之路背景下方士安期生群体的来华与中外文化的融通

尽管道教文献和地方志记载较之正史所出较晚，但它们却往往含有颇具价值的信息。通过文献考察，可知方士安期生群体是从安息帝国跨海而来的，而古代海上丝绸之路沿线不同区段的集腋成裘，为来自西亚安息的文化与中华文化在中国滨海地区的相遇提供了外在条件。这一群体在中国滨海地区的活动，刺激了我国北方燕齐地区方仙道活动的发展，使得方仙道群体不断壮大，神仙传说甚嚣尘上。他们的活动，甚至对后来道教的外丹术和派系传承都产生了重要影响。这也再次证明了陈寅恪先生所说的"盖二种不同民族文化之

---

① （清）和珅等：《钦定大清一统志》，《景印文渊阁四库全书》第476册，台北：台湾商务印书馆1985年版，第763页。

② （清）杜诏等编纂，岳濬等监修：《山东通志》，《景印文渊阁四库全书》第540册，台北：台湾商务印书馆1985年版，第443页。

③ 《汉武帝外传》，《道藏》第5册，第60页。

④ 朱钢：《安期生考》，《文化遗产》2008年第1期，第115—117页。

接触，……其关于文化方面者，则多在交通便利之点，即海滨港湾之地"，以及"海滨为不同文化接触最先之地，中外古今史中其例颇多"①。

尽管如此，由于年代久远带来的文献不足，有关"安期生"的研究，尚存在巨大的探究空间。比如，这位山东滨海的安期生的籍贯、出身、来华动机为何？他们与外丹术的具体关系如何？这一来自西亚的方士群体在其他地区（如今伊朗）的文献中可有踪迹可寻？等等。

然而无论如何，文化的传播从来不是单行道式的，而是一个相互学习、彼此借鉴的历史进程。来自异域的人物及其文化进入新的文化场域之后，必然会经历一个变形、重整乃至再生的本土化进程。方士安期生群体通过古代海上丝路来到中国，并将自身的外丹术、奇幻技能乃至波斯枣引入中国，同时通过在我国滨海一带的修炼活动，成为我国秦汉时期方仙道发展的重要组成部分，进而对后世道教的形成产生了重要影响。申言之，安期生及其带来的异域文化对古老的中华文明而言是一种外来的挑战；然而事实证明，中华文化具有良好的应对和融化能力，能够在吸纳包括外丹长生术在内的外来文化的同时，实现积极的内在性成长。方士安期生群体及其带来的古代西亚文化融入中华文化的过程，恰恰是这一"文明成长的表现"②，是古代中国和西亚文明互鉴融通的有力见证。

---

① 陈寅恪：《天师道与滨海地域之关系》，《金明馆丛稿初编》，北京：三联书店 2001 年版，第 45 页。

② 汤恩比（Arnold J. Toynbee，1889—1975）说："对一连串挑战……行动能由外在的自然或人文环境转入到成长中文明的内在人格之中，则这样的系列，便是文明成长的表现。"见［英］汤恩比著，陈晓林译：《历史研究》上册，台北：桂冠图书公司 1978 年版，第 429 页。

文房道士：朱福田与清代南京的城市道教[*]

贺晏然^{**}

内容提要：朱福田是活跃在清嘉庆、道光年间南京文坛和画坛的道士。他在城中营建的修道场所麦浪舫、枕江园，一度成为城市文士雅集的重要建筑，在城市文化生活中扮演着重要角色，姚鼐、吴嵩、汤贻汾、包世臣等文士均曾游访其间。地方史料对朱福田生平及宗教活动的记录纷杂，相关研究多有错漏，影响了对清中晚期这一独特的城市文化现象的了解。本文通过梳理朱福田相关史实，展现了清代这类"文房道士"与城市地理人文环境的适应过程，道教在文化型城市中的多元发展路径由此得以揭示。

关键词：朱福田；麦浪舫；枕江园；城市道教

引　言

朱福田是活跃在嘉庆、道光年间南京文坛和画坛的道士。清代金陵谚曰：

＊　本文受江苏省双创博士项目（1113000299）及中央高校基本科研业务费（2242021S20003）资助。论文写作过程中得到中央民族大学哲学与宗教学学院尹志华教授的、复旦大学历史学系巫能昌副教授的帮助，特此致谢。

＊＊　贺晏然，女，江苏南京人，东南大学历史学系讲师。

"文房之妙，一僧一道。"① 指的就是道士朱福田和与之同时的诗僧鹰巢定志，二人均熟练掌握诗画等文房技艺，是清代南京城中"文房僧道"的代表。朱福田借由诗画等技艺与江南文士展开广泛的交流，留下了大量诗词，今日学者可以据此重构朱福田的生平，进而理解此类"文房僧道"与文化型城市人文地理环境相互适应的过程。研究朱福田的核心资料是其诗文集《岳云诗钞》，现有多个版本传世。相关记录包括两卷本、七卷本、八卷本、十卷本等②，其中恐有错漏，现整理如下：

一、两卷本：中国社会科学院文学研究所、安徽省图书馆藏③。两卷本目录与十卷本前两卷完全相同，只序言部分缺陈其松后四篇，应是《岳云诗钞》的雏形。由于收入《清代诗文集汇编》，最为易得④。

二、七卷本：中科院图书馆藏⑤。浙图有三卷残本（存卷五、六、七），包括《新安游草》《麦浪舫田居集》，题为道光甲午年（1834）镌，板藏枕江园。第七卷所收诗文止于道光十四年，与篇首刊印时间相符。疑为七卷本，与十卷本相比多出跋一页、《黄山游记》一篇，与《新安游草》单行本同。

三、八卷本：上海图书馆藏，记为嘉庆四年（1799）刊本⑥。卷数恐有误。

四、十卷本：浙江图书馆孤山路馆藏。题为嘉庆乙亥（1815）年镌，板藏枕江园⑦。实际上所收诗词最晚到道光二十三年（1843），并可推测曾有嘉庆二十年刻本。十卷本是目前所知收录朱福田作品最全的版本，所收包括《岳云诗钞》《读史杂诗》《新安游草》《麦浪舫田居集》等。

---

① （清）刘瑗：《国朝画征补录》方外，《续修四库全书》第 1067 册，上海：上海古籍出版社 1995 年版，第 188 页。

② 徐学林编：《徽州刻书史长编》第 4 卷，合肥：安徽教育出版社 2014 年版，第 1499 页。

③ 《清人别集总目》载安徽省图书馆有七卷本，但安徽省图书馆检索系统中目前仅见两卷本。李灵年、杨忠主编：《清人别集总目》上，合肥：安徽教育出版社 2000 年版，第 453 页。

④ （清）朱福田：《岳云诗钞》，清代诗文集汇编编纂委员会编：《清代诗文集汇编》第 401 册，上海：上海古籍出版社 2010 年版（以下略注），第 407—424 页。

⑤ 中科院图书馆记录该书为两册，卷数不详。七卷据《中国古籍总目》补，疑有误。中国古籍总目编纂委员会编：《中国古籍总目》集部第 3 册，北京：中华书局，上海：上海古籍出版社 2012 年版，第 1593 页。

⑥ 《中国古籍总目》记为四卷本，第 1593 页。现检索上图系统，仅有《岳云诗钞》八卷本，为嘉庆刻本，两册。刊刻时间据《中国古籍总目》补，疑有误。

⑦ 朱福田：《岳云诗钞》，浙江图书馆孤山路分馆藏嘉庆刻本。

目前已知《岳云诗钞》至少在嘉庆四年、十六年①、二十年、道光二十四年多次刊印，所收包括《岳云诗钞》《读史杂诗》《新安游草》《麦浪舫田居集》等。此外，《新安游草》曾单独刊印②。《（同治）上江两县志》载"《岳云诗钞》十卷、续十卷"③。可知道光末年至咸丰间朱福田创作更富，惜未留存。

一、朱福田其人

朱福田，字农隐，又字乐原，号岳云，江宁人。汤贻汾（1778—1853）道光二十六年（1846）曾作《寿朱岳云炼师七十》，汤当年六十九，二人相差一岁，朱福田的生年应为1777年④。虽然朱福田道光二十二年间曾重病，但是此后的活动依然活跃。道光三十年，汤贻汾有《岳云羽士冲寒枉顾以诗见贻次韵》⑤。咸丰元年（1851）有《寄朱岳云道士》⑥。《（同治）上江两县志》载"〔朱福田〕避乱梁塘……后卒于句容"⑦，所谓避乱，应指咸丰三年太平天国之乱。至于何时回到句容，并无确切的记载。但朱岳云卒于咸丰三年之后应是无疑。

在南京期间，朱福田曾辗转多个居所，但都围绕城西沿江一带。朱福田早期曾在朱文正公祠中任道士，《（同治）上江两县志》载："朱福田住龙江朱文公祠。"⑧这一区域自明初起就是徽州木商群聚之所，以婺源帮为代表的商帮在此建徽州会馆，到清嘉道年间势力不减。所谓朱文正公祠，应该是徽州会馆所附朱熹祭祀场所，这一设置方式几乎各地通行，朱福田此后与徽州文士密切交往的起点可能即在此。嘉庆以后，他在南京城西沿江一带先后修整了麦浪舫和枕江园，并和在地文士展开频繁的交往，是嘉道年间金陵城西重要的宗教和文

---

① 未知卷数。清嘉庆十六年（1811）刻本，一册，北京大学图书馆藏。

② （清）朱福田：《新安游草》，南京图书馆藏清道光刻本，一册。

③ （清）莫祥芝修、（清）汪士铎纂：《（同治）上江两县志》，《中国方志丛书》，台北：台北成文出版社1970年版（以下略注），第234页。

④ （清）汤贻汾：《寿朱岳云炼师七十》，《琴隐园诗集》，《清代诗文集汇编》第526册，上海：上海古籍出版社2010年版（以下略注），第391页。

⑤ （清）汤贻汾：《岳云羽士冲寒枉顾以诗见贻次韵》，《琴隐园诗集》，第431页。

⑥ （清）汤贻汾：《寄朱岳云道士》，《琴隐园诗集》，第451页。

⑦ （清）莫祥芝修，（清）汪士铎纂：《（同治）上江两县志》，第639页。

⑧ 同上注。

化场所。朱福田的道教背景，赋予了建筑更为深刻的避世意涵，同时也为社交关系的展开提供了特殊的文化资源。

朱福田与文士的交往，除了依赖道教场所的营建，还与其诗歌、书画、弹琴等方面的高超技艺有关①。朱福田热衷于诗歌创作，"往还郊野，或至城市，必与幽人逸士之能诗者唱和，久之成帙"②。姚鼐、吴嵩都曾点评朱岳云的诗集，其中不乏夸赞之辞。孙星衍（1753—1818）在朱福田的诗集序中，认为他的诗歌在僧道间属佼佼者："其诗亦抑扬爽朗，拔俗千丈，自欲学李青莲，而饶有马戴、刘长卿风格；少加以学，当不减唐时方外名流撰著流传矣。"③ 更重要的是，朱福田的道士身份扩展了金陵诗坛的系谱，以姚鼐为首的文士将朱福田的诗作为南京方外能诗的代表，加以褒扬④。

除了诗歌，朱福田的画艺也颇为时人称道。朱福田擅长画山水和墨菊，在本地画社活动中表现活跃。嘉庆十六年王泽（1759—1842）在南京赠诗给朱福田，便提及他的诗画功夫⑤。汤贻汾在《赠岳云道士即书其集》中也曾赞美朱福田的诗画技艺"诗名已压刘师服，画笔无愧范子珉"⑥。嘉庆中期，朱福田便已是本地画社中坚。"庚午五月七日，张百眉、朱羽士岳云、金仙峦、何春圃招金陵善画诸同人，集华严庵内胜棋楼，结丹青雅社，凡三十三人。即席各作一帧，张之壁上，以永其传。"⑦ 这类书画创作活动一直持续到道光晚期。道光二十七年，不二庵庵主僧忘庵集七十岁以上者二十人作图，其中就有朱福田⑧。

嘉庆年间，逐渐展露出文人化修道色彩的朱福田，开始以南京城西的麦浪舫和枕江园为中心，与在地文士展开广泛的文学和艺术交游。在此过程中，道士的身份自觉始终伴随着他，道光九年所作《题道装小像》可知朱福田善作道

① （清）齐学裘：《朱岳云道士》，《见闻随笔》，《续修四库全书》第1181册（以下略注），上海：上海古籍出版社1996年版，第346页。

② 陈鸿森：《孙星衍遗文再续补》，《中国典籍与文化论丛》2013年第1期，第257页。

③ 同上。

④ （清）朱福田：《岳云诗钞》，《清代诗文集汇编》第401册，第407页。

⑤ （清）王泽：《赠朱岳云道士》，《观斋集》，南开大学图书馆编，江晓敏主编：《南开大学图书馆藏稀见清人别集丛刊》第16册，桂林：广西师范大学出版社2010年版，第538页。

⑥ （清）汤贻汾：《赠岳云道士即书其集》，《琴隐园诗集》，第331页。

⑦ 马士图：《莫愁湖丹青引》，《莫愁湖志》，《中国地方志丛书》，台北：成文出版社1983年版（以下略注），第107页。

⑧ （清）汤贻汾：《集七十以上者廿人于不二庵庵主忘庵为作图》，《琴隐园诗集》，第329页。

士打扮，他自述"学仙五十余年久，辟谷无方尚课耕"①，即是对此前道教生活的概括。而此时他刚过五十，显然道士认同是从幼时即开始了。他在城市生活中逐渐被赋予的文化身份和经济能力，与其道士的身份是密切相关的。

二、从麦浪舫到枕江园

麦浪舫是朱福田借以展开文士交流的第一处所在。麦浪舫建成的时间应在嘉庆十六年间，存续的时间大约从嘉庆后期至道光前期。关于麦浪舫位置的记录多歧，有上新河、白鹭洲、牛首山麓②等说法。朱福田诗称"白朝山色青如许，偏爱吾家白鹭洲"③，可知应在上新河沿岸古白鹭洲一带，也是此后朱福田所居枕江园所在的沿江地区。

虽然得到一些文士的资助，但在朱福田的笔下麦浪舫似乎颇为俭朴。舫建成后，朱福田特作《秋日麦浪舫落成赋五律三首》，有"数亩薄田在，几间茅屋新"之句④。较之并不堂皇的建筑，麦浪舫更为重要的特色在于其自然和人文环境。孙星衍曾描述了麦浪舫初成时的闲淡景致：

> ［麦浪］轩为岳云所营，作室在水中洲上如小艇，金陵诸山四面环列如画幅，其下田畴绣错，麦苗万顷，虽非十洲三岛，而世尘自此远矣。⑤

正如孙星衍所见，麦浪舫并不是典型的道教建筑，而是凭借主人的宗教兴趣塑造了一种避世的氛围。嘉庆二十年朱福田所作《麦浪舫春日杂咏》记录了麦浪舫的宗教氛围："不籍名山洞观居，桃源幽处著吾庐。室中不奉诸真像，一

---

① （清）朱福田：《题道装小像》，《麦浪舫田居集》，《岳云诗钞》第 3 册，浙江图书馆孤山路分馆藏嘉庆刻本，第 4 页。

② 吴福林：《莫愁湖史话》，南京：南京出版社 2009 年版，第 77 页。

③ （清）朱福田：《题顾湘舟明经白鹭洲图》，《麦浪舫田居集》，《岳云诗钞》第 4 册，浙江图书馆孤山路分馆藏嘉庆刻本，第 19 页。

④ （清）朱福田：《岳云诗钞》，《清代诗文集汇编》第 401 册，第 419 页。

⑤ 陈鸿森：《孙星衍遗文再续补》，《中国典籍与文化论丛》2013 年第 1 期，第 257 页。

卷南华道集虚。"① 朱福田对道士身份的自我认同使得麦浪舫在"桃源"意象之外，更增添了"十洲三岛"的意味。

麦浪舫从道光初年开始因水患逐渐损毁，在道光十五年前后彻底湮没。道光时期，南京城遭遇了多次严重的水灾②，麦浪舫在反复的水患中终被毁坏。先是道光三年（1823）"癸未大水，麦浪舫皆成巨浸，田禾一空"③。道光四年朱福田的新安之游可能是对这次灾情的应对。道光十一年五月，南京再遭水患。这次水患影响甚巨，麦浪舫也在这次洪水中严重损毁。

居住在麦浪舫时期，朱福田曾利用自己的画技，创作了以麦浪舫为主题的画作，并向姚鼐等乞诗。通过向文人乞诗，进一步拓展了麦浪舫的文化影响力。姚鼐、孙星衍、齐彦槐、汤贻汾、包世臣、齐学裘④等均曾为之题诗，前后跨越约三十年。姚诗《题朱岳云麦浪舫图》将这座建筑的幽静景观细致描摹，"风雨吟龙江振户，霜天栖鹤月当巢"⑤。汤贻汾（1778—1853）《琴隐园诗集》中有《朱岳云道士麦浪舫昔年没于水以旧图乞诗》一诗，作于道光十五年⑥。可知麦浪舫被水淹毁后，朱福田曾经以麦浪舫旧图，继续乞诗。作诗时朱福田似乎尚无稳定的居所，汤贻汾称他"道人无复田与庐"⑦。这大约是他从麦浪舫搬迁到枕江园的过渡阶段。同样被朱福田乞诗的还有包世臣（1775—1855），有《题朱岳云炼师麦浪舫图》，作于道光十九年前后⑧。可见朱福田在麦浪舫被毁后，乞诗活动还持续了数年。

---

① （清）朱福田：《麦浪舫春日杂咏》，《岳云诗钞》第 1 册，浙江图书馆孤山路分馆藏嘉庆刻本，标页不清。

② 经盛鸿：《清末民初南京地区的水灾、兵灾、疫灾》，《江苏地方志》2020 年第 2 期，第 39—44 页。

③ （清）朱福田：《寄怀洪梅坪中翰》，《麦浪舫田居集》，《岳云诗钞》第 3 册，浙江图书馆孤山路分馆藏嘉庆刻本，第 2 页。

④ （清）齐学裘：《方外名流》，《见闻随笔》，第 291 页。

⑤ （清）姚鼐著，刘季高标点：《题朱岳云麦浪舫图》，《惜抱轩诗文集》，上海：上海古籍出版社 1992 年版，第 637 页。

⑥ 周和平主编，北京图书馆编：《汤贞愍公年谱》，《北京图书馆藏珍本年谱丛刊》第 135 册，北京：北京图书馆出版社 2010 年版，第 561 页。

⑦ （清）汤贻汾：《朱岳云道士麦浪舫昔年没于水以旧图乞诗》，《琴隐园诗集》，第 331 页。

⑧ （清）包世臣：《题朱岳云炼师麦浪舫图》，《包世臣全集》，《安徽古籍丛书》第七辑，合肥：黄山书社 1997 年版，第 118 页。研究一般认为此诗为二十二年作，参见胡朴安：《包世臣先生年谱》补，牛继清主编：《安徽文献研究集刊》第三卷，合肥：黄山书社 2009 年版，第 178 页。但《岳云诗钞》道光十九年便有《包慎伯大令题余麦浪舫图赋简（四首）》，或可将作诗时间提前。

道光九年前后，枕江园之名首次出现在朱福田的诗集中。但此时朱福田更像是枕江园的访客。直到道光十一年水患之后，枕江园在朱福田的诗中才出现了居所的意味。枕江园是继麦浪舫之后朱福田在城西的第二处住所，地处上新河近长江的白鹭洲一带，与麦浪舫相距不远。"枕江"大约指可以看见江畔的风景，和麦浪舫类似，枕江园周边环境优雅。更重要的是，枕江园较高的地势弥补了麦浪舫的不足。基于麦浪舫的教训，枕江园有刻意抬高建筑的倾向。朱福田在院内营阁、楼，楼阁建筑是枕江园建筑最大的特色。道光十三年夏，江潮大涨，路可行船①。朱福田此时即在枕江园中倚楼作诗，有"又惊新涨满滩头，雨夹江声撼小楼"之句②。基于远眺和避水的功能，朱福田对楼居生活极为满意，枕江楼、江楼此后常常出现在他的诗文中。道光二十一年，南京再遭水患，朱福田作《江楼即事》，描写了潮水之中楼居的生活："拓窗高倚白云隈，闲对沧江一卷开。三径水环无客到，木樨香上小楼来。"③ 他特意强调作诗时"江潮未退"，隐约流露出有楼可居的自得情绪。

枕江园时期朱福田留下了大量唱和之作。地势的优势使枕江园具备赏景、避灾等丰富的功能，枕江园时期诗歌的景致更为开阔。道光二十二年，朱福田身染重病，在枕江园登楼眺望曾经的麦浪舫，发出了"考槃未遂平生愿，却望遗墟洲渚深"的感叹④，此年密友鹰巢定志过世不久，曾经共游枕江园和麦浪舫的师友也多半凋零。他将人生的无奈苦痛与麦浪舫、枕江园的变迁相联系，故而记录着他的道教生活的这两所建筑无疑是传达这种无常感的最佳对象。

三、朱福田与文士的交游

基于道士与文士之间相互的文化需求，朱福田与南京的文士展开了广泛地交流。其中最具代表性的分别是麦浪舫时期的姚鼐和枕江园时期的汤贻汾。此外，通过文人群体或乡谊的关系，朱福田的交游圈还包括吴蒿、包世臣、齐彦

---

① （清）朱福田：《大水纪事》，《麦浪舫田居集》，《岳云诗钞》第3册，浙江图书馆孤山路分馆藏嘉庆刻本，标页不清。

② （清）朱福田：《十三年夏雨中江潮之复溲漫倚楼感赋》，《麦浪舫田居集》，《岳云诗钞》第3册，浙江图书馆孤山路分馆藏嘉庆刻本，标页不清。

③ （清）朱福田：《江楼即事》，《岳云诗钞》第6册，浙江图书馆孤山路分馆藏嘉庆刻本，标页不清。

④ （清）朱福田：《谷日偶成》，《岳云诗钞》第6册，浙江图书馆孤山路分馆藏嘉庆刻本，标页不清。

槐、王凤生等，他们作为朱福田的密友，也是清代南京城市宗教活动的重要记录者和支持者。

姚鼐（1732—1815）是朱福田早期社交网络的核心人物。二人交往约始于姚鼐晚年主讲南京钟山书院时期。姚鼐曾为朱福田点评《岳云诗钞》前两卷，目前可见的所有版本的《岳云诗钞》均收录了姚鼐的点评，显然是朱福田借以彰显文学地位的手段。齐学裘称"朱岳云道士少时从姚姬传先生学诗"①，陈希祖（1765—1820）也称朱福田是"深得惜抱翁门径者"②，大约就是对姚鼐和朱福田之间亲密关系的描述。在《岳云诗钞》为数不多的关于姚鼐的诗歌中，可以明显的感受到朱福田对姚鼐的依赖与尊重。姚鼐对朱福田的推崇，为他在南京文坛的发展奠定了基础。此后吴蒿对朱福田诗集的点评便是受到姚鼐的影响，他在《岳云诗钞》序中提到姚鼐对朱岳云的赏识。《麦浪舫图》的传播也与姚鼐的参与有关。姚鼐首先为麦浪舫图题诗，该图由于姚鼐的关系得到更为广泛的传阅。齐彦槐嘉庆末年为麦浪舫图题诗时便提到"卷中姚姬传先生、孙渊如观察皆有诗"③，包世臣《题朱岳云炼师麦浪舫图》中也提到作诗是源于姚鼐的题诗。姚鼐作为嘉庆间南京文坛的核心人物，助推了朱福田"文房道士"形象的建立。

朱福田晚年的密友首推汤贻汾（1778—1853）。二人交往发生在道光十二年（1832）秋汤贻汾寓居金陵之后，这种交往是汤贻汾长久以来的宗教兴趣在金陵时期的延续。道光十四年，朱福田第一次出现在汤贻汾的诗作中，汤贻汾特意注明"岳云善诗画"④，对他的才情颇为赞许。此后，朱福田与汤贻汾断续交往。道光十五年间（1835），汤贻汾接连为朱福田的农隐图、诗集《田居》作诗⑤，并透露居无定所的朱福田有远游的打算⑥。汤贻汾与朱福田的交往主要发生在枕江园时期。汤贻汾时常过访枕江园。道光二十一年，他在访园后赠诗调

---

① （清）齐学裘：《方外名流》，《见闻随笔》，第291页。

② （清）朱福田：《岳云诗钞》第1册，浙江图书馆孤山路分馆藏嘉庆刻本，标页不清。

③ （清）齐彦槐：《朱岳云道士麦浪舫图》，《梅麓诗钞》第2册，南京图书馆藏清光绪扬州随安室刻本（以下略注），第8页。

④ （清）汤贻汾：《白鹭洲朱道士岳云留饮》，《琴隐园诗集》，第329页。

⑤ 应即《麦浪舫田居集》。

⑥ （清）汤贻汾：《赠岳云道士即书其集》，《琴隐园诗集》，第331页。

侃了朱福田介于道士和诗人之间的身份①。此后一年，英军兵临南京，道光二十二年十月局势稍定，汤贻汾再访枕江园，不禁感叹朱福田"世事纷纷独掩耳"的高人姿态②，与战争带来的现世的苦痛形成鲜明对比。这与汤贻汾此后为朱福田题画的诗歌中表达的情感是一致的③，似乎尘世的无常将他进一步推向了朱道士所代表的世外生活。

朱福田与上新河一带文士的交往与城市寄寓群体的乡谊有关。可能是受到徽州商帮聚居传统的影响，徽州知名文士如齐彦槐（1774—1841）、王凤生（1776—1834）、胡永焕等均寄居于此。朱福田与徽州的关系可以追溯到他早年担任朱文正公祠道士期间，此后徽州文士始终是他文化生活的重要组成，尤其是时属徽州的婺源文士与朱福田的交往最为频繁。

齐彦槐，字梦树，又字荫三，号梅麓，安徽婺源人。曾从姚鼐受作文法，嘉庆十四年（1809）进士。齐彦槐对宗教交游兴趣浓厚，方濬颐（1815—1889）为其所作墓表称"［齐彦槐］交游半天下，凡名流才士及方外黄冠通一艺者，靡不款接"④。嘉庆二十年齐彦槐以疾告归⑤，寄居南京附近的荆溪，朱福田为麦浪舫图求诗而与之结交⑥。随后八年齐彦槐退居期间，朱福田成为同游的良伴。伴随齐彦槐被漕运总督魏元煜调委，二人交往一度疏远。直到道光年间齐彦槐再次退居江南，虽然他曾旅居多地，但是文化重镇南京一直是他社交网络的中心之一。在道光十七年所辑《胜游集》中，他收录了六首与朱岳云相关的作品。二人除了汇聚在枕江园，还多次一同追忆共同的好友和邻居王凤生。

王凤生，字竹屿，安徽婺源人。他所建三山二水之居也在上新河，是朱福田经常游访之处。道光十四年王凤生过世后，朱福田和齐彦槐等多次重回旧地，怀念王凤生。十五年七夕后一日，朱福田由城中归憩于湖上，凡水灾后屋

---

① （清）汤贻汾：《白鹭洲过朱岳云枕江园读其近诗漫题》，《琴隐园诗集》，第363页。

② （清）汤贻汾：《十月二十四日大风雨至上新河憩枕江园归途作》，《琴隐园诗集》，第373页。

③ （清）汤贻汾：《题朱岳云道士行看子》，《琴隐园诗集》，第374页；《朱岳云道士扶杖行看子》，《琴隐园诗集》，第415页。

④ （清）齐彦槐：《梅麓诗钞》第1册，第2页。

⑤ 倪玉平：《齐彦槐与道光初年海运》，中国社会科学院近代史研究所编：《中国社会科学院近代史研究所青年学术论坛2005年卷》，北京：社会科学文献出版社2005年版，第11—26页。

⑥ （清）齐彦槐：《朱岳云道士麦浪舫图》，《梅麓诗钞》第2册，第8页。

宇倾颓者，均修葺一新。回忆曩时与王凤生等觞咏于此，今则晨星零落，不禁感伤①。古白鹭洲附近还有胡永焕，字奎若，号雪蕉，安徽婺源人。胡永焕较早便出现在朱福田的诗歌记录中，朱福田曾多次为其作诗，是麦浪舫期间重要的友人。

朱福田代表了清代城市宗教发展中一批以文人化技艺为特点的僧道，与朱福田几乎同时的承恩寺僧人鹰巢定志、隐仙庵道士王至淳等，都曾以类似的方式经营寺观的社交网络。但朱福田更为特殊之处在于他并非依托宫观，而是城市中的散居道士。南京活跃的文人社集和同乡团体为朱福田的生存提供了空间，而朱脱离宫观的民间道士身份也丰富了其文化交游生活的形式。

四、城市宗教与"文房道士"的成立

通晓诗歌、琴棋书画等文房技艺的方外人士可以称为"文房僧道"，这类僧道的大量出现是清代南京城市宗教生活中非常重要的文化现象。文房僧道的活动与城市地理空间、文化社群、宗教发展等密切相关，无形中拓展了城市文化生活的维度。

除了类似朱福田的散居道士，南京宫观中也出现了众多"文房道士"。嘉道间南京城北隐仙庵道士王至淳亦是以文名著称者。王至淳（1757—1828），字朴山，有诗集《清凉山房诗概》存世，由齐梅麓太史、汤雨生都督、秦雪舫兵部为之选订，汤贻汾、齐彦槐、秦耀曾、朱福田等纷纷作序或题词。在他活动前后，隐仙庵群道均展现出极富文人色彩的艺术修养②。"师（王至淳）之前主者如王昆霞、周鹤雏，皆多艺能，至师而尤盛。"③ 隐仙庵道士卓道人、周鸣仙、张雪堂，包括王至淳都是著名的琴师④。王至淳孙王漱芳"颇能修葺堂庑，增植

---

①　（清）朱福田：《七夕后一日由城中归憩于湖上，凡水灾后屋宇倾圮者，复见修葺一新，堂之西偏新凿池沼，添置台榭，时荷花正盛，流连久久，回忆曩时与诸君子觞咏于此，今则晨星零落，不今胜昔感云》，《岳云诗钞》第 4 册，浙江图书馆孤山路分馆藏嘉庆刻本，标页不清。

②　尹志华：《清代文人与南京隐仙庵》，《全真道研究》2017 年第 1 期，第 69—82 页；贺晏然：《清代南京隐仙庵道教活动考》，《老子学刊》2020 年第 1 期，第 80—89 页。

③　（清）王至淳：《清凉山房诗概》，第 8 页。

④　（清）甘熙：《白下琐言》，南京：南京出版社 2007 年版（以下略注），第 84 页。

花木，又教徒辈读书，习诗画琴棋，将以继师之志"①。可见王至淳的交游圈和宫观经营方式与朱福田有相似之处，隐仙庵基于宫观的文化活动较之独居的朱福田甚至更见规模。比王至淳稍晚的南京朝天宫以著名文士张士珩为核心的道士群体，如陈永寿（1829—1907）、杨理宽（1828—1900）、刘永松（1817—1906）、刘一谷等，也都显露出文士化的倾向②。

"文房道士"的出现与文士群体对道教风气的认同有关。明代便有文士借助正一与全真两派不同的修炼特色来表达自我的宗教认同。万历年间南礼部官员葛寅亮（1570—1646）重兴南京朝天宫全真堂时，曾以全真道士比作佛教禅僧，流露出对全真苦修风格的偏爱，并以此区隔朝天宫官道的散漫③。在距离南京城不远的茅山道观中，晚明也出现了文士对全真隐逸清修传统的支持④。这一评价模式到清代依然持续。清代江宁文人郁长裕（1733—?）曾借南京隐仙庵全真道士清修之风暗讽城南的应付道士，认为"彼隐仙家数，原高出于城南应付之流"⑤。《（同治）上江两县志》对南京城中正一与全真两派道观也有类似的评价，朝天宫后剑池山房的道教传统被认为源头妄诞："今剑池山房（今朝天宫），道家曰正一教宗张道陵、寇谦之、吕用之、林灵素、陶仲文，妄诞之尤者也。"⑥ 而同书中的全真宫观洞神宫等则获得了截然不同的积极评价⑦。

洞神宫能得到文士持续的肯定与其中道士的文人化特点有关。甘熙《白下琐言》中记录了洞神宫道士安合壁的事迹："洞神宫道士安合壁主持以来，开堂接众，俨有丛林规模。此羽士中之仅见者。合壁字普月，河南人，善琴并善针灸，年逾周甲，精明健爽，于修炼中，大有功力。"⑧ 安合壁和鹰巢、王至淳、朱福田一样，是符合文士道德和审美要求的方外。直到民国年间柳诒征

① （清）王至淳：《清凉山房诗概》，第 8 页。

② 贺晏然：《冶山竹居与清末南京城市道教》，《南京学研究》2022 年第 1 期，第 148—161 页。

③ 贺晏然：《重塑"全真"：明代南京朝天宫全真堂的兴衰》，《宗教学研究》2022 年第 4 期，第 76—83 页。

④ 王岗：《明代江南士绅精英与茅山全真道的兴起》，刘大彬著，王岗点校：《茅山志》，上海：上海古籍出版社 2016 年版，第 698—700 页。

⑤ （清）郁长裕：《羽士王朴山》诗前小序，《雨堂诗钞·社雨吟》，《清代诗文集汇编》第 380 册，上海：上海古籍出版社 2010 年版，第 545 页。

⑥ （清）莫祥芝修，（清）汪士铎纂：《（同治）上江两县志》，第 638 页。

⑦ 同上。

⑧ （清）甘熙：《白下琐言》，第 87 页。

（1880—1956）整理《金陵玄观志》时对南京道教还有类似的评价："金陵自葛稚川、陶通明以来，道统赫奕，盖根邸于三玄，而骖靳乎儒墨，与天师道之妖异攸殊。元嘉四学，儒玄并重，黄聃正宗，端在于是。唐、宋而降，张寇之绪盛，而葛陶之风微。江左玄风，遂为江右所掩。茅山一脉，亦龙虎之支流耳。"①柳诒征对合流于儒的葛陶之风的态度，实际上隐藏着文士对宗教风气的思考，这与晚明葛寅亮、王世贞等人教派偏好的出发点是一致的，那些更符合儒家士夫的评价标准的修行方式和生活作风，成为城市道士迎合士夫群体而妥协的方向。

"文房道士"出现的另一原因是道士和文士在城市环境中产生的物质生活的多重羁绊。麦浪舫周边田产是朱福田生计来源，"道人有租田数十亩，足以自给"②。与文士的交往也为朱福田的生活提供了重要的经济补充，婺源人洪钧就是他长期的资助人之一③。朱福田曾作诗《寄怀洪梅坪中翰》，提及洪钧对麦浪舫筑造的支持，"舫之成多赖先生之力"④。道光三年南京水患后，朱福田沦落到靠接济为生，他感怀洪钧曾经的救助，"先生哀余饥贫，馈以白粲，助以朱提，是年得不窘乏"⑤。道光二十二年，朱福田重病，洪钧又使人送来燕菜。从诗作的内容不难发现经济因素深入影响着二人之间的交往。此外，他广受文士推崇的画技也很可能是他谋生的手段，枕江园时期出现的乞画诗，应该就是对这种经济活动的记录。朱福田对依托文士的城市经济的深刻依赖，使其宗教生活的形式与文人化生活方式逐渐合流。

此外，对文士来说与僧道的交往丰富了城市社团的内涵。几乎所有提及朱福田的诗歌创作，都会不自觉地提及其方外的身份，这种身份的加入完善了城市的文化图谱，也拓展了城市诗歌创作的主题和思想。这一现象在晚明尚未完全建立。明嘉靖年间俞宪（1508—1572）⑥在编撰《盛明百家诗》时便曾感叹道

---

① （明）葛寅亮撰，何孝荣点校：《金陵玄观志》，南京：南京出版社2011年版，第127页。

② （清）齐学裘：《朱岳云道士》，《见闻随笔》，第346页。

③ 洪钧，字梅坪。婺源举人，官中书。（清）沈葆桢、何绍基等：《（光绪）重修安徽通志》，《续修四库全书》第654册，上海：上海古籍出版社1995年版，第156页。

④ （清）朱福田：《寄怀洪梅坪中翰》，《麦浪舫田居集》，《岳云诗钞》第3册，浙江图书馆孤山路分馆藏嘉庆刻本，第2页。

⑤ 同上注。

⑥ 张冰：《〈盛明百家诗〉研究》，北京语言大学硕士学位论文，2007年，第9页。

士诗难得，并归结其原因为"习气"："古今诗僧为多而道流独少，盖习气然也。予辑明诗，亦坐是歉。"① 钱谦益《列朝诗集小传》中也曾有类似的表达："国初名僧辈出，而道家之有文章，独宇初一人，厥后益寥寥矣。"② 到了清代南京城中道士显然已经发生变化，文房道士已成为文人社群不可或缺的部分。与之类似，佛教领域文房僧也大量涌现。如承恩寺僧人定志，是与朱福田齐名的文房僧道的代表③。承恩寺与隐仙庵类似，也汇聚了大量的文房僧，这种风气在师徒之间流传，包括僧行荦、雪蕉、妙雨、宣澍、善田等④。此外，鹫峰寺的正真、不二庵的髡残等都曾以诗画等技艺被记载。在明清易代后南京由政治中心开始向地区文化中心转变过程中，类似朱福田、鹰巢定志的"文房僧道"开始变得极为普遍。他们游走于文士之间，列于文人雅集的名录之中，是在地文人热衷记录的对象，是清代南京城市文化重要的组成部分。

结　语

南京城市道教由明初官道为主流，转变为明末尤其是清代文人道教的盛行，所依托的就是朱福田这类"文房道士"在城市中的活动。朱福田通过对诗画等文人技艺的掌握，不仅拓宽了城市文化圈的身份构成，也赋予了自己营建宗教场所、组织结社的社会能力，或可视为城市文化与宗教相互成就的显例。以麦浪舫、枕江园等为代表的城市新兴道教场所，构筑了城市文化活动空间，为城市道教的传播与发展提供了更多途径。在麦浪舫的周围，还有隐仙庵、丛霄道院等重要的文人道教活动场所⑤，共同构成了明清南京城西北一线的文人宗教空间。对朱福田及其为代表的古白鹭洲地区城市道教发展过程的分析，为绘制清代南京城市道教发展图景提供了补充。

朱福田所代表的"文房僧道"是文化型城市与宗教共生过程的产物。不仅

---

① （明）俞宪：《钱羽士集》，《盛明百家诗》第 98 册，中国国家图书馆藏本，第 1 页。

② （明）钱谦益：《列朝诗集小传》下册，上海：上海古籍出版社 2008 年版，第 675 页。

③ （清）马士图：《莫愁湖志》，第 116 页。

④ （清）莫祥芝修，（清）汪士铎纂：《（同治）上江两县志》，第 234 页；（清）马士图：《莫愁湖志》，第 116 页；（清）刘瑗：《国朝画征补录》方外，第 188 页；盛叔清编：《清代画史》，香港：宇宙印刷有限公司 1978 年版，第 740 页。

⑤ 贺晏然：《清代南京隐仙庵道教活动考》，《老子学刊》2020 年第 1 期，第 80—89 页。

是南京，江南一带的城市文化均普遍孕育了类似的文人化宗教现象。随着清代道士诗文资料的发现和整理①，城市文人道教的发展研究还有更多需要细化的空间。比如，朱福田虽未留下具体修道方式的记载，但是他民间道士的身份显然与隐仙庵道士王至淳、三台洞陈永寿等为代表的全真宫观传统有所差异，朱福田生活中流离的困窘、远游的艰辛、交往的自由，较之宫观道士都是更少见的创作主题，体现了城市文人道士群体内部的多样性。依赖扎实的个案研究的累积，这些城市道士活动中的共性和个性的讨论将逐渐得到延伸。

---

① 尹志华：《诗文证史：试述清代诗文集对道教研究的重要价值》，《中国本土宗教研究》2020 年第 1 期，第 82—93 页。

清代四川瘟祖庙与瘟祖会研究[*]

杨荣涛^{**}

内容提要：中国民间的瘟疫神灵信仰是民众认知与应对瘟疫的体现。在多元的中国民间瘟疫神灵信仰中，四川的瘟祖信仰具有浓郁的地域文化特点。瘟祖庙是崇祀瘟祖的民间祠庙，是瘟祖信仰的文化符号。清代是四川瘟祖庙修建的高峰期，瘟祖庙地域分布较为广泛且相对集中，瘟祖庙内供奉文昌帝君、营山知县和形象诡谲恐怖而无所指的神像。瘟祖会期间举行的建坛设醮、演戏酬神、神像出巡等活动是清代四川瘟祖信仰的重要体现，具有重要的文化内涵和宗教意义。

关键词：四川；瘟祖信仰；瘟祖庙；瘟祖会

瘟疫，又称为温疫、疫病、伤寒、时行等，中医所谓的瘟疫是指具有流行性、传染性的一类疾病的大流行。瘟疫具有发作快、传染快、致死率高、传染面积大等特点，一旦爆发，后果非常严重。古人们在瘟疫的威胁面前，一方面医学家们积极探索瘟疫的本质，研究瘟疫的规律，采取各种措施救治传染病患

----

* 本文系四川师范大学中华文化与西南区域文明互动研究中心 2021 年一般项目"明清四川瘟祖庙与瘟祖会研究"（HDZX202118）；成都大学文明互鉴与"一带一路"研究中心资助课题（WMHJ2022C02）；中国博士后科学基金 69 批面上资助"地区专项计划"项目（2021M693783）；国家社科基金 2020 年度青年项（20CMZ006）的阶段性成果。

** 杨荣涛，男，云南保山人，四川师范大学巴蜀文化研究中心、华西边疆研究所副研究员，四川师范大学中华传统文化学院与成都文物考古研究院联合培养博士后。

者；另一方面，绝大多数的普通民众由于受科学知识的局限，对疾病和瘟疫缺乏正确的认识，普遍认为瘟疫是鬼神作祟导致的，通过信仰某些神祇就可以达到消灾减病的目的①。中国人相信，瘟疫流行，系瘟神、疫鬼作祟，由来已久②。中国民间信仰的瘟疫神灵很多元，除了瘟神、疫鬼，还有瘟鬼、精灵等，具体名称及其形象各异。学术界对瘟疫神灵信仰的研究取得了丰硕的成果，刘枝万、朱天顺、陈元朋、李丰楙、［美］康豹（Paul P. Katz）、［日］金井德幸、王振忠、徐晓望、李玉昆、陈晶、毛伟、刘卫英、谢聪辉、陈莹、姜守诚、黄青、邱云飞、刘守政、林国平等对瘟疫神灵信仰的源流及其与佛道教的关系、民俗流变、地域性瘟疫神灵信仰个案等不同层面作了考察③。就地域性瘟疫神灵信仰个案的研究而言，学界对闽台地区的五帝信仰、王爷信仰探讨得较多，而四川的瘟祖信仰受到的关注较少，仅见林移刚、张志全在探讨清代四川民间信仰地

---

① 参见邱云飞：《中国古代的瘟神信仰》，《兰台世界》2016 年第 7 期，第 104 页。

② 参见刘枝万：《台湾之瘟神庙》，《台湾民间信仰论集》，台北：联经出版社 1983 年版，第 236 页。

③ 主要论述参见刘枝万：《台湾之瘟神庙》，《台湾民间信仰论集》，台北：联经出版社 1983 年版；朱天顺：《闽台两地的王爷崇拜》，《台湾研究集刊》1993 年第 3 期；李稚田：《瘟神考》，《民俗曲艺》1993 年第 82 期；陈元朋：《〈夷坚志〉中所见之南宋瘟神信仰》，《史原》1993 年第 13 期；李丰楙：《〈道藏〉所收早期道书的瘟疫观——以〈女青鬼律〉及〈洞渊神咒经〉系为主》，《中国文哲研究集刊》1993 年第 3 期；李丰楙：《行瘟与送瘟：道教与民众瘟疫观的交流与分歧》，《民间信仰与中国文化国际研讨会论文集》，汉学研究中心，1994 年；Paul P. Katz. Demon Hordes and Burning Boats：*The Cult of Marshal Wen in Late Imperial Chekiang*，State University of New York Press，1995；［日］金井德幸：《南宋妖神信仰素描——山魈と瘟鬼と社祠》，《驹泽大学禅研究所年报》1996 年第 7 期；王振忠：《历史自然灾害与民间信仰——以近 600 年来福州瘟神"五帝"信仰为例》，《复旦学报》（社会科学版）1996 年第 2 期；徐晓望：《略论闽台瘟神信仰起源的若干问题》，《世界宗教研究》1997 年第 2 期；李玉昆：《略论闽台的王爷信仰》，《世界宗教研究》1999 年第 4 期；陈晶：《一个古代"送瘟神"习俗的现代境遇——湖北黄石市西塞神舟会调查》，华中师范大学硕士学位论文，2009 年；姜守诚：《"瘟神祀"与"送瘟船"：中国古代醮之缘起》，《汉学研究集刊》2010 年第 11 期；毛伟：《闽台王爷信仰的人类学解读》，《宗教学研究》2010 年第 2 期；刘卫英：《清代瘟疫、夜游神民俗叙事的伦理意蕴》，《明清小说研究》2013 年第 4 期；谢聪辉：《南台湾和瘟送船仪式的传承与其道法析论》，《民俗曲艺》2014 年第 184 期；陈莹：《瘟神五帝信仰与晚清福州社会（1840—1911）》，福建师范大学 2014 年硕士学位论文；姜守诚：《宋元道教神霄派遣瘟送船仪研究——以〈神霄遣瘟送船仪为中心〉》，《宗教学研究》2015 年第 1 期；黄青：《南宋民众瘟疫神灵观初探》，《珞珈史苑》2015 年第 1 辑；邱云飞：《中国古代的瘟神信仰》，《兰台世界》2016 年第 7 期；刘守政：《瘟疫与造神——试论福建地区王爷信仰的形成与特征》，《闽台文化研究》2021 年第 1 期；林国平：《闽台瘟神王爷信仰及其主要特征》，《地域文化研究》2021 年第 3 期。

理、巴蜀地区的赛会迎神与戏曲装扮时涉及瘟祖信仰的某些侧面①。鉴于此，笔者拟在前贤研究的基础上对清代四川②的瘟祖庙与瘟祖会加以考察，以揭示四川瘟祖信仰的文化内涵和宗教意义。

一、清代四川的瘟祖庙

瘟祖庙是崇祀瘟祖的民间祠庙，是瘟祖信仰的文化符号。四川地方志中的《祠庙》《寺观》《建置》等卷帙条目中有瘟祖庙、瘟祖祠、瘟祖寺等不同称谓的记载。通过梳理清代四川瘟祖庙的分布情况，可以窥见清代四川瘟祖信仰的传播范围。据笔者目前所见资料，清代四川瘟祖庙的修建情况制表详列如下（表1）。

表1　清代四川瘟祖庙修建情况表

序号	名称	所在地	供奉神灵	文献载建置情况	资料来源
1	瘟祖庙	成都县		治东，城内暑袜街。	清同治《重修成都县志》卷二
2	瘟祖庙	华阳县		治南城内第一巷，创建年月无考，乾隆四十九年毁，五十七年重修。	清嘉庆《华阳县志》卷十七
3	瘟祖祠	华阳县		在治南二十里。	清嘉庆《华阳县志》卷十七
4	瘟祖庙	华阳县		在吉庆团，乾隆中建，嘉庆中培修。	民国《华阳县志》卷三十
5	瘟祖庙	华阳县		在白家场，嘉庆中建。	民国《华阳县志》卷三十
6	瘟祖殿	梓潼县	文昌帝君	在梓潼七曲山大庙。	黄枝生著《文昌祖庭探秘》

---

① 相关论述详见林移刚：《清代四川民间信仰地理研究》，西南大学博士学位论文，2013年（以下略注），第90—92页；张志全：《巴蜀地区的赛会迎神与戏曲装扮》，《戏曲研究》2015年第4期（以下略注），第193—194页。

② 本文的四川为清末四川政区范围，包括十五个府、九个直隶州、四个直隶厅、一百一十九个县。

续表

序号	名称	所在地	供奉神灵	文献载建置情况	资料来源
7	瘟祖庙	阆中县	梓潼帝君	新风街老米市坝正对面，清光绪六年建。庙宇坐东向西，庙门左右各有石狮一，庙内塑瘟祖菩萨、关云长诸神像。	四川阆中老观古镇网（laoguan.org）
8	瘟祖庙	营山县	营山知县	治东金华街。雍正年建。贼毁，同治三年重修。	清同治《营山县志》卷六
9	瘟祖庙	郫县		范村。	清乾隆《郫县志书》卷一
10	瘟祖庙	郫县		在城西外一里。明万历年间建修，古名镇国寺。雍正九年重修。	清嘉庆《郫县志》卷十七
11	瘟祖庙	汉州		箭道教场。	清嘉庆《汉州志》卷八
12	瘟祖庙	金堂县		在治西。	清嘉庆《金堂县志》卷二
13	瘟祖寺	资阳县		去县五十里山南麓，资州境，乡人祀瘟祖，寺内甚肃。	清咸丰《资阳县志》卷三
14	瘟祖庙	越巂厅		城内北街城隍庙侧。乾隆四十九年，有重修碑记。	清光绪《越巂厅全志》卷五
15	瘟祖庙	双流县		在治北十五里。明万历十四年建，铸铁像三。清康熙十五年，僧澄茗修。	清光绪《双流县志》卷一、民国《双流县志》卷一
16	瘟祖祠	双流县		在治南二十里。	清光绪《双流县志》卷一、民国《双流县志》卷一
17	瘟祖庙	崇庆县		尘家乡。清道光间建。	民国《崇庆县志》宗教第九
18	瘟祖庙	中江县		治西龙江岸。光绪间，举人王建中募修。	民国《中江县志》卷四

续表

序号	名称	所在地	供奉神灵	文献载建置情况	资料来源
19	瘟祖庙	什邡县		姜苔秤……清光绪三十四年,佃与瘟祖庙住持,年取佃钱十千文,后又加至十六千文。	民国《重修什邡县志》卷五
20	瘟祖庙	广元县		北街考院后,前临淖池。	民国《重修广元县志稿》卷五

清代地方志因编纂体例的限制,对祠庙的记载多略记其名称、地点和具体建置情况。表1中所见清代四川瘟祖庙的分布,大致反映清代四川瘟祖信仰之史况。需要指出的是,四川地方志所载瘟祖庙并非清代四川瘟祖庙的全部,崇祀瘟祖的场所也不仅限于专祀的"庙"中,有的祀于"殿"中(如梓潼县七曲山大庙的瘟祖殿),有的则与其他神灵合祀。清光绪《丹棱县志》卷三《祠祀》载丹棱县江陵庙内"祀炳灵太子并瘟祖"①。清同治《重修成都县志》卷二《舆地志·寺观》载:"慈云庵,县西六甲。唐时建。国朝雍正二年重修,嘉庆道光中屡有培修,内有铜铸瘟祖像,高丈余。"② 因此,清代四川崇祀瘟祖的场所数量是超过上表所统计的数量。

纵观表1所示清代四川瘟祖庙的修建,具有如下一些特点:

1. 从时间上考察,清代是四川瘟祖庙修建的高峰期

四川明代以前没有瘟祖庙的记载,明确记载明代有瘟祖庙2处,即郫县城西外一里的瘟祖庙(万历年间)和双流治北十五里的瘟祖庙(明万历十四年建);清代新建、重修的瘟祖庙达20处,其中明确记载康熙年间修建瘟祖庙1处,雍正年间修建瘟祖庙2处,乾隆年间修建瘟祖庙2处,嘉庆年间修建瘟祖庙2处,道光年间修建瘟祖庙1处,同治年间修建瘟祖庙1处,光绪年间修建瘟祖庙2处,自清康熙年间(1662—1722)直到清光绪年间(1875—1908)都不断有瘟祖庙修建,由此折射出清代四川瘟祖信仰的兴盛。

---

① (清)顾汝萼修,朱文瀚等纂:(光绪)《丹棱县志》卷三《祠祀》,清光绪十八年(1892)刻本,第43页。

② (清)李玉宣修,衷兴鉴纂:(同治)《重修成都县志》卷二《舆地志·寺观》,清同治十二年(1873)刻本,第17页。

2. 从地域上考察，清代四川瘟祖庙分布地域广泛且相对集中。

就清代四川瘟祖庙地域分布而言，华阳县建有瘟祖庙4处，双流县2处，郫县2处，成都县1处，崇庆县1处，梓潼县1处，广元县1处，阆中县1处，营山县1处，汉州1处，金堂县1处，资阳县1处，中江县1处，什邡县1处，越嶲厅1处。可见清代四川瘟祖庙地域分布较为广泛，但集中分布于川西地区、川北地区。相对于清代四川的其他地区而言，这些地区人口稠密、经济发达、交通便利，成为瘟祖信仰传播发展的重要条件。

3. 从瘟祖庙内供奉的神灵看，阆中县、梓潼县和营山县的瘟祖有具体所指，其他州（厅）县的瘟祖皆无所指。

考察瘟祖庙内供奉的神灵，意在回答"瘟祖为何？"这个问题。阆中县的瘟祖庙和梓潼县的七曲山大庙瘟祖殿供奉着相同的神灵——文昌帝君①。清咸丰《阆中县志》卷三《岁时民俗》载："瘟祖之神，谓即梓潼帝君。"② 林移刚考察清代四川民间信仰地理时指出，"将瘟神之庙称为祖庙，体现了无比的尊重和敬畏，在全国各地非常少见……梓潼帝君又被尊为'瘟祖'。这种说法没有其他材料佐证，应是将瘟神之神职附会于文昌帝君所致"③。这说明林氏已注意到瘟祖与文昌帝君（梓潼帝君）的关系，但其因"没有其他材料佐证"而未作进一步探讨。其实，瘟祖为文昌帝君化身乃道教建构的结果，南宋以来道士以文昌降笔撰《太上无极总真文昌大洞仙经》《文昌大洞治瘟金箓》等，经文中载瘟祖为文昌帝君化身，具有收瘟摄毒的职能。《大洞治瘟金箓序》载："元始天王，授以大洞金箓，驱治瘟鬼之法……大洞法箓，尔未见也，今当授汝以治邪魔……俄顷之间，执鬼使五人，有蒙虎皮者、冠雄鸡者、若乌鸦者、若驴头者、若兔像者，所执各有水火羽翚斧凿之具。予怒而叱之，将灭其形。彼乃有词曰：'弟子张元伯等，岁运所生，岁气所成，所游有方，所病有人，阴谴重者受其灾，天命绝者至于死，非弟子者敢私害于众。若蒙真官赐以宽贷，自后愿听约

---

① 文昌帝君又称为梓潼帝君，是道教吸收民间信仰而尊奉的科举之神。蜀中民间的梓潼神向道教的文昌帝君衍变，这在中国宗教造神运动中颇具典型性。参见张泽洪：《论道教的文昌帝君》，《中国文化研究》2005年秋之卷，第1页。

② 丁世良、赵放：《中国地方志民俗资料汇编·西南卷》，北京：北京图书馆出版社1991年版（以下略注），上册，第300页。

③ 林移刚：《清代四川民间信仰地理研究》，第91—92页。

束。遇行瘟处，见真官符篆所在，即不敢至矣。予因依法授以符篆而去。嗣凡间里有病瘟者，施与符法，皆得全活。'"① 由此可知瘟祖文昌帝君统领五瘟使者张元伯等收治瘟疫。

营山县瘟祖庙供奉的神灵为已故知县。清同治《营山县志》卷二十七《杂类·事纪》载："瘟祖，不知祀于何代。相传为营山知县，夜梦神布毒于东门外井中，醒而异之。邑中汲者，皆于此井。次日，躬至井上，禁汲，民有烦，方遂先自饮其水，即中毒而卒。百姓哀之，立庙于其地。至今敬之甚肃。"② 为民而死的营山知县作为瘟祖而享受祭祀，符合古时祭祀理论，即 "法施于民则祀之，以死勤事则祀之，以劳定国则祀之，能御大灾则祀之，能捍大患则祀之"③。值得注意的是，营山县瘟祖信仰与福建闽江五帝信仰④、云南大理本主大黑天神信仰⑤中均有 "服（吞）毒而亡" 的宗教叙事情节，有待进一步的比较研究以发掘其丰富宗教内涵。

清代四川瘟祖庙的瘟祖塑像一般都是青脸红发，面目狰狞可畏，但多无具体所指。此情况表明这些地区的民众 "还未搞清楚瘟疫等恶疾的源头，难以准确想象出瘟神疟鬼的确切形象。在应灾的艰难困苦中民俗想象得以发扬，含混之中努力探寻瘟疫的生活真实"⑥。

4. 从修建者角度考察，清代四川瘟祖庙的修建得到地方官员、士绅和宗教人士的支持。

---

① （清）刘体恕汇辑，关槐校定，王世陞增订：《文帝全书》外函卷三十六《大洞治瘟金箓序》，清道光八年（1828）刊本，第1—4页。

② （清）翁道均修，熊毓藩纂：（同治）《营山县志》卷二十七《杂类·事纪》，清同治九年（1870）刻本，第3页。

③ （三国）韦昭注：《国语》，上海：上海古籍出版社1978年版，第166页。

④ 福建闽江地区的 "五帝" 传说讲，唐时张、钟、史、刘、赵等5人赶考途中见瘟鬼于井中投毒害人，为保民生，自饮瘟水致死而解救百姓，被推为 "五帝"。参见林国平：《闽台民间信仰源流》，福州：福建人民出版社2003年版，第133页。

⑤ 大理剑川上河村本主 "大黑天神" 的传说这样记述：相传，玉皇大帝嫉妒人间生活，便命令身边侍者背着装了瘟丹的葫芦，到人间来播撒毒药，想以此灭绝人类。侍者到了人间，观察和了解到人间民众的生活，认为百姓无罪，油然而生恻隐之心，却又因回去无法交差，于是自服瘟丹，导致全身烧黑。白族人民念其恩德，把他奉为本主，立庙祭祀，因不知其名，故称 "大黑天神"。参见 "苍洱文苑丛书" 编辑委员会：《大理文化论》，昆明：云南民族出版社2001年版，第270—271页。

⑥ 刘卫英：《清代瘟疫、夜游神民俗叙事的伦理意蕴》，《明清小说研究》2013年第4期，第30页。

对于守土者而言，治民事神是其职责所在，故地方重要庙宇的修建受到在地官员的重视。瘟祖收治瘟疫的神职得到地方官的认同，故地方官多主导或倡议修建瘟祖庙。梓潼县七曲山的瘟祖殿位于文昌正殿左侧，据《建修瘟祖殿碑记》云："古有瘟祖殿，建自明初……兵马遭回禄之祸，遂尔成为瓦砾。"清乾隆三十一年（1766）秋，知县王某、儒学武某、余某等重修，光绪二十三年（1897），梓潼知县桂良才倡导捐修，亲书楹联："时气本流行，知轻重于重所施，禳祷原非解厄法；天和能感召，看殃详由己自作，灾岂入善人家。"刻于正门檐柱上。教谕郝光策、举人蒲轮、千总余大鹏、贡生吴道隆等经修，乙亥科举人蒲轮题写门柱联："疫疠全消特为斯民挥如意，圣神莫测更于此处显化身。"① 清光绪间（1875—1908），举人王建中募修中江县治西龙江岸的瘟祖庙。

清代，佛道教深入民间，除了寺观，很多民间祠庙多由僧人、道士住持，庙宇的修建也得到他们的支持。清康熙十五年（1676），曹洞宗僧人澄茗修葺双流县治北十五里的瘟祖庙。据洞山下二十八世（雪庭下十四世）顺德开元万安广□禅师（俗姓贾）所演僧谱："广从妙普，洪胜禧昌，继祖续宗，慧镇维方，圆明净智，德行福祥，澄清觉海，了悟真常。"② 可知澄茗为洞山下五十二世传人。宗教人士修建瘟祖庙，对瘟祖信仰在区域内的传播辐射起到重要作用。

二、清代四川的瘟祖会

庙会是以祠庙为依托，在特定时间举行的祭祀神灵、交易货物、娱乐身心的集会③。四川的庙会纷繁复杂，种类很多，从不同角度可以做出不同的划分。四川地域广阔，有着不同的风土人情，环境差异也比较明显，这就造成各个地方庙会的形式、内容和名称上的不一致。想要对四川庙会进行精确的分类，实属不易。牟旭平《清代四川庙会地理研究》为研究清代四川庙会诸文中着墨较多者，作者根据庙会祭祀对象的属性把四川庙会归为佛教类庙会、道教类庙会、

---

① 参见黄枝生：《文昌祖庭探秘》，北京：中国三峡出版社 2003 年版，第 37 页。

② 吴枫、宋一夫：《中华佛学通典》，海口：南海出版公司 1998 年版，第 1335 页。

③ 小田：《"庙会"界说》，《史学月刊》2000 年第 3 期，第 103 页。

民间信仰类庙会三大类①。但在文章中，找不到关于瘟祖会的信息，是因为作者没关注到瘟祖会？或是因为瘟祖会难以归为三类中的一类？

学界对"民间信仰"的定义众说纷纭，乌丙安、贾二强、赵匡为等认为民间信仰是一种信仰形态，强调其具有自发性和民俗性，不属于宗教范畴②；李亦园、金泽、王铭铭等则认为民间信仰本质上是宗教，可称为民间宗教、民俗宗教、大众宗教等③；叶涛、徐晓望等认为民间信仰不需要太精确的定义，凡是正统（或正式）宗教之外的民间拜神活动均属于民间信仰，概念模糊一点可能更好④；林国平认为民间信仰介于一般宗教和一般信仰形态之间，指"信仰并崇拜某种或某些超自然力量（以万物有灵为基础，以鬼神信仰为主体），以祈福禳灾等现实利益为基本诉求，自发在民间流传、非制度化、非组织化的准宗教"⑤。笔者倾向于林国平的观点。据本文第一部分内容的考察，可知瘟祖信仰集道教、佛教、民俗等多重属性于一身，可将瘟祖信仰归为民间信仰范畴，自然地可将瘟祖会归为民间信仰类庙会。

清代四川的瘟祖庙为举行瘟祖会的重要场所，但有的瘟祖会则在其他庙宇中举行。清咸丰《阆中县志》载瘟祖会的举办地"在太清观中"⑥，太清观后改名南岳殿，何一民、范瑛指出"清初，阆中的道教活动频繁。除云台观外，阆中锦屏山纯阳洞、天目山官福观、沙溪石室观、蟠龙山麓的东岳殿、南岳殿，以及城内的碧玉楼等，都是道教活动的地方，有道士130余人，道姑18人。逢有病疫流行，他们便结队而行，念'消灾'经，书平安符，沿途居民，点烛焚香礼拜，并施以米粮。每年农历元月九日，过街楼有'上九会'；元月至二

---

① 参见牟旭平：《清代四川庙会地理研究》，西南大学硕士学位论文，2015年，第9页。

② 参见乌丙安：《中国民间信仰》，上海：上海人民出版社1996年版，第4页；贾二强：《唐宋民间信仰》，福州：福建人民出版社2003年版，第1—5页；赵匡为：《新世纪中国的民间信仰问题探析》，《福建宗教》2004年第3期，第54—57页。

③ 参见李亦园：《文化的图像》下卷，台北：允晨文化实业股份有限公司1992年版，第180页；金泽：《中国民间信仰》，杭州：浙江教育出版社1995年版，第1页；王铭铭：《社会人类学与中国研究》，北京：三联书店1997年版，第231页。

④ 参见路遥等：《民间信仰与中国社会研究的若干学术视角》，《山东社会科学》2006年第5期，第20—31页；徐晓望：《关于福建民间信仰问题的思考》，《福建论坛》（经济社会版）1997年第3期，第52—55页。

⑤ 林国平：《关于中国民间信仰研究的几个问题》，《民俗研究》2007年第1期，第7页。

⑥ 丁世良、赵放：《中国地方志民俗资料汇编·西南卷》上册，第300页。

月，锦屏山纯阳洞办香会；三月二十八日和五月十五日，东岳殿、南岳殿办瘟祖会"①。可见，清代四川瘟祖会与道教有着紧密的联系。

清代四川瘟祖会举行的时间，各地有所差异。清同治《营山县志》卷十《风俗》载"五月初五日瘟祖会"②，因"瘟祖以五月初五日寿诞"③。阆中县的瘟祖会被称为"保宁府五月大会"，清咸丰《阆中县志》卷三《岁时民俗》载："五月十五日为'瘟祖会'。"④ 广元县于"五月望日，瘟祖胜会"⑤。清同治《仪陇县志》卷二《风俗》载仪陇县瘟祖会："其期则五月十五日也。"⑥ 梓潼县七曲山大庙，在乾隆以前，只有二月的文昌会，而无八月的瘟祖会。传说二月初三是文昌帝君的生日，故二月的庙会称之为文昌会。乾隆四十四年梓潼知县朱帘以"梓邑帝君仙迹，蒸尝不应有缺"，捐俸钱七十五千文买房招租，所生之息做文昌帝君秋祭之用。朱帘的意思是对文昌帝君春秋二季都应当祭祀。于是，从乾隆年间起，七曲山就有了一年两次祭祀文昌的庙会。但老百姓出于对流行疾病（瘟疫）的防治无力，只有求助于神灵——瘟祖菩萨，所以习惯于把八月的庙会叫作"瘟祖会"⑦。选择八月为瘟祖会期，一是八月初一为文昌帝君成正果之日和文昌化身瘟祖收瘟降魔之时，二是秋季遍地金黄为五谷丰登之时，正是还愿的好时节⑧。

---

① 何一民、范瑛：《阆苑仙境——历史文化名城阆中》，成都：巴蜀书社 2005 年版（以下略注），第65—66 页。

② （清）翁道均修，熊毓藩纂：（同治）《营山县志》卷十《风俗》，清同治九年（1870）刻本，第30页。

③ （清）翁道均修，熊毓藩纂：（同治）《营山县志》卷二十七《杂类·事纪》，清同治九年（1870）刻本，第3页。

④ 丁世良、赵放：《中国地方志民俗资料汇编·西南卷》上册，第300页。据何一民、范瑛的考察，清代阆中三月二十八日和五月十五日办瘟祖会，笔者尚未找到"三月二十八日"办瘟祖会的材料，故此处略去此时间。参见何一民、范瑛：《阆苑仙境——历史文化名城阆中》，第66页。

⑤ 谢开来修，罗映湘纂：（民国）《重修广元县志稿》第四编第十五卷《礼俗志二》，民国二十九年（1940）铅印本，第52页。

⑥ （清）曹绍樾修，胡辑瑞纂：（同治）《仪陇县志》卷二《风俗》，清光绪三十三年（1907）刻本，第45页。

⑦ 参见张文：《七曲山庙会》，梓潼县政协文史委员会编：《梓潼风光名胜》（文史资料第十集），内部资料，1992 年，第141 页。

⑧ 参见姚光谱：《文昌民俗》，成都：时代出版社 2014 年版，第98 页。

清代四川民众认为瘟祖神通广大，瘟祖会期间不得违反禁忌。资阳县瘟祖寺"岁修傩礼，远近百里片言无敢忤，藉卜休咎焉"①。清同治《营山县志》卷二十七《杂类·事纪》载瘟祖会上"士民赛会惟谨。乾隆六十年，彩楼成，有渠邑画工李姓愿捐工彩画。本地画工杨黑头谓夺其艺事，不容，李辞去。杨以工价轻微，未画。值会日，众方迎神入东门。杨遇之，一时发狂，声呼为神谴，沿街号叫，出西门至家而卒，人咸异之"②。清咸丰《阆中县志》卷三《岁时民俗》载："先是会（瘟祖会）中有不洁而赴道场者，于稠人中自言土神谴责，随即伏地受杖，自数其所杖之数，视其臀则已青肿，以故人咸敬畏。居人有忿争不决者，或云于瘟祖前赌咒，则无情者必惶恐谢罪。"③ 人类学视域下，宗教观念中的污染指的是人或物对神圣的侵犯，通过禁忌以避免污染扩散。瘟祖会上祭祀瘟祖神的场域属于神圣的范畴，处于洁净状态，为避免污染，不出现对神圣的侵犯，就必须严禁任何对神灵不敬的言行，否则将会受到神灵的惩罚。

瘟祖会为清代四川诸庙会之规模较大者。清咸丰《阆中县志》卷三《岁时民俗》载"而此会（瘟祖会）较诸会为盛"④。清同治《仪陇县志》卷二《风俗》载："瘟祖会，较诸会为盛。"⑤ 广元县的"瘟祖为昔大会，各业人士醵金祭之"⑥。由此体现庙会具有的"集体性"特征，"集体性不独是庙会文化的特征，许多社会现象都具有集体性的特征，而庙会的集体性特征是非常突出的——如果没有这种特征，庙会就失去了其存在的意义"⑦。涂尔干指出，"宗教

---

① （清）范涞清修，何华元纂：（咸丰）《资阳县志》卷三《山川考》，清咸丰十年（1860）刻本，第4页。

② （清）翁道均修，熊毓藩纂：（同治）《营山县志》卷二十七《杂类·事纪》，清同治九年（1870）刻本，第3页。

③ 丁世良、赵放：《中国地方志民俗资料汇编·西南卷》上册，第300页。

④ 同上。

⑤ （清）曹绍樾修，胡辑瑞纂：（同治）《仪陇县志》卷二《风俗》，清光绪三十三年（1907）刻本，第45页。

⑥ 谢开来修，罗映湘纂：（民国）《重修广元县志稿》第四编第十五卷《礼俗志二》，民国二十九年（1940）铅印本，第47页。

⑦ 高有鹏：《中国庙会文化》，上海：上海文艺出版社1999年版，第80页。

仪典的首要作用就是使个体聚集起来，加强个体之间的关系，使彼此更加亲密"①。瘟祖会期间，举办地及周边州县的民众前来参会，促进了交往交流，一定程度上能增强民众共同应对瘟疫的信心。

建坛设醮、演戏酬神、神像出巡是清代四川瘟祖会的重要内容，各地举行的具体项目则又各具特点。清咸丰《阆中县志》卷三《岁时民俗》载瘟祖会：

> 一会分十行，各行咸先期于殿外结板屋为公所，以便执事其醮，曰"息瘟大醮"。醮天之夕，铙钹箫鼓，响彻云衢。醮毕，演戏十日。每夜香烟如雾，火光不息，其所为灯山者，亦如"上元"时。十五日，神像出游，一切仪仗较诸会更鲜明整齐。男女之进香者，骈肩叠踵，随处跪拜，不必其至神殿也。城厢内外，有此数会，四乡之醵而赛神者，亦随时有之。饮食宴乐，不免糜费，即不免伤财，然相沿已久，不能禁，亦无庸禁也。惟生齿加繁，生计转绌，父老言民间此等会场，较之乾隆、嘉庆年间已绝不逮。盖尔时物力有余，钱易敛，故事易集。今则"散包"，未必能多，虽极力铺张，未免涉与勉强，运会推迁，正不无盛衰升降之感耳。欲其入会，先期招饮，以桐叶或蕉叶蒸肉，约重半斤，于酒后各给一包，携之以归，名曰"散包"。②

清同治《仪陇县志》卷二《风俗》载仪陇县瘟祖会："神像出游，亦如城隍会之仪，而演剧倍之。每日远近诣庙拜跪者，香烟如雾，彻夜不息。"③ 清同治《营山县志》卷十《风俗》载瘟祖会期间"四民迎神办高台"④。广元县瘟祖会，"先日诵经禳除瘟疫，及期演剧谓答神庥，纸帆送瘟，瘟祖出巡，伶人乡

---

① ［法］涂尔干著，渠东、汲喆译：《宗教生活的基本形式》，上海：上海人民出版社 1999 年版，第 29 页。

② 丁世良、赵放：《中国地方志民俗资料汇编·西南卷》上册，第 300 页。

③ （清）曹绍樾修，胡辑瑞纂：（同治）《仪陇县志》卷二《风俗》，清光绪三十三年（1907）刻本，第 45 页。

④ 办高台，即演戏。（清）翁道均修，熊毓藩纂：（同治）《营山县志》卷十《风俗》，清同治九年（1870）刻本，第 30 页。

愚，装饰鬼怪，市民侯迎，焚香拜礼，瘟船撒以五谷，盖厌之也，传乃行军相遗，嗣即成为故事"①。

从上述的记载可知，清代四川瘟祖会的兴盛与香会组织有很大的关系。香会，又称香火会，或称香社，是民众由于信仰志趣相同而自发结成的民间信仰组织，类似于近现代的进香团体。香会的出现是朝圣向规模化发展的重要标志。香会之所以长期存在于中国下层社会之中，而且不间断地活跃在中国社会的历史舞台上，就是因为它能够满足民众的精神需要，反映着中国下层社会广大民众的忧虑、不平、渴求与憧憬，在政治、经济、思想文化等社会领域执着地显示并证明着自身的存在与力量②。阆中县的瘟祖会"一会分十行，各行咸先期于殿外结板屋为公所……男女之进香者，骈肩叠踵，随处跪拜，不必其至神殿也。城厢内外，有此数会，四乡之醵而赛神者，亦随时有之"③。

清代四川瘟祖会期间举行的设醮活动，多由道士主持或参与。晚唐以降，道教发展出专用于预防或祛除疠疫的醮典科仪——瘟疫醮（又称"禳瘟疫醮""断瘟疫醮"）；宋元时期的瘟疫醮日益成熟，并成为道门科仪中的重要内容④。瘟祖会上举行的"息瘟大醮"作为清代四川道门中的重要科仪，是道教在四川民间社会的长期浸润影响的结果。"送瘟船"是清代四川瘟祖会所设醮仪的重要环节。《神霄遣瘟送船仪》是现存最早的遣瘟疫送船科仪文本，其中有祭焚瘟船的仪节：

> 令人捧船于患室，或厅上，仍具酒牲祭仪于船所在，然后祭献……
>
> 送神舟出门，到化船所……
>
> 以净水酒于祭仪上，念化食咒曰：
>
> 天洞天真，玉液成琼。一分变十，十分变百。百分变千，千分化

---

① 谢开来修，罗映湘纂：（民国）《重修广元县志稿》第四编第十五卷《礼俗志二》，民国二十九年（1940）铅印本，第 52 页。

② 参见梅莉：《明清时期武当山朝山进香研究》，武汉：华中师范大学出版社 2007 年版，第 214—215 页。

③ 丁世良、赵放：《中国地方志民俗资料汇编·西南卷》上册，第 300 页。

④ 参见姜守诚：《医术与道法：古代道教防止瘟疫的措施》，《世界宗教文化》2020 年第 3 期，第 20 页。

万。万分化亿，亿分化兆。变化无穷，普同供养。向来献呈酒礼，已遂周圆。备以画船，装载经幡钱马等仪、敬伸焚化，奉送天符归天界，地符归地中，七十二候布嘉祥，二十四气收毒药，月将出离一月难，年王除却一年灾，摄毒收瘟，引领一该之众，流恩降福，甦生数口之家。行莫回头，去毋转面。张帆鼓浪，齐登焚岸之舟；击节鸣锣，快返洛阳之道。逍遥前迈，奉送行轩。①

清代四川瘟祖会的"送瘟船"将象征瘟疫神灵的偶人放在船上，送至河边烧毁。这与闽台的"送王船"有些类似。或因四川、闽台地域的不同，二者的渊源各异。广元县"纸帆送瘟……瘟船撒以五谷，盖厌之也，传乃行军相遗，嗣即成为故事"②，说明"送瘟船"与古时行军相关。而闽台地区的"送王船"，研究者认为其源于"古代航海者为禳人船之灾，有放小舟、彩船之举"③。二者在仪式过程、文化内涵等方面的异同值得进一步的比较研究。

演戏起源于古时候的祭祀。人们为了答谢神灵的保佑，除了给神灵敬献丰盛的祭品和进行虔诚的礼拜之外，还演戏酬神。宋元以来，尤其是清代以来世俗化的大背景下，演戏的娱乐功能愈加明显。清代四川瘟祖会期间，"办高台""伶人乡愚，装饰鬼怪"，借酬神以娱人。瘟祖会上所演具体剧目，目前尚难考证，有待深入研究。

瘟祖神像出巡，也是重要的敬神娱人活动，即将神像从庙中"请出"，置于特制的轿中，模仿官员出巡的仪仗，由规定数量的人员抬着绕村社"扫荡"，以求得清吉平安。瘟祖神像出巡仪式与古老的驱傩仪式有关联。《周礼·夏官》载方相氏："掌蒙熊皮，黄金四目，玄衣朱裳。执戈扬盾，帅百隶而时傩，以索室驱疫。"郑玄注："蒙，冒也。冒熊皮者，以惊驱疫病之鬼，如今魌头也。时

---

① 详细内容见《道法会元·神霄遣瘟送船仪》，《道藏》第 30 册，北京：文物出版社、上海：上海书店、天津：天津古籍出版社 1988 年版，第 370—371 页。清代四川瘟祖会所设醮仪中有"送瘟船"的环节，虽难以知晓当时所用科仪本，但其中某些环节与《神霄遣瘟送船仪》中某些环节相类似是可能的，故引部分内容以观之。

② 谢开来修，罗映湘纂：(民国)《重修广元县志稿》第四编第十五卷《礼俗志二》，民国二十九年（1940）铅印本，第 52 页。

③ 李玉昆：《略论闽台的王爷信仰》，《世界宗教研究》1999 年第 4 期，第 124 页。

难，四时作方相氏以难却凶恶也。"① 张志全指出，"瘟祖会的驱疫鬼的目的性更强，更接近古代的驱傩仪式"②，概因形象狰狞可畏的瘟祖扫除瘟疫与装扮恐怖的方相氏驱逐室内疫鬼有类似之处。

瘟祖胜会期间举行的各项活动，需要大量的人力、物力、财力做支撑，故须"四乡之醵"。清代盛世时期，物阜民丰，瘟祖会的规模较大。清末，民生凋敝，瘟祖会的规模已大不如前。前文记述清咸丰年间（1851—1861）阆中县瘟祖会实行的"散包"仪节，其功能不仅仅在于降低了开支，更在于延续了庙会。民间对瘟祖会的具体仪节之内容做出变革与调适，其目的恰是为了不使庙会中断，由此也说明瘟祖信仰在四川民间有着深远的影响，得到了民众的广泛认可。

三、余　论

经研究者梳理，自公元前 7 世纪至 19 世纪，中国有明确记载灾疫之年共 669 年，即平均每四年就会爆发一次疫灾，在清朝，瘟疫爆发率竟高达 82%③。据王笛统计，1646 年至 1700 年，四川发生瘟疫 10 次，23 个县受疫；1701 至 1750 年，四川发生瘟疫 2 次，5 个县受疫；1751 至 1800 年，四川发生瘟疫 2 次，3 个县受疫；1801 至 1850 年，四川发生瘟疫 25 次，38 个县受疫；1851 至 1900 年，四川发生瘟疫 25 次，69 个县受疫；1901 至 1911 年，四川发生瘟疫 9 次，26 个县受疫。清初，由于战乱和社会的不安定，瘟疫出现率较高；康雍乾时期，社会生活相对稳定，因而瘟疫的出现也呈下降的趋势；进入近代以后，阶级矛盾激化，社会动荡，因而瘟疫的出现又呈持续上升的势头④。四川处于亚热带，盆地地形，各类病毒、细菌、寄生虫等微生物容易滋生，加之频繁的水旱灾害，瘟疫易爆发。清中后期，四川各地人口增加且流动性强，水陆交通条件的改善，瘟疫更易扩散。

---

① （汉）郑玄注，（唐）贾公彦疏：《周礼注疏》，北京：中华书局 1980 年版，第 1043 页。

② 张志全：《巴蜀地区的赛会迎神与戏曲装扮》，第 193 页。

③ 参见龚胜生：《中国疫灾的时空分布变迁规律》，《地理学报》2003 年第 6 期，第 870—878 页。

④ 参见王笛：《跨出封闭的世界——长江上游区域社会研究：1644—1911》，北京：中华书局 2001 年版，第 27 页。

　　清嘉庆《四川通志》卷二百二《杂类·外纪》载："蜀遭献贼乱后，瘟疫流行。有大头瘟，头发肿赤，大几如斗；有马眼瘟，双眸黄大，森然挺露；有马蹄瘟，自膝至历青肿如一，状似马蹄。三病，中者不救。又鬼魅白昼出现，与人争道；夜则聚于室中，噪聒不休。其名梦魂魔者，人方就枕，隐隐有物摄魂去，旁有觉者疾呼可活；少顷，难救。抹脸魔者，黄昏时而皮自脱若剥削，然不知所之。二物来时，形影模糊，死者甚众，盖杀劫之余也。"① 此记载反映了清代四川人对瘟疫的认知，其应对措施即诉诸于民间信仰。

　　清代四川的瘟祖庙、龙神祠、城隍庙、四官祠等民间祠庙是人们驱疫祈祷的重要场所②。也就是说，除了瘟祖，在民众的观念中，清代四川民间其他的一些土俗神也具有辟疫的功能。清乾隆《蓬溪县志》卷七《坛庙》载："蓬溪县西有高洞龙潭神祠，其来远矣。居民岁时荐祭，谓之土神，凡雨旸疾疫，有祷辄应。"③ 清道光《安岳县志》卷五《坛庙》载："郡有城隍，正祀也，其职主治阴幽之事……辟疫疠之灾……以护国而庇民。"④ 清同治《增修酉阳直隶州总志》卷九《祠庙志三·俗祀》载四官祠："四官神不知所自来，亦无专祠，民间家龛祀之……神亦最灵应，州属居民及远来商贾，无不肃将祀事者，而牲畜放失或瘟疫，酹以楮酒，立见其效，故虽缙绅之家亦祀之。"⑤

　　据笔者目前掌握的资料，四川外仅发现贵州、青海有瘟祖信仰情况的记载，民国《续遵义府志》卷三十《宗教》载："（同治八年）五月初，两城修建瘟祖醮，一民入庙焚香"⑥；民国《西宁府续志》卷十《志余》载：清光绪"十九年，由屠行发起募捐，在南禅寺护法殿左创修瘟祖殿，乙未焚燬。"⑦ 可

---

　　① （清）常明修，杨芳灿纂：（嘉庆）《四川通志》卷二百二《杂类·外纪》，清嘉庆二十一年（1816）木刻本，第47页。

　　② 除了民间祠庙，佛道教寺观也是清代四川民众驱疫祈祷的重要场所。

　　③ （清）张松孙纂修：（乾隆）《蓬溪县志》卷七《坛庙》，清乾隆五十一年（1786）刻本，第4页。

　　④ （清）濮瑗修，周国颐纂：（道光）《安岳县志》卷五《坛庙》，清道光十六年（1836）刻本，第10页。

　　⑤ （清）王麟飞等修，冯世瀛、冉崇文纂：（同治）《增修酉阳直隶州总志》卷九《祠庙志三·俗祀》，清同治三年（1864）刻本，第18页。

　　⑥ 周恭寿修，赵恺纂：（民国）《续遵义府志》卷三十《宗教》，民国二十五年（1936）刊本，第20页。

　　⑦ （清）邓承伟修，张价卿、来维礼等纂，（民国）基生兰续编：（民国）《西宁府续志》卷十《志余》，民国二十七年（1938）铅印本，第1页。

见，作为全国瘟疫神灵信仰的一部分，清代四川的瘟祖信仰具有浓郁的地域特色。从表 1 的梳理可知，四川自清初至清末都有瘟祖庙的修建，其中"康雍乾"时期修建了多处瘟祖庙，说明本时期四川瘟疫爆发频次与瘟祖庙修建数量不构成正比关系，或表明瘟祖庙的修建需要安定的社会、充裕的物质作保障。清代四川瘟祖庙内供奉的神灵多无具体所指，其诡谲恐怖的形象是川人对可怕瘟疫认知的反映。营山知县为民饮毒井水而亡，被尊为瘟祖，符合古时祭祀理论。文昌帝君又称为梓潼帝君，是四川民间有影响力的神灵。在清代四川社会变迁剧烈、灾疫频繁的背景下，为重塑四川社会文化，具有"治瘟"职能的文昌帝君被"选中"，受到阆中、梓潼官民的崇祀。瘟祖会期间围绕瘟祖庙进行的建坛设醮、演戏酬神、神像出巡等活动是清代四川瘟祖信仰的重要体现，具有重要的文化内涵和宗教意义。

瘟祖虽未被列入清代四川地方祀典，但其仍是四川社会中有重要影响力的神灵。四川各地的巷子名、街道名冠以"瘟祖"，即是瘟祖信仰影响清代以来四川城市发展的例子。清嘉庆《汉州志》卷八《城池》载箭道教场有"瘟祖庙巷"①。民国《新修南充县志》卷一《舆地志·城市》载："自新街西向横出为临江街、瘟祖街，有土□货□□七八间，铁货铺数家。"②

清末民国时期，四川的瘟祖庙大多不存或改为他用。民国《双流县志》卷二《学校》载清道光六年（1826）县令区拔熙添设义学十所，其中"簇桥场瘟祖庙义学一所"③。民国《金堂县续志》卷四《教育》载清光绪三十二年（1906）正月设"瘟祖庙国民学校"④。民国《华阳县志》卷三《建置》载："工会，在治南城内一巷子瘟祖庙。"⑤ 民国《华阳县志》卷三《建置》载"无利借

---

① （清）刘长庚修，侯肇元纂：（嘉庆）《汉州志》卷八《城池》，清嘉庆十七年（1812）刊本，第 17 页。

② 李良俊修，王荃善纂：（民国）《新修南充县志》卷一《舆地志·城市》，民国十八年（1929）刻本，第 59 页。

③ 刘佶修，刘咸荣纂：（民国）《双流县志》卷二《学校》，民国十年（1921）修二十六（1937）重刊本，第 15 页。

④ 王暨英修，曾茂林纂：（民国）《金堂县续志》卷四《教育》，民国十年（1921）刻本，第 2 页。

⑤ 陈法驾修，曾鉴纂：（民国）《华阳县志》卷三《建置》，民国二十三年（1934）刻本，第 26 页。

贷处，望仙场瘟祖庙内"①。民国《三台县志》卷十八《学校》载箕水初级小学校设在"瘟祖庙"②。民国《重修广元县志稿》第一编第三卷《舆地志三》载民国九年（1920）北门内的高等小学校"迁瘟祖庙"③。随着社会制度的变迁，瘟祖会自近代后也逐渐式微，瘟祖信仰成为四川民间的历史记忆。但四川的瘟祖信仰仍值得学界从不同的视角和方法予以关注和剖析。本文仅是抛砖引玉，希望能够引起学界对瘟祖文化的关注和研究。

---

① 同上书，第 55 页。

② 林志茂纂修：（民国）《三台县志》卷十八《学校》，民国二十年（1931）铅印本，第 14 页。

③ 谢开来修，罗映湘纂：（民国）《重修广元县志稿》第一编第三卷《舆地志三》，民国二十九年（1940）铅印本，第 42 页。

先秦阴阳与形观念的演变

——从形之中到形之上

王昌乐*

内容提要：先秦形与阴阳观念的展开同时表现为逻辑的展开。阴阳在形之中体现在子产的身形、老子的物形、《四经》的德刑之中，但其不足模糊了阴阳与形的边界，提升了形的地位。而身形、物形、刑罚的阴阳化，容易导致人们过多地追逐有形之物，也可能造成阴阳与形的认识停留在具象层面，从而缺乏深入的领会。因此，超越阴阳在形之中进入到了阴阳在形之前。超越并非是断裂式的对立，而是在继承的基础上有所发展。阴阳在形之前体现在荀子的化形、庄子的变形、文子的以形之中，但其不足容易使道陷入无形之中，同时造成了无形与有形的紧张。这可能会引起人们过多地追求无形，而忽略了对现实的关注。因此，超越阴阳在形之前进入到了阴阳在形之上。阴阳在形之上既超越形，又在形之中，体现在《易传》的"形而上者谓之道""一阴一阳之谓道"之中。一方面规避了对有形的过多追逐，开启了形器为天下利的时代。另一方面又消解了有形与无形的紧张，道在万物之中又在万物之上。这既精准地表达了道的本质，又集中地体现了《易传》融合百家超越的智慧。

关键词：形；阴阳；形之上

---

* 王昌乐，男，河南南阳人，华东师范大学哲学系 2019 级博士研究生。

引　言

　　阴阳作为中国哲学独具特色的范畴而备受关注①，因与形而上学关联受到重视②。阴阳或为气，或为道。以气本论而言，阴阳既产生了万物，又造就了万物的运动变化。形或为物，或为质，偶有为本③，但形主要是对器物世界的描述。在中国哲学的视域中，形而上的道与形而下的器并不截然对立，而是倾向于以形言道、以形明道、以形达道。因此，阴阳与形就产生了必然的关联。阴阳与形观念的历史的发展也是按照逻辑开展的，从阴阳在形之中到阴阳在形之前，最后发展到了阴阳在形之上。阴阳在形之中是指阴阳与形处于同一序列，无先后高下之分，既可用阴阳解释形，也可用形解释阴阳。阴阳在形之前是指无形（阴阳）在有形之前，阴阳（无形）产生了有形。阴阳在形之上是指阴阳既在形之内，又超越形之外。一方面不离形言阴阳，不离阴阳言形，另一方面阴阳则产生了形也造成了形的运动变化。

---

　　① 阴阳的研究，在 20 世纪上半叶，引起学界较大兴趣。其中梁启超、吕思勉、钱穆、顾颉刚、童书业、刘节、范文澜、谭戒甫、谢扶雅等大家纷纷展开谈论，对阴阳都给予了较大的肯定，其论述集中收录在《古史辨》第五册。参见顾颉刚等：《古史辨》第五册，上海：上海古籍出版社 1981 年版，第 261—741 页。中华人民共和国成立后，又有一批学者展开研究，例如郭沫若、庞朴、杨超、陈健伟、李学勤、邢文、李零、饶宗颐、刘长林等等。参见彭华：《阴阳五行研究（先秦篇）》，华东师范大学博士论文，2004 年，第 6—12 页。

　　② 日本明治维新时期大量译介西方著作，由于在日语中采取了很多汉字，尤其是学术语言，因而很方便地转用于汉语之中。以 "形而上学" 翻译 metaphysics 第一次出现在 1884 年的日文《哲学词典》，日本学者借用了理学的概念，其根据是朱熹所说的："形而上者，无形无影是此理。形而下者，有情有状是此器。" 也可以追溯到《易经·系辞》："形而上者谓之道，形而下者谓之器。" 由此，研究形而下的对象是物理学，研究形而上的对象是形而上学。参见张志伟主编：《形而上学的历史演变》，北京：中国人民大学出版社 2010 年版，第 4—5 页。王蓉蓉说到《系辞》中 "形而上" 是 "道"，形而下是 "器"。严复是第一位将中国的 "形而上" 翻译为亚里士多德的 "形而上学"，因此，"形而上" 在中国学术中有着特殊的意义。参见 Robin R, WANG, *YINYANG—The Way of Heaven and Earth in Chinese Thought Culture*, Printed in the United States of America, 2012, p. 67。

　　③ 以 "形" 定 "名" 的形名家认为形是万物的本质，形作为独立的、本质性范畴自形名家开始。参见贡华南：《从无形、形名到形而上——"形而上" 道路之生成》，《学术月刊》2009 年第 6 期，第 55 页。

一、阴阳在形之中

在先秦时期，虽然阴阳概念丰富，但其概念多来自对有形世界的描述①。如阴阳为地理方位，这是对地形的描述。阴阳为天之六气之一，与风雨晦明并列②，这是对天象变化的描述。形的含义也很丰富③，形既可指地形、物形、身形等，又可指人类创造的制度，如刑罚、德政等。阴阳在形之中，是基于现实经验观察总结得出的论断。阴阳居于有形世界之中，是有形世界的组成部分。阴阳与形处于同一序列，无先后高下之分，既可用阴阳解释形，又可用形解释阴阳。笔者以子产的阴形阳魂论、老子的物形论以及《四经》的德刑论为例，论述阴阳在形之中。老子言的"万物负阴而抱阳"④，阴阳虽有超越之义，但仍在物形之中⑤。在《四经》的"阴刑阳德"论中，虽有学者认为阴阳

①　阴阳意蕴也较多，涵盖地形、身形、声音等。在《周礼》中，阴阳有多重内涵。第一，山的南北、向阳背阴之意。第二，男人为阳，女人为阴。第三，指两类不同的声音。参见赵士孝：《周易拾珠》，香港：世界文明出版社2004年版，第284—286页。

②　《左传·昭公元年》记载晋侯向秦国求医，医和为晋侯治病。"六气曰阴、阳、风、雨、晦、明也。"参见《十三经注疏》整理委员会整理，李学勤主编：《十三经注疏·春秋左传正义》，北京：北京大学出版社1999年版，第1167页。

③　形、刑、型三者互通。参见贡华南：《从形名、声名到味名——中国古典思想"名"之演变脉络》，《哲学研究》2019年第4期，第52—53页。

④　（魏）王弼注，楼宇烈校释：《老子道德经注》，北京：中华书局2016年版，第120页。

⑤　"阴阳"在老子文本中仅出现1次。尽管老子思想中，出现很多对待的概念，如刚柔、高下、前后等等，但毕竟不是阴阳。气只出现三次："专气致柔""心使气曰强""冲气以为和"。三者也看不出阴气、阳气的概念。因此，气与阴阳是两个概念，不能将阴阳解释为阴气、阳气。同时在"道生一，一生二，二而生三"过程中，我们也很难将"二"就解释为阴阳。较多的学者也看到了这点。张岱年认为"一"是浑然未分的统一体，"二"即是天地。参见张岱年：《中国哲学大纲》，北京：中国社会科学出版社1985年版，第21页。冯友兰认为"一"是太一中一，有或太一乎？二者，天地也。参见冯友兰：《中国哲学史》上册，北京：商务印书馆2011年版，第190页。陈鼓应以形上的有无解释二。参见（春秋）老子著，陈鼓应注译：《老子今注今译》，北京：商务印书馆2016年版，第233页。因此，试图将老子的阴阳解释在形之前或形之上皆欠缺根据。当然万物不仅指具体这个那个物，而是物之总和。万物负阴而抱阳中的阴阳有一定的普遍意义，但与阴阳在形之上、阴阳在形之前还是有区别的。

为刑德提供了形上的根因①，但更多是将社会治理比附自然的阴阳②，没有太多形上之义。

（一）"阴形阳魂"论

"阴形阳魂"是指阴气形成了魄，阳气形成了魂。阴阳相合，魄形成了身形，魂形成了心灵。魄与身形一体，形生则魄聚，也即阴气凝聚。形亡则魄散，也即阴气消散。因此，阴气与身形一体不二。魂与身形一体，魂为身形的主宰。形生则魂生，形亡则魂散。因此，阳气与身形一体不二。虽然阴阳之气在整体上没有增减，离开具体事物之后又可以产生新的生命，但每一身形都与阴阳同在。形无法脱离阴阳而在，阴（魄）阳（魂）也无法脱离形而在。《左传·昭公七年》："子产曰：'人生始化曰魄，既生魄，阳曰魂。'"③ 子产④认为阳是魂，相应的阴则是魄。人生始化是指人有心灵、身形的开始，身形是魄，心灵是魂。阴为形魄，阳为魂。魄形是阴气凝聚的结果，魂是阳气扩散的结果。因此，阴阳与魂魄同在。《礼记·效特牲》："魂气归于天，形魄归于地。故祭，求诸阴阳之义也。"⑤ 魂气有上升作用，因此为阳。形魄有下降作用，因此为阴。魂对应阳，魄形对应阴，则进一步说明了子产的"阴形阳魂"论。身形脱离了魂以后，人便死亡了。身形埋葬于地下，即形魄归于地。魂气上升，则归于天。子产是从身形之生论魂魄，《礼记》则是从身形之亡论魂魄。生时魂魄相合，死时魂魄分离。生时身形为魄所生，心灵为魂所生。死时身形之魄归于地，主宰之魂归于天。阴为魄为形，与身形融为一体。阳为魂为主，亦

---

① 将天道之阴阳与政治之刑德联系对应起来，从而使刑德具有了形而上的理论支撑。参见白奚：《帛书〈黄帝四经〉的阴阳思想及其思想史地位》，《文史哲》2021 年第 2 期，第 32 页。

② 陈鼓应认为将阴阳与刑德相连，不过是自然的比附。参见陈鼓应注译：《黄帝四经今注今译》，北京：商务印书馆 2007 年版，第 266 页。

③ 《十三经注疏》整理委员会整理，李学勤主编：《十三经注疏·春秋左传正义》，北京：北京大学出版社 1999 年版，第 1248 页。

④ 子产是春秋时期"形名-事功"思想发展的代表，尚贤使能，依靠刑辟，崇尚效率，将"刑"向民众公开，使其确定化、客观化，这是追求效率原则的必然选择。参见贡华南：《味觉思想》，北京：三联书店 2018 年版，第 53—54 页。子产将形的观念转化为政治举措的刑罚。在身形中，魂魄被解释为具象化的阴阳，也就有了合理的依据。

⑤ 《十三经注疏》整理委员会整理，李学勤主编：《十三经注疏·礼记正义》，北京：北京大学出版社1999 年版，第 775 页。

与身形融为一体。因此，阴阳在形之中，形在阴阳之中。《黄帝内经·太素卷》："阳化气，阴成形。"① 《黄帝内经》也认为阴气成了形。在中医理论中，气为阳，血为阴，肝藏魂，肺藏魄。肝主血，藏阳气，所以魂为阳。肺主气，藏阴血，所以魄为阴。因此在中医中，魂为阳，魄为阴②。在"阴形阳魂"论中，魂魄相合，魄与形同在，魂与形也同在。身形产生，阴魄便在，阳魂为主宰。身形消亡，阴魄便无法存在，阳魂也无法存在变成了阴魂。究竟如何理解身形从无到有，又从有到无呢？人们发现身形与呼吸关联密切，当呼吸之气产生，则身形产生。当呼吸之气消散，身形随之死亡。这身形的一呼一吸，犹如自然之气的一升一降，一聚一散。自然之气是阴阳的来源，如雾气、云气、风气③等都有此特性。生命除了具备魄形之外，还有其他的存在。否则死亡的躯体，为何不会言语、运动、思考呢？因此，就产生了阳魂之说。"阴形阳魂"论是先民直观的生活体验，认为阴阳（魂魄）与身形同在，这一呼一吸便是阴阳的体现，这形体与心灵便是魂魄的体现。试图理解生死是人之常情，因此以阴阳解释身形的有无也是自然的事情。

（二）"物形之"与"万物负阴而抱阳"论

"物形之"是指万物生成必有形，形是物产生的标志。此形，既有肉眼可见的，如动植物等。又有肉眼不可见的，如微生物、无机物等。总之，物必有一定的形体、形状等。在《老子》的思想中，既对形保持警惕，又借助有形展开道（无形）的论述④。因此，无形与有形之间充满张力。《老子》言"大象无

---

① 山东中医学院、河北医学院校释：《黄帝内经素问校释》，北京：人民卫生出版社 2009 年版，第 55 页。

② 魂者阳之精，气之灵也…秉阴精至灵，此为之魄。参见（唐）孙思邈、（明）张景岳等撰：《中医解周易》，北京：九州出版社 2012 年版，第 231—232 页。

③ 《管子·轻重己》篇中言："宜藏而不藏，雾气阳阳，宜死者生，宜蛰者鸣，不藏之害也。"《管子·侈靡》言："观之风气…阴阳之数也。"参见黎翔凤撰，梁运华整理：《管子校注》，北京：中华书局 2014 年版，第 1540、747 页。

④ 形指具象的物质世界。老子言："五色令人目盲，五味令人口爽，五音令人耳聋，驰骋畋猎令人心发狂。"色、味、音、田猎等，都是有形世界的体现，老子对此保持高度的警惕。同时老子又借助形来表达道，如"大象无形""朴散则为器""道生之…物形之"等等。参见（魏）王弼注，楼宇烈校释：《老子道德经注》，北京：中华书局 2016 年版，第 27、116、74、141 页。

形"①，大象与形是对立的，大象是无形的。无形意味着不可见，如"迎之不见其首，随之不见其后""道之出口……视之不足见""视之不见名曰夷"等②。大象指的是道，因此道是无形的。老子虽言道无形，但老子似乎并没有完全否定形。"有物混成，先天地生"③，道由物混成，此物并不一定是可见的物，但至少说明道不是空无的。"道之为物"④，物是道的显现，无物似乎也不能言道。若空空无物，则道是死寂的。"道生之……物形之""道生一……三生万物"⑤，物由道生，则形也由道生。但老子言无似乎并没有成为绝对的存在，"天下万物生于有，有于无"⑥"有无相生"⑦，道与物、无与有、无形与有形之间不是完全对立的，而是相生的⑧。无形是在形之上言无，形是无形提出的现实基础。因此，就名言角度言，有形与无形相生也未尝不可。但老子言有无相生，并非仅是从名言角度论述的，而是从事物的本质出发的。在老子举的例子中，如埏埴制成的陶器。器之用在于用无，而有为无构成了使用空间，没有有，无也无法使用。因此，有无相生。在《老子》的思想中，名也是如此，一方面肯定了名的重要作用，另一方面又肯定了无名的重要地位⑨。形与无形、名与无名、有与

---

① （魏）王弼注，楼宇烈校释：《老子道德经注》，北京：中华书局 2016 年版，第 116 页。

② （魏）王弼注，楼宇烈校释：《老子道德经注》，北京：中华书局 2016 年版，第 35、91、35 页。

③ 同上书，第 65 页。

④ 帛书甲乙本中，都作"道之物"。相对于"道之为物""道之物"则更加凸显道与物（形）的密切关系。参见秦献：《道之为物与道之物辨》，《社会科学辑刊》1988 年第 4 期，第 136 页。

⑤ （魏）王弼注，楼宇烈校释：《老子道德经注》，北京：中华书局 2016 年版，第 141、120 页。

⑥ 郭店楚简本："天下万物生于有，生于无。"此句更加表明了有与无的无限张力，有形与无形也是如此。参见（春秋）老子著，陈鼓应注译：《老子今注今译》，北京：商务印书馆 2016 年版，第 226 页。

⑦ （魏）王弼注，楼宇烈校释：《老子道德经注》，北京：中华书局 2016 年版，第 113、7 页。

⑧ 当前学界主流倾向于有无相生。冯友兰认为《老子》所说的道，是有与无的统一。因此它虽然以无为主，但是也不能轻视有。转引自（春秋）老子著，陈鼓应注译：《老子今注今译》，北京：商务印书馆 2016 年版，第 116 页。陈鼓应认为道创生万物以后，还要使得万物得以培育，使万物得到成熟，使万物得到覆养。道具有超越性，又是内在于万物的。参见（春秋）老子著，陈鼓应注译：《老子今注今译》，北京：商务印书馆 2016 年版，第 26—27 页。王博指出物首先是老子在物中发现的，并以为所谓道就是有无之间的路。因此虽言有生于无，但更重视有无相生之说。参见王博：《无的发现与确立——附论道家的形上学与政治哲学》，《哲学门》2011 年第 23 辑，第 95—110 页。

⑨ 有名如"自今及古，其名不去""无名天地之始，有名万物之母""始制有名"；无名如"道常无名""道隐无名"。（魏）王弼注，楼宇烈校释：《老子道德经注》，北京：中华书局 2016 年版，第 52、1、81、113 页。

无皆充满张力。在《老子》中，阴阳只出现一次，但比较重要。"万物负阴而抱阳"①，万物是指一切有形的物质世界。负阴抱阳是指万物皆在阴阳之中，皆具阴阳两个方面。"长短相形"②，长短属于形的属性，是对形在量上进行规定。没有短无所谓长，没有长无所谓短。因此，长短是相对存在的。长短是形的不同面，所以长短也可归为阴阳。"大象无形"与"物形之"，构成了物的无形与有形。无形与有形属于物的本质，物生成于有形无形之间。有形与无形，如人之身体与心灵。身体是可见的，心灵不可见，但心灵存在。因此，无形与有形也属于阴阳。物形涵盖物的量与质，而物的量与质皆有阴阳。因此，老子言的阴阳在形之中。"物形之"是对形的肯定，"大象无形"看似是否定形，实则是借助形诠释道。万物负阴抱阳明确表达了万物皆在阴阳之中的主张。有物必有形，有形必有物，物形一体。物皆有阴阳，因此阴阳在形之中。阴阳与形混同，提高了形的地位。物形可能会加深人们对有形万物的戕害，因此老子提高了对形的警惕③。形容易使人过多地向外看，使人陷溺于物质世界，从而加强对万物的控制与占有。

（三）"阴刑阳德"论

"阴刑阳德"是指阴为肃杀之气，效法阴产生了刑罚的举措，阳为生养之气，效法阳产生了德惠的政策。阴阳不仅体现在变化的物形之中，而且体现在为政者制定的具体政策之中。德刑与阴阳的结合，首次出现在《黄帝四经》之中④。帛书《黄帝四经·十大经·姓争》："刑阴而德阳"⑤，刑与阴对应，德与

---

① （魏）王弼注，楼宇烈校释：《老子道德经注》，北京：中华书局2016年版，第120页。

② 王弼本原作"较"。河上公本、傅奕本及其他古本都作"形"。帛书甲乙本皆作"刑"。"刑""形"音近假借，"刑"即形。参见（春秋）老子著，陈鼓应注译：《老子今注今译》，北京：商务印书馆2016年版，第80—81页。

③ 万物秉得无形之道而得以生，在人类的视野中，在得道成形的同时，万物也因获得的形而潜藏着远离道的危险。相对于无形之道，有形的万物打动人的感官，满足人的欲望，也因此更容易获取人们的目光，更容易成为人们追求的目标。一旦人们把有形者当作终极目标追求，把它们理解为唯一的实在者，也就陷入了迷途。参见贡华南：《味觉思想》，北京：三联书店2018年版，第66页。

④ 《黄帝四经》首创阴阳刑德的理论。参见白奚：《帛书〈黄帝四经〉的阴阳思想及其思想史地位》，《文史哲》2021年第2期，第32页。

⑤ 陈鼓应注译：《黄帝四经今注今译》，北京：商务印书馆2007年版，第265页。

阳对应。阴阳在帛书《黄帝四经》中出现四十七次之多①，阴阳的内涵比较丰富，既可与自然四时对应，又可与人伦社会对应，如《黄帝四经·称》："凡论必以阴阳□大义。天阳地阴，春阳秋阴，夏阳冬阴，昼阳夜阴。男阳女阴……"② 但"刑阴德阳"论的根据是什么呢？按照《四经》的理论，四时分别与阴阳对应，春夏对应阳，秋冬对应阴。依照直观的生活体验，春夏温暖，秋冬寒冷。阴阳本有寒暖之意③，则春夏为阳，秋冬为阴。《黄帝四经·十大经·观》："春夏为德，秋冬为刑"④，那么春夏为德，秋冬为刑的原因是什么呢？《观》："是故赢阴布德，重阳长，昼气开，民功者，所以食也；宿阳修刑，童（重）阴长，夜气闭地绳（孕）者，（所）以继之也。"⑤ 春夏之际，阳气生发，昼气上升，万物滋长，成就事功，人类因此得到饮食养育。秋冬之际，阴气累积，夜气闭合，万物肃杀，食物收藏，人类因此得以后继延续。因此，春夏之阳有长养万物之德，秋冬之阴有肃杀万物之功，所以春夏对应德，秋冬对应刑。寒暖之变，阴阳之化，万物生长与收藏，可见天之刑德⑥。以刑德与阴阳对应，也体现较多著作中，如《管子·四时》"阳为德，阴为刑"⑦、《春秋繁露·阳尊阴卑》"阳为德，阴为刑"⑧ 等。从寒暖之气的直观体验，自然联想到了四时的变化。春夏之暖，万物生长，古人认为这是天之德。秋冬之寒，万物肃杀，古人认为这是天之刑。万物之形随天的刑德展开变化，阴阳在物形中流转。刑在《四经》中有较多含义，其中刑与形是互训的⑨。社会的治理应该效法天的德刑，春夏之季多施行恩惠的德政，秋冬之季多施行杀伐的刑政。如此，阴阳不

---

① 同上书，第 15 页。

② 陈鼓应注译：《黄帝四经今注今译》，北京：商务印书馆 2007 年版，第 394 页。

③ 唐君毅认为日出而暖，日没而寒，故阴阳亦表示天气之寒暖。参见唐君毅：《中国哲学原论·原道篇》，北京：中国社会科学出版社 2014 年版，第 428 页。

④ 陈鼓应注译：《黄帝四经今注今译》，北京：商务印书馆 2007 年版，第 217 页。

⑤ 同上。

⑥ "天德皇皇，非刑不行。缪缪天刑，非德必倾。"参见陈鼓应注译：《黄帝四经今注今译》，北京：商务印书馆 2007 年版，第 265 页。

⑦ 黎翔凤撰，梁运华整理：《管子校注》，北京：中华书局 2014 年版，第 838 页。

⑧ （清）苏舆撰，钟哲点校：《春秋繁露义证》，北京：中华书局 2011 年版，第 326 页。

⑨ 《黄帝四经》中，"刑"字有多种义项，如"刑"可训为"形""型"。参见陈松长：《马王堆帛书〈刑德〉研究论稿》，台北：台湾古籍出版有限公司 2001 年版，第 30—36 页。

仅体现在万物之形中，也体现在人类社会的政治之形中。阴与刑罚对应，阳与德惠对应。对刑罚的重视，无疑加深了形对社会人事的控制。德惠政策的出现，也是人对自然万物影响的体现。人按照四时变化生产劳作，本是自然的事情，无需多余的奖赏与惩罚。之所以加强刑罚与德惠的干预，在于人对物形的控制与占有存在不合理的现象。

综上，"阴形阳魂"论从身形角度论述了阴阳在形之中，阴为身形的魄，阳为身形的魂，魄为体为形，魂为思为主，魂魄不能脱离于形。"物形之"与"万物负阴而抱阳"论从物形角度论述了阴阳在形之中，有物必有形，有形必有物。老子虽然对形保持警惕，但形依然是物之为物的标准。在物形的质与量上皆具阴阳，所以万物之形皆在阴阳之中。"阴刑阳德"论从刑德角度论述了阴阳在形之中，阴为刑罚，阳为德惠。阴阳从寒暖之意到四时生养肃杀万物，人称天的刑德。人类社会效法天的节度，制定刑罚与德惠的政策。因此，阴阳不仅在万物之形中，也在人类社会政治之形中。阴阳在形之中提升了形的地位。形与名互动，以名构建伦理纲常。形与刑互动，以刑罚、刑律等构建法律制度，而身形、物形、刑罚从不同程度上深化了形思想①。对形的深化，容易导致人们过多地追逐有形之物，也可能造成阴阳与形的认识停留在具象层面而缺乏深入的领会。因此，阴阳在形之中存在弊端，那么如何超越阴阳在形之中呢？

二、阴阳在形之前

阴阳在形之前是对阴阳在形之中的超越，这种超越不是断裂式的，而是既解决了阴阳在形之中的不足，又继承了阴阳在形之中的优势。阴阳在形之前是指无形的阴阳在有形万物之前，阴阳既产生了形，又造成了形的运动变化。而形还原为形自身，形既可指万物的综合，又可指具体之物。老子对形警惕的一面，开启了超越形的先声。荀子的"阴阳化形"、庄子的"气变有形"以及文子的"阴阳以形"，则进一步明确了阴阳在形之前。

---

① 形说到底属于器物世界，若以形为关注的对象，容易造成外在主导内在，使人陷入对声色、权力、名位的过多追求，同时陷入刑与形的牢笼。参见贡华南：《味觉思想》，北京：三联书店 2018 年版，第 45 页。

（一）"阴阳化形"论

"阴阳化形"是指阴阳大化产生了万物之形。阴阳交合谓之大化，大化则是荀子自然之天的本质。《荀子·天论》："阴阳大化，风雨博施，万物各得其和以生……夫是之谓神。皆知其所以成，莫知其无形，夫是之谓天功……天功既成，形具而神生。"[1] 风雨博施是指自然现象中的风雨广博施润万物，然而风雨博施是如何产生的呢？荀子认为"天地之变，阴阳之化"[2] 是其总的根源。因为阴阳大化，所以就有了风雨博施。荀子称阴阳大化为神，神无形成就天功，天功即产生了万物，万物形俱即万物产生的标志。因此，无形产生了有形。"阴阳大化"（神）既产生了万物，又造成了万物的运动变化。因此，一方面言"万物各得其和……谓之神"，另一方面言"形具而神生"。《荀子·礼论》："天地合而万物生，阴阳接而变化起。"[3] 天地合与阴阳接是同义语，天地合即言阴阳交合，阴阳接则明确表述阴阳交合。万物产生源自阴阳，万物变化也源自阴阳。形属于物为有，阴阳大化属于神为无。无形之神化有形之物，此思想与老子的"有生于无"[4] 如出一辙。但两者不同的是，荀子认为阴阳应当超越形、化生形，因此就有了阴阳在形之前的论断。在荀子的思想中，对形的论述超过了老子。形属于物，只能在物质世界，如形体[5]、耳目口鼻形[6]、形埶[7]、形状[8]等。无形为天道，如"大参乎天，精微而无形"[9]。无形为"阴阳大化"，大化即为盈虚消长、往来交和，这即天行有常的体现。"阴阳化形"论，既以阴阳大化阐明了天道，又为有形万物的产生提供了根源。在荀子的思想中，对形的消解体

---

① 方勇、李波译注：《荀子》，北京：中华书局 2016 年版，第 266—267 页。

② 同上书，第 271 页。

③ 同上书，第 313 页。

④ （魏）王弼著，楼宇烈校释：《王弼集校释》，北京：中华书局 1980 年版，第 110 页。

⑤ "目好色而文章致繁妇女莫众焉；形体好佚而安重闲静莫愉焉。"参见方勇、李波译注：《荀子》，北京：中华书局 2016 年版，第 176 页。

⑥ 方勇、李波译注：《荀子》，北京：中华书局 2016 年版，第 267 页。

⑦ "夫是之谓视形埶而制械用。"参见方勇、李波译注：《荀子》，北京：中华书局 2016 年版，第 176 页。

⑧ "相人之形状颜色，而知其吉凶妖祥。"参见方勇、李波译注：《荀子》，北京：中华书局 2016 年版，第 53 页。

⑨ 方勇、李波译注：《荀子》，北京：中华书局 2016 年版，第 421 页。

现在"制天命而用之"① 的过程中，如形不胜心②等。但荀子对形的消解并不彻底，认为形还是有用的，形名论为礼治提供了可借鉴的理论资源③。

（二）"气变有形"论

"气变有形"是指气的变化产生了形，而气的变化是指阴阳之气的交和。"有"更多是指生，因此"气变有形"是指阴阳之变产生了形。《庄子·至乐》："气变而有形，形变而有生"④，庄子明确提出了形因气变而产生。"形变而有生"，此处的生是指万物的生长变化。气的变化何以产生形呢？所谓的气即阴阳之气。《庄子·田子方》："至阴肃肃，至阳赫赫；肃肃出乎天，赫赫发乎地；两者交通成和而物生焉"⑤，阴气出自天，阳气发乎地，阴阳交和生成万物。《庄子·大宗师》"游乎天地之一气"⑥、《庄子·知北游》"通天下一气耳"⑦，由此可知，阴阳为一气。"气变"是指阴阳的升降交和，气变有形即为阴阳之气交和产生万物。所谓的形是指物之成与物之理。《庄子·天地》："留动而生物，物成生理，谓之形。"⑧ 关于"留动"为何义？成玄英疏解为静动⑨，而静动生物也即阴阳生物⑩，与气变有形相呼应。物之成可以言物之生，物之理可言物之运动变化。因此，形包括了形生与形变。阴阳之气交和产生了形，此为形生。形变是指有形万物的变化，包括形之动静、生死等变化，形变取决于阴阳的变化。《庄子·知北游》："人之生，气之聚也。聚则为生，散则为死。"⑪ 《庄子·至

---

① 方勇、李波译注：《荀子》，北京：中华书局2016年版，第274页。

② "心者，形之君也，而神明之主也。"参见方勇、李波译注：《荀子》，北京：中华书局2016年版，第345页。

③ "王没，名守慢，奇辞起，名实乱，是非之形不明。"参见方勇、李波译注：《荀子》，北京：中华书局2016年版，第359页。

④ （清）王先谦注，方勇点校：《庄子集解》，上海：上海古籍出版社2013年版，第202页。

⑤ （晋）郭象注，（唐）成玄英疏：《庄子注疏》，北京：中华书局2016年版，第379页。

⑥ 同上书，第148页。

⑦ 同上书，第391页。

⑧ （清）王先谦注，方勇点校：《庄子集解》，上海：上海古籍出版社2013年版，第138页。

⑨ 成玄英疏："留，静也。阳动阴静，氤氲升降，分布三才，化生万物，物得成就，生理具足，谓之形也。"参见（晋）郭象注，（唐）成玄英疏：《庄子注疏》，北京：中华书局2016年版，第230页。

⑩ "静而与阴同德，动而与阳同波。"参见（清）王先谦注，方勇点校：《庄子集解》，上海：上海古籍出版社2013年版，第176页。

⑪ （清）王先谦注，方勇点校：《庄子集解》，上海：上海古籍出版社2013年版，第249页。

乐》："形变而有生，今又变而之死。是相与为春秋冬夏四时行也。"① 人之生死，是阴阳之聚散。物之生死，也取决于阴阳之气的离合。物形不仅包括了形生与形变，还包括了形的具体内容。如指身形，则包括了形骸、形体、形躯等。如指形势，则包括了水流乎无形、备物以将形等。面对形，庄子不仅以气变有形解释了有形生于无形，而且以无形之阴阳解释了有形的运动变化。因此，阴阳在形之前是指阴阳（无形）既产生了形，又造成了形的运动变化。由此，阴阳超越了形，而形被严格地限制在物质世界之中了。在老子对形的警惕以及荀子对形的化解的基础上，庄子进一步地超越形、消解形。在精神上以德化形，内在道德的健全超越了外在形体的残缺②，如《庄子·德充符》："德有所长，形有所忘"③、《庄子·天地》"执道者德全，德全者形全"④。在身体上以心化形，如《庄子·大宗师》"堕肢体，黜聪明，离形去知"⑤。在认识上以"齐物"化形，万物之齐同超越了物形的差异，而物形涵盖了物的方方面面，如正处、正色、正味等。庄子注重的不是形的差异，而是齐物带来的精神境界。"气变有形"是从宇宙论角度论述了阴阳在形之前，无形不仅产生了有形，而且造成了有形的运动变化，但也加剧了有形与无形（道）之间的紧张。形既成了道德修养的阻碍物，又成了精神境界提升的羁绊。因此，唯有消解形，追求无形才是达道的正途。

（三）"阴阳以形"论

"阴阳以形"论出自《文子》⑥，指的是阴阳产生了形，阴阳为气为道为无形，形为物为器为有形，无形之气产生了有形之物。《文子·自然》："天地以

---

① （清）王先谦注，方勇点校：《庄子集解》，上海：上海古籍出版社 2013 年版，第 202 页。

② 人的内在德性如果完美，其外在形体上的残缺便会被人所淡忘。人应该追求的境界是忘形而不忘德。参见杨国荣：《德有所长而形有所忘——〈庄子·德充符〉解读》，《南京大学学报》（哲学·人文科学·社会科学）2021 年第 1 期，第 63 页。

③ （清）王先谦注，方勇点校：《庄子集解》，上海：上海古籍出版社 2013 年版，第 69 页。

④ 同上书，第 142 页。

⑤ 同上书，第 90 页。

⑥ 1973 年，河北定县八角廊村西汉墓出土了竹简《文子》（共计 2790 字），肯定是汉初已有的先秦典籍，那些视《文子》为伪书的观点便不攻自破。参见河北省文物研究所定州汉简整理小组：《定州西汉中山王墓竹简（文子）释文》《定州西汉中山王墓竹简（文子）校勘记》《定州西汉中山王墓竹简（文子）的整理和意义》，《文物》1995 年第 12 期，第 27—40 页。

成，阴阳以形，万物以生"①，天地亦为阴阳，以成、以形、以生都说明了阴阳产生有形的万物。《文子·九守》："天地未形……重浊为地，精微为天，离而为四时，分而为阴阳。"② 重浊与精微化成天地，此时天地已有形。天即阳，承接精微之气。地即阴，凝聚重浊之气。因此，阴阳既产生了天地之形，又产生了万物之形。《文子·微明》："无形而生于有形。"③ 何谓无形呢？《文子·道原》："夫道者，高不可及……禀受无形。"④ 按照此句，道即无形。《文子·微明》"道者，物之所道也"⑤、《文子·道德》"物生者道也"⑥，道与物是生与被生的关系，无形之道产生有形之物。而阴阳产生了物形，因此道即阴阳，如《文子·自然》："夫道者……背阴而抱阳……道生万物，理于阴阳。"⑦ 何谓有形呢？有形即现实的物质世界，涵盖了天地万物。《文子·下德》："阴阳陶冶万物，皆承一气而生。"⑧ 此处不仅点明阴阳为气，而且认为阴阳为一气，阴为重浊之气，阳为精微之气。由于阴阳的不同，所以产生了有形的万物，如文子言"异形殊类"⑨。因为是一气，所以阴阳可交和往来，形成万物之形，如《文子·精诚》："阴阳和，万物生矣。"⑩ 因为阴阳是一气，所以阴气中有阳气，阳气中有阴气，如《文子·微明》："阳中有阴，阴中有阳。"⑪ 阴阳以形，则万物之形中皆俱阴阳，如文子言万物"背阴而抱阳"，此观点与老子言万物"负阴而抱阳"相呼应。文子言"夫道……无形"与老子言"大象无形"相一致，但不同的是，文子相较于老子，在有无的界定上更为明确。文子认为有形与无形是对立的，无形为阴阳为气为道，有形为万物。与庄子言"气变有形"相一致，"阴阳

---

① （春秋）文子著，李定生、徐慧君校释：《文子校释》，上海：上海古籍出版社 2016 年版（以下略注），第 316 页。

② 同上书，第 99 页。

③ 同上书，第 283 页。

④ 同上书，第 1 页。

⑤ 同上书，第 193 页。

⑥ 同上书，第 284 页。

⑦ 同上书，第 334 页。

⑧ 同上书，第 354 页。

⑨ 同上书，第 360 页。

⑩ 同上书，第 51 页。

⑪ 同上书，第 295 页。

以形"为形的产生提供了总根源。关于有形万物运动变化的原因，文子并没有过多涉及；关于形的内涵如形骸、形类等，不如庄子丰富；关于形的危害，文子提得不多，如"神贵于形"① 等；关于有形与无形的比较，文子提到："夫无形大，有形细；无形多，有形少；无形强，有形弱；无形实，有形虚，有形者遂事也，无形者作始也。遂事者，成器也；作始者，朴也。有形则有声，无形则无声。"② 有形为细、弱、虚、器、有声，无形为大、多、强、实、朴、无声。文子的意图比较明确，重在强调无形与有形之间的差异，无形产生了有形。"阴阳以形"论是从宇宙论角度论述阴阳在形之前，阴阳产生了形。由于无形有形之间的对立，形只能停留在物质世界，而无形则为道。对于道的追寻，则使我们走向了对无形的追寻。

综上，荀子的"阴阳化形"是指阴阳大化（交和）产生了万物之形，庄子的"气变有形"是指阴阳之气变化产生了万物之形，文子的"阴阳以形"是指无形的阴阳产生了有形的万物。荀子与庄子，不仅认为阴阳产生了有形，而且认为阴阳造成了有形万物的运动变化。阴阳为气为道皆无形，荀子言大化、庄子言气变、文子言以形。形是万物之形，荀子言形体、耳目口鼻形、形执、形状等，庄子言形骸、形体、形躯、形势等，文子言形骸、形类等。因此，阴阳成了万物产生的总根源，而形只能沦为器物。阴阳在形之前，无形的阴阳超越了有形的万物，但有形与无形之间似乎成了相异的两者③。为了达到无形，则要消解有形。荀子言"形不胜心"，以心消解形。文子在无形与有形对比中消解形，有形意味着细、弱、虚、器、有声等，无形则意味着大、多、强、实、朴、无声等。庄子则通过全面的建构消解形，如精神上以德化形，身体上以心化形，认识上以观化形。因此，阴阳在形之前从根本上瓦解了形。正因为如此，则容易造成无形与有形的紧张④。由于对无形的过多追求，容易导致人们忽

---

① （春秋）文子著，李定生、徐慧君校释：《文子校释》，第167页。

② 同上书，第44页。

③ 方东美认为原初道家完全摆脱了传统宗教，它意图通过玄之又玄的太玄之无穷追问建立形而上学体系，指明世界整体为一基本统一体，却被分为永恒领域的一边和动态变易领域的另一边。参见方东美著，匡钊译：《中国哲学之精神及其发展》，郑州：中州古籍出版社2009年版，第60页。

④ 强调道与形的异质性，这种解释的危险之处在于，对无形的强调往往导致对形道性、本质性的否定。参见贡华南：《从无形、形名到形而上——"形而上"道路之生成》，《学术月刊》2009年第41期，第60页。

略对现实的关注①。因此，阴阳在形之前是存在不足的，那么如何超越阴阳在形之前呢？

三、阴阳在形之上

阴阳在形之上是对阴阳在形之前的超越，也是旨在解决阴阳在形之前的不足，同时吸收阴阳在形之中、阴阳在形之前的优势。阴阳在形之上是指阴阳既存在于形之内，又超越于形之外。阴阳在形之上有别于阴阳在形之中与阴阳在形之前。阴阳在形之中，模糊了阴阳与形的边界。阴阳在形之前，造成了无形与有形的紧张。而阴阳在形之上，一方面不离形言阴阳，不离阴阳言形，另一方面阴阳又产生了形以及造成了形的变化。此形之上用《易传》的原话为"形而上"②，而③是连接、关联、绾合，形与上之间不是隔绝，而是连绵不断，上主导、超越形，形承载、显现上。上超越形，但并非脱离形、隔绝形，而是融入形之中，又超越形之外，这即内在的超越④。因此，形之上言阴阳，兼具阴阳在形之中与形之前的优势，同时弥补了两者的不足。因此，"形而上者谓之道"与"一阴一阳之谓道"奠定了中国哲学的根本形态，既不是西方式的纯思辨，又不是纯经验式的概念，而是在万物中言道，在道中言万物⑤。

---

① 荀子认为："庄子蔽于天而不知人。"参见方勇、李波译注：《荀子》，北京：中华书局 2016 年版，第 341 页。

② （宋）朱熹撰，廖名春点校：《周易本义》，北京：中华书局 2009 年版（以下略注），第 242 页。

③ 在古代汉语中"而"表达了丰富的意义，可能表明连接或选择或后续结果，并不互相矛盾。连词"而"的意义模糊，这可能意味着：（一）从属或关联；（二）如果……那么……；（三）等同于述谓。参见方东美著，匡钊译：《中国哲学之精神及其发展》，郑州：中州古籍出版社 2009 年版，第 250 页。

④ 方东美认为中国哲学表现出一种相对流行于西方哲学界的"超自然的形而上学"迥然不同的"具有内在超越性的形而上学"的独特形态。参见方东美著，匡钊译：《中国哲学之精神及其发展》，郑州：中州古籍出版社 2009 年版，第 1 页。汤一介认为如果说以内在超越为特征的儒家哲学所追求的是道德上的理想人格，超越自我而成圣；以内在超越为特征的道家哲学所追求的是个人的身心自由，超越自我而成仙……那么以内在超越为特征的中国禅宗则追求永恒的空灵的心灵境界，超越自我而成佛。参见汤一介：《儒释道与内在超越问题》，南昌：江西人民出版社 1991 年版，第 75 页。

⑤ 方东美言形而上之道与器结合而形成了宇宙整体。参见方东美著，匡钊译：《中国哲学之精神及其发展》，郑州：中州古籍出版社 2009 年版，第 368 页。庞朴认为形既在道中，又在器之中；因为，道的能中有形的能，器的所中有形的所。参见庞朴：《浅说一分为三》，北京：新华出版社 2004 年版，第 66 页。

（一）"形而上者谓之道"论

"形而上者谓之道"是指在形之上有一超越，此超越产生了形，又造成了形的运动变化。此超越即是道，而形则是卦形，由卦形指向万物之形。《周易·系辞上传》："形而上者谓之道，形而下者谓之器。"① 形而上指向道，而道为何义呢？"形而上者谓之道"阐明了道与形之间的关系，但道的具体本质尚未言明。道与形的关系，道在形之上，既不可言形在道之下，又不可言道为无形②。"而"是形与道的连接点，"上"是道对形超越的体现。虽有超越，但道不离形，形不离道。由形而上为道，由道而下为形，形、道之间有着无限的绵延与连接。形是指卦形，进而指向万物之形。以卦形而言，"易有太极，是生两仪⋯⋯生八卦"③ 则表明卦形由道而生，"立象以尽意"④ 则表明卦形显现道。因此，形与道之间没有隔阂。卦形的变化在于阴阳爻的变化，阴阳爻之变随道而变。因此，道主导着卦形的发展方向，这即超越性的体现。以物形而言，"乾知大始，坤作成物"⑤，乾坤是道的体现，乾坤以始成孕育万物，也即道生万物。"大哉乾元，万物资始，乃统天。云行雨施，品物流形"⑥，品物流形是指万物的运动变化，物形的流动变化取决于天道。"至哉坤元，万物资生，乃顺承天⋯⋯含弘光大，品物咸亨"⑦，品物咸亨是指万物的生长成熟等，生长成熟亦是万物的运动变化。因此，万物之形的运动变化取决于天地之道，也即道既产生了形，又造成了形的变化。形而下指向器，器是指万物，既包括自然生成之物，又包括人类创造发明之物。形是指卦形以及万物之形⑧。"而"是形与器的

---

① （宋）朱熹撰，廖名春点校：《周易本义》，第242页。

② 王夫之言："形而上者，非无形之谓，既有形矣，有形而后有形而上者，无形之上，亘古今，通万变，穷天地，穷人穷物，皆所未有者也。"参见（明）王夫之：《周易外传》，《船山全书》第1册，长沙：岳麓书社1996年版，第1028—1029页。陈梦雷注释："道超乎形而非离乎形，故不曰有形无形，而曰形上形下也。"参见陈梦雷：《周易浅述》，北京：九州出版社2010年版，第264页。

③ （宋）朱熹撰，廖名春点校：《周易本义》，第265页。

④ 同上书，第242页。

⑤ 同上书，第222页。

⑥ 同上书，第32页。

⑦ 同上书，第265页。

⑧ "在《系辞》乃至整个《易传》来看，'形'又逸出卦象，而指向一般意义的存在。"参见贡华南：《味觉思想》，北京：三联书店2018年版，第82—83页。

连接点，形不离器，器不离形。"下"是器对形的承载、显现。由形而下为器，由器而上为形，形与器之间没有隔阂。以卦形言，《周易》中存在观象制器的说法，如《周易·系辞传》："作结绳而为网罟，以佃以渔，盖取诸离……黄帝、尧、舜，垂衣裳而天下治，盖取诸乾坤……"[①] 由卦形而形成了器物，卦形是器物制作的原理与模型，因此可言由卦形而下为器物。以万物之形言，《周易·系辞上传》："形乃谓之器。"[②] 以万物为用，形成各种器物。器从广义言是指天地间一切事物，从狭义言是指人创造的器物，包括实物与虚物。实物指向实用，如弓箭、车子等；虚物包括典章制度，如礼仪、刑法等。万物之形等同于广义之器，而万物之形是狭义之器的原材料，也是人制作器物的原始模仿对象。因此，器为万物之形提供了载体，形为器提供了原始的材料或制作的原理与模型。以形而中介，以而为连接纽带，以上下为区分，以道器为终始点。始于道终于物，终于道始于物，终始相依，未曾分离[③]。形是卦形、万物之形，上是超越，下是显现，上下不能解释为前后（先后）、内外、体用等，原因在于形之上不是形之中，也不是形之前。道对形有一超越，形为道的显现。器为形提供载体，形为器提供制作原理与模型。因此，道在万物之中，又在万物之上。

（二）"一阴一阳之谓道"论

"一阴一阳之谓道"是指阴阳即是道，道即是阴阳。阴阳为二，指明百虑、殊途。道为一，指明一致、同归。二与一的关系[④]，如程颐言："一而二，二而一者也。"[⑤] 如果说"形而上者谓之道"指明了形与道之间的关系，那么"一阴

---

① （南宋）朱熹撰，廖名春点校：《周易本义》，第 246 页。

② 同上书，第 240 页。

③ 《周易·系辞上传》："原始反终，故知死生之说。"《周易·系辞下传》："易之为书也，原始要终，以为质也。"《周易·系辞下传》："惧以终始，其要无咎，此之谓易之道也。"《周易·说卦传》："万物之所成，终而所成始也。"《周易·说卦传》："终万物，始万物者。"《周易·乾·象传》曰："大明终始，六位时成。"《周易·蛊·象传》曰："终则有始，天行也。"《周易·归妹·象传》曰："归妹，人之终始也。"在《周易》中，处处可见对终始的诠释，终与始是万物之生、万物之成的所在，也是道之运行的必然规律。因此，以终始来解道器未尝不可。参见（宋）朱熹撰，廖名春点校：《周易本义》，第 226、256、258、263、264、32、93、192 页。

④ 庞朴认为无处不是对立的二，无二不含绝对的一，二与一，是为三。这便是世界的真相。参见：庞朴：《浅说一分为三》，北京：新华出版社 2004 年版，第 9 页。

⑤ （宋）朱熹：《四书章句集注》，北京：中华书局 2015 年版，第 126 页。

一阳之谓道"则指明了形而上的含义，也即阴阳在形之上。《周易·系辞传》"一阴一阳之谓道"① 中的"一"是整全，不是分离。"一"直指本质，不是数量的多少②。"一"显然也不是无③，在《周易》中也明显不谈无④。"一"究竟为何义？"生生之谓易"⑤ 与"一阴一阳之谓道"是同义语。"之谓"与"谓之"是不同的，"谓之"表述社会上共同的认识，"之谓"是作为表述本质的方式⑥。易的本质是生生，道的本质是阴阳。"易"即推天道明人事⑦，因此阴阳即生生。"一"体现了阴阳之本，"一"当解释为生⑧。阴阳为生生，表现为阴阳交和、阴阳对待、阴阳变通流行等。阴阳为何义呢？程颐与朱熹皆认为阴阳不是道，阴阳的所以然是道，也即阴阳的根因是道⑨。此举根本弊端在于道与阴阳的二分。此举断然不能诠释《周易》的内涵，否则"形而上谓之道"与"一阴一

① （宋）朱熹撰，廖名春点校：《周易本义》，第 228 页。

② "《易传》所谓的'道'，既有一个阴、一个阳的不易之体，又呈一时阴、一时阳的变易之用；从而《易传》所谓的'一阴一阳'，包含有这静动体用两方面的含义，忽略任何一方，都是片面的。"参见庞朴：《"一阴一阳"解》，《清华大学学报》2004 年第 1 期，第 7 页。

③ 韩康伯指出："道者何？无之称也，无不通也，无不由也。况之曰道，寂然无体，不可为象…在阴无阴，阴所以生。在阳无阳，阳所以生。故曰'一阴一阳'也。"参见（魏）王弼著，楼宇烈校释：《王弼集校释》，北京：中华书局 1980 年版，第 541 页。

④ 徐复观认为《易传》中毫无"有、无"两观念的痕迹，而老子、庄子都用"有""无"两个概念说明宇宙创生过程。参见徐复观：《中国人性论史（先秦篇）》，上海：华东师范大学出版社 2005 年版，第 344 页。

⑤ （宋）朱熹撰，廖名春点校：《周易本义》，第 229 页。

⑥ "'谓之'是以人为主语的，这些句法往往被理解为'个人的认识'或'社会上共同的认识'，这些句法表现的是人认识者的理解，而不是对客体的描述。"参见贡华南：《味与味道》，桂林：广西师范大学出版社 2015 年版，第 17 页。"'之谓'表达的是'物是什么'，或是'物之为物'这种抽象、本质的表达方式。"参见贡华南：《味与味道》，桂林：广西师范大学出版社 2015 年版，第 17 页。

⑦ 在《周易》的文本中，"易"指向"道"的语句有很多："天地设位，而易行乎其中矣""易穷则变，变则通""乾坤其易缊之邪？乾坤成列，而易立乎其中矣。乾坤毁，则无以见易；易不可见，则乾坤或几乎息矣"等等。参见（宋）朱熹撰，廖名春点校：《周易本义》，第 230、246、242 页。

⑧ 方东美认为：天地之大德曰生，这个过程不是一次性的，不是一种如创造物般普通的静态模式，而是持续的反复动态过程。《周易》中所谓的生生，中文字面上的意思是产生又产生，创造又创造。参见方东美著，匡钊译：《中国哲学之精神及其发展》，郑州：中州古籍出版社 2009 年版，第 85 页。

⑨ 程颐说："离了阴阳更无道，所以阴阳者是道也。阴阳，气也。气是形而下者，道是形而上者。"参见（宋）程颢、（宋）程颐著，王孝鱼点校：《二程集》，北京：中华书局 2004 年版，第 162 页。朱熹言："阴阳迭运者，气也。其理则所谓道。"参见（南宋）朱熹撰，廖名春点校：《周易本义》，北京：中华书局 2016 年版，第 228 页。按照朱熹的注释，阴阳是气，气之理是道，阴阳由道主宰。

阳之谓道"变成了两张皮，毫无关联。阴阳为气为道①，似乎更为合理。《周易·系辞传》"精气为物"②，精气是指阴阳之气。《周易·文言传》曰"阳气潜藏"③，《周易·文言传》"阴始凝也"④。阳之生发，阴之凝聚，阴阳相合则产生了万物。《周易·系辞传》"男女构精，万物化生"⑤，男女是人类社会中的两性，人由男女构精而生，也即言人由精气相合而生。人为自然万物中的一物，人禀精气而生，万物自然也是如此⑥。因此，阴阳既产生了人形，也产生了万物之形。《周易·说卦传》"山泽通气"⑦，山与泽在《周易》中为卦，卦与卦相互通气，说明卦中有气。按照形的解释，形为卦形，则形中亦有气。阴阳既产生了形（万物之形），又在卦形之中。《周易·文言传》："同声相应，同气相求……本乎天者亲上，本乎地者亲下，则各从其类也。"⑧类是指物类，如"方以类聚，物以群分"⑨。物类既有同类，又有异类。在一类之中或不同类之中，皆存在气与气的交通感应。因此，气存在万物之中。形指卦形，引申为万物之形，则阴阳之气既在卦形之中，又在万物之中。

综上，"形而上者谓之道"点明了道与形的关系，道在形之中，又在形之上，而"一阴一阳之谓道"则指明了道的本质即阴阳。因此，两者共同说明了阴阳在形之上。阴阳在形之上，一方面不离阴阳言形，一方面说明了阴阳产生了形。阴阳在形之上，不仅超越了阴阳在形之前，也涵盖了阴阳在形之中。"男

---

① 张载言："盖为气能一有无，无则气自然生，气之生即道也是易。"参见（宋）张载著，章锡琛点校：《张载集》，北京：中华书局，1978 年版，第 207 页。

② 孔颖达："'精气为物'者，谓阴阳精灵之气，氤氲积聚而为万物也。"参见（魏）王弼、（晋）韩康伯注，（唐）孔颖达正义：《周易正义》，北京：中国致公出版社 2015 年版，第 27 页。

③ （宋）朱熹撰，廖名春点校：《周易本义》，第 38 页。

④ 同上书，第 44 页。

⑤ 同上书，第 252 页。

⑥ "男女"在《周易》中含义是比较丰富的，既可指人类社会中的男女两性，又可指自然中的天地，卦中的阴阳卦等。如《周易·说卦传》："乾天也，故称父，坤地也，故称母。震一索而得男，故谓之长男；巽一索而得女，故谓之长女。"《周易·系辞传》："日月运行，一寒一暑，乾道成男，坤道成女。"因此，男女构精，万物化生可以泛指阴阳交合，万物化生。参见（宋）朱熹撰，廖名春点校：《周易本义》，第 265、222 页。

⑦ （宋）朱熹撰，廖名春点校：《周易本义》，第 128、264 页。

⑧ 同上书，第 37 页。

⑨ 同上书，第 221 页。

女构精"回应了"阴形阳魄"论。"形而上者谓之道"在帛书《易传》中为"刑而上者谓之道"①，回应了"阴刑阳德"论。因此，阴阳在形之上涵盖了阴阳在形之中。《易传》确有综合百家而超越之的学术贡献②。对形的警惕与超越，以"形而上者谓之道"予以解决。对形的肯定与展开，以"形而下者谓之器"予以回应。对阴阳与形关系，以两者综合而进行回答。阴阳在形之上，是先秦哲人智慧的体现。

余　论

先秦阴阳与形观念的展开同时表现为逻辑的展开，由阴阳在形之中到阴阳在形之前，最后发展为阴阳在形之上。阴阳在形之中是指形与阴阳皆在万物之中，此理论值得引起注意的是形在人自身、万物的界定以及社会治理中的重要作用。但其弊端在于模糊了阴阳与形的边界，而身形、物形、刑罚的阴阳化，可能会导致人们过多地追逐有形之物，思维认识停留在具象的世界之中。因此，超越阴阳在形之中，进入到了阴阳在形之前。阴阳在形之前是指阴阳产生了形，此理论值得吸收的是阴阳在超越形时的理论建构，化形、变形、以形从不同的角度促进了对道的认识与领悟。同时又采取了较多化解形、超越形的策略，如庄子在精神上以德化形，身体上以心化形，认识上以观化形等。但此理论的弊端在于造成了无形与有形的紧张，容易使道陷入无形之中，同时容易造成人们对现实的忽略。因此，超越阴阳在形之前，进入阴阳在形之上。阴阳在形之上是指阴阳超越了形，又在形之中。阴阳在形之上一方面超越了阴阳在形之前，一方面又涵盖了阴阳在形之中。这既规避了对有形的过多追逐，开启了形器为天下利的时代，又消解了有形与无形的紧张，道在万物之中又在万物之上。自觉以阴阳为道，这既是对道的本质的精准提炼，又是《易传》融合百家超越之的集中体现。

---

① 刘彬等著：《帛书〈易传〉新释暨孔子易学思想研究》，北京：中国社会科学出版社，2016 年版，第 113 页。

② 《系辞》云："天下同归而殊途，一致而百虑。"这声音道出了时代融合趋向大一统之势，也反映了学术思想由对立而渐趋融合。参见陈鼓应：《道家易学构建》，北京：商务印书馆 2010 年版，第 52 页。

老子學刊

书评

曾勇《葛洪、葛长庚人生价值观研究》评介*

李　霄**

曾勇教授所著《葛洪、葛长庚人生价值观研究》一书于 2021 年由人民出版社出版发行，此书是詹石窗教授主编《国学新知文库》（第二辑）系列中的又一学术力作，是当下我国第一部专题性系统研究葛洪、葛长庚人生价值观问题的学术著作。此书不仅有对近几十年来国内道教研究学界对于葛洪、葛长庚之研究成果的体系化综合，且其中就"道教人生价值观"所进行的主题研究对于国内学界在道教思想及哲学方面的探索也具有其独特的价值与意义。

国内学界在 20 世纪五六十年代时就已有对葛洪及其以《抱朴子》为主的著作研究的相关成果出现。至八九十年代，以《抱朴子》或葛洪其人为研究主题的论文与著作更是大量涌现，诸如台湾学者李丰楙的《不死的探求——抱朴子》一书则是早期对葛洪的系统性研究，其对宏观上东晋时期句容道教的发展到微观上葛洪在《抱朴子》中的"神仙说"道教思想都进行了较为全面的论述；王明和杨明照所分别注释的《抱朴子内篇校释》《抱朴子外篇校笺》则是对《抱朴子内外篇》极尽详考的释注本，为学术研究所必备；胡孚琛所著的《魏晋神

* 本文系国家"十三五"规划文化重大工程《中华续道藏》（批准号：中央统战部"统办函"〔2018〕576 号）的专项研究成果。

** 李霄，男，山东潍坊人，四川大学道教与宗教文化研究所 2021 级博士研究生。

仙道教——〈抱朴子内篇研究〉》也是早期对葛洪的专题性研究，其以葛洪及其《抱朴子》为基点，透视魏晋时期道教的发展状况及思想价值，时至今日依然具有极高的参考价值①。除上述外，卿希泰、王承文、李刚等道教研究学者对于葛洪及其著作思想的研究成果也在这一时期多有发表。

近二三十年以来，对葛洪思想价值的发掘则更为细致、深入且广泛，不仅对其宗教思想进行研究，而且在其医学养生、伦理政治、美学情趣、人生价值等思想方面亦均有所涉及。诸如陈抗生在《葛洪的法律思想——〈抱朴子·用刑〉述评》中对葛洪法律思想特征的总结概括，潘显一《葛洪的神仙美学思想》中对其"神仙说"所内涵的美学价值的探讨，李刚在《葛洪及其人生哲学》一文里就葛洪人生价值表征特点的揭示等②，都使学界对葛洪思想研究在广度上得以拓展、在角度上得以丰富。而像《葛洪神仙论的现代诠释》《葛洪的生命观及其现代沉思》《葛洪与奥古斯丁的性伦理观比较》《葛洪〈神仙传〉神学位格的现象学分析》等则是探凿了葛洪思想的哲学深度，并为其赋予了具有现代性的价值活力③。鉴于此，早期对葛洪及《抱朴子》的综合性研究虽广度有余而深度略显不足，运用何种新的诠释立场将现阶段的研究成果进行有机的整合与串联，对使葛洪研究激发出新的学术活力来说至关重要。

葛长庚，即白玉蟾，其作为道教金丹派南宗开宗祖师，国内学者对其的研究往往与对南宗的讨论紧密结合。据相关学者的研究追溯，涉及白玉蟾的研究最早在清代与民国时期即有，陈撄宁、刘咸炘、蒙文通、陈国符、傅勤家等老一辈学者在 20 世纪四五十年代就对白玉蟾的相关史料文献进行过基础性的辨析整理与研究。自 20 世纪七八十年代至 21 世纪初，随着国内道教研究的发展和对

---

① 参见李丰楙：《不死的探求——抱朴子》，海口：中国三环出版社 1992 年版；王明：《抱朴子内篇校释》，北京：中华书局 1985 年版；杨明照：《抱朴子外篇校笺》，北京：中华书局 1991 年版；胡孚琛：《魏晋神仙道教——〈抱朴子内篇研究〉》，北京：人民出版社 1989 年版。

② 参见陈抗生：《葛洪的法律思想——〈抱朴子·用刑〉述评》，张晋藩：《法律史论丛》第二辑，北京：中国社会科学文献出版社 1982 年版；潘显一：《葛洪的神仙美学思想》，《宗教学研究》2000 年第 1 期；李刚：《葛洪及其人生哲学》，《文史哲》2000 年第 5 期。

③ 参见熊铁基：《葛洪神仙论的现代诠释》，《中国道教》2003 年第 6 期；曾勇：《葛洪的生命观及其现代沉思》，《湖北社会科学》2005 年第 3 期；宫哲兵：《葛洪与奥古斯丁的性伦理观比较》，《哲学研究》2005 年第 9 期；余平：《葛洪〈神仙传〉神学位格的现象学分析》，《世界哲学》2006 年第 1 期。

道教金丹派南宗研究的愈发关注，亦使得对白玉蟾的研究也激发出旺盛的学术生命力。无论是对其生卒年月"绍兴说"和"绍熙说"的进一步辨析，对白玉蟾前后南宗谱系追溯的推进，还是对以白玉蟾诗歌文赋中所显露的内丹思想为代表的南宗"三教合一""先命后性"、雷法等特色修持方式的研究等，诸如陈兵、柳存仁、詹石窗、朱越利、郭武、张广保、杨立华等国内道教学者都在这些方面有成果发表，此中由盖建民教授所著的《道教金丹派南宗考论》则是当下国内学界对白玉蟾所创立的金丹派南宗进行道派、文献、历史、思想之综合性研究，对白玉蟾及南宗研究领域里的诸多争论和失误进行了澄清和弥补，为进一步拓展推进学界在道教金丹派南宗及白玉蟾研究上的广度和深度奠定了基础。曾勇教授所著《葛洪、葛长庚人生价值观研究》一书即是从价值哲学、生命哲学的角度，为以往的葛洪、葛长庚研究摸索出一条新的诠释路径。而曾勇教授将"道教人生价值观"作为整全的系统性主题进行研究，这在道教研究领域确实尚属个例。

曾著篇幅鸿巨，凡六十万字，分上下篇，以"道教人生价值观"为其研究的内在主题，选取道教思想发展史上颇具代表性的葛洪、葛长庚（白玉蟾）为对象进行个案专题研究，基于二者的著书论说、修道史迹，以人物、道派、经典为基本内容，尤其以葛洪、葛长庚的人生价值观思想为中心，运用史学、文献学、诠释学、哲学的综合方法，史论结合，试图在厘清二者有关人生价值命题的思想脉络的基础上，展示"道教人生价值观"的理论生成与框架构建的过程，并深入剖析其所蕴含的丰富的生命价值和生命精神。

生命的价值在哪里？人生的意义是什么？这是历来哲学家都关注的问题之一，尤其是在中国传统文化的背景下，人本身与人生价值总是作为核心论题被提出与讨论。另一方面，道教作为中国土生土长的宗教，其宗教义理的核心内容也聚焦于对"生命"的持存与升华，其背后所蕴含的以"道"为基础的生命体悟和价值认同在道教思想文化发展过程中亦是处于主线脉络的地位，但在当下研究视角多执着于对道教思想外显表象的堆叠罗列的论文环境中，如何将这种"犹抱琵琶半遮面"的思想理路摸清并予以把握就显得颇为重要。因而在导言部分，曾勇教授首先就其所探讨的"人生价值观"这一主题概念进行了基本界定。

　　曾勇教授在其书中认为，无论是价值观还是人生观，所围绕依附的根本核心即是人本身所作为的"生命主体"——人生观是基于生命主体在不同的当下生命体验而对于其各自生命的不同维度的展开，价值观则是生命主体在其所形成的人生观内进行的主客体关系探索①——而在中国传统"天人合一"的文化背景下，个人人生过程与天地宇宙的运行又相即不离，人文价值之应然出于对天命实然之体认，因而其所探讨的"人生价值观"的概念意义即是包涵宇宙观、人生观和价值观的有机系统。而道教作为中国土生土长的宗教，不仅是有关生命信仰的宗教，道教文化也是中国传统文化的重要组成部分，其以"生与道合"为价值取向，构建了一套有关生命终极关怀的思想文化体系②，亦即是"道教人生价值观"。这种道教人生价值观，不仅影响着学道之士学道、修道的实践功夫，在整个道教思想文化的深层机制中也起着深刻的影响，甚至是主导作用。因此，从人生价值观的角度审视道教文化，便能够更好地了解、同情地理解道教这一生命宗教的生命精神。由此，本书的整体主线便呼之欲出。

　　在上篇中，曾勇教授以两晋时期著名的思想家和科学家葛洪为实例，从对其《抱朴子》的再读和再诠释入手，在肯定学界以此著作而确认葛洪思想里"儒道结合""内道外儒"的特点的基础之上，对"先儒后道""舍儒入道"等割裂葛洪思想整体性的观点予以辩驳，并由此提出偏颇地把《内篇》和《外篇》作纯粹属道或属儒的划分并不合理，这种看似的"转变"实质上是葛洪一以贯之的、以道家生命本体论与儒家伦理秩序说相结合的生命哲学为基础的人生价值观的体现③。其用六章的篇幅，对葛洪的道教人生观价值分别从生成机制、内涵意蕴、实践主张和意义价值进行了梳理和论述，展示了葛洪通过对"自然"的创造性诠释，将老庄自然哲学之道改造成道教生命哲学本体之道，将儒道价值学说整合于"生道合一"的价值体系之中。在此，既可以看到葛洪"内道"面追求生命长存，试图升华拔高生命存在样态的道教金丹修炼和养生存息之法，也可以看到其"外儒"面希冀治国保民、出仕任贤的政治抱负和对国家社会的高度责任感，哪怕是隐逸山林，在曾勇教授的解读下也是"显隐任时"的

---

　　① 曾勇：《葛洪、葛长庚人生价值观研究》，北京：人民出版社 2021 年版，第 6 页。

　　② 同上书，第 14 页。

　　③ 同上书，第 65—70 页。

人生智慧①。如此，"内以治身，外以治国"的身国同治理论在葛洪对其人生价值观的实践中得以体征，"内圣外王"被葛洪表现为同一个体之人生价值在自我与社会两个向度的显相，这无疑在使其个人形象愈发充实、人格魅力愈发昭彰的同时也将道教人生价值观的主体内涵显露清晰。

曾著下篇则是以南宋道教金丹派南宗开宗祖师葛长庚（亦即白玉蟾）作为论述的核心对象。从葛洪到葛长庚，八百多年的光景，道教也产生了翻天覆地的变化，其中最为代表性的即是葛洪时期所备受推崇的道教外丹理论与技术受到了批判与扬弃，内丹修炼的思想和方法日渐兴盛完备，而这背后，也是整个道教思想的一次大的变革。在曾勇教授看来，尊道贵生、善己度人的"道教人生价值观"依然是此间道教人士立身处世、开宗立派、济生度死之不变主题②。曾著中以"人生之真""人生之善""人生之美"和"人生之梦"作为对白玉蟾道教人生价值观的分论点，既说明了其如何在新的道教思想背景下亦生成了与葛洪"身国共治"类似的"修己度人"的丹道思想，又展示了其以剑、琴、茶、歌等元素诗化人生、以丹道雷法之造作美化生命的美学精神，以及其寄予理想人格模式的仙梦思想，无疑都彰显着白玉蟾升华个体生命、实现社会价值、追求理想人格的道教人生价值观的核心内涵③。

整体来看，曾勇教授这本《葛洪、葛长庚人生价值观研究》更像是"道教生命哲学导论"，其通过葛洪、葛长庚向读者们展示的道教人生价值观，实质上是道教人士对生命及其价值的认同，对大道生生不息的生命精神的体悟和展现。"与道合真"的价值追求不仅仅是道教修行者们的宗教追求，同样也是如何处理个人与社会、个体与历史之间关系的行为指南，个体生命的具体性、历史性以及实然与意义的两重结合，使得个体生命可以在对人生价值的实践和依附过程中获得永恒延续的可能。在文化多元化、价值观多元化的当代社会，曾勇教授所著的《葛洪、葛长庚人生价值观研究》能带给我们的可能不是纯粹的学术意义，真正有影响的是其中的人生价值观归宿的选择。

---

① 曾勇：《葛洪、葛长庚人生价值观研究》，北京：人民出版社 2021 年版，第 166 页。

② 同上书，第 495 页。

③ 同上书，第 496 页。

《道德经》传播新途径

——《道德经音诵》述评

曹 钰 周昊宇[*]

由四川大学文科杰出教授，四川大学老子研究院院长詹石窗著述的《道德经音诵》于 2021 年 8 月正式面世。该书由巴蜀书社出版，全书凡 50 万字，以《道德经》为本，创作了八十一章音诵曲谱来传播道家理法。此书不仅仅是作者对自己提出的"道教文化养生"[①] 理论进行实践探索的最新研究成果，更是目前有关《道德经》音诵曲谱唯一公开的传本。

《道德经音诵》以前言为纲，正文分为上下两篇，共计八十一章，其根据《道德经》的篇章结构为脉络，上篇为《道经》，凡三十七章，下篇为《德经》，凡四十四章。每一章由音诵曲谱、经文、解题、注释和义说五个部分组成，除开独特的音诵曲谱，解题、注释和义说三个部分都体现了作者极高的学术能力和考证功夫。解题部分，作者立足《说文解字》，追溯字的本源来解释章节题目之意，但不囿于字面之意，同时还加入自己对《道德经》整体框架的理解，如第三十章《俭武》，本意是"节俭地使用武力"，即"少用、慎用武力"，清代孔广陶认为是指"巧用"武力，但通过作者对《道德经》整体思路

---

* 曹钰，女，安徽阜南人，西南民族大学民族学与社会学学院、西南民族研究院中国少数民族史专业博士研究生；周昊宇，女，四川成都人，四川大学文学与新闻学院中华文化国际传播专业博士研究生。

① 詹石窗：《道教文化养生及其现代价值》，《湖南大学学报》（社会科学版）2015 年第 1 期，第 11 页。

的把握，认为该章深层思想是为了突出"慎"字，即对于武力需要慎用，而不是巧用。这与下一章《偃武》告诫上位者不可轻易发动战争的思想相一致。为了让更多的文化爱好者理解《道德经音诵》，作者避免使用烦琐晦涩的溯源与考证，对字义文义进行了最简明的诠释，让本书学习、研究、传播《道德经》的实用功能进一步提高。纵览全书，该书主要有如下四个主要特点。

一、"《道德经》音诵"的特殊性

"音诵"作为中国古代特有的声控技术由来已久，詹石窗先生说其明确记载首见于《魏书》卷一百一十四《释老十》①："赐汝（寇谦之）《云中音诵新科之诫》二十卷。"任继愈先生认为"《音诵诫》重视奉诫斋功，因而增加了不少道教诫律和斋醮礼仪……在斋仪上奏乐，大概也始于寇谦之"②。闵智亭先生说："到了北魏寇谦之，创出《云中音诵》始改'直诵'为'音诵'，即有了较规范的'声乐'和使用'器乐'伴奏。"③ 综上可知，"音诵"在北魏时期开始传唱，但它不是简单的朗诵，还有规范的配乐和专业的伴奏。

"道家音诵"发源于上古的自然啸法，在春秋战国时期受到《庄子》中的"洛诵"启发，至南北朝时期正式出现。"道家音诵"以往仅在道教中流传，从《正统道藏》的威仪类、赞颂类中还可以看出"道家音诵"的元素，但由于历史的原因，近代以来道家音诵濒临失传。詹石窗先生有幸得遇身怀"道家音诵"真传的陈莲笙道长，从而窥探到其中的奥妙。陈莲笙道长系正一派传人，曾拜师于著名法师张村甫门下，专习正一斋醮科仪，对道教科仪音乐了如指掌，并从此将研究和实践包括"音诵"在内的道教科仪音乐作为修道法门，是获得"道家音诵"真传的大师。自1985年起，詹石窗先生先后多次拜访陈莲笙道长，讨教道家音诵的高深技艺，并专门请教其"吟诵"与"音诵"的异同点，得知两者"运气发声"方法一致，都讲究"依字行腔"；不同点则是"吟诵"更符合语言原貌，讲究"腔音唱法"，"音诵"则更强调节奏和声律，另

① 詹石窗：《道德经音诵》，成都：巴蜀书社2021年版，第2页。
② 任继愈主编：《中国道教史》（修订本）上卷，北京：中国社会科学出版社2001年版，第216页。
③ 武汉音乐学院编：《全真正韵谱辑·序》，北京：中国文联出版公司1991年版，第1页。

外，在实施"音诵"的过程中还要辅以"禹步""掐诀"等形式来实现仪式效果①。1993 年，詹石窗先生敬请陈莲笙道长唱诵了一章《道德真经》，发现其韵律新奇，风味别致，从而第一次意识到学习《道德真经》的新门道②。沿此路径，詹石窗先生细心研究《道藏》中其他音乐作品，萌发出为《道德经》作音诵曲谱的愿望，以期通过"道家音诵"来传达《道德经》的精神。

二、"《道德经》音诵"谱曲的科学性

要实现科学地给《道德经》谱曲，首先就要保证创作底本的准确性，这是基础中的基础，优质准确的经文，才更具谱曲价值。1996 年，在詹石窗先生从教数年之后，因教学所需，便以王弼《老子注》为底本，以马王堆帛书甲乙本为参校本，并广泛阅读参考当时流行的《道德经》注释本（如任继愈先生的《老子今译》、陈鼓应先生的《老子注译及评介》等），编撰了《老子道德经义说》作为教学讲义，用以授课。1997 年，詹石窗先生应台湾中华道统出版社社长赖宗贤先生邀请，撰写一本通俗讲解《道德经》的书。于是他在《老子道德经义说》的基础上，参考蔡生《道德经演讲集》，形成新的文稿——《老子道德经通解》，印刷一万册，并于白龙庵赠阅游人香客，反响良好。2004 年，詹石窗先生再次向陈莲笙道长汇报学习、工作情况，道长指出在道教界，"河上公章句"比王弼《老子注》更受重视，希望詹先生能改换底本，将更地道的《道德经》传播给世人。自此之后，詹先生在讲课时就开始注意版本的转换，以"河上公章句"本《道德真经注》为纲，向学生解说字义、文义。到了 2013 年，詹先生又耗时三年，将原《老子道德经通解》翻出，以"河上公章句"本《道德真经注》为底本，对原来未署章名的文稿进行重新校勘并补齐章名，每校勘完一章之后才开始为这一章谱曲。2020 年，巴蜀书社资深编审施维先生无意间听到詹先生所谱之曲后，大为赞叹，建议将其出版成书。詹先生又耗时一月有余，将曲谱和《老子道德经通解》进行合成，最后形成我们现在所见到的《道德经音诵》，在每章将曲谱列于前，经文、解题、注释、义说附于后。从上述经

---

① 詹石窗：《道家音诵及其养生疗治功效考论》，《中州学刊》2016 年第 2 期，第 104—105 页。

② 詹石窗：《道德经音诵》，成都：巴蜀书社 2021 年版，第 4 页。

历可以看出，《道德经音诵》的文本部分包含了詹石窗教授多年以来对《道德经》的理解与体会，经文的注释和义说也因长期的教学经历，经受了反复的推敲与琢磨。

要实现科学地给《道德经》谱曲，除了保证创作底本的准确性，还要遵循《道德经》本身的韵律。陈莲笙道长曾说，《道德真经》是有"诗韵"的，其句子长短交错、平仄对应①。根据陈道长的唱诵，詹先生体悟到为《道德经》谱曲的门道，据此特征来唱诵，才可以激发《道德经》的养生之效。詹先生通过研究认为，《道德经》上下篇合计八十一章是按四季变化来安排的，上篇主要是写"大道气象"，即讲正能量，生机勃勃似春夏；下篇则是写"兵象"，即具体的世间现象，是老子所处时代的境况反映，战争无处不在，伴随战争带来的苦痛警示世人，需要力行道德，才能由冬返春。这种反映四季轮回的思维方式，一方面是符合自然发展的规律，另一方面也与人类情感变化相融通，这也成为创作音诵旋律的基点。

三、"《道德经》音诵"曲谱的实用性

梁丘子《黄庭内景玉经注》的序言载：音诵《黄庭经》达到万遍，即可"百病不能伤，灾祸不能害"，而且能够"内视肠胃，得见五藏"，从而"神室明正，胎真安宁，灵液流通，百关调畅，血髓充溢，肠胃虚盈，五藏结华，耳目聪明，白发还黑，朽齿再生"②。虽然我们现在无法确知其所述的真实性，但道家用"音诵"来养生治病是有迹可循的。"道家音诵"养生治病可归于音乐疗法，当代我国的音乐疗法也在陆续发展，其中涉及五行音乐对人体进行治疗的也有很多，例如五行音乐可以改善老年抑郁症患者的心理健康情况③，五行音乐

---

① 詹石窗：《道德经音诵》，成都：巴蜀书社 2021 年版，第 4 页。

② 梁丘子：《黄庭内景玉经注》，《道藏》第 4 册，第 844 页。

③ 杨玉兴、权元文、郭建魁、杨艳斐、张蕊：《中医五行音乐对老年抑郁症患者心理健康的影响》，《中华中医药杂志》2019 年第 6 期，第 2787-2790 页。

疗法干预拔牙焦虑①，五行音乐干预卵巢储备功能减退②等。五音、五行及五脏相互对应的学说成为五行音乐的核心，五音（宫、商、角、徵、羽）、五行（土、金、木、火、水）与五脏（脾、肺、肝、心、肾）相互对应。

詹石窗先生根据五音组合流转，以感通人体五脏六腑，达到疏通经络与气血的功效③为宗旨，将八十一章《道德经》看作一个完整的体系，研究其内在逻辑，编撰出除第一章为混沌状五行未分时，余下八十章每一章都对应不同的五行兴五脏。他采用大小调混融来处理第一章，之后，大小调交替进行，大体原则遵循奇数章用小调，以角、宫、羽为主；偶数章用大调，以徵、商为主。最后总结发现，全书八十章，兴角舒肝者共七章，兴商养肺者共八章，兴宫健脾者共十六章，兴徵调心者共二十二章，兴羽固肾者共二十七章。羽调属五行之水，数量最多，与《道德经》水为大用的精神相合；徵调属五行之火，数量略少于羽调者，两者暗合"水火既济"之法度。据此，我们可以说詹石窗先生创作的《道德经音诵》是合乎《道德经》本身逻辑的，可以作为记忆《道德经》的新手段，并且通过唱诵，达到宁心静气、疏通情志的养生效果。

四、《道德经音诵》的受众广泛

本书是詹石窗先生酝酿多年而作的一部《道德经》曲谱，开启了唱诵《道德经》的新方法。鉴于詹石窗先生本身的专业性，加之受到陈莲笙道长亲传，其为《道德经》谱曲意义有三：一是将深奥的经文变成通俗上口的歌曲，更易于道法的传播；二是通过唱诵此曲谱，让唱者和听者实现调和阴阳，怡然身心的功用；三是将道家秘传的音诵方法推广出来，借道家之方，治疗世人精神焦虑之问题。《道德经音诵》是定位于向普罗大众传播的，因此，书中摒弃了诘屈聱牙的经书解说，采用最通俗的语言对《道德经》进行了义

---

① 胡慧君、常志明、韩燕、李晓蕾、苗千代、景泉：《拔牙焦虑影响因素及中医五行音乐疗法干预拔牙焦虑的临床疗效》，《临床口腔医学杂志》2020 年第 8 期，第 482—486 页。

② 李艳华：《补肾疏肝方联合五行音乐干预卵巢储备功能减退的疗效与机制研究》，北京中医药大学博士学位论文，2021 年。

③ 詹石窗：《道德经音诵》，成都：巴蜀书社 2021 年版，第 13 页。

说，故而，阅读该书的"义说"部分时，感觉像一个老者和你面对面，将玄妙的道义掰开揉碎，如讲故事般娓娓道来。如，在第五章解释"天地不仁，以万物为刍狗；圣人不仁，以百姓为刍狗"时，连用四个反问句来引起读者共鸣："天地真的不仁慈吗？为什么将万物视如祭祀用的草狗一样，用过之后就不要了？圣人真的不仁慈吗？为什么将天下百姓也当成祭祀用的草狗一样，用过之后就不要了？"随之敦厚地向读者阐释原经之意："其实天地化育物类是遍及一切的，圣人博爱的精神也是遍及一切的。他们的心境，绝不存有偏狭之意与分别之念。"这样的文风贯穿始终，让人读起来就会手不释卷。由于每个章节都是独立的，因此随手翻开一章便可阅读、学习，不需要贯穿前后文，这就可以更好地利用碎片化时间进行阅读，不会有时间限制。

截至目前，我们除了在全国主要省份的道教名山宫观能听到本书音频，还可以在喜马拉雅有声音频上找到全套的《道德经音诵》，有六千多的播放量。另外，在腾讯视频和哔哩哔哩视频网站上也能找到部分的《道德经音诵》章节片段，播放量有一千左右。不难看出利用新媒体对《道德经音诵》进行传播还有很大的发展空间。

综上，这是一部具有创新意义的学术著作，其独特的谱曲方式，虽没有明确的临床实践证实有协调五脏、疏通经络之效用，但调整运气发声、陶冶性情的作用是存在的。《道德经音诵》作为传播《道德经》的新途径，丰富了人们的精神生活，让人们在这个物质生活水平高速发展的社会中找到更适合自己的健康生活方式。

《老子学刊》稿约

  《老子学刊》是由四川大学老子研究院主办的综合性学术刊物。本刊坚持马列主义指导原则，以发掘道家道教思想和传统国学智慧为特色，以传承优秀文化、启迪创新思维、提高健康水平、服务现代生活为宗旨，注重学术性、科学性和知识性相统一，力求雅俗共赏。

  本刊主要内容包括但不限于：特稿、老子专题研究、道藏专题研究、易学新论、道家道教研究、传统文化研究、探索争鸣、研究生论坛、学术动态等。

  本刊海内外公开发行，凡是有关老子、道家道教以及中国传统文化等方面的研究成果（尤其关涉道家哲学及道教义理方面的研究论文），均欢迎赐稿。本刊所刊发之文稿均为作者之研究成果，文责自负，不代表编辑部观点；同时，凡有剽窃或抄袭他人作品之情形，由该文稿作者承担相应的一切法律责任。

  凡所投本刊的文稿，恕不退还。本刊对来稿拥有修改、删节等相应权利，如果投稿者不同意，请在投稿时予以说明告知。基于传播和推广学术思想之考虑，本刊对所刊发的文稿，拥有择优转发、推送等权利，如果著作权人不同意，请在投稿时予以说明告知，如未说明，视为同意。

  为适应我国信息化建设，扩大本刊及作者知识信息交流渠道，本刊已被《中国学术期刊网络出版总库》及CNKI系列数据库收录，其作者文章著作权使用费与本刊稿酬一次性给付。免费提供作者文章引用统计分析资料。如作者不同意文章被收录，请在来稿时向本刊声明，本刊将做适当处理。

  来稿请以电子word文本发送至我刊电子邮箱，并附上作者的联系地址、邮编、电话、电子信箱，以及是否允许我刊修改、推送等信息，以方便编辑部与您联系相关事宜。

  本刊编辑部的联系地址及主要联系人：

联系地址：四川省成都市望江路29号四川大学道教与宗教文化研究所

      四川大学老子研究院（或者《老子学刊》编辑部）   收

邮政编码：610064

联系人：于国庆、李冀、余晓红

本刊编辑部电子邮箱：lzxk2009@126.com

撰稿须知

一、来稿应包括论文题目、内容提要、关键词、作者简介（姓名、性别、出生地、单位、职称）、正文等内容，字数一般控制在 7000—12000 字。

二、引文出处或者说明性的注释，请采用脚注，置于每页下，具体格式为：

（一）文中格式：以括号①、②……为系列标记，文中设序号：×××①

（二）脚注格式：脚注序号须与文中序号相对应。具体规范如下：

1. 凡引用专著，须注明作者、书名、出版地、出版社、出版年、页码。例如：

①詹石窗：《新编中国哲学史》，北京：中国书店 2002 年版，第 25 页。

2. 如果引用《道藏》《四库全书》等大型丛书，必须首先注明所引的书名或者篇名，然后注明丛书名与册数及页码。

例如：

①《玄肤论·金液玉液论》，《藏外道书》第 5 册，第 363 页。

3. 如果引用期刊论文或论文集论文，须注明作者、篇名、期刊（论文集）名、期刊序号（出版地、出版社、出版年）、页码。

例如：

①詹石窗：《关于道教思想史的若干思考》，《哲学动态》2009 年第 2 期，第 9 页。

②圆顿子：《论〈四库提要〉不识道家学术之全体》，张广保：《超越心性：20 世纪中国道教文化学术论集》，北京：中国广播电视出版社 1999 年版，第 342 页。

4. 如果引用译著，须注明国籍、作者、译者、书名、出版地、出版社、出版年、页码。

例如：

①［德］马克斯·韦伯著，王容芬译：《儒教与道教》，北京：商务印书馆 2004 年版，第 133 页。

5. 如果引用报纸文章，须注明作者、篇名、报纸名、出版日期、版次。

例如：

①吴文俊：《东方数学的使命》，《光明日报》2003 年 12 月 12 日，B1 版。

6. 如果引用外文文献，须注明作者、书名、出版地、出版社、出版年、页码。

例如：

① Millton M. Chiu, *The Tao of Chinese Religion*, New York：University Press of America,1984, p. 17.